그리스도교
철 학
주체성의 발견

Theo Kobusch, *Christliche Philosophie: Entdeckung der Subjektivität*, Darmstadt: WBG, 2006.

그리스도교 철학: 주체성의 발견

2019년 6월 7일 교회 인가
2020년 4월 12일 초판 1쇄 펴냄

지은이 · 테오 코부쉬
옮긴이 · 김형수
펴낸이 · 염수정
펴낸곳 · 가톨릭출판사
편집 겸 인쇄인 · 김대영

본사 · 서울특별시 중구 중림로 27(중림동)
등록 · 1958. 1. 16. 제2-314호
전화 · 1544-1886(대표 번호)
지로번호 · 3000997

ISBN 978-89-821-1702-7 03230

값 31,000원

가톨릭의 모든 도서와 성물을 '가톨릭출판사 인터넷쇼핑몰'에서 만나 보실 수 있습니다.
http://www.catholicbook.kr | 02-6365-1888(구입 문의)

성경 ⓒ 한국천주교중앙협의회

이 도서의 국립중앙도서관 출판예정도서목록(CIP)은 서지정보유통지원시스템 홈페이지
(http://seoji.nl.go.kr)와 국가자료종합목록 구축시스템(http://kolis-net.nl.go.kr)에서
이용하실 수 있습니다(CIP제어번호: CIP2020010436).

이 도서의 한국어판 저작권은 (재)천주교서울대교구 가톨릭출판사에 있습니다.
저작권법에 의해 한국 내에서 보호를 받는 저작물이므로 무단 전재와 무단 복제를 금합니다.

그리스도교
철학
주체성의 발견

교부들의 내적 인간에 대한 사유

테오 코부쉬 지음 | 김형수 옮김

가톨릭출판사

일러두기
- 각주는 독자의 이해를 돕기 위해서 옮긴이가 단 것입니다.
- 원문에는 단 구분이 적어, 한국 독자들에게 필요하다고 생각되는 경우 옮긴이가 임의로 단 구분을 했습니다.
- 이 책의 원서에는 참고 문헌이 22페이지에 걸쳐 실려 있습니다. 그것은 이 책이 학문적이고 전문적인 성격을 지니기 때문입니다. 그러나 한국어판에서는 가독성을 높이기 위해 참고 문헌을 넣지 않았습니다.
- 또한 이 책의 원서에는 많은 그리스어와 라틴어 용어가 실려 있습니다. 미주에도 교부들 작품의 그리스어나 라틴어 문장들이 많이 나옵니다. 그러나 한국어판에서는 가독성을 높이기 위해 꼭 필요한 경우가 아니면 이러한 외국어를 싣지 않았습니다. 그렇기에 더 나아간 학문적 연구와 흥미를 가진 독자라면 원문을 참조하길 바랍니다.

"신비로 가득 찬 길은 내면을 향해 간다."
─ 노발리스

"바로 즉시 당신 자신의 내면으로 향하라.
당신은 그 안에서 중심을 발견하게 될 것이다.
이 점에 대해서는
그 어떤 고매한 자라도 의심하지 않을 것이다."
─ 요한 볼프강 폰 괴테

목 차

서 문 … 9

해 제 … 11

그리스도교 철학, 주체성의 발견 … 65

  입 문 … 67

    1. 그리스도교 철학은 논쟁적 개념인가 … 67

    2. 그리스도교와 포스트모더니즘 … 71

    3. 내적인 것의 환원 불가능성 … 81

  I. 그리스도교 철학: 교부적 모델 … 96

  II. 그리스도교 철학: 삶의 방식 … 110

  III. 그리스도교: 대중을 위한 플라톤주의 … 123

  IV. 그리스도교: 가장 오래된 철학 … 140

  V. 성경도 철학이며, 부분 영역에서 세분된다 … 153

  VI. 세 분야의 통합적 지향점으로서 내적 인간 … 163

  VII. 인간의 의식(에피노이아) … 177

  VIII. 기억 또는 잃어버린 자아에 대한 추구 … 198

  IX. 내적 언어 … 208

  X. 믿음과 신뢰 … 219

  XI. 의도와 지향 … 236

  XII. 후회 또는 참회와 부끄러움 … 246

  XIII. 내적 인간에게 가장 내적인 것: 양심 … 257

  XIV. "사랑의 가장 아름다운 꽃": 용서 … 268

  XV. 원죄, 죽음, 그리고 재탄생 … 279

XVI. 정신적인 봄(에폽티) : 내적 인간의 형이상학 … 290
맺는 말 … 314

부록 … 317
   약어 … 319
   색인 … 320
   미주 … 328

서문

사실 서문은 글을 다 쓴 후에야 비로소 쓰게 되는 후기의 성격을 지닌다. 누군가의 도움 없이는 이렇게 책이 완성되지 못했을 수도 있기 때문에, 서문은 감사 인사를 드리기에 적합한 자리이다.

필자는 학문적인 조력자인 외른 뮐러 박사, 크리스티안 로데 박사, 토마스 데벤더 박사에게 깊이 감사드린다. 그들은 인용문을 검증해 주며 희생 가득한 도움을 주었다. 이와 더불어 내용적인 참조 사항과 비판, 그리고 특히 인명 색인과 개념 색인을 만들어 준 것에 대해서도 감사드린다.

해제

해제

　　오늘날 그리스도교에서 철학과 신학이 철저히 나누어짐으로써 우리는 신학을 공부하기 위해서 철학을 알아야 하는 신학도들에게 왜 철학이 중요한지, 왜 철학을 해야 하는가 하는 문제를 절실하게 이해시키기가 쉽지 않다. 하지만 초기의 그리스도교 사상은 우리가 생각했던 것보다 훨씬 더 밀접하게 철학과 관련을 맺고 있었다. 저자가 강조하듯이, 심지어 교부들은 그리스도교를 철학과 동일시했다. 오늘날처럼 신학과 철학을 분리시켜서 생각하는 관점에서는 이와 같은 교부들의 생각을 이해하는 것이 쉽지 않다. 하지만 칼 라너, 발타사르와 같은 현대의 위대한 신학자들도 교부들의 이와 같은 생각의 연장에서 철학적인 개념을 사용해서 그리스도교 사상을 전개시켰다. 왜냐하면 교부들이 그렇게 생각했듯이, 신학의 내용은 필수적으로 철학의 개념과 의미를 함축하고 있으며, 철학을 통해서만 비로소 신학의 내용을 제대로 이해할 수 있기 때문이다.

　　따라서 오늘날 신학적인 내용을 비롯해서 소위 교회 전체가 그동안 간직하고 발전시킨 '신앙의 유산'(depositum fidei)을 오롯이 받아들이기 위해서는 계시의 총체인 성경뿐만 아니라, 이 성경을 처음으로 학문적인 방식으로 해석한 교부들의 사유 방식을 면밀히 살펴보는 것이 필요하다. 더욱이 신학과 철학이 완전히 분리된 방식으로 다루어지고, 신학의 각 분야, 특히 성경과 제반 신학 분과들의 연계가 느슨해지고 독립적인 입지를 구축한 상황에서, 오히려 철학과 신학, 특히 성경에 대한 통합적인 통찰이 요구된다. 교부들에게 있어서 신앙과 이성은 항상 동전의 양면과 같은 것이었고, 그렇기 때문에 성경에 대한 연구는 이성적으로 '철학을 하는 것'과 다르지 않았다. 더 나아가서 교부들이 이렇게 생각한 것은 본래 성경의 가르침에 따라 발붙이고 살고 있는 이 세상에서 실천으로 옮기기 위해서였다. 그런 의미에서 교부들의 사상은 철학과 신학, 이론과 실천이 하나 된 통합적인 것이었다.

이 책을 통해서 이와 같은 교부들의 '그리스도교 철학'이 신학과 철학을 공부하는 모든 이들에게 우리가 이어받은 신앙의 유산을 전체적으로 통찰할 수 있는 계기가 되기를 바란다. 이 책은 고대의 광범위한 철학 사상을 전제로 하고 있기 때문에, 아래에서는 이 책을 더욱더 잘 이해하기 위해서 몇 가지 중요한 배경 지식을 설명하고, 이 책의 전체적인 내용을 개괄할 것이다.

이 책을 읽기 위한 배경 지식

1. 그리스도교 철학

　예수를 직접 만나고 그분의 말씀을 직접 들었던 제자들의 증언을 비롯하여 바오로의 서간들이 글로 남겨지면서 복음을 포함한 신약 성경이 성립되었다. 이후에 소위 정경(canon)이라고 불리는 성경의 목록이 확정되면서 구약 성경과 신약 성경은 그리스도교의 계시의 원천이 되었다. 따라서 하느님의 말씀을 제대로 알아듣기 위해서 성경을 해석하고 주해를 다는 것이 이후 그리스도교 공동체에서는 중요한 과제로 남게 된다.
　그런데 오늘날 우리가 성경에 대한 해석과 연구를 순수하게 신학적으로 분리해서 생각하는 반면에, 초기 그리스도교에서는 성경에 대한 이해를 소위 '철학'과 분리해서 이해하지 않았다. 여기에는 당시 상황에 대한 이해가 필요하다. 당시에 그리스도교가 터를 잡고 있던 삶의 자리는 일차적으로는 당연히 이스라엘 민족의 히브리적 사상이었다. 그러나 복음 선포의 영역이 확대되면서 주변 지역에서 가장 영향력이 큰 사상이었던 '그리스 철학'은 그리스도교 신자들에게 한편으로는 경쟁자 관계였지만, 다른 한편으로는 하느님의 계시를 이방 민족들이 받아들일 수 있게 함으로써, 보편 계시로 만들 수 있는 중요한 도구 역할을 하게 된다. 심지어 초기 교부들은 성경의 계시를 '철학적'으로 이해함으로써 그리스도교 계시의 본질이 '그리스도교 철학'*이라고 자연스럽게 생각하게 된다. 이렇게 그리스 철학의 중요한 사상들을 교부들은 그리스도교 사상을 이해하기 위한 단순한 수

단으로만 생각하지 않았다. 그리스 철학 자체에 이미 하느님의 계시가 씨앗처럼 들어 있어서 이 철학이 그리스도교 철학을 준비하고 꽃피울 수 있는 역할을 하는 것으로 확신했다. 그래서 그리스 철학에서 소크라테스와 같은 현인은 마치 성경의 예언자와 같은 역할을 했다고 평가하게 된다.

하지만 시간이 지나면서, 특히 13세기에 신학과 철학을 분리시키면서 '그리스도교 철학'이라는 용어는 설 자리를 잃어버리게 된다. 이후에 20세기에 들어서면서야 비로소 '그리스도교 철학'이 과연 타당한가에 대한 논의가 이루어진다. 특히 질송과 마리탱 같은 학자들은 초기 교부들이 생각했던 것처럼 그리스도교 계시의 내용들을 철학적으로 통합할 수 있다고 보았기에 그리스도교 철학을 긍정적으로 검토했다.

요컨대 오늘날 그리스도교 철학이 무엇인지를 이해하기 위해서는, 이 용어가 처음 생겼던 초기 교부 시대로 거슬러 올라가서 교부들이 철학과 종교, 신학과 철학, 성경과 철학을 어떻게 생각했는지를 알아보고, 교부들이 생각했던 철학이 계시 진리와 관련해서 어떤 내용을 핵심적으로 말해 주고 있는가를 파악해야 한다. 이 책에서 설명하는 이와 같은 내용을 이해하기 위해서 당시에 교부들에게 영향을 주었던 사상들을 아래에서 간단하게 설명할 것이다.

---

* '그리스도교 철학'이라는 용어는 요한 크리소스토무스와 아우구스티누스의 작품에서 처음으로 분명하게 등장한다. 그 외에 '하느님의 철학'이라는 용어는 에우세비우스, 니사의 그레고리우스, 요한 크리소스토무스의 작품에 등장하며, 바실리우스, 요한 크리소스토무스, 닐루스(Nilus), 나지안주스의 그레고리우스 등은 '그리스도의 철학'이라는 용어도 사용한다.

2. 교부들

일반적으로 교부들은 사도 시대 이후 8세기까지 그리스도교의 저술가들을 일컫는 용어로서, 시기적으로 고대 시대(antiquitas)에 살았고, 정통적인 교의(doctrina orthodoxa)를 주장했으며, 거룩한 삶(sanctitas vitae)의 모범을 보임으로써 교회로부터 인정(approbatio Eclesiae)받은 인물들이다. 하지만 이 책에서는 시대적으로 사상적인 면에서 그리스도교 안에서 활동했던 학자들을 포괄적으로 의미한다.

교부들이 활동했던 시기는 대개 니케아 공의회(325년) 이전과 이후로 나뉜다. 이 공의회 이전에는 주로 영지주의(마니교)를 비롯한 이단들의 주장에 대해서 교회의 가르침을 옹호한 2세기의 그리스 호교론자들(아테네의 철학자 아리스티데스, 타티아누스, 유스티누스, 이레네우스)과 3세기의 알렉산드리아 학파(클레멘스와 오리게네스), 그리고 2, 3세기의 아프리카 교부(펠릭스와 테르툴리아누스)로 구분된다. 공의회 이후 시기에는 보통 그리스 교부(아타나시우스, 네메시우스, 카파도키아의 세 교부인 바실리우스와 두 그레고리우스, 요한 크리소스토무스, 6세기의 위(僞)디오니시우스)와 라틴 교부(암브로시우스, 아우구스티누스)로 구분한다. 그리고 성경 해석에 있어서 우의적, 영적 의미를 강조한 알렉산드리아 학파와는 달리 자구적 해석을 강조한, 4세기에 번성한 안티오키아 학파(디오도루스, 요한 크리소스토무스, 테오도루스)가 있다.

그리스 호교론자들은 그리스도교가 본질적으로 그리스 철학을 필요로 한 정도는 아니지만 이를 이용하려고 했다고 본다. 우주 질서에서 유일신의 존재를 증명하는 것과 영혼의 불멸성과 자유를 인정하는 데서 그러했다. 다른 한편 스토아학파의 로고스 사상을 삼위일체의 성자와 관련시켜 이해했다.

더 나아가서 알렉산드리아 학파에서는 그리스 철학과 유다교 사상(유다이즘)을 종합하여 발전시켰다. 특히 이 시기에 신플라톤주의와의 교류를 통해 그리스도교 철학으로서 면모를 갖추었다. 이를 통해 신의 초월성과 우주의 창조, 영혼의 불멸성이 확립되기 시작했다. 반면에 아프리카 교부들은 그리스 철학에 대해 다소 부정적인 태도를 지녔지만 이단을 반박하기 위해 그리스 철학의 개념들을 사용했다.

니케아 공의회는 그리스도의 신성을 거부한 아리우스 이단에 대항하여 삼위의 공동 실체성(consubstantia)을 천명함으로써 삼위일체 교리에 대한 토대를 수립했다. 이 공의회에서 논의된 위격(persona)과 실체(substanita)와 같은 철학적 개념은 후대에 지대한 영향을 미치게 된다. 이후 교회는 그리스도교 철학을 바탕으로 교의 문제를 학문적으로 정립하게 된다.

니케아 공의회 이후에 주로 윤리적인 덕을 강조한 그리스 교부들 중에서는 무엇보다도 카파도키아의 세 교부들의 비중이 월등했다. 이들은 그리스 철학을 수용해서 신앙을 위한 이성의 가치를 인정했고, 신의 존재에 대한 증명과 인간의 창조를 신의 로고스 안에 잠재된 인간의 이념으로 소급해서 이해했다. 특히 이 시기에 '신의 존재를 향한 상승'이라는 신비주의의 토대가 마련되었다.

그리고 이러한 신비주의적 내용은 신플라톤주의자인 프로클로스에 영향을 받은 위(僞)디오니시우스를 통해서 그리스도교에 본격적으로 매개된다. 위(僞)디오니시우스는 모든 것의 원인인 불가해한 신을 인식하는 데 있어서 사물들의 속성들에 기반을 둔 긍정적인 규정보다 사물들의 불완전성을 제거함으로써 더 완전하게 신을 인식하는 부정적인 규정을 더 강조하는 부정신학의 전통을 수립한다. 이와 더불어 지성이 결여된 사물이 아니라 지성적인 인식이 신에게로 돌아가는 데 있어서 탁월하다는 지성에 바탕을 둔 신비적 인식은 이후 마이스터 에크하르트, 쿠자누스 등의 지성적 신비주의에 지대한 영향을 미치게 된다.

마지막으로 라틴 교부들 중에서는 아우구스티누스가 가장 대표적이다. 고대 그리스-로마의 사회와 문화가 막을 내리던 시대에 살았던 아우구스티누스는 자신의 파란만장한 삶의 이력과 더불어, 사상적으로도 초기에 선과 악이라는 두 개의 원리를 주장한 마니교에 빠졌고, 이후에는 아카데미아 학파의 회의론을 통해 좌절을 겪었다. 하지만 로마에서 암브로시우스를 만남으로써 그리스도교에 대한 이해를 깨우치게 되었고, 동시에 플로티누스의 저서들을 통해 그리스도교 신앙을 이성적으로 확신하게 된다. 아우구스티누스는 플라톤주의와 신플라톤주의가 그리스도교와 지닌 내적 유사성, 특히 신을 모방하고 신에 참여하는 것이 최고의 행복이라는 점을 넘어서서 참된 그리스도교의 신으로 향하는 위대한 노정을 이어갔다.

3. 플라톤과 신플라톤주의 철학

초기 교부들에게 가장 많은 영향을 준 철학 사상은 플라톤과 신플라톤주의의 철학이었다. 일반적으로는 플라톤 이후의 플라톤 철학을 광범위하게 플라톤주의라고 부른다. 물론 상당 부분의 플라톤 사상은 신플라톤주의를 거쳐서 전수된 것이기는 하지만, 서로 간에 공통점도 있는 반면에 여러 가지로 대별되는 차이점도 있다. 신플라톤주의자들은 전통적인 플라톤 사상을 제대로 해석하려는 사명감을 가지고 있었기에 플라톤의 대화편을 충실히 해석하고 플라톤이 세운 아카데미아의 후계자로 자처했다. 하지만 무엇보다도 신플라톤주의는 기본적으로 감각적인 것과 이성적인 것을 구별하는 플라톤의 이원론적인 관점을 하나로 통합하려고 했다. 하지만 이러한 입장은 종교적인 색채가 가미되면서 본래의 플라톤 철학과는 구별되게 된다. 전체적으로 볼 때 신플라톤주의를 비롯해서 플라톤주의로부터 교부들이 가장 매료되었던 사상은 세상 저편의 피안에 대한 강조에 있었다. 특히 성경을 해석하는 데 있어서 유다교 사상가였던 알렉산드리아의 필론은 플라톤주의를 교부들과 이어 주는 데 큰 역할을 했다.

신플라톤주의는 고대 후기와 중세 시대에서 그저 '플라톤주의자들'(Platonici)로만 불렸다. '신플라톤주의'라는 용어는 근세 말에 본래 플라톤 사상과 구별되는 고대 후기의 사상을 의미하기 위해서 비로소 사용되기 시작했다. 신플라톤주의는 플로티누스(205~269/270년)로부터 시작해서 포르피리오스(232/233~약305년)와 프로클로스(410~485년)를 거쳐서 6세기까지 이어졌으며, 플라톤 당대의 제자들의 사상인 '고전적 플라톤주의'(고대 아카데미아 학파)와 로마제국 초기에 번성했던 '중기 플라톤주의'와는 구별된다. 아카데미아의 철학적 회의론에 반대하면서 안티오코스를 시작으로 2세기 후반까지 번성한 중기 플라톤주의는 구약 성경을 토대로 철학 체계를 구축하려고 했던 필론에게 큰 영향을 끼쳤고, 오리게네스를 통해 그리스도교 철학의 형성에 기여했다.

신플라톤주의는 본래의 플라톤주의와는 달리 원천적인 신적 존재와 물질적 세계 사이에 초자연적인 중간 단계를 도입한다. 이렇게 해서 플라톤의 이원론(이데아계·현상계)을 발전시킨 삼원론(일자·정신·영혼)의 체계를 사상의 중심으로 삼게 된다. 이러한 삼원론적 체계는 플라톤적인 이원론이 가지는 대립적인 모순성을 조화시키기 위해서 아리스토텔레스적인 운동과 생성의 개념, 그리고 스토아적인 통일적 생명의 개념을 도입함으로써 이루어진다. 모든 것이 '일자'(헨)으로부터 유출되며, 다시 이 일자로 돌아가는 순환적 사유가 특징이다. 특히 '영혼'(프쉬케)은 플라톤의 이데아계와 그 그림자에 불과한 현상계를 연결하는 역할을 했다.

신플라톤주의는 주술과 같은 종교적 실천을 수행하는 유사 종교의 특성을 지니며, 동방적 기원을 지닌 신비주의적 경향도 띈다. 하지만 당시 그리스도교는 신플라톤주의뿐만 아니라 알렉산드리아에서 번성했던 중기 플라톤주의의 어휘와 범주를 통해서도 신앙의 내용을 해석하려고 했다. 전체적으로는 교부 시대부터 시작해서 플라톤주의, 정확하게는 신플라톤주의 사상은 위(僞)디오니시우스를 통해서 그리스도교에 광범위한 영향을 미치게 된다.

4. 스토아 철학

세속을 떠나는 윤리 정신, 금욕, 마음의 평정을 추구하는 스토아주의의 윤리 사상은 당시 그리스도교에 많은 영향을 주었다. 세네카와 에픽테토스는 이와 같은 영향을 직접적으로 주었고, 그 외에 키케로와 같은 인물이 간접적으로 영향을 주었다. 하지만 교부들은 이들의 현세 지향적인 사상을 성경의 초월적인 사상과 연결시켜 극복하려고 했다.
　본래 '스토아'는 주랑(柱廊)이라는 의미를 지니는데, 이는 창시자인 제논이 아테네의 한 주랑에서 강의를 한 것에서 유래한다. 초기에는 아테네를 중심으로 활동했으나, 이후 로마를 중심으로 사상을 전개했으며 여러 사상이 혼재되어 있는 다양한 사상적 내용을 특징으로 한다. 이 사상은 주로 금욕을 강조했다. 그리고 우주가 근원적인 물질, 즉 영(프뉴마, Pneuma), 종자(스페르마티코스 로고스, Spermatikos logos) 등으로 구성되어 있다는 유물론적 일원론을 강조하였다. 또한 이러한 신적 물질이 우주 만물을 관철하고 순환함으로써 신의 섭리가 작용하기에, 인간은 이러한 섭리를 바꿀 수 없는 운명으로 따라야 한다고 주장하였다. 근본적으로 스토아 사상은 신과 자연을 동일시하는 범신론(Phantheism)적 경향을 지니고 있다.
　특히 우주 만물의 근원이자 만물을 있게 하는 씨앗인 스토아주의의 로고스 개념은 성경의 하느님의 말씀이자 성자로 받아들여졌고, 비록 불과 공기의 결합체로서 물질적인 개념이기는 하지만 우주 만물에 생명을 부여하는 '숨' 또는 '호흡'을 의미하는 '영'(Pneuma)의 개념도 역시 그리스도교의 성령의 의미를 해석하는 데 이바지했다. 그리고 스토아주의의 '우의적 해석법'도 성경을 해석하는 데 있어서 알렉산드리아의 유다인, 특히 필론을 거쳐서 오리게네스에게 영향을 주었으며, 스토아적인 삶의 규칙도 그리스도교 수도 생활에 영향을 미쳤다.

이 책의 내용에 대하여

보통 그리스어나 라틴어로 된 고전 작품을 번역할 때, 또는 현대어로 쓰였지만 어려운 철학 작품을 번역할 때, 독자의 이해를 위해서 그 작품의 내용을 미리 알기 쉽게 요약하는 경우가 일반적이다. 따라서 이 책처럼 그야말로 소위 '그리스도교 철학'의 대가가 방대한 자료를 바탕으로 해서 함축적으로 정리한 작품이기에, 내용을 좀 쉽게 정리해서 제공한다면, 본문을 대하는 독자가 헤매지 않고 저자의 생각을 어렵지 않게 이해할 수 있는 계기가 될 수 있을 것 같다. 아래에서는 이 책의 목차에 따라서 책의 내용을 요약할 것이다.

입문

1. 그리스도교 철학은 논쟁적 개념인가

앞서 "그리스도교 철학"에서 언급했듯이, 초기 교부들은 당연하게 생각했던 '그리스도교 철학'이라는 개념이 스콜라 철학 전성기(13세기)에 이르러서 신학과 철학이 각자의 전문 분야로 분리되면서 잊혀져 있다가, 20세기 초에 다시 '그리스도교 철학'에 대한 토론과 논의들이 대두되었다. 그리고 이 시기의 그리스도교 철학에 대한 논쟁은 사실 19세기에 특히 고전 독일 철학(피히테, 쉘링, 헤겔 등)에 의해 이미 준비되고 구체화된 것이었고, 이는 아울러 프랑스의 철학자들(블롱델, 베르그송 등)과 문학가, 예술가들에게도 영향을 주었으며,

미국에서도 독일의 관념론을 통해 파급되었다. 특히 20세기 초의 논쟁에서 질송과 마리탱과 같은 철학자들은 그동안 철학과 신학의 엄격한 분리에 의문을 제기하면서 계시의 내용을 철학의 개념으로 이해 가능하다는 관점에서 '그리스도교 철학'에 대한 긍정적인 견해를 피력하였다. 결국 그리스도교 철학에 대한 문제는 역사적으로는 초기 교부들의 사상으로 거슬러 올라가는 문제이며, 근본적으로는 '철학이 무엇인가'라는 철학의 자기 이해와 관련된다고 할 수 있겠다.

2. 그리스도교와 포스트모더니즘

저자에 의하면 교부들의 철학은 항상 동시에 그리스도교 철학이기도 하다. 오늘날과는 달리 고대에는 종교와 철학을 하나로 생각했고, 아울러 종교만이 아니라 철학도 살아가는 방식을 말하는 것이었다. 그렇기에 소크라테스와 같은 철학자는 '영혼에 대한 염려'가 참으로 아는 것으로, 그리스도교에서도 이와 유사하게 철학을 '내적 인간에 대한 염려'로 생각했다.

다양한 가치와 개인적 주체성을 중요하게 생각하는 포스트모더니즘 시대에 그리스도교가 처한 현실은 유다-그리스도교적 전통과 철학적-신학적 유산의 '세속화'이자 붕괴이다. 하지만 긍정적으로 보자면 오늘날의 상황은 영성적인 그리스도교 시대이기도 하다. 전통적인 형이상학에 바탕을 둔 그리스의 객관주의, 곧 사물의 형이상학은 포스트모던적인 현대의 사유를 통해 새로운 형이상학으로 나아갈 가능성이 있다. 이 형이상학은 '내적 인간'의 형이상학, 내면성의 형이상학으로서, 플라톤과 스토아주의를 수용한 교부들이 이미 그 토대를 마련한 그리스도교의 근본적인 이념이었다. 특히 이 점은 아리스토텔레스적 형이상학 개념에 대한 비판이며 대안이었다. 이것은 형이상학의 전환에 해당되며, 그리스도교에서 '삶의 모델'을 보여 주는 근간이 된다.

다원주의를 특징으로 하는 현대의 포스트모더니즘의 관점에서 볼 때, 다양한 종교의 상황에서 그리스도교의 전통적인 존재론적인 원리(제1원리)들은 새로운 해석이 필요하다. 하이데거의 형이상학 해체 또는 극복에서 나타난 것처럼 새로운 형이상학은 교부들에게 있어서 실제 삶의 정신적인 훈련과 관련된다. 그런 의미에서 배타적인 본성을 지니는 '일신론'의 문제는 진리 자체에 대한 근거를 묻는 물음이며, '참된 종교들'이 가지고 있는 하나의 진리에 대한 경외와 연관된다. 그럴 때 하나의 진리에 대한 경외는 배타적으로 공포와 폭력이 아니라, 포괄적인 특성을 지니는 행복, 자유, 사랑의 개념을 발견하게 된다. 이러한 이유로 교부들이 본래 말하고자 한 것이 무엇인지 아는 것은 중요하다.

3. 내적인 것의 환원 불가능성

플라톤에게서 유래하며 스토아 철학에서 발전된 인간의 내면성에 대한 발견은 그리스도교 철학의 중심 주제에 속한다. 더욱이 내면성은 교부들에 의해 비로소 포괄적인 구상으로 보편적으로 고유한 개념으로 만개된다. 이러한 내면성과 근대적 의미의 인간 주체성 또는 주관성은 근대의 데카르트 전통과는 달리, 교부들에게 있어서는 시간 안에서 생명과 경험을 통해 결부된 것으로서 결코 되돌릴 수 없는 것이다. 시간 속에서 끊임없이 변화하는 외부 세계와는 달리, 내면세계가 항구하게 지속된다는 의식은 내적인 것이 결코 환원될 수 없다는 것을 의미한다. 그리스도교는 자연 세계에 대한 철학적 관심을 인간의 내면으로 옮겨 놓았다. 이러한 의미에서 일신교의 의미는 내적 인간의 발견과 동일한 의미를 지닌다. 현대의 사상에서도 순수하게 주관적인 것은 환원될 수 없는 이성성을 구성하는 조건에 속한다는 점을 강조한다(네이글). 내면의 세계는 해소될 수 없고 환원될 수 없는 실존하는 인간의 유한한 의식이다. 내적 인간은 고유한 본래의 인간(필론)으로서 천사와 같이 순수한 정신적 의식의 본질이다. 그런 의미에서 세계의 고유성, 외적인 태도는 내면적인 현상을 드러내는 것에 있다. 따라서 철학은 추상적이고 이론적인 지식이 아니라, 정신적인 훈련을 기반으로 형성된 생활양식으로서 올바로 내면적인 것을 외적으로 드러내도록 시도하는 의식과 관련된다. 그렇기 때문에 철학의 보편적 이해들은 내적 인간에 대한 표상이며, 이는 플라톤 철학에서 시작해서 스토아 철학을 거쳐서 그리스도교에서 성장하고 발전했다.

그리고 내면성은 인격이라는 개념과 불가분의 관계를 지니며 생명을 이해하는 데 필수적이다. 오늘날 당연시되는 생명의 과학적인 현상과는 달리, 고대에서부터 생명은 이미 고유한 내면성이 외부의 현상적인 측면으로 드러난 것으로 이해했을 뿐만 아니라, 이러한 외면성을 극복하는 상승이나 초월이라는 개념과 연결되었다. 이런 측면은 교부들의 철학에 따르면, 인간의 의식이 자기 자신에게 집중한다는 점에서 잘 드러난다. 특히 동방의 오리게네스와 서방의 아우구스티누스의 입장 차이는 이런 논쟁을 풍성하게 만들었다. 이런 의미에서 '그리스도교 철학'의 원천은 오리게네스를 비롯한 그리스도교 교의가 시작된 시대로 거슬러 올라가야 된다. 교부들은 한편으로는 플라톤주의와 그리스의 유산을 수용했지만, 다른 한편으로는 그리스 철학의 영향에도 불구하고 그리스도교의 고유성을 발전시키는 이론들을 구상했다.

I. 그리스도교 철학: 교부적 모델

그리스도교와 그리스 철학의 연관성을 부정하는 입장들이 있어 왔다. 더욱이 상대적으로 라틴 교부들은 그리스 철학과의 연관성이 덜 드러난다. 이는 그리스도교의 '헬레니즘화'와 '탈헬레니즘화'라는 용어를 통해 가시화된다. 하르낙과 같은 학자에 의하면, 그리스도교의 헬레니즘화를 통해서 그리스도교가 그리스 철학의 영향을 받았지만, 그리스도교의 교의 자체는 고유하게 보존되었으며, 그렇기 때문에 니케아 공의회와 칼체돈 공의회를 통해서 특히 플라톤주의와 거리를 두게 되는 '탈헬레니즘화'가 이루어졌다는 것이다. 하지만 초기 그리스도교는 교부들에게 있어서 그리스 철학 전체, 특히 플라톤 철학의 성취로 이해되었고, 서로가 서로에게 영향을 주는 공생 관계를 맺었다. 더욱이 당시 이교 저자들에게도 그리스도교는 철학의 한 형태로 이해되기도 했다. 교부들에게는 철학과 고유하게 구분되는 신학은 없었으며, 성서적인 것과 그리스적인 것, 그리스도교와 철학의 대립도 없었다. 이는 오히려 하르낙과 같은 학자들이 현대에 이르러 신학의 고유성을 부각시키려고 임의로 가정한 전제에 불과하다. 적어도 12세기까지는 철학과 구분되는 신학은 없었으며, 이전까지 신학은

'철학적 신학'의 의미로 볼 수 있다.

어쨌든 교부들은 그리스도교를 철학의 한 형태로, 더 나아가서 '참된 철학'으로 보았으며, 스스로를 '철학자'로 여겼다. 그런 의미에서 그리스도는 '모든 철학자 중의 첫 번째 철학자'였으며, 사도들도 마치 철학자들처럼 묘사되기도 했다. 그리고 이 시대에 철학, 특히 플라톤 철학은 신으로부터 선사된 선의 한 형태로 간주되었으며, 그리스도교 철학의 토대를 다지는 임무를 지녔다고 보았다.

그렇기 때문에 그리스도교는 단순히 도구로서 철학의 외투를 입고 있는 것이 아니라, 온전히 철학의 한 형태로 여겨진 것이다. 그래서 교부들은 오히려 그리스 철학이 불완전하게 형성된 이성이라고 보는 반면, 그리스도교는 참된 철학으로서 이성과 계시를 잘 조화시켰다고 생각했다. 이것은 인간의 지식(철학)과 신적 지식(신학)의 통일성을 강조한 것이다. 그리스도교는 당시에 고대 그리스 전통에서 형성된 '신탁의 계시'와 같은 형태에서 추구된 원천적인 진리를 그리스도교의 계시 개념과 연결시켜 이해함으로써 이성과 계시의 두 영역을 하나로 추구했다. 교부들은 한편으로는 그리스도교 신앙의 내용들을 원칙적으로 철학적인 이성을 통해서 이해할 수 있는 철학의 대상으로 삼았지만, 다른 한편으로는 이교 철학, 그리스 철학에서 주장하는 것과는 다른 것으로, 신앙의 내용과 배치되는 중요한 내용들(육신의 부활, 영혼, 최후의 심판 등)은 이들의 주장과는 거리를 두었다. 하지만 교부들은 이와 같은 신앙의 핵심 내용들을 고유한 신학적인 것으로 본 것이 아니라 '철학적으로' 사유했다.

아울러 오리게네스는 그리스 철학을 그리스도교 철학의 예행연습 또는 준비 단계로 여겼다. 더욱이 윤리철학과 자연철학의 관점에서는 그리스 철학과 그리스도교 간에 어떤 차이점이나 대립도 없다. 그렇다고 해서 그리스 철학이 그리스도교와 일치하는 것은 아니다. 특히 알렉산드리아의 클레멘스는 그리스 철학 전체를 구약 성경처럼 그리스도교로 들어가는 현관으로 생각했으며, 이교도 철학자들의 작품을 읽는 것은 그리스도교 철학, 성경을 더 잘 이해하기 위한 준비로 생각했다.

알렉산드리아에는 그리스도교 철학의 첫 번째 전문 양성 기관이 세워졌고, 여기서 소위 클레멘스와 오리게네스와 같은 '알렉산드리아 학파'가 형성되었다. 이 두 교부는 성경 연구를 위해서 이교 철학의 지식을 전제했으며, 플라톤주의자들의 교육 과정과 유사한 과정을 만듦으로써 철학적인 성경 주석의 토대를 마련했다.

II. 그리스도교 철학: 삶의 방식

그리스도교 철학은 플라톤과 스토아주의에서 사용된 철학 용어를 수용하여, 철학을 단순히 이론적 지식이 아니라 삶의 방식과 태도로 이해했다. 그래서 참된 철학이란 올바른 방식으로 사는 것으로 받아들였으며, 수도 생활이 그 적합한 모델이라고 생각했다. 에바그리우스 등의 작품들은 수도자의 철학적 삶을 실천적으로 해석했으며, 그의 영향과 더불어 그리스-그리스도교적 철학 개념은 중세 전성기에 이르기까지 서구 수도 생활 전체에 파급되었다. 이는 고대 후기 철학에서 이론적인 반성이 특정한 삶과 실천에 뿌리박고 있다는 것을 말해 주며, 이런 점은 이론적인 수행과 실천적인 수행을 구분하지 않은 플라톤 전통에서 유래한다.

    그리스도교에서는 이러한 전통을 성취하면서 '자기 인식'('너 자신을 알라.')을 '자신의 영혼을 돌봄'으로 해석해서 외적이고 낯선 것으로부터 자신의 고유한 내면에 대한 집중을 강조했다. 특히 오리게네스는 이론적인 자기 인식과 실천적인 자기 인식(양심)을 분명하게 구분하며, 후자에 대해서 강조한다. 12세기에는 이러한 이중적인 자기 인식이 황금기를 맞는다. 이렇게 그리스도교에서는 실천적인 자기 인식을 철학으로 자신의 내면에 마음을 쓰고, 마음을 순수하게 보존하는 것, 깨어 있음으로써 내적인 인간에 주목하는 것과 연결하여 생각했다. 이러한 '염려'는 신중하게 유익한 것과 해로운 것을 분별하는 실천적 형태이다. 특히 '영혼에 대한 염려'는 신비주의에서 중요한 개념으로 수용된다. 이러한 내면에 대한 염려는 신에 대한 참된 공경이며 인간 영혼의 고유한 속성으로 자아, 양심, 구원에 대한 염려이다. 이 염려를 통해 인간은 세계를 이해하며, 세상적인 염려로부터 자유롭게 된다. 물론 자기 염려는 육체에 대한 혐오가 아니며, 오히려 염려의 본래적 대상이 오직 영혼이며 육체는 이러한 염려에서 함께 연관되고 함축되기에 염려는 삶 전체와 관계된다.

    이러한 의미에서 초기 그리스도교는 '삶의 철학'이며 살아 있는 이성으로서 삶의 진리에 관계되며, 윤리적인 삶에서 빛을 발한다. 이는 철학과 종교, 신론과 제의의 통일성으로 이해된다. 플라톤주의에서 실천에 대한 망각과 신플라톤주의에서 제의 개념이 위기에 처한 반면에, 그리스도교에서는 외적인 제의의 실천도 내적인 찬양과 상응함으로써 참된 철학이 된다는 점을 강조했다. 이는 그리스도교의 실천하는 행동철학이 고대 그리스 철학의 말로만 하는 이론철학을 보완해서 완성시켰다는 것을 의미한다.

III. 그리스도교: 대중을 위한 플라톤주의

그리스도교의 진리가 드러나는 실천적인 요소는 윤리적 삶이며, 그러한 의미에서 그리스도는 삶을 이끄시는 분이다. 따라서 내적인 그리스도교적 삶은 그 태도와 말에서도 드러난다. 그러나 그리스도교는 새로운 윤리를 도입한 것이 아니라, 본성적인 윤리에 바탕을 둠으로써 보편적 윤리를 표방한다.

이런 맥락에서 니사의 그레고리우스는 플라톤적인 의미에서 그리스도교를 '신과 닮아 가는 것'으로 파악했다. 이는 진정한 인간이 되기 위해서 신적인 것에 가까이 다가간다는 것을 말한다. 바실리우스는 플라톤과 바오로가 여러 면에서 일치한다는 것을 밝혀냈으며, 이미 《사도행전》도 소크라테스적 전통과 많은 유사점을 지닌 구조를 지닌다고 언급한다. 특히 플라톤적인 영향을 받아 '신의 모방'을 강조하는 그리스도교에서는 이론적인 요소와 실천적인 요소가 하나가 되며, 동시에 죽은 이들의 부활과 신적 말씀의 강생이라는 두 교리가 본질적으로 함축되어 있다.

신의 모방은 신의 모습을 따라 창조된 원천적 상태를 회복하는 것이며 이 회복은 죽은 이들의 부활을 통해 이루어진다. 니사의 그레고리우스는 이 부활을 인간의 원천적인 형상으로의 복귀로 해석했는데, 다시 말해서 플라톤의 영혼 윤회설과는 달리 육신의 부활은 인간의 현재 불완전한 상태를 충만하고 완전한 원천적 상태로 되돌리는 것에 그 의미가 있다. 더욱이 플라톤은 영혼의 행복을 말하기 위해 육체와 분리된 영혼의 심판에 대해서 말한 반면에, 교부들은 육체와 영혼이 통일된 존재로서 인간의 책임을 심판과 연결시킨다.

소크라테스의 인간 안에 내재하는 로고스라는 주제도 두 번째 교의인 그리스도의 강생과 연결된다. 철학자들은 로고스와 살았기 때문에 '그리스도인들'이라고 불려졌다. 특히 유스티누스는 오직 본성적이고 보편적인 이성을 통해서만 강생의 신비를 숙고하려고 시도했다. 중세 전성기에는 삼위일체에 대한 보편적인 이성성에 대한 전거로 그리스도교 이전 또는 그리스도교 밖의 철학적 전통을 끌어내었다. 성령을 플라톤의 세계영혼과 동일시한 것도 교부들의 사유에 토대를 두고 있다.

사물들의 본질에 대한 이론적 인식인 아리스토텔레스의 실체론은 삶에 있어서 전적으로 무용하며, 그리스도교 철학에서 부차적이라는 생각(니사의 그레고리우스)은 플라톤의 생각과 일치하는데, 이는 소위 '그리스도교적 플라톤주의'로 불릴 수 있다. 하지만 이는 '대중을 위한 플라톤주의'(니체)에 해당하며, 그리스도교가 플라톤주의의 엘리트적인 태도와 거리를 두었다는 것을 말해 준다. 오히려 그리스도교는 전문가들의 진리가 아니라, 스스로를 생활 세계의 진리를 찾는 '어부의 철학'으로 여겼다. 배우지 못한 대중들(문외한, Idiota)로 대변되는 어부들은 단순한 진리로서 철학자들이 발견하지 못한 것을 발견함으로써 그리스도인들은 참된 철학자였다. 이는 지성과 단순함의 관계가 소크라테스적 무지를 통해 그리스도교적으로 변형된 형태라고 할 수 있다. 그리스도교는 지혜로운 자들로 대변되는 그리스 철학자들뿐만 아니라 철학을 모르는 이방인들인 어리석은 자들에게도 전파됨으로써 최고의 철학이자 살아 있는 철학으로서 보편성을 확보하게 된다. 이러한 보편성은 소수의 지혜로운 사람들이 아니라 모든 사람들에게 납득할 수 있는 보편적인 이성과 의식에 기반을 두고 있으며, 이런 점에서 플라톤의 철학을 능가한다. 그러나 폭력이 아니라 설득이라는 방식으로 보편성이 확보되었다는 점은 소크라테스적인 문답 방식(산파술), 플라톤적 전통이 최대치로 실현되었다고 할 수 있다.

IV. 그리스도교: 가장 오래된 철학

그리스도교 철학은 일신론에 바탕을 둔 유다적 사유와 다신론에 근거를 둔 그리스적 사유와 단순히 대조된 것이 아니기 때문에, 이를 넘어서서 어떤 포괄적인 연관성을 고려해야 한다. 그리스 철학은 본래 그리스 출신이 아닌 이방 출신의 창시자들로부터 기인한다. 플라톤도 자신의 사상을 이방인들로부터 철학 사상을 전수받았다. 그리스 사상이 수많은 고대 민족들, 특히 유다인들로부터 전수되었듯이, 유다교 또한 그 이전 시대의 민족들의 사상으로부터 양분을 섭취했다. 그렇기 때문에 유다교와 그리스 철학은 그리스도교에 있어서 필수적인 준비 교육이었다. 더 나아가서 그리스도교는 신과 하나 되려는 열망을 지녔지만 신을 공경하는 것으로 이어지지 못한 그리스 철학과, 과도한 의인화의 형태의 신을 섬기는 일신교를 자처한 유다교를 넘어서 새로운 방식으로 신을 공경하는 종교이다.

그럼에도 불구하고 그리스도교는 고대 사상의 전통과 단절된 것이 아니라 오히려 이런 전통을 새롭게 지속하는 것으로 자신을 이해했다. 다시 말해서 그리스도교는 고대의 철학적 신론의 전통에서 발견되는 신을 새로운 방식으로, 영적으로 공경되는 동일한 신으로 이해했다. 이 신은 유다인들에게는 예언자들을, 그리스인들에게는 철학자들을 보내준 것이다. 그런 의미에서 그리스도교 철학은 새롭지만 가장 오래된 철학으로서 그 역사적인 형태에서 원천적인 어떤 것이 전개된 최종적인 모습으로 이해된다. 그래서 그리스도교는 진리를 찾으려는 곳이면 어디서든, 철학이 있는 곳이면 어디서나 존재한다. 특히 그리스도교 철학은 그리스 철학이 수용한 그 이전 고대 사상들을 포함한다는 의미에서, 그리스 철학이 발전된 형태로서 그 자체로 원초 시대의 철학과 연결되며, 이로써 이교의 지혜와 그리스도교 신앙은 조화를 이루게 된다. 더 나아가서 이러한 조화는 이교도와 그리스도교의 평화로운 공존이라는 이상을 실현하려는 노력이 담겨 있다. 이와 같은 그리스도교의 포괄적인 진리는 그리스도교가 헬라이즘과 유다교를 필연적으로 따른 것이 아니라, 진리를 추구하며 선한 의지를 가진 모든 이들을 향해 열려 있다는 것을 말한다.

철학자들과 예언자들은 로고스와 함께 산 이들로서 그리스도인들이라 불렸다. 이들은 신적 로고스로서, 그러니까 최고의 선을 닮아가려는 노력으로 자신의 삶을 근본적으로 변화시키려고 노력한 철학자들이었다. 그러한 예는 이들의 사상과 그리스도교 사상과의 유사성에서 발견할 수 있다. 본성적인 의로움과 신에 대한 두려움 또는 경외를 지닌 선한 의지를 가진 사람들은 이미 그리스도를 따랐다고 할 수 있다. 이들의 삶은 이미 그리스도의 복음의 의미를 함축하고 있다. 노아와 아브라함을 신의 벗들로, 황제를 신의 사람으로 부른 것은 신플라톤주의와 그리스도교 철학에서도 수용되었고, 중세 전성기 철학에까지 영향을 미쳤다. 이는 그리스도교에 원천적이고 본성적인 참된 삶의 방식과의 일치를 의식하게 만들었다. 테르툴리아누스에 의하면 영혼이 하느님의 모상대로 창조되었기 때문에 인간은 본성적으로 그리스도교적 특성을 지닌다. 르네상스 시대에 이러한 사유가 다시 관심을 받았고, 그리스도교의 정신은 모든 것을 아울렀다는 평가를 내렸는데, 이는 교부들의 근본적인 사유에 해당한다. 그런 이유로 19세기에 헬레니즘은 다시 그리스도교로 들어가는 입구로 생각되었고, 심지어 아시아의 사상도 그리스도교의 근원으로 관심의 대상이 되었다. 이렇게 선재한 다른 문화에서 그리스도인들의 원형을 알아보게 됨으로써 포괄적인 진리를 탐구했던 교부들의 사상은 폭넓게 연구될 필요가 있다.

V. 성경도 철학이며, 부분 영역에서 세분된다

그리스 철학을 발전시켰으며, 보편적 이성을 토대로 하는 그리스도교 철학은 계시의 가장 중요한 원천인 성경을 그리스 철학의 학문적 구분에 따라 적용시켰다. 이는 교부들이 성경을 철학의 최고 형태로 보았기에 그리스 철학의 학문적 구분이 성경 자체에서 재인식될 수 있다는 것을 의미한다. 성서적인 것과 그리스적인 것, 성경과 철학이라는 대립된다고 생각되는 두 가지 사안이 교부들에게는 하나였던 것이다. 특히 오리게네스는 《잠언》을 윤리학으로, 《코헬렛》을 자연학으로, 《아가》를 정신적 직관(형이상학)으로 보았고, 다른 책들은 논리학(이후의 저자들은 신학으로 간주했다.)에 속한다고 보았으며 이러한 구분은 거의 모든 교부들이 받아들였으며 17세기까지 지속되었다. 이미 4세기에 앞선 세 분야는 그리스도의 가르침과 연결시켜 그리스도를 윤리적이며, 자연적이고, 신학적인 철학의 주님이라고 불렀으며(키릴루스), 십자가 팻말의 세 언어의 의미도 이런 식으로 해석되었다.

성경을 이런 방식으로 그리스 철학의 구분에 따라 세분하는 것은 플라톤 전통의 '상승의 길'을 따르는 것이다. 그러한 의미에서 아브라함은 윤리학을, 이사악은 자연학을, 야곱은 직관 또는 바라봄(에폽테이아)을 대표한다고 보았다. 그러나 특히 그리스도교의 자연학(《코헬렛》)은 아리스토텔레스적 의미의 이론적인 자연철학이 아니며, 오히려 감각적인 우주와 우주의 모든 덧없음으로부터 벗어나 삶의 특정한 방향을 설정하는 덕을 함양하며 마음을 정화시킬 목적을 지니는 실천적인 특성을 지닌다. 더욱이 솔로몬의 세 책인 《잠언》, 《코헬렛》, 《아가》는 영혼이 최종적으로 자신의 완성에 도달하게 되는 사다리의 세 계단으로, 내적인 인간을 위한 정신적인 훈련으로 이해되었으며, 앞선 아브라함, 이사악, 야곱도 신적인 철학의 삼중적 형태를 나타낸다고 보았다.

오리게네스의 철학에 따른 성경의 구분은 이후에 확장된 형태로 이어졌는데, 예컨대 창세기는 자연철학으로, 신명기는 윤리철학으로 여겨졌다. 더 나아가서 바오로 서간도 논리학에서 발전된 철학적 신학의 영역에 속하는 것으로 보았으며, 복음서, 특히 《요한 복음서》는 《아가》처럼 형이상학으로 여겨졌다. 이렇게 교부들은 성경의 각 권들을 철학의 그리스도교적 형태로 보았고, 그 윤리학, 자연학, 논리학이라는 삼분적인 형태에서 플라톤과 스토아적 관념을 완성시켰다. 이러한 의미에서 성경의 각 권에 대한 주석들은 단순히 이론적으로 해명되는 것을 서술하는 것이 아니라, 그 자체로 이미 영적이며 정신적인 수련이라는 것을 나타낸다.

VI. 세 분야의 통합적 지향점으로서 내적 인간

그리스도교 철학의 목적은 삼분화된 철학의 목적처럼, 내 자신과 더불어, 내 자신의 가장 깊은 내면과도 조화롭게 살 수 있는 삶의 방식을 교육하고 수련하는 것이다. 다시 말해서 윤리학인 《지혜서》, 자연학인 《창세기》와 《코헬렛》, 형이상학 또는 신학인 《아가》와 복음서는 자아, 주체, 영혼, 정신, 인간의 내면을 형성하고 강화하는 데 있다. 이와 같은 내면의 영역은 고대 철학에서 전통적으로 '내적 인간'이라고 불렸으며, 이는 플라톤으로부터 유래한다. 플라톤에게 있어서 내적인 것은 실천적인 범주에 속하며, 그리스도교에서 탄탄한 기반으로 수용되었다. 내적 인간은 명료한 감각적 인식에서 벗어나 있으며, 플라톤의 영혼의 세 부분(이성, 기개, 욕망)과 관련해서 내적 인간의 삶은 이성을 지닌 본능적 존재를 넘어서는 이성적인 영혼의 부분을 지배한다. 바오로 서간은 내적인 인간에 대한 플라톤적인 표상을 변형시켜 이해('매일 새로워짐')했다고 할 수 있다.

플라톤-바오로적 표상에 근거해서 교부들은 인간을 외적 인간과 내적 인간으로 구분하지만, 이 이중적인 형태는 하나의 인간 안에 존재하는 두 인간의 모습이다. 그리고 교부 시대를 비롯해서 중세의 전통은 내적 인간의 두 계기로서 신의 상(像)과 유비를 구분했다. 여기서 신의 상은 첫 창조를 통해 만들어진 피조물로서 인간이다. 반면에 신의 유비는 인간의 자발적인 완성을 통해 이루어진 인간이다. 이러한 유비적인 특성은 본래적인 상의 특성을 상실할 수 없다.

신플라톤주의의 영향을 받은 아우구스티누스에 의하면 인간은 내적 인간과 외적 인간 사이의 경계에 사는 지평의 존재이다. 그리스-그리스도교적 견해에 의하면 인간은 경계선에 사는 존재론적 중간 위치에 있다. 필론에 의하면 인간은 죽을 본성과 불멸의 본성을 지니고 있으며, 덕과 윤리적 악 사이를 왔다 갔다 한다. 이러한 사유는 그리스도교에 수용되었고 인간은 감각 세계와 지성 세계에 동시에 속하면서 이 두 세계 사이에 다리를 놓는다. 이렇게 내적 인간은 이중적인 방식으로 두 세계 사이의 경계에 서서 그때마다 자신의 의지를 통해 선(善)에 참여하는 정도를 결정한다.

다른 한편 인간은 자신의 중간적 위치를 통해 항상적인 변화에 예속되어 육체적으로 변화되지만, 이렇게 변화되는 것은 내적 인간이기도 하다. 그런 의미에서 근본적인 가변성은 인간의 유한한 자유이기도 하다(바실리우스, 니사의 그레고리우스). 하지만 이 창조된 자유를 통해 내적 인간은 끊임없는 자기 변화와 성장을 통해 선을 실현시킬 수 있다. 바실리우스는 이것을 내적 인간의 일상적인 새로움으로 이해했다. 육체적인 삶에서 한갓된 기억이 내적 인간에서는 의식적인 생각이 된다.

플라톤 철학에 근거하지만 이를 넘어서서 인간에 대한 근본적이고 포괄적인 특성을 인식한 그리스도교 철학은 처음으로 인간의 내면성을 원리로서 사유했다. 외적 인간이 아니라 내적 인간이 염려와 주의, 보호와 돌봄의 본래적인 대상이 되는 것이다(오리게네스, 암브로시우스). 내적 인간은 정신 안에서 재탄생한 새로운 인간이다. 이는 그리스도교에서 세례에 해당된다. 오리게네스에 의하면 내적 인간은 영혼 전체의 삶을 포괄하며, 육체적 감각과의 유비로 이루어진 정신적 감각(마음의 감각, 신적 감각, 정신의 기관)도 내포하는데, 이는 신적 존재의 특별한 측면을 알아보는 데 적합하다. 육체적 성장과 쇠퇴처럼 유비적 의미에서 내적인 인간도 정신적인 성장에 따라 삶의 단계가 구분되지만, 육체적 쇠퇴와는 달리 정신적으로는 최종적으로 윤리적 삶을 통해 영원한 삶(지복)으로 영적으로 변화된다.

내적 인간은 행위의 이면에 있는 의도로서 선을 그 자체로 규정하는 '양심'이기도 하다. 내적 인간의 배 부분에 해당하는 양심(아우구스티누스)은 전통적으로 정신 또는 영혼을 이끄는 부분이다. 이후에 내적 인간은 기억, 감각, 의지의 삼중성으로 이해됨으로써 이론적인 요소와 실천적인 요소의 합치로 여겨지며, 이 중에 의지는 특별히 내적 인간의 얼굴(베르나르두스)로 불렸다.

VII. 인간의 의식(에피노이아)

그리스적 사유에서 정신(누스)은 인간의 의식과는 달리 신적인 원리를 나타냈다. 후기 신플라톤주의를 거쳐서 스토아주의에 이르러서 실재와 대립된 인간의 의식이 '에피노이아'라는 용어로 표현되었다. 우선 '헛된 생각'은 감각적인 것과의 접촉을 통해 제거가 이루어지고 다양한 의식으로 이행된다(전이). 이러한 의식의 전이는 비물질적인 것으로 이행되며, 플라톤적인 의미에서는 '지성으로라야 비로소 알 수 있는 것'으로까지 진행된다. 이러한 전이를 통해 인간은 감각적 경험을 넘어서는 초월적인 것을 획득한다. 인간의 의식은 객관적, 감각적 실재 너머의 고유한 영역으로 확정된다.

스토아 철학에서 객관적인 실재와 인간의 의식 간의 대립은 자립체와 에피노이아라는 용어로 표현된다. 플로티누스에게 있어서 정신은 다른 두 자립체(하나(一者), 영혼)의 가운데 등급을 차지하는 반면, 에피노이아는 유한한 인간의 의식에 사용했다. 이렇게 철학에서는 의식과 현실, 사유된 것과 실제적인 것, 개념과 사물을 구분했다.

다른 한편 다비드는 에피노이아와 한갓된 에피노이아를 구분했다. 추상을 통해 산출된 것은 에피노이아인 반면에, 자의적으로 상상을 통해 합성되어 실제로는 존재하지 않는 것은 한갓된 에피노이아에 해당된다. 그러나 플라톤적 관점에 의하면 본래 존재하지 않는 것은 생각 속에서도, 현실에서도 존재하지 않는다.

그리스도교 철학은 오리게네스로부터 시작해서 스토아주의의 에피노이아 개념을 받아들여 고유한 것으로 만들었다. 특히 삼위일체 문제와 관련해서 세 신적 '위격'(휘포스타시스, 자립체)은 개념적인 차이(에피노이아의 차이)가 아니라, 존재론적인 지위가 문제가 된다. 말하자면 인간 의식의 한계를 통해 제한되게 표지된 이름들(예수에 대한 상징적 이름들)은 본질적이고 자립체적인 존재 영역을 사유된 존재로 나타내는 것이다. 이러한 사유는 또한 당시 인간의 의식을 저평가했던 아리우스주의와 같은 이단들에 대한 방어이기도 했다.

에피노이아가 무엇인가라는 물음은 에우노미우스와 바실리우스, 니사의 그레고리우스 간의 논쟁에서 잘 나타난다. 에우노미우스에 의하면, 에피노이아는 스토아주의에서 말하는 것처럼 창조적인 잠재력을 지닌 의식이 아니라, 언어가 발설됨으로써 공허한 말(단순한 소리)

로 사라지는 뜻이 없는 이름, 의미 없는 표현에 불과하며, 한갓 우연히 생각된 것의 원천이다. 반면에 바실리우스와 그레고리우스는 인간 의식을 창조적이고 의미 구성적인 이성으로 생각함으로써, 인간 의식의 존엄성을 회복하려고 했다. 에피노이아가 어떤 것을 표지하는 의미를 갖는다면, 표지된 것은 표지된 우연한 대상과 동일한 것이 아니라, 존재론적으로 어떤 고유한 수준을 나타낸다. 따라서 말의 울림이 사라져도 그 말의 의미는 의식에서 사유된 것으로 남아 있기에, 에피노이아는 의식의 행위이자 의식의 내적인 결과, 곧 사유된 것(노에마)도 나타낸다. 에피노이아를 통해서 구성된 것은 물리적 실체가 아닌 내용의 의미로서 이는 인식된 그것에 고유한 규정성(고유한 이름)을 부여한다.

　이로써 인간에 의해 사유되는 것은 특정한 관점과 의미에서 파악되는 것이며, 사유의 한계는 이런 관점들이 연결됨으로써 극복된다. 어떤 대상에 대한 수많은 에피노이아는 그 실재의 그때마다 상이한 측면과 의미를 나타내는 것이다. 이렇게 에피노이아는 인간이 창조한 기술, 문화, 학문의 바탕이 된다. 그렇기 때문에 교부 시대의 에피노이아는 삶에 기여하는 이성으로서 오용될 가능성도 있지만, 본래는 좋은 목적을 위해 신이 인간의 본성에 빌려준 것이다. 그렇다고 신이 육체를 지닌 인간의 실존처럼 감각을 통해 의식을 표현하는 것은 아니다. 신적인 의식은 정신적인 것으로서 전적인 봄, 전적인 들음, 전적인 인식인 '전체를 통한 총체'이다. 따라서 신 자신은 자신을 전달하기 위해서 말과 표지를 필요로 하지 않으며, 이는 인간이 필요로 하는 것으로서, 언어는 오로지 인간에 의해 고안된 것이다. 신은 사물들의 창조자이지 언어의 창조자는 아니다. 따라서 언어(이름, 개념)는 본성이 아니라 자유의 표현이다. 에피노이아는 추론적인 이성의 능력이며 화자의 결정에 의존하는 것으로 대화 상대자의 자극에 근거해서 존재하기에(그레고리우스) 언어, 이름의 다양성도 고려되어야 한다.

VIII. 기억 또는 잃어버린 자아에 대한 추구

인간 의식이 자기 자신을 자각할 수 있는 것을 기억이라고 부른다. 헤겔에 의하면 기억은 보편적인 것을 인식하는 것으로서 자신 안으로 들어가고 자신을 내면적으로 만드는 것에 다름 아니다. 이는 플라톤의 상기론에서 아우구스티누스적 의미의 기억으로 가는 길에서 성취된 의미인 앎을 내면화하는 길이다. 플라톤에게 있어서 기억은 지각된 것을 단순히 보존하는 것인 반면에 상기는 기억을 의식적으로 재개하는 것이다. 경험적인 인식이 아니라 존재자의 완전한 원형인 이데아에 대한 선험적 진리(존재자의 진리)가 상기의 고유한 대상이다. 그런 의미에서 상기는 망각(레테)을 몰아내고 정신을 통해 진리를 발견하는 것이다. 하지만 플로티누스에 의하면 기억은 신 또는 정신의 속성이 아니라 오로지 영혼의 일로서 영혼 안에 현존하는 잠재적인 능력을 실현하는 것이며 정신적인 수련이며 그것을 통해서 사물들이 현재화되는 '강화'이다. 망각이 극복됨으로써 기억은 상기가 된다. 특히 플라톤주의에서 상기는 매일 행해지는 정신적인 수련 중의 하나였다. 기억은 영혼이 자기 자신 안으로 들어가는 것이며, 영혼이 선천적으로 자신 안에 지니고 있는 것을 실현시키는 시간이 없는 행위이다(플로티누스).

이와 같은 신플라톤주의의 관점에 아우구스티누스의 기억(메모리아) 개념이 연결된다. 기억은 상기, 원천적 습성, 회상, 상상, 무의식, 사유가 통합된 개념으로서, 기억 속에서 고유한 과거는 지나간 것이 아니라 발견된 현재로 나타난다. 더 나아가서 기억은 사유의 기관으로서 흩어진 것을 모아서 하나의 사유로 집중시킨다. 이로써 기억의 무한한 장은 인간의 영혼, 자아이다. 기억은 현재적이며 내면적인 상태의 고유함이 과거에 존재했던, 바로 그런 상태를 드러낸다. 더욱이 기억은 내적 인간이자 신비적 인간이다. 이는 내적 인간이 기억의 주체이자 동시에 객체로서 자아가 자신을 재발견하기 위해 자신을 찾는 것, 기억하는 것이다. 하지만 자아는 기억을 통해서 참된 자아를 찾지 못했다는 것을 경험한다. 그럼에도 불구하고 자아는 자신이 본래 찾은 것은 자신의 내면에만 있다는 것을 안다. 더 나아가서 진리의 인식은 진리를 기억하는 것이며 이는 영적인 삶을 통해 실현되고, 의식을 담지하는 기억의 근원인 신적인 진리를 자각하게 해 준다. 결국 내적 인간의 자기 초월은, 자신이 찾은 것이 진리 자체는 아니라는 고백으로 이끈다.

IX. 내적 언어

말을 한다는 것은 의미 있는 소리를 만들어 내는 것이다. 외적으로 표현된 말은 마음의 숨겨진 생각을 드러낸다. 스토아주의에서는 이것을 내재하는 로고스와 외적으로 표현된 로고스로 생각했다. 내적인 말은 실제로 나로 존재하는 것을 그 자체로 취하는 나의 것, 의견이다. 이러한 스토아적인 사유는 그리스도교 철학에서 수용되어 확장되었다. 여기서 내적인 로고스는 영혼의 자기 자신과의 대화로서 내적인 말이며 본래적 의미의 말이다. 이는 신적 로고스의 산출로서 이해될 수 있지만, 신적인 말과 인간의 말은 유비를 통해 이해되어야 한다. 말하자면 양자는 구조적인 동일성을 지니지만 본질적인 차이도 있다.

정신은 말에서 구체적인 형태를 갖춘다. 정신은 내적으로 머무는 로고스이지만 로고스는 돌출되는 정신이다. 인간의 말처럼 신의 말은 정신에 있어서 해석자와 그 말을 전달하는 자의 그때마다의 방식에 따라 존재한다. 그러나 인간의 로고스에 있어서 내적인 말과 외적인 말의 구분은 이 로고스가 무상하고 덧없이 지나가서 사라진다는 것을 표현할 뿐이다. 반면에 신적인 말은 유한한 의식을 통해 산출된 개념이 아니라, 실체(휘포스타시스)로만 생각될 수 있다. 말하자면 신의 말은 그 자체로는 신 자신이다. 내적인 말로서 로고스의 기원은 정신이지만 원천인 이 정신과는 다르며 정신 자체가 아니다. 다른 한편 내적인 말은 본성에 따라서는 이 말과 하나인 정신의 존재를 드러낸다.

특별히 아우구스티누스는 스토아-플라톤적인 요소를 수용하여 이를 고유하게 발전시켰다. 내면에서 사유된 우리의 말은 음성적인 형태를 취해서 감각적인 것이 된다. 내적인 말의 산출은 신의 아들을 낳는 사유의 행위에 상응한다. 그러나 말의 의미는 듣는 사람에게 어떤 특정한 의미를 전달함으로써 발설되는 음성보다 선재함으로써 내적인 말, 마음속에 개념화된 말이다. 더욱이 내적인 말은 상호주관적인 특성을 지닌다. 말은 그 말의 소리를 듣는 사람에게도 주체로서 연결되어 생각된 것, 정신으로 실현된 것이다. 더욱이 내적으로 생각된 것은 말하는 사람에게 보전되면서 항상 자신 안에 남아 있다. 내적인 말은 말하는 사람 안에 남아 있어서 말하는 사람을 떠나지 않는다. 하지만 동시에 내적인 말은 소리를 통해서 듣는 사람 안에서 동일한 말로 존재한다. 아우구스티누스는 내적인 말을 지성적, 비가시적인 말이라고 부르며, 이 말은 말하는 사람과 듣는 사람 사이에서 같은 것으로 동일하게 남아 있는 것이며 변화되지 않는 의미를 지닌다. 이미 인식된 것에 있어서 내적인 말은 항상 상이한 감각적 인상들을 종합하며 이것들을 하나로 나타낸다. 하지만 내적인 말은 단순히 외부로부터 받아들인 것을 단순히 종합한 것은 아니다. 내적인 말은 기억 속에 숨겨진 보고에서 구성된 것으로 참된 사건에 대한 참된 말이며 정신의 가장 내면에서 만들어진 말이며, 정신의 진리이다. 정신이 자신을 외적으로 표명하는 것은 정신적인 존재가 하나의 참된 말에서 표현하는 것만큼 뜻한다는 것을 말해 준다.

그렇기 때문에 내적인 말은 이미 항상 본래부터 참된 것에 대해 의식한 결과로서 내적인 앎으로써, 이 내적인 말에서 처음에 신에게 있었던 말과의 유사성도 알 수 있다. 따라서 내적인 말은 사태 자체를 직접적인 방식으로 신적인 진리의 빛에서 내적 인간에게 드러내 준다. 중세의 많은 저자들은 아우구스티누스와 연관된 의미에서 내적인 말이 인식하는 자 안에서 인식된 것으로 존재할 뿐만 아니라 '객관적인 존재 방식'을 갖는 것으로 생각했다. 이는 아리스토텔레스적인 사물의 형이상학의 한계를 넘어선 것이다.

X. 믿음과 신뢰

내적인 말은 사유 과정의 내적인 결과이다. 그러나 사유는 믿음과 대립되는 것이 아니라 사유의 필수적인 요소라는 것이 교부 철학 전체의 주제였다. 믿음과 신뢰는 내적 인간의 일이며 영혼의 능력으로서 인간의 자유에 근거한다. 그리스 철학에서 저평가된 믿음이 그리스도교에서는 자유의 일로서 실천적인 어떤 행위이며 의지의 일이며, 그 자체로는 모든 행위의 원리이자 이성이 규정하는 의지의 움직임에 대한 토대가 된다. 믿음은 영혼을 자유로운 동의로 이끌고 진리의 순수한 충만함에 대한 긍정이다. 분리되지 않고 순수하다는 것이 바로 믿음의 고유성이다(바실리우스).

개별 학문들은 제일원리들을 스스로 증명할 수 없기에 이를 신뢰와 믿음으로 수용한다. 이렇게 믿음은 수용이라는 긍정적인 형태로서 인식의 중요한 단계이다. 그리스도교는 비이성적인 측면을 고수하는 '맹신주의'를 비판하며 그리스 철학과 연관해서 이성적인 믿음에 대한 관념을 발전시켰다. 하지만 그리스 철학이 믿음 대신에 보편적인 학문적 논리 정연성을 강조한 반면에, 그리스도교는 인간의 삶이 철학의 토대라는 점을 강조하며 이성 이전의 믿음의 요소를 유효하게 만듦으로써, 믿음이 삶에 속하며 삶 자체가 이성적인 어떤 것이라는 것을 말한다. 말하자면 그리스도교 철학이 확신한 것은, 그리스 철학에서 품은 이성의 이상이 실제 인간 삶의 현실에서는 믿음에 해당되며, 이 믿음은 선(先)이성적인 요소이자 이성적인 것 자체라는 것이다. 오리게네스에 의하면 오히려 비이성적인 요소는 전통적인 철학의 이성성에 깃들어 있다. 플라톤주의나 스토아주의는 자신들이 비이성적이라고 간주한 것인 믿음을 근거로 자신들의 우월성을 주장한 것이다. 그리스 철학이 필연적인 논증이라는 이상을 목표로 삼더라도 이는 필연적인 선이성적인 원동력에 근거하는 것으로서 믿음은 본성적으로 모든 사람 안에 내재한 경향이다.

따라서 그리스도교 신앙이 비합리적이라는 비판을 반박해서(켈소스에 대한 오리게네스의 반박, 마니교에 대한 아우구스티누스의 반박) 믿음은 인간의 보편적인 삶에서 확고한 기반을 마련해 준다는 것을 보여 준다고 주장한다(우정, 부모와 자식 관계 등). 오리게네스와 아우구스티누스는 종교적 신앙이 내적인 이성적 능력을 지니며, 자명한 제일원리(스스로는 증명될 수 없는 원리)와 같다고 보았다. 따라서 믿음은 인식에 선행한다. 그러나 믿어지는 모든 내용도 이성적으로 통찰될 수 있다고 보았다. 후대에 토마스 아퀴나스와는 달리 마이스터 에크하르트와 같은 부류에 있어서 철학적 지식이 신앙의 신비(강생과 삼위일체 등)를 다룰 수 있다고 본 입장, 곧 '믿음의 지성화'는 교부들의 근본적인 입장과 같은 것이다.

그리스 철학에서 신뢰 또는 믿음의 개념이 자기 헌신(헌정)이라는 축소된 의미로 사용된 반면에, 그리스도교에서 믿음은 알렉산드리아의 클레멘스와 오리게네스를 통해서 지성적인 의미로 확대된다. 특히 그리스 교부들에게 있어서 믿음은 '이해하다'라는 말과 마찬가지로 어떤 것 안에 확고하게 자리를 잡고 있다는 의미를 지닌다. 말하자면 이렇게 자리를 잡고 서 있다는 것은 철저하게 이해하는 것과 관련된다. 신플라톤주의의 프로클로스 같은 학자는 믿음이 좋음(선의 이데아) 안에 내적으로 존립하는 머무름으로서 이 좋음 안에서 자체로 근거되는 앎이며 그 위에 확고하게 자리를 잡는 것으로 이해했다.

이는 지성적인 인식 저편의 '하나'(헨) 자체와 하나가 되는 것으로서 '지성적인 믿음'에 해당한다. 이 믿음은 자신보다 앞선 것에 대한 자기 헌신, 자신을 내어 맡김으로서 이성적인 실존에게 가장 내면적인 것이다.

이러한 지성적인 믿음의 개념은 위(僞)디오니시우스를 통해서 그리스도교로 전수된다. 믿음은 인식에 있어서 필수적으로 선재하는 요소로서, '영혼의 눈'이며 정신은 믿음을 필요로 한다(테오도레트). 믿음과 이성, 믿음과 지식은 대립적이기는 하지만 서로를 배제하지는 않는다. 믿음은 영혼의 상태로서 내적인 인간이 수련해야 하는 것이다. 믿음은 어떤 내용에 대한 동의로서 모든 인식에서 필수 불가결한 근거이다. 클레멘스에 의하면 아버지와 아들처럼 믿음과 인식은 함께 속한다. 바실리우스에 의하면 더욱이 믿음은 인식에 선행한다. 더 나아가서 신의 현존에 대한 인식은 신에 대한 믿음에 선행한다. 이렇게 그리스도교 철학자들은 일부 그리스도교의 특수한 교리 내용을 제외한 모든 것에 대해서 본성적인 이성의 진리로 해결하려고 했다.

XI. 의도와 지향

오리게네스는 육체적인 성장과 더불어 내적 인간의 성장을 구분했는데, 여기서 관건이 되는 것은 의지와 연결되는 자유이다. 아리스토텔레스는 '의도'를 자연 또는 인간 본성에 기여하는 데서 성립된다고 본 반면에, 오리게네스는 의도를 본성 또는 자연에 배치되는 규정하는 원리로 보았다. 스토아 철학에서 의도를 인격성의 정수로 보는 관점을 받아들인 그리스도교 철학은 인간 자유의 중심적인 역할을 강조했다. 여기서 자유는 전통적인 본질 철학에서 말하는 것처럼 본질에 의존하는 것이 아니라 자유가 본질 자체를 규정하게 된다. 자유 자체는 신이며 무조건적이고 참된 선이기 때문에, 인간은 신으로부터 자율적인 의지를 부여받았다. 이 의지 또는 자유는 본성 또는 본질과 대립되며 본래의 우리 자신을 나타낸다.

개별 인간의 차이는 그의 의지와 자유에 근거한다. 특히 그리스 교부들은 본질과 대립되는 자유의 우위성을 강조했으며, 이는 현대에까지 영향을 미쳤다. 변화되지 않는 본질이 아니라 변화될 수 있는 의지가 인간의 개별성을 구성한다. 오직 자유를 결정하는 의지만이 선과 악의 고유한 장소이다. 행위의 윤리적 가치는 의지, 지향 또는 의도(윤리적인 의지)에 있는 것이다. 덕과 악덕은 본성과 함께 주어진 성향이 아니라 의지의 의향에 근거를 두고 있다.

특히 죄에 대한 의지의 특별한 관계는 '지향'이라고 불린다. 지향은 명시적으로 드러나는 의지보다 앞서며 환경에 종속되는 것을 넘어서 어떤 성취를 암시한다. 요한 크리소스토무스는 스토아 철학의 이런 지향 개념을 수용해서, 바오로 사도의 '매일의 죽음'의 의미를 종말에 대한 지향과 준비로 이해했다. 신은 외적인 과정의 결과가 아니라 선택하는 사람의 지향으로부터 판단한다(아브라함이 이사악을 제물로 바친 경우). 바실리우스에 의하면 지향은 행위를 근거 짓는 자유로운 이성의 움직임으로서 육체적으로 조건 지어진 행위와 대립된다.

스토아주의에서 의도는 가장 내적인 자유 의지 행위로서 동의에서 성립되며 인격적 동일성으로서 자아의 본질을 이룬다. 그리스도교는 이러한 동의를 모든 이론적 인식의 실천적 요소로, 곧 믿음을 거

쳐서 확실하게 되는 앎으로 파악한다. 그리스 철학에서 '내적인 동의'
가 모든 인식에 있어서 자유의 보루이면서 동시에 자의적인 행위로도
생각되는 반면에, 그리스도교에서 내적인 동의는 실천적인 동의로서
의지의 일이며 행위의 본질을 형성한다. 따라서 아우구스티누스에 의
하면 죄는 욕정이나 욕심이 아니라 악에 대한 동의에서 이루어진다.
동의는 격정의 감정 너머에 있는 이성의 내적인 긍정인 것이다. 요한
크리소스토무스에 의하면 구체적인 숙고에 대한 동의는 행위의 성취
이며, 이 동의는 내적 인간의 고유한 행위이다.

XII. 후회 또는 참회와 부끄러움

내적 인간의 삶은 참회의 삶이다. 그리스 철학에서는 비윤리적인
상황에서 자유롭지 않은 행위를 일시적으로 교정한다는 의미에서만
참회를 이해했다. 더욱이 스토아 철학에서는 후회를 부정적으로 간주
했다. 반면에 바실리우스에 의하면 참회는 윤리적인 과오에 따른 정
신적인 훈련이며, 이는 깨어 있음과 단식으로 나타나며, 자기 자신에
대해 주의를 돌리는 형태로서 영혼의 잘못에 대해 직접적으로 의식하
는 자기의식의 한 형태이다. 교부들에 의하면 참된 참회는 자신과의
거리 두기에서 성립된다. 이렇게 모든 선의 원천으로 향하는 움직임
을 통해서 근본적인 변화가 이루어지는 참회는 그리스어로 '메타노이
아'로 표현된다. 죄로 인해 윤리적으로 죽은 사람은 참회를 통해서
다시 살아난다. 그리스도교 철학은 이전에 그 어떤 철학도 의식하지
못했던 인간 실존에 대한 이러한 근본 체험을 간직했다. 선과 악을

본질적, 본성적 범주로 보는 영지주의와는 달리 디디무스에 의하면 참회는 자유가 전제되는 곳에서만 말해질 수 있다.

부끄러움은 참회와 유사하지만, 인간 본성에서 부끄러움은 죄에 따라오는 것이며, 반면에 참회는 자유롭게 하는 것으로서 개방성과 솔직함과 연결된다. 플라톤에게서 부끄러움과 자유의 대립적 의미가 그리스도교로 수용되었다. 그레고리우스에 의하면 죄, 그리고 죄와 연결된 부끄러움을 통해서 본래 신으로부터 인간에게 부여된 자유가 은폐되고 묻히게 되었다. 여기서 자기 소외가 생기며 참회만이 이를 해소하고 자유롭게 할 수 있다. 이렇게 자유는 부끄러움과 참회의 가능성에 대한 근거와 조건이다.

그리스도교 철학에서 부끄러움은 숨겨진 선과 자유의 표징이다. 이렇게 부끄러움에 대한 긍정적인 평가는 그리스 문화에서는 광범위하게 이루어졌다. 여기서 부끄러움은 내가 아닌 타인이 보는 방식에 관련된 것이 아니라 특정한 방식으로 자신을 보는 주체 자신을 나타낸다. 부끄러움을 느끼는 것은 항상 자신인 것이다. 이러한 의미에서 피타고라스는 자신에 대한 부끄러움을 가장 중요한 윤리적인 행위로 간주했다. 다른 한편 부끄러움은 자기 행위의 수치스러움을 의식하는 것으로서 이러한 수치를 방어하고 물러나는 태도이다. 스토아주의자들은 부끄러움을 치욕과 수치에 대한 두려움으로 여겼다. 그리스도교는 이러한 점을 수용해서 자신의 고유한 수치 행위로 되돌아가는 순간을 관찰자의 순간이 아니라 자신의 삶을 변화시키려는 실천적인 의식의 순간으로 보았다. 따라서 부끄러움은 양심의 행위이며 이 행위를 통해 의식의 변화가 일어난다. 부끄러움은 자기 교정의 형태이며 선에 대한 첫걸음으로서 윤리적인 것 전반의 토대가 된다. 이는 자신에 대한 부끄러움을 모든 덕의 첫 번째 원천이라고 한 신플라톤주의자 히에로클레스의 견해와도 맞닿아 있다.

부끄러움이라는 개념에는 본질적으로 어떤 것을 숨기고 감춘다는 의미가 들어 있다. 수치스러워한다는 것은 자신을 기꺼이 보려고 하지 않음으로써 이 수치를 숨기는 것이다. 이렇게 부끄러움은 자신을 숨기려고 하는 것이며 보이지 않는 것을 가리는 영혼의 옷과 같다. 그리스도교는 이러한 의미를 강화시키고 이를 내적 인간에 대한 이론과 연관시켰다. 따라서 부끄러움은 내적 인간의 얼굴을 숨기는 것이다. 자신을 숨기는 것은 주체성을 표현하는 것이다. 부끄러움은 자신을 은폐하면서 인간의 조건에 대해 의식하게 되는 것이다.

그레고리우스에 의하면 부끄러움 때문에 영혼이 자신의 얼굴을 베일로 가리는 것은 잘못으로부터 빠져나오기 위해서이다. 부끄러움은 본래 주어진 직접적인 실존의 통일성이 굴절됨으로써 인간의 본성적이고 감각적인 존재와의 분리(자신의 육체성과의 내적인 거리)가 이루어진다. 그래서 동물은 부끄러움이 없다. 따라서 부끄러움에는 물리적으로 은폐해서 자신을 지키려는 옷의 윤리적 원천도 근거되어 있다. 이렇게 부끄러움에서 자신을 은폐하는 요소는 자신과, 자신의 육체와의 고유한 내적인 거리를 나타내며 헤겔 이후 이 내적 거리는 자유라고 불리게 된다.

XIII. 내적 인간에게 가장 내적인 것: 양심

양심은 내적 인간을 시험하는 시금석이며 인간 자신이다. 양심에 대한 근대적 표상들은 고대 후기 철학에서 유래한다. 고대 철학에서는 양심에 대한 고유한 이론은 없었지만, 자신에 대한 집중과 염려와 같은 관심은 그리스도교로 이어져서 그리스도교에서는 양심을 마음을 쓰는 신중함의 대상으로 여겼다. 스토아주의와 에피쿠로스주의, 신피타고라스주의에서는 매일 양심 성찰을 통해 일상적인 자기 검증을 권유했으며, 신플라톤주의자인 히에로클레스도 양심 성찰을 '내적인 법정'으로 여겼다. 필론에게서도 영혼은 스스로의 고소인이자 판사, 그리고 동시에 증인으로서 자신을 검증한다. 이렇게 고대 철학에서 양심을 성찰하는 것은 자신에게 집중하는 첨예화된 형태였고 자기 검증이며 참된 철학의 불가결한 요소였다.

더욱이 고대 철학에서는, 이렇게 스스로를 검증할 수 있다고 생각한 것을 인간 안에 있는 신적 요소를 가정해서, 참된 인간과 영혼 간의 차이(칸트에서는 실체적 자아와 현상적 자아)를 통해 설명했다. 그리스도교에서는 이러한 양심의 표상을 수용해서 정신적 수련의 의미를 강조했다(아우구스티누스). 바실리우스에 의하면 각자는 내면에서 양심을 고소인으로 지니고 있으며, 요한 크리소스토무스는 이를 자신을 통해 유죄판결을 내리는 자로 부른다. 이렇게 그리스도교 철학에서 양심을 연구하는 것은 자신의 의식에 집중하는 자기 검증으로서 근본적인 철학의 내용이다. 자아의 안정성은 양심의 연구라는 정신적 행위를 통해 도달한다. 좋은 양심은 영혼의 참된 축제로서 내적인 낙원(아우구스티누스)이며 삶의 성취이다. 요한 크리소스토무스는 매일 영혼을 위한 축제의 날로 여김으로써 축제를 그리스도교적 형태로 만들었다. 그러니까 좋은 양심을 통해서 영혼은 자기 자신에 대해 긍정하게 된다. 따라서 자기 자신에 대한 내적 인간의 동의는 그리스도교적 의미에서 축제로 이해된다.

양심은 선과 악에 대한 앎으로서 신으로부터 인간에게 선사된 자유이다. 양심은 일종의 선험적인 지식에 관련되어서 우리는 이를 처음부터 알고 있다(요한 크리소스토무스). 그러한 한에서 양심은 이미 알고 있고 이해하고 있는 것으로서 우리와 더불어 말한다. 양심은 그 자체로 무엇이 선하고 악한지에 대한 선험적인 앎으로서 모든 인간 안에 들어 있다. 아울러 양심은 윤리적인 자율성의 원천이기도 하다. 인간은 스스로 선을 선택하고 악을 혐오할 수 있는 것이다. 더 나아가서 내적 인간인 양심을 거쳐서 신 인식의 길로 나아갈 수 있다(니사의 그레고리우스).

XIV. "사랑의 가장 아름다운 꽃": 용서

죄는 인간의 조건이며 인간은 필연적으로 다시 잘못을 저지르며 누구도 죄에서 자유롭지 못하다. 죄는 자기 교정이라는 의미에서 형벌을 받을 수 있지만, 세상에서 죄를 통해서 성립된 악을 해결하는 다른 형태는 용서이다. 그리스 철학은 용서라는 의식을 발견했지만 그리스도교에서 비로소 용서의 의미를 완성시켰다.

그리스적 의미의 용서는 연약한(무지하고 자발적이지 않은) 타인에 대한 공감과 이해의 측면에서 고찰된다. 플라톤과 스토아주의에 있어서는 용서가 일종의 미봉책으로서 풍자와 기피의 대상이 된다. 특히 스토아주의자들은 용서를 영혼의 나약함으로 보고 거부했다. 그리스 철학에서 용서는 덕이 아니며, 비자발적인 것으로 본성적이고 감정적인 것으로 여겨졌다. 용서에 대한 이런 부정적인 평가는 그리스 철학에서 법적인 죄는 중요하게 생각했지만, 윤리적인 죄에 대한 개념이 발전되지 않았기 때문이다. 반면에 그리스도교에서는 의지와 부합된 자유가 본성과는 다르다는 고유한 의지론이 발전되었다. 교부들은 윤리적인 죄의 고유한 성질에 대해 의식했기에 타락을 의지와 의향의 일로 생각했다. 이렇게 그리스도교 철학은 윤리적인 잘못을 의지에 귀속시킴으로써 윤리적인 잘못을 무지의 형태로 환원시키려는 플라톤-아리스토텔레스적 지성주의와는 대별된다. 교부들에게 있어서 의지는 선함 또는 악함에 대한 근거이다.

더 나아가서 교부들은 지성에 비해서 의지의 독립성을 강조했다. 그리스 철학의 지성주의에 대한 비판은 용서라는 개념에서 결정적인 의미를 지니게 된다. 용서는 윤리적인 죄를 사면하는 것으로서 죄가 파괴한 것을 다시 복구시키는 내적 인간의 회복으로 이해된다. 용서는 자기 자신의 수치스러운 행위에 대한 인간의 내적인 거리 둠으로서 참회를 통해 시작된 것을 완성한다. 그 때문에 용서는 참회의 열매이다. 그리스도교 철학은 스스로 신을 모방하며, 특히 요한 크리소스토무스에 의하면 용서에서 우리는 신을 특별한 방식으로 모방한다. 신이 우리를 용서하기 때문에 우리는 서로를 용서해야 한다. 따라서 내적 인간이 용서를 통해서 회복되는 한에서, 용서도 정신적인 수련으로 이해되어야 하며 용서를 통해서 자기 자신에게 끊임없이 의식을 집중시키게 된다.

용서는 단순히 관대함이 아니다. 용서를 통해서 화해에 도달하게 되는 것이다. 왜냐하면 용서는 필연적으로 항상 상호간의 주체적인 행위이기 때문이다. 나는 용서를 청할 수 있지만 내 자신을 용서할 수 없기에, 항상 타인만이, 최종적으로는 윤리적인 선의 총체인 신만이 우리를 용서해 줄 수 있다. 신에 의해 우리의 죄를 용서받는 것은 우리의 고유한 과거와 화해하는 것이기도 하다. 용서의 행위를 통해 우리는 분리시키는 죄가 없었던 것처럼 타인에게 받아들여진다는 것을 알게 된다.

그러나 신플라톤주의자인 심플리키오스는 그리스도교의 용서 개념을 불합리한 것으로 여기고, 이는 신과 인간을 동일시하는 미숙한 '신인동형론'에 불과하다고 치부했다. 그는 우리가 죄를 지음으로써 신이 아니라 우리 스스로에게서 멀어진다(자기 소외)고 생각한 것이다. 그리스도교 철학은 이러한 비판을 넘어서 용서의 철학을 수립했는데, 이는 윤리적인 죄의 용서가 인간 실존의 근본 요소이며, 플라톤의 견해와는 달리 인간의 고유한 점일 뿐만 아니라 궁극적으로 '신의 술어'로 생각되어야 한다는 것이다.

XV. 원죄, 죽음, 그리고 재탄생

아우구스티누스에게서 발전된 원죄 이론은 인간 안의 악에 대한 성향을 설명하려는 동기를 지닌다. 오리게네스에 의하면 죄에 대한 경향은 본래 모든 인간에게 고유한 것이다. 클레멘스는 신을 통한 우리 구원의 필연성을 유추하기 위해 죄의 공동성을 말했다. 하지만 초기 그리스 교부들에게 있어서 중요한 것은 인간이 아담의 죄를 통해서 죄인이 된 것이 아니라는 것이다. 그것은 인간이 자신을 통해서만, 고유한 자유로운 행위를 통해서만 그렇게 될 수 있기 때문이다.

하지만 원죄의 선천성은 인간의 존재가 본래 처음부터 세대를 거쳐서 전해지는 악과의 연관성에 연루되어 있다는 점에서 좀 더 근본적이다. 특히 카파도키아 교부들(바실리우스와 두 명의 그레고리우스)은 인간이 죄의 연루성에도 불구하고 자유롭고 자기 결정적인 의식을 통해 자신의 이전 역사로부터 조건 지어져서 악으로 향하는 경향이 있지만, 동시에 이로부터 본래의 자유로 되돌아갈 수 있는 자유를 강조했다. 아우구스티누스는 펠라지우스와의 논쟁을 통해 원죄가 인간의 의지와 내적 인간의 상태와 마주하는 기회라는 것을 피력했다. 그에 의하면 '의지 없이는 결코 죄를 지을 수 없다.'는 것이다. 펠라지우스가 아담과 하와와 관련해서 주의주의적 입장에서 인간이 오로지 자기 자신에게만 죄가 있으며 다른 사람의 낯선 죄 때문에 신이 인간을 벌하는 것은 비이성적인 것이라고 주장한 반면에, 아우구스티누스는 인간의 자유에 집중한다. 그리스도교 철학의 원죄론에 의하면, 나는 악을 시작하지 않았지만 나는 그것을 계승했고 악에 연루되었다. 말하자면 악은 과거가 있으며 그것이 나의 과거가 된다는 것이다. 그레고리우스에 의하면 개별 인간의 의지는 완전히 독립적인 것이 아니라 처음부터 선행된 것에 연루된 것을 타인을 통해 넘겨받을 수밖에 없는 그런 것에 속한다. 이런 점에서 개인적으로 야기된 죄(쿨파)와 죄에 연루된 책임이 있는 상태(아우구스티누스)인 선천적인 죄(레아투스)는 구분된다. 이는 유한한 자유의 본질로서 이 자유는 항상 물려받은 것의 흔적으로서 이전 세대로부터 이어받는 짐과 같다.

그리스도교에서는 이렇게 유한한 자유의 현 상태, 그러니까 개별적인 인간의 삶이 과거와 죄로 연루되는 것은 세례를 통해 해소된다. 세례는 믿음을 통한 재탄생의 표지이자 성취이며 내적 인간의 삶의 시작이자 갱신이다. 아우구스티누스에 의하면 외적 인간의 탄생과 죽음은 내적 인간에게 있어 그 역순으로 죽음(신비로운 죽음)과 탄생(재탄생)으로 이어진다. 내적 인간은 태어나기 위해서 죽는 것이다. 그리스도교 철학은 철학 자체가 죽음의 연습이라는 플라톤 철학의 사유를 수용해서, 그리스도인의 삶의 의미로 새롭게 이해했다. 이런 점에 있어서 이레네우스는 '죽음에 대한 묵상'을, 바오로는 '매일의 죽음'을 말했다. 특히 암브로시우스 이래로 사용된 '신비로운 죽음'이라는 개념은 죄에 대한 소멸과 신 안에서 되살아나는 것을 표현한다. 죽음을 통해서 외적 인간은 의미가 없어지고 내적 인간은 새로움을 체험하게 되는 것이다.

여기서 육체가 영혼에서 분리되는 물리적 죽음과 구분되는 플라톤의 철학적 죽음은 의지적으로 행하는 죽음으로서 이를 그리스도교 철학이 의지를 새롭게 하는 재탄생으로 승화시켰다. 재탄생은 근본적으로 의향(의지)의 혁명을 통해 새로워지는 것, 정신의 근본적인 새로움, 삶의 근본적인 변화를 나타낸다. 특별히 인간의 마음 안에서의 신의 탄생이라는 오리게네스의 개념은 마이스터 에크하르트를 통해서 근세에 이르기까지 지속적인 영향을 주었다. 오리게네스는 그리스도의 탄생이라는 외적 사건을 내적 인간과 연관시켰으며, 윤리적 작업에서 반복되어야 할 철학적 연습으로 보았다. 재탄생, 이중적인 탄생에 대한 교부들의 사유는 헤겔에게 있어서 무엇보다 정신적인 재탄생으로 나타난다. 그렇기 때문에 본성적인 첫 번째 탄생을 두 번째인 정신적인 본성으로 변화시키는 재탄생을 통하여, 첫 번째 탄생에서 본성적 자유는 두 번째 탄생을 통해 매개되어 실제적으로 된다.

XVI. 정신적인 봄(에폽티): 내적 인간의 형이상학

아리스토텔레스의 형이상학은 존재론과 철학적 신학이 하나로 합쳐진 것이다. 그 대상은 존재자 자체로서 변화될 수 없는 존재인 신을 다룬다. 그리스도교 형이상학은 소위 탈출기 형이상학을 통해 그리스의 존재 개념을 수용했다. 그러나 아리스토텔레스의 형이상학이 외적인 사물들의 형이상학인 반면에 교부들이 이해한 형이상학은 이론적인 보편 존재론이나 추상적인 신론이 아니라 내적 인간의 형이상학이었다. 이는 고대 후기 신플라톤주의의 영향을 수용한 것이다. 플로티누스는 영혼의 삶에 대한 완전한 형이상학을 발전시켰다. 아우구스티누스에게 내적인 체험에 근거를 두는 앎으로서 형이상학은 '정신적인 봄'(에폽테이아), '꿰뚫어 봄'의 형이상학으로서 신적인 것을 바라보는 것이다. 이와 같은 봄은 새롭게 바라보는 방식도 함축함으로써 감각적인 영역을 능가하는 철학적 수련이며 인간의 내면으로 자신을 돌아서게 만든다.

이렇게 그리스도교의 형이상학은 순수한 정신의 힘으로 가시적인 세계를 초월하여 신적인 것을 알아보는 것이다. 특히 《아가》를 기반으로 하는 그리스도교의 형이상학의 대상은 신부와 신랑 간의 사랑의 드라마, 곧 인간의 영혼과 신의 공동체이다. 따라서 사물적으로 정향된 이성의 눈에 이러한 대상은 신비이며 여기서 탄생되는 신비주의는 내적 인간의 형이상학 외에 다름이 아니며, 철학의 최고 단계를 서술하게 된다.

형이상학은 고대 후기 철학과 그리스도교, 이교도적 형태에서 '신비 인도'라는 이름으로 불렸다. 특히 《아가》의 형이상학은 신비 인도의 한 형태로서 완전한 것으로 상승을 이끈다. 하지만 신비 인도는 단순히 신 인식을 위한 이론적 입문은 아니다. 이러한 방향은 이론 이성이 이성 너머에 있는 초이성적인 것까지도 해명하려고 한다. 이는 사물들의 숨겨진 본질과 비감각적인 최고의 실체에 대한 아리스토텔레스 형이상학의 요구와도 비판적으로 연관된다.

신비 인도(에폽티)의 형이상학은 변화된 주체(영혼)의 형이상학이기에 실천적인 형이상학이다. 이러한 면은 이론적인 신 인식과 대립으로 이해되고 순수한 삶을 통한 신과 하나 됨을 강조한다(그레고리우스). 위(僞)디오니시우스에 의하면 신학, 곧 형이상학은 이론적일 뿐만 아니라 실천적인 요소도 내포한다. 더욱이 이 주체의 형이상학을 서술하는 신비 인도의 고유한 대상은 내적 인간이며, 내적 인간을 통해서 신적인 것에 대한 접근이 가능하다.

오리게네스에 의하면 내적 인간은 본래 인간 자신의 가장 내면적인 '영혼의 근저'를 의미하며, 이는 다양한 능력들을 지니고 이 능력들을 규정한다. 특히 양심은 내적 인간의 능력들을 통일적으로 구성하는 하나의 영혼이다. 영혼의 근저는 덕, 앎, 신적 모상을 새롭게 하는 본래적인 자리이다. 아우구스티누스는 이를 마음이라고 부르는데, 이는 내적 인간을 의미하며 숨겨진 인간이다. 사물들의 진리는 외적인 것에서가 아니라 내적 인간 안에서 보증된다. 하지만 내적 인간의 모든 것은 외적 행위에서도 그 모습이 발견된다. 따라서 내적인 것은 외적인 것과 일치한다. 왜냐하면 인간은 사물들을 특별한 빛 안에서 보기 때문이다.

그리스도교 철학은 이렇게 영혼에게 특별히 의식되는 것을 '깨어 있음'이라는 은유를 통해 표현했다. 오리게네스에 의하면 거룩한 삶은 의식적인 방식으로 모든 사물들을 지각함으로써 드러난다. 신적인 것에 가까워지는 것은 자기 자신에 대해 집중하는 과정에서 일어난다. 신의 흔적은 인간 자신 안에 숨겨져 있기에, 자기 인식은 신 인식의 매개 역할을 하고, 신으로 가는 길은 필연적으로 자기 자신을 지나가야 한다. 여기서 자신에 대한 염려는 신에 대한 공경, 윤리, 에퓸티의 의미와 일치된다.

《아가》의 형이상학에서 말하듯이, 신비 인도의 형이상학은 인간을 자신에게 데리고 감으로써 신적 신비로 인도하고 신의 눈으로 세상을 볼 수 있게 한다. 이는 자신 안에서 신을 갖는 사람이다. 여기서 신은 세상을 초월하는 플라톤의 데미우르고스나 아리스토텔레스의 부동의 원동자가 아니라 인간 자신의 가장 내적인 원리이다. 신이 인간 안에 있다면 인간의 최고 존재는 신과 닮아 가는 것이다. 이는 정신의 수련으로서 자기 변환 또는 영혼의 변모를 통해 성취된다. 이는 인식 주체의 변화와 변형이라는 생각을 함축하고 있다.

이는 대상의 형이상학이 아니라 주체의 형이상학으로서 주체 안에 있는 신적인 것을 의식하고 유효하게 만드는 것이다. 이 형이상학의 목적은 추상적인 진리를 고찰하는 것이 아니라, 최종적으로 영혼의 자기 초월이다. 이는 영혼의 자기 변화 또는 변모로 간주된다. 그런 의미에서 관상도 항상 정신의 다양한 수련을 통해서 이루어지는 실천적인 의미로서, 영혼은 항상 경계하고 부단히 깨어 있어야 하며 이는 내적 인간의 일이다.

그리스도교의 형이상학은 고대 전통을 선취했는데, 특히 플라톤 전통과 스토아주의에서 '우리 안의 신적인 것'이 철학의 본래적인 대상이라는 점에서 그러하다. 플로티누스에게 있어서 일자(一者), 정신,

영혼이라는 세 자립체는 영혼의 자기 경험의 단계들을 나타내며, 이는 철학이 정신적인 수련으로 이해되는 전통의 선상에 있다. 소위 신플라톤주의의 일자의 형이상학은 주체 자체가 변화되는 앎으로서 실천적인 앎이다.

하지만 내적 인간의 형이상학은 아가서 해석 외에는 전거가 부족하지만, 중세를 거쳐 17세기에까지 알려졌다. 특히 중세의 신비주의 사상도 핵심적으로 내적 인간의 형이상학을 다루었으며, 그런 의미에서 고대 후기의 삶의 철학을 고유하게 발전시킨 것이다. 헤겔 또한 신비적인 것과 신비 인도에 대한 신플라톤주의적 구상에 관심을 가졌고, 이를 '사색적 철학'으로 표현했다. 이는 정신과 그 대상을 구분하는 아리스토텔레스적 이원성을 극복하려는 노력이다. 이러한 노력은 하이데거의 '존재의 형이상학'에서도 드러나며, 이는 고대 후기와 중세의 실천적 형이상학의 전통과의 관련성 없이는 이해될 수 없다.

맺는 말

고대의 다른 철학들처럼 그리스도교는 철학의 한 형태이며 동시에 종교이기도 하다. 고대는 그리스도교 철학을 통해 어느 정도 자신의 정체성에 이르렀으며, 그리스도교 철학도 고대 철학을 통해 자신의 정체성을 회복하고 자신의 참된 규정에 이르는 발판을 삼았다. 더욱이 교부들에 의하면 플라톤 철학은 구약 성경의 사유에서 영향을 받았고 그리스도교도 플라톤주의적 구상과 스토아학파를 통해 자신의 정체성에 이르게 되었다. 여기에서 공통적인 중심 주제는 내적 인간이다. 초기 그리스도교는 인간의 내면세계가 지닌 풍요로움을 철학적으로 전개시킴으로써 오늘날까지 인간의 정신적인 삶을 고유한 방식으로 이어가게 만들었다.

그리스도교 철학,
주체성의 발견

입문

1. 그리스도교 철학은 논쟁적 개념인가

   20세기에 그리스도교 철학이라는 개념이 의미가 있는지에 대한 지성적 논쟁*의 열기가 지금도 꺼지지 않은 채 여전히 생생하게 살아 있다. 이런 마당에, 그리스도교 철학이라는 제목을 붙이는 것이 과연 합당한가 하는 점에 의구심을 품는 독자들이 있을 것이다. 물론 1920~1930년대에 벌어진 이와 같은 논쟁, 그리고 이 논쟁으로 나타난 뚜렷한 생각이나 구체적인 계획을 그리스도교 철학이라는 개념과 연결 지어 생각할 수도 있다. 하지만 이 시기에 벌어진 '그리스도교 철학'에 대한 열린 토론과 논의들은 그리스도교 내부에서 신앙인들 간에 벌어진 논의와는 전혀 다른 성격이었다. 오히려 이 토론과 논의들은 신앙의 주제를 넘어서 이성의 역할을 문제 삼았기 때문에 전 세

---

* 1920~1930년에 '그리스도교 철학'이라는 개념이 과연 타당한가 하는 물음에 대해서 치열한 지성적 논쟁이 벌어졌다. 질송은 토미즘의 입장에서 그리스도교 철학을 긍정적으로 보아야 한다고 주장한 반면에, 브레히어와 같은 학자는 이와 반대의 견해를 펼쳤다.

계의 철학계를 들썩이게 만들었다. 이 중에서 1930년대에 크게 주목을 받았던 회합들*은 이런 점을 증언한다.

이 논쟁은 이미 1920년대부터 있었던 것으로, 특히 20세기에 가장 유명한 철학 역사가인 질송의 논제**를 통해 촉발되었다. 질송은 그리스도교에 나타나는 계시의 요소들이 철학이기를 포기하지 않고서도 철학의 구성 요소들과 통합될 수 있다고 했다. 당시 세계의 많은 지식층들은 이 논제에 호응했다. 반면에 브레히어와 브랑슈비크는 질송과는 반대 의견이었다. 더욱이 하이데거는 그리스도교 철학이 '나무로 만들어진 쇠'처럼 모순적이라고 비판하며 이들 편에 섰다. 제2차 세계대전 후에도 여전히 계속되었던 이 거대한 정신적 논쟁을 이 책에서 일일이 재현할 수는 없다. 그러나 이 논쟁이 '철학은 무엇인가'라는 철학의 자기 이해와 관련되어 있음은 의심의 여지가 없다.[1]

20세기에 들어와 '그리스도교 철학'의 이념과 개념에 대한 논쟁이 있었다. 이 논쟁은 수십 년간 계속되었다. 그러나 이 논쟁을 통해 확립된 것은 사실 이미 19세기에 신중하게 준비된 것이었다. '그리스도교 안의 철학'을 수립하기 위해 엄청난 시도를 감행한 피히테, 쉘링, 헤겔이라는 독일 고전 철학의 사유에서 이것이 구체화되었다는 것에 누가 이론을 제기하겠는가! 피히테, 바이세, 샬리보이스, 울리치, 젱어 등은 소위 후기 관념론자라고 불린다. 이 철학자들은 그리스도교 철학

** 아마도 여기서 말하는 회합은 1930년대에 열렸던 세 차례의 세계 철학자 대회 (International Congress of Philosophy)를 말하는 것으로 보인다.

*** 유명한 강연 시리즈인 기포드 강연에서 질송은 '중세 철학의 정신'(The Spirit of Medieval Philosophy)이라는 제목으로 1931~1932년에 걸쳐서 20회에 이르는 연작 강연을 했다.

을 수립하는 것을 철학의 목표로 삼았다. 그리고 부분적으로 그리스도 교 철학(christliche Philosophie)과 그리스도교 안의 철학(Philosophie des Christentums)*을 구분했다.² 가톨릭에서는 헤겔의 변증법적 방법론을 성경 비판에 적용한 튀빙겐 학파가 이러한 선상에 서 있다. 그리고 쇼펜하우어가 자신의 사상을 그리스도교 철학으로 이해했다.

이를 좀 더 자세히 들여다보면 다음과 같다. 우선 19세기 독일에서 그리스도교 철학에 대한 제대로 된 이해가 나타났다. 이후 이에 대한 개방적이고 잠재적인 노력이 점차 결실을 맺었다. 결국 이러한 결실은 다른 여러 나라들에서도 명백히 나타나기 시작했다. 프랑스의 블롱델, 베르그송과 같은 인물을 보자. 이들은 발레리, 프루스트, 페기, 지드, 클로델, 말라르메와 같은 유명한 문학가와 예술가들이 이제까지 프랑스에서도 그리스도교 철학에 대해 계속 물음을 던졌음을 일깨워 주었다. 또한 영국의 워드워스와 콜리지와 같은 사상가들은 에머슨과 초월주의에 영향을 주었고, 로이스와 다른 이들에게도 영향을 주었다. 그 덕분에 미국에서도 피히테와 쉘링의 관념론을 받아들일 수 있었다. 이러한 점을 생각해 본다면 이와 같이 함축된 방식으로 그리스도교 철학의 문제가 미국의 문화적인 유산 속으로도 어느 정도 수용되었을 것이라고 볼 수 있다. 그러나 이후에 그리스도교 철학에 대한 논의는 전 세계적으로 잠잠해졌다.

지금까지 꾸준히 논의했듯이, 지난 18~19세기 동안 그리스도교 철학이 가능한가에 대한 물음은 부수적인 사안이 아니라 철학의 정체

---

* 그리스도교 안의 철학이 반드시 그리스도교적인 철학을 의미하는 것은 아니며, 그리스도교 안에서도 비그리스도교적인 철학이 가능하다.

성과 직접적으로 관련되는 중요한 사안이었다. 그러나 이 물음은 20세기에 들어서야 비로소 철학을 긴장시키는 문제로 인식되었다. 그리고 왜 그동안 이 물음이 수면 아래에 가라앉아 있었는지에 대해 평가할 수 있게 되었다. 몇 백 년이라는 시간 간격을 고려해야 근대적으로 이해된 그리스도교 철학의 특성을 가장 잘 복원할 수 있기 때문이다. 말하자면 근대적으로 이해된 그리스도교 철학의 문제는 분명히 13세기에 철학과 신학이 분리된 후에야 비로소 생겨날 수 있었던 문제라는 것이다. 따라서 철학과 신학의 관계는 그리스도교 철학이라는 제목 뒤에 숨겨진 문제에 해당된다. 우리는 토마스 아퀴나스의 작품들 덕택에 13세기의 성과에 해당하는 것을 알 수 있다. 무에서 창조나 인간의 자유에 대한 몇몇 교리서들에서 그리스도교에서 유래한 철학의 요소들을 찾을 수 있는 것이다. 질송과 마리탱과 같은 학자들은 아리스토텔레스의 학문론을 통해 이루어진 철학과 신학의 엄격한 분리에 대해서 검토하였다. 하지만 철학과 신학을 엄격하게 분리하는 것을 반대하는 이러한 입장은 한편으로는 철학과 신학의 분리를 이미 전제하고 있는 것이다. 그리고 철학과 신학을 엄격하게 분리하지 않는 그리스도교 철학을 거부하는 입장도 암암리에 염두하고 있는 셈이다. 철학과 신학을 분리하는 입장은 포이어바흐, 막스 쉘러, 하이데거, 브레히어와 칼 바르트와 그 외 다른 개신교 신학자들이 대표한다. 하지만 칸트나 헤겔 또는 피히테나 쉘링의 철학을 그리스도교 철학으로 성급하게 확정하기 전에, 교부들에게서 각인된 '그리스도교 철학'이라는 표현의 본래적인 의미에 대한 되새김이 필요하다. 따라서 여기서 전면에 등장하는 '그리스도교 철학'이라는 개념의 역사적인 의미를 살펴보겠다.

2. 그리스도교와 포스트모더니즘

　어떤 것에 대한 진리를 해명하려고 한다면, 그것의 본래적인 형태를 함께 생각해 보아야 한다. 그리스도교 철학이 실제로, 그리고 본래적으로 무엇인가 하는 것을 우리는 19세기나 20세기에서는 알 수 없으며, 토마스 아퀴나스의 작품 내용과 스콜라 철학에서도 알 수 없다. 그리스도교 철학이라고 불리는 것이 무엇인지 알려면, 철학과 신학이 구분되기 이전으로 돌아가서 교부들의 생각을 살펴보아야 한다. 왜냐하면 교부들의 철학은 항상 동시에 그리스도교의 철학이기도 하기 때문이다. 이 점을 잊어버리는 사람은 그리스도교와 그 역사적인 역할에 대해 말할 자격이 없다. 이 점은 이미 충분히 관심을 끌고 주목할 만하다. 단적으로 말해서 그리스도교는 고대시기에 나타났고, 그것도 그리스도교 철학으로 모습을 드러내었다. 그러니까 종교가 철학의 옷을 입고 나타난 것이다. 현대인들의 눈에는 이렇게 종교와 철학이 하나의 모습으로 나타나는 것이 너무 낯설게 보일 것이다. 때로는 종교와 철학은 가장 멀리 떨어진 것처럼 보이기 때문이다. 그러나 당시에 종교와 철학이 하나 된 모습은 철학적 이론과 종교적 실천이 통일된 형태를 의미한다. 본래 철학은 살아가는 방식이다. 소크라테스는 '앎이란 무엇인가?'라는 물음에 대해서 '영혼에 대한 염려'(Sorge um die Seele)[3]라고 답했다. 이 대답은 고대 철학, 이교 철학의 실체일 뿐만 아니라, 그리스도교 철학이라는 개념의 실체이기도 하다. 그 때문에 후에 바실리우스는 같은 의미로 '내적 인간에 대한 염려'에 대해서도 말할 수 있었다.[4]

　반면에 현대의 논의에서는 그리스도교 철학을 전혀 고려하지 않는다. 그리스도교의 역사적 역할에 대한 논의도 없다. 그리스도교 철학의 시대는 지나갔다고 생각하는 것이다. 하지만 그리스도교 자체는 아직도 여전히 철학적 숙고의 대상이며, 최근에도 그러하다. 여기서 이에 대한 언급들을 모두 소개할 수는 없기에, 적절한 예는 아니지만 다음의 예를 들겠다. 물론 아주 긴 시간이 흐른 뒤에는 다소 역설적으로 기억될 수도 있겠지만, 2000년에 독일 언론은 독자들이 받아들일 수 있는 가장 적합한 주제를 선정했는데, 그것은 그리스도교의 저주와 축복에 대한 '논쟁'이었다.[5] 특히 이 언론 중 하나는 이러한 논쟁을 분명하게 보여 주었다. 그리스도교를 공격하거나 방어하려고 한다면, 그리스도교의 본래적인 형태에 대해, 즉 교부들의 철학에 대해 더 많이 알아야 한다고 말한 것이다.

우리 시대의 대표적인 그리스도교 이론가라고 평가받는 바티모(G. Vattimo)는 이 점을 의식했다. 그가 2002년에 영어로 쓴 《그리스도교 정신의 상실After Christianity》라는 작품은 2004년에 독일에서 《그리스도교의 저편Jenseits des Christentums》이라는 제목으로 출간된 것이다. 그는 이 작품에서 포스트모던적인 그리스도교에 대해 구상하였다. 포스트모던적인 그리스도교는 요하힘(Joachim)이 말하는 세 번째 시대에 대한 이론이라는 의미에서 영성적인 그리스도교를 말한다. 이 세 번째 시대는 바티모가 하이데거로부터 배웠던 것처럼, 구원 역사의 한 부분을 서술하는 형이상학이 종말을 맞는 때이다. 이러한 시대에 영성적인 그리스도교는 교의와 객관적 진리, 서술과 메타 서술의 이분법을 넘어선다. 즉 형이상학 이후의 그리스도교가 되는 것이다. 이 그리스도교는 바티모가 존재의 '약화'라고 부르는 과정에 영향을 받는다. 여기서 약화는 최종적 진리가 지닌 범주적 특성의 약화, 의식의 명료성이라는 확실성의 약화, 힘의 거룩함의 약화 등을 말한다. 이러한 약화는 막스 베버가 말하는 자본주의 또는 자본주의적 이성화라는 이념처럼 움직인다고 평가받는다. 그 자체로 유다-그리스도교적 전통의 내용을 세속화시키는 과정으로 움직인다는 것이다.

세속화된 그리스도교는 바로 보편적인 이성과 이것의 약화라는 자신의 이중적인 형태에서 유럽의 문화적인 정체성을 구성한다. 그렇기 때문에 세속화는 어떤 것을 완전히 새롭게 시작하듯이, 종교적 유산을 철저하게 파괴하는 것이 아니다. 여기서 말하는 세속화는 마치 블루멘베르크(H. Blumenberg)의 작품에 나오는 함축적인 논제처럼 보인다. 이 논제는 근대를 철학적-신학적 유산의 절대적 붕괴로 파악한다. 바티모는 근대 시대의 사상이 그러한 붕괴로 간주될 수 있다는 것을 인정한다. 그러나 이에 상응하는 텍스트를 확인해 보면, 철학적-신학적 유산을 그 자체로 폐기하지 않고도, 근대 시대의 사상은 특정 스콜라주의자들과는 상충된다는 것을 알 수 있다. 예컨대 보편적인 정의에 대한 라이프니츠의 이론* 또는 이신론**적이고 계몽주의적인 사유 대부분의 관심사, 윤리법의 필연성에 대한 칸트의 이론,*** 헤겔의 초기 신론과 같은 것들은 유명론에 바탕을 둔 종교개혁

---

* 라이프니츠는 현존하는 모든 것이 정의에 의해 증명되어야 한다고 생각했다.
** 이신론(理神論, deism)은 창조자로서 신을 인정하지만, 그 신은 세계와 별도로 존재하며 세상을 창조한 뒤에는 세상, 물리법칙을 바꾸거나 인간과 교감하는 인격적 주재자로 보지 않는다. 계몽주의에서는 인간의 이성으로 신의 존재나 우주의 법칙을 알 수가 있다고 보았다.
*** 칸트의 윤리는 일체의 경험적 내용을 배제하고 보편화가 가능한 순수한 윤리의 형식을 강조한다. 그렇기 때문에 실천 이성은 이러한 보편인 윤리 법칙을 필연적으로 따라야 한다.

시대*의 신학적 방종에 대한 비판적인 답변으로 간주되어야 한다. 그런 의미에서 근대의 사상가들은 위대한 철학적 전통과 작별하고 있지 않다. 오히려 근대의 사상가들은 항상 참이라고 여겨져 왔던 것을 당연한 것으로 전제하면서 논증한다.

이렇게 본다면 블루멘베르크가 우리에게 믿게 하려고 했던 것과 다르게 근대를 바라볼 수 있다. 유명론적인 요구에 대한 거대한 반란으로 말이다. 물론 이러한 반란은 소위 인간 주체의 자기주장이라는 이름으로 행해지지 않았다. 오히려 윤리적인 것의 일의성(一義性), 도덕적인 것의 보편적 연결성, 그리고 특히 관습적인 것의 자율성이라는 이름으로 행해졌다.6 물론 포스트모더니즘의 시대에서 볼 때 구약성경의 하느님은 이사악을 제물로 바치라고 요구하는 유명론자들의 하느님으로, 경악스러운 분으로 비칠 수 있다. 왜냐하면 이 하느님은 윤리 질서 저편에 있는 키에르케고르의 하느님이기 때문이다. 그분은 윤리적인 것이 중단되는 곳에 있다. 그곳은 종교적인 영역으로 이 영역에서는 살인이 희생으로 승화된다. 두려움과 전율의 이 옛 하느님이 포스트모더니즘의 시대에 다시 대두되는 것처럼 보인다.7

그러나 바티모는 포스트모던화와 세속화를 그리스도교의 과정으로 보았다. 포스트모던화와 세속화는 보편주의를 만회할 수 있는 유일한 길이다. 보편주의는 그리스도교의 과정에 적합하지만 식민주의

---

* 본래 유명론은 실재론과 대립되는 사상으로 신과 같은 보편자 또는 보편적 개념이 실재하는 것이 아니라, 감각적으로 알 수 있는 개별자만이 실재하기에, 신은 이름 또는 개념뿐이라는 주장이다. 특히 루터의 사상 기반은 유명론이었는데, 루터가 보기에 당시 가톨릭교회에서 믿었던 신은 어리석고 타락한 신으로 가공으로 만든 신에 불과했다. 그는 당시 교회가 존재하지 않는 신을 실재하는 신인 양 그 이름과 개념을 독점했다고 비판했다.

와 제국주의 사상으로 돌아가지 않을 길이다. 그러나 현대 서구 사유의 유럽 중심주의와 현대 서구 정치를 통해 위험에 처해 있었다.

이 그리스도교에 대한 책(《그리스도교 정신의 상실》)은 주목할 만한 가치가 있다. 이 책에서 우리는 바티모도 포스트모던적인 사유를 예감하는 연구를 추진했다는 점을 알 수 있다. 이는 우리 자신과 관련되는 점에서 흥미로운 부분이다. 여기서 바티모는 딜타이를 끌어들인다. 딜타이는 이미 19세기에 자연 세계에 대한 철학적인 관심을 인간의 내적 세계로 향하게 했다. 딜타이는 아우구스티누스가 '코기토'(cogito, '나는 생각한다'는 의미)에 대한 자신의 밑그림을 통해 주체성의 새로운 원리를 대표한다고 본다. 내면성, 의지, 코기토의 확실성과 같이 대상화된 형이상학을 해결하는 원리들은 그 자체로 그리스도교적 원천의 원리들이다. 이 원리들 덕분에 딜타이, 니체, 하이데거, 바티모는 비로소 전통적인 형이상학과 결별할 수 있었다. 그러나 그중 니체와 하이데거는 절반 정도만 결별했다. "니체와 하이데거는 다양한 척도와 완성되지 않은 흐름 속에 있었지만 성 아우구스티누스의 원리와 유사한 근거를 받아들여 그리스의 객관주의에 몸을 담글 수 있었다. 그러나 그들은 그리스도교적인 반형이상학적 혁명이 함축하는 것을 바닥까지 전개하진 않았다."[8] 달리 말하자면, 포스트모던적인 사유가 최종적으로 완성된 것은 교부들부터였고, 이는 반형이상학적 혁명을 의미한다. 그리스도교가 개혁을, 그것도 잘 준비된 철학을 위해 이를 제시한다는 것은 이하에서 철저히 검증될 것이다. 그러나 이러한 개혁이 반형이상학적 개혁이었다는 것에 대한 전거(典據)는 절대적으로 부족하다.

아리스토텔레스의 형이상학은 자연 사물의 영역에 집중한 것이다. 교부들은 이에 반대해서 문제를 제기했으나 이 문제 제기 또한 그 자체로 형이상학의 형태이다. 더욱이 이는 내적인 것이다. 이를 전문 용어(terminus technicus)로 표현하자면, '내적 인간의 형이상학'이다. 이미 스토아주의는 플라톤의 내적 인간의 개념을 수용하고 있었다. 그리고 내면성의 철학도 준비하고 있었다. 이렇게 하여 그리스도교의 근본이념은 철저히 고대 사상에 편입된다. 이와 같은 내면성의 형이상학은 중세 시대의 신비주의에 받아들여졌다. 또한 데카르트(《성찰》)와 초월 철학(피히테의 《학문론 입문》)뿐만 아니라 현상학과 하이데거에도 영향을 주었다. 이들은 내면의 형이상학을 고유한 방식으로 받아들여 학파를 형성했다(이 책의 XVI장을 참조). 하이데거와 바티모의 형이상학 개념은 명백하다. 이들이 비판적으로 관심을 가진 것은 플라톤과 아리스토텔레스적 스타일, 곧 이데아론과 존재론이다. 이들은 이러한 이론이 사물을 인간 주체의 고정된 인식 틀에 의해 대상화하였으며, 최종적인 답에 대해 요구를 하였다고 비판한다. 그러나 이들의 비판은 내면성의 형이상학, 곧 교부들의 철학, 아우구스티누스의 철학, 신비주의와 만나지 못했다. 그렇다고 이를 가능하게 하는 데카르트의 '성찰'의 형이상학과도 만나지 못했다. 이와 같은 모든 입장들은 자기 자신을 형이상학의 형태로 이해한다. 그 때문에 형이상학이라는 문제에 있어서 생각의 전환이 필요하다. 좁은 의미의 형이상학 개념을 벗어나려고 한다면, 니체, 하이데거, 프랑크푸르트학파 등이 19세기와 20세기에 형이상학에 대해 비판한 텍스트를 통해 형이상학이라는 용어를 이해해서는 안 된다. 그렇게 해서는 이 용어를 이해할 수 없다. 아리스토텔레스적 형이상학 개념에 대해 대안을 제시하고 발전시켰던 고대 후기의 텍스트*들은 이 점을 진술해야 했다. 그 때문에 이 책의 XVI장 '정신적인 봄(에폽티): 내적 인간의 형이상학'에서는 특별한 방식으로 이들의 사상을 살펴볼 것이다.

이들의 사상은 바티모의 논제와 유사하다. 이 논제는 하이데거 철학의 도움으로 가장 분명하게 그리스도교적 실존에서 본래적으로 중요한 바를 표현해 준다. 하이데거의 철학은 복음 메시지에서 분리되지 않으며, 심지어 그 메시지를 해석하여 길을 보여 주었다. 이는 바오로 사도가 코린토 신자들에게 보낸 첫째 서간의 유명한 "마치 …… 하지 않는 것처럼"이라는 구절에서 구체화된다. 이 구절은 "이제부터 아내가 있는 사람은 마치 아내가 없는 사람처럼, 우는 사람은 마치 울지 않는 사람처럼……"(1코린 7,29-30)이라고 말한다. 바티모가 말하듯이, 이 구절은 '그리스도교적 삶의 모델'을 보여 주며, 심리 -외적 세계의 실존적 문제, 곧 일상적인 관점과 자연적인 태도를 괄호 안에 넣는 후설의 에포케(epoche, 판단 중지, 현상학적 환원이라고도 한다.*)를 떠오르게 한다.9

그러나 하이데거 철학의 방법으로 바오로가 말하는 구절이 타당하게 이해될 수 있는가 하는 것은 아직 해결해야 할 문제이다. 더욱이 역사적으로 볼 때, 바오로의 이 구절은 스토아 철학의 맥락에 속

---

* 이후에 이 책에서 설명할 것으로서 주로 플라톤주의 또는 신플라톤주의 그리고 스토아학파의 작품들을 말한다. 저자는 이 책에서 교부들이 아리스토텔레스의 실체의 형이상학 또는 사물의 형이상학에 대한 대안으로 이들 고대 후기 사상에서 그리스도교 사상의 중요한 바탕인 내적 인간의 형이상학을 발전시켰다는 점을 강조한다.

* 비본질적 요소를 제거하고 본질적인 요소를 찾는 것을 의미한다. 우리가 세계 속에서의 행위를 멈추지 않는다면, 한 순간이라도 판단을 중지시키지 않는다면, '환원을 위한 어떤 노력에도 불구하고 내가 여전히 세계 속에 존재하고 있다.'는 바로 그 사실을 인지할 수 없다는 것이다.

한다는 것을 보여 줄 필요가 있다. 스토아 철학의 근본이념은 "……인 것처럼 사는 삶" 또는 "…… 아닌 것처럼 사는 삶"이라는 구상이다.10 '그리스도교적 실존이 무엇인가' 하는 것은 오직 그것이 유래되는 세계를 바탕으로 할 때 이해될 수 있지, 헤겔이 표현하듯이, 실존이 넘겨 준 '힘 또는 권력'을 바탕으로 할 때 이해되는 것은 아니다. 마찬가지로 그리스도교 철학이 무엇인가 하는 것도 그리스도교 철학과 비교되는 고대 철학을 바탕으로 할 때에만 적합한 방식으로, 그 역사적 의미에서 이해될 수 있다.

결론적으로 바티모의 그리스도교에 대한 구상은 다원주의와 포스트모던적인 사상을 염두에 두고 있다. 다시 말해서 이 구상의 특징은 다양한 종교들이 제한 없이 스스로의 신앙을 추구할 수 있다는 것이다. 이러한 구상은 최근까지 나타난 모든 사상 가운데 가장 모험적인 사유의 도약이다. 이는 형이상학과 형이상학의 궁극적 진리에 의해 정당화되는 폭력*의 결합으로, 이러한 결합은 그리스도교에 영향을 주었다. "그리스도교가 '존재로서 존재를 다루는 학문'이라면, 즉 제1원리들에 대한 앎으로 형이상학과 자신을 연결시킨다면, 이 형이상학은 마치 폭군처럼 그리스도교 안으로 침투해 들어오게 된다." 이로써 바티모는 이러한 침투가 그리스도교적 원리의 결점으로 끝난, 플라톤과 플로티누스의 의미에서 그리스도교의 실존과 철학적 실존의 연결을 인식하게 해 준다는 것을 보여 주었다.11 이에 대해서는 아래에서 더 진술될 것이다. 그러나 초기 몇 백 년 동안 그리스도교 형

---

* 일반적으로 '폭력'을 의미하는 독일어 게발트(Gewalt)는 육체적이고 물리적인 폭력뿐만이 아니라, 정신적이고 이념적인 강압이나 강제도 의미한다.

이상학으로 이해되는 것이 그리스의 존재론 구상과는 전혀 다른 것으로 이해되었다고 하더라도, 그리스의 존재론이 그리스도교로 침투한 것은 어느 누구에게도 비밀스러운 것이 아니었다.

그러나 이와 함께 폭력 또는 폭력의 관념이 그리스도교로 함께 침투할 수밖에 없었다는 것은 존재론에 대한 하이데거적 해체 또는 형이상학의 '극복'에 대한 엄청난 신뢰를 전제로 한다. 이러한 극복은 플라톤의 이데아론으로 시작되었다. 하이데거에 의하면, "존재는 이데아라는 멍에에 빠지게 되었다." 고대의 어떤 작품에서도, 그러니까 이교도의 작품과 그리스도인의 작품 어디에나, 형이상학과 폭력의 이 같은 위험한 연결이 형이상학의 자기 이해에 상응한다고 말할 수 없다. 오히려 교부들은 보편적인 철학적 사유뿐만 아니라, 교부학 연구의 특별한 사유에도 결코 의식되지 않는 바를 비판했다. 다시 말해 형이상학의 이론적인 유형을 비판한 것이다. 그리고 그들은 고대 철학 개념의 개념 속에서 정신적 훈련으로서 형이상학에 대한 새로운 구상을 계획했다. 반면에 형이상학이 포스트모던적인 사유의 위험에 빠졌다는 점은 윤리와 형이상학에 대해 니체가 가한 비판의 근본이념을 다시금 쉽게 이해할 수 있도록 해 준다. 이 근본이념에 의하면 윤리와 형이상학 양자는 바로잡음, 자기 뜻대로 할 수 있음, 더 강함, 그러니까 폭력 행사에 대한 특정한 형태를 더 쉽게 이해할 수 있다.

이집트학 연구자인 얀 아스만(Jan Assmann)은 아래와 같은 의미에서 다원론적인 포스트모더니즘 사상이 그리스도교를 비판적으로 평가한다고 본다. 아스만은 저서의 주제를 그리스도교에만 맞추지는 않았다. 그러나 그는 일신론이라는 문제를 다루면서 유다교와 이슬람과 함께 그리스도교를 대상으로 삼아 왔다. 이러한 입장의 포스트모던적인 논제는 일원론의 형성과 참된 종교와 잘못된 종교에 대한 모세적 구분의 형성이 성서적 일신론의 폭력성의 뿌리도 서술한다는 것을 의미한다. 왜냐하면 일신론은 자신의 본질에 있어서 배타적인 본성을 지니기 때문이다. 말하자면 하나의 진리에 대한 요구가 폭력으로 이끈다는 것이다. 논제의 포스트모던적인 특성은 여기서도 쉽게 인식될 수 있다. 이러한 점은 진리 자체에 대한 의지의 '근거를 묻는' 물음을 자신의 철학의 주요 주제 중 하나로 삼았던 인물이 니체였기 때문만은 아니다. 여기서는 명백히 '진리에 대한 두려움'이라는 블루멘베르크의 표상이 배후에 있기 때문이기도 하다.

하지만 잘못된 종교들과는 달리 '참된 종교들'에 대해서 확실하고 명시적으로 언급하는, 아우구스티누스의 작품 《참된 종교》를 살펴본다면, 하나의 진리에 대한 경외와 연상적으로 연결되는 것이 공포와 폭력의 개념이 아니라, 오히려 지극한 행복, 자유, 사랑의 개념이라는 것을 발견하게 된다. 더 나아가서 다른 철학자들, 다른 종교들, 다른 사유 방식들과는 달리 초기 그리스도교의 견해를 살펴본다면, (IV장 그리스도교: 가장 오래된 철학에서 서술되겠지만) 하나의 진리에 대한 논의가 결코 배타적인 특성을 지닌 것이 아니라, 명시적으로 포괄적인 특성을 지닌다는 것을 쉽게 알 수 있다. 19세기 사람들이 말하는 것처럼, 이와 같은 '그리스도교성의 온갖 포용적인 정신'이라는 포괄적인 특성에 대해 자의적으로 생각할 수 있겠다. 그러나 이러한 특성은 초기 그리스도교의 사유를 각인시켰던 배타적인 진리에 대한 포스트모던적 관념은 아니다. 그 외에도 아래에서도 보여질 것이지만, 이러한 특성은 19세기에도 전면적으로 수용되었다.

이렇게 해서 포스트모던적인 사유는 역사적 텍스트들 자체와는 전혀 무관하게 해석된 관념을 이 텍스트들에 부가한다. 특히 역사적 텍스트들 중에서도 초기 그리스도교의 텍스트들도 이 포스트모더니즘의 범주에 따라서 융통성 없는 체계 속으로 자의적이며 강제적으로 편입되었다. 그럼에도 불구하고 포스트모더니즘은 이 텍스트들을 '바로잡는다'는 명목 하에, 텍스트들을 자의적으로 장악해서 조작한다는 인상에서 벗어나려고 한다. 그런 의미에서 포스트모던적인 철학은 인간에 대한 폭력 행사를 방해하도록 강도 높게 요구하지만, 이러한 요구를 결코 해결할 수 없을 것이다. 하지만 이성적인 철학이 우선적이며 직접적으로 할 수 있는 것은, 진상을 규명하는 것, 그러니까 아마도 주인이 없는 것처럼 여겨서 임의로 텍스트들을 해석해서 조작하는 것을 저지하는 것이다. 그 때문에 이하에서는 소홀히 했던 교부들의 텍스트들에게 발언권을 넘길 것이다.

3. 내적인 것의 환원 불가능성

물론 여기서 교부들에 대한 포괄적인 서술이 이루어지는 것은 아니다. 그보다 여기서 의도하는 것은, 철학사적으로 진가를 인정받지 못하는 '교부'라는 고유한 장르에 대한 철학적 의미를 자각하게 하는 것이다. 이러한 철학적 의미는 주체성을 발견함으로써, 또는 고대 세계가 어떤 포괄적인 개념으로 설명하듯이, '내적 인간'을 발견함으로써, 이 책에 침투되고 집요하게 옹호되는 논제를 말한다. '내적 인간'이라는 이 개념은 그리스도교 이전에 플라톤으로부터 우리 세계에 들어왔으며, 이와 유사하게 그리스도교로 들어왔고 스토아학파가 내적 인간의 철학을 구상했다는 점에 대해서도 의심의 여지가 없다. 그럼에도 불구하고 철학의 고유한 테마 중의 하나로서 인간의 내면성을 발견한 것은 그리스도교에, 더 정확하게는 그리스도교 철학에 속한다.

여기서 발견은 어떤 것을 최초로 인지한 것을 의미하는 것이 아니다. 미국이 바이킹족을 발견한 것이 아니라, 콜럼버스라는 인물이 발견했다. 이러한 의미에서 필자는 몇 년 전에 중세 시대의 '인격의 발견'에 대해서도 말한 적이 있었다. 그러니까 고대 철학, 키케로, 보에티우스, 그리고 다시 스토아학파는 인격에 대해서 그때마다 다양한 의미로 말했다. 하지만 인격 개념의 발견은, 오늘날 우리가 포괄적으로 칸트나 로크를 따라서 사용하고 있지만, 중세 철학의 특정한 전통들에 남아 있다. 이 전통들이 로크에 영향을 주었고, 자연법사상을 통해서 칸트에게도 영향을 준 것이다.* 유사한 의미에서 내적인 것의 세계는 철학적으로 교부들에게서 발견된다. 말하자면 내적인 것의 세계는 교부들을 통해 비로소 포괄적인 구상으로서 강력하게 잊히지 않게 철학적인 의식으로, 그리고 보편적인 의식으로 옮겨 갔다.

내적인 것의 세계는 이전에는 '중요하지 않은 것'(quantité négligeable)으로 여겨져 이러한 보편적이고 포괄적인 특성을 상실했다. 그러나 교부들에게 있어서 주체성의 발견(내적 인간)은 환원될 수 없는 것**에 대해서 '주목한다'는 것을 말한다. 그리고 이러한 발견은 훌륭하게 준비되었다. 교부들의 이해에 따르면, 특히 플라톤은 그리스도

---

* 로크에게 있어서 자연법은 인간이 이성적인 반성을 통해서 발견할 수 있는 신이 부여한 법이다. 따라서 인간은 선천적으로 자유와 평등과 같은 천부적인 자연권을 지닌다. 로크는 이러한 자연권을 지닌 권리의 주체이자 의식의 동일성을 지닌 인격으로 본다.

** 되돌릴 수 없는 것으로서 시간 안에서 생명, 체험과 결부된 것으로서 내면적인 것을 의미한다.

교를 위해 이렇게 까다롭고 특별한 주체성이라는 점에 있어서도 기반을 마련했다. 헤겔도, 정말로 보편적인 자기의식을 표현하지 않고도, 내면성과 주체성의 원리를 구체화한 소크라테스라는 인물을 이유 없이 칭송한 것은 아니었다.12

종종 플라톤적인 주제들을 수용한 스토아학파는 이와 같은 준비 작업을 이어나갔다. 그리스도교는 고대 철학의 이러한 움직임을 성취했다. 오늘날 그리스도교가 고대 철학을 수용하는 형태로 나타난다는 의미에서 뿐만 아니라, 무엇보다도 그리스도교가 자기 자신을 항상 그러한 성취자로 보기 때문이기도 하다. 그리스도교 철학에서 초기 호교론자인 유스티누스가 때때로 깨달은 것은 그리스도교 전체가 자기 자신을 이해하는 데에 유효하다는 점이었다. 다시 말해서 그리스도교 철학은 그리스 철학에서, 이방인의 세계에서, 그리고 세계 전체에서 여전히 제한되었던 것을 확장시킴으로써, 소크라테스를 통해서 시작된 계몽적 작업을 성취했다는 것이다.13

교부들에게 있어서 '철학자들'이나 '철학'이 비판받았다는 것은 잘 알려져 있다. 그러나 이 점은 주된 비판의 대상인 아리스토텔레스, 에피쿠로스, 일부 스토아 철학과 같은 특정한 철학에 국한된다. 물론 오리게네스나 아우구스티누스에서 보는 것처럼, 결국은 그리스도교에 가까웠던 플라톤주의자들조차도 비판받았다. 왜냐하면 이들 플라톤주의자들은 그리스도교 가르침의 독특성, 예를 들어 무로부터의 창조, 강생, 케노시스(자기 비움)에 대한 가르침, 육신의 부활 등 많은 점들을 인정하지 않았기 때문이다. 그렇다고 해서 교부들이 철학을 전반적으로 거부하는 것은 아니다. 뿐만 아니라 오늘날 신학자들도 이전부터 철학이 끊임없이 현재 진행형이라는 것을 부인할 수 없음을 곧

혹스러워했다. 이 점은 암브로시우스에게서 찾아볼 수 있겠는데, 예컨대 자신이 뛰어난 철학자였음에도 불구하고 그것이 스토아 철학이든 신플라톤주의이든 간에 대다수 철학자들의 무익한 이론적 호기심을 비판하기 어려워했다는 점에서 알 수 있다.

신학자들은 철학에 대한 원칙적인 거부와 작품 안에 나타나는 철학의 편재성 사이에는 '모순'이 있다고 말한다.[14] 하지만 이러한 모순은 결코 존재하지 않는다. 왜냐하면 이러한 거부(철학에 대한 거부)는 원칙적으로 실재하지 않기 때문이다. 오히려 이는 모순이 아니라, 고대 철학을 점진적으로 극복하려는, 다시 말해서 고대 철학을 완성하려는 그리스도교의 요청이다. 이 점은 아주 특별한 방식으로 그리스도교 철학의 고유한 대상, 곧 '내적 인간' 또는 근대적으로 말하자면 '주체성'이라는 주제에 대해서 유효하다.

내적 인간의 발견은 발견이라는 측면에서 보자면 부흥을 불러일으켰는데, 예를 들면 르네상스 시대에 페트라르카와 마르실리우스 피치누스는 고대의 유산뿐만 아니라 고대 그리스도교 유산도 이용했다.[15] 종교 개혁과 반종교개혁의 시대였던 근세 초기는 교부들의 사상을 수용했다는 점에서 특별했다.[16] 독일에서 내적 인간에 대한 플라톤적 개념이 이미 아주 이른 시기에 '내면성'이라는 표현을 통해서 이해되었다는 것을 생각한다면[17], 피히테와 특히 헤겔과 같은 독일 관념론 철학에서도 옛 주제가 얼마나 현재적이었는가 하는 것이 분명해진다. 더 나아가서 슐레겔(F. Schlegel, 1772~1829년)은 자신의 철학의 첫 부분인 '삶의 철학'을 명시적으로 내적 인간의 철학으로 파악했다. 내적 인간의 철학은 '외적 인간'의 철학*을 통해, 다시 말해서 내적 인간이 자신을 외부로 드러내는 세계 역사의 철학을 통해 계속

된다.18

 이러한 주제는 20세기에도 부분적으로, 여기서 주목하고 있는 전통과 관련하여 시와 철학에서 재발견되었다. 그리고 이러한 류의 재발견이 역사적인 것을 발견하는 여행을 가능하게 한다는 것에는 의심의 여지가 있을 수 없다. 이에 대해서는 이 책에서 진술할 것이다. 릴케는 《두이노의 비가》 7편에서 다음과 같이 노래한다. "세계는, 사랑하는 이여, 우리의 마음속 말고는 어디에도 없소. 우리의 인생은 변화 속에 흘러가오. 그리고 외부 세계는 점점 더 적게 사라진다오."

 이처럼 모든 외부 세계에 비해서 내면세계의 항구함과 지속성에 대한 의식은 항상 보존되어 남아 있는 것처럼 보인다. 내면성 자체를 다룬 프루스트의 소설 《잃어버린 시간을 찾아서》도 마찬가지로 이러한 점을 보여 준다.

 더 나아가서 우리 시대의 철학에서도 내면세계는 재발견되었다. 특히 포스트모더니즘 사상에서 그러하다. 바티모에 따르면 옛 형이상학으로부터 근대로의 전환은 그리스도교의 출현에서 미리 예정되어 있었다고 보았다. 그에 의하면, "그리스도교는 자연 세계에 대한 철학적 관심의 중심을 인간의 내면으로 옮겨 놓았다."19는 것이다. 참된 종교이며, 믿음에서 이러한 진리를 내면적으로도 추체험(追體驗)하는 일신교에 대한 요구는 '내적 인간의 발견'과 동일한 의미를 지닌다.20

 그러나 20세기에 철학적으로 관련된 다른 맥락에서도 내적 인간이라는 주제는 큰 중요성을 지닌다. 여기서는 이러한 류의 세 작품들

---

* 태도, 말, 행위로서 외부로 드러나는 철학을 말하며, 저자는 이와 대조되는 내적 인간의 철학을 이 책 전체의 주제로 다룬다.

만 언급할 것이다. 이 작품들은 모두 심리학자 스키너(B. F. Skinner)가 쓴 《자유와 존엄을 넘어서》라는 작품에 대한 비판적인 반작용으로 읽힐 수 있다. 스키너는 행동주의의 이데올로기적 형태를 '내적 인간의 폐기', '인공적으로 만들어진 인간(Homunkulus)의' 폐기, 또는 '인간 안에 있는 인간의' 폐기를 요구하는 불합리한 결론으로 이끌었다.[21] 1989년에 출판된 테일러의 《자아의 원천들. 현대적 정체성의 형성》은 현대적 인간의 정체성을 구성하는 요소들이 플라톤에게서 유래한다는 것을 언급하면서 아우구스티누스에 의해 특별히 구현된 내면성의 철학을 다루었다. 1990년에는 리쾨르(P. Ricoeur)가 《타자로서의 자기 자신》을 저술했다. 여기서는 특히 양심의 타자성이 환원 불가능하다*는 논제를 주장하고 있다. 마지막으로 이미 1986년에 네이글(Th. Nagel)은 《그 어디에도 없는 관점》을 출판하였다. 모든 분석철학의 자기 검열보다 결코 더 적지 않은 것이 서술되는 이 책에서 네이글은 ─ 필자의 이 책에서 숙고되는 점들의 배후에도 전제되어 있는 것으로 ─ 예컨대 동일성이 객관적으로 주어진 사물에 속하듯이, 마찬가지로 순수하게 주체적인 것은 원천적으로, 그리고 환원될 수 없는 이성적인 특성을 구성하는 조건에 속한다는 논제를 대변하고 있다.

내면의 세계는 해소될 수 없고 환원될 수 없는 실존하는 실재이다. 이러한 실재는 인간의 의식뿐만이 아니라 유한한 의식 자체를 나타낸다. 중세 철학은 내면성을 심지어 순수하게 정신적인 의식의 본질로, 다시 말해 천사의 본질로 제시하려고 했다.[22] 전통에 따르면 이

---

* 존재론적으로 자유롭게 타자를 거부할 수 있어도, 양심의 가책은 몰아낼 수 없다는 의미.

러한 실재는 내적 인간이라는 표제어를 통해 다루어진다. 동시에 이 표제어는 가장 먼저 그 자체로 이질적인 교부들의 철학적 세계를 공통적인 개념으로 표현할 기회를 제공한다. 이전의 세계는 서방 교부학의 사유 방식과 동방 교부학의 사유 방식 사이에, 오리게네스와 아우구스티누스 사이에, 니사의 그레고리우스와 요한 크리소스토무스, 그리고 다른 그리스도교 철학자들 사이에 놓여 있었다고 할 수 있다. 여기서 이들 모두는, 이미 많은 그리스도교 철학자들의 원류인 알렉산드리아의 필론이 말했듯이, 내적 인간이 고유한 본래의 인간(ho on anthropos)이라는 데에 의견을 같이 했다.

이러한 점들로부터, 후에 그리스도교의 이름으로 행해진 편파성에 대한, 내면으로 무책임하게 물러남에 대한, 외적인 것을 소홀히 하는 것에 대한 근거가 성립되었을 것이라고 성급하게 결론을 내리려는 사람이 있을지도 모른다. 그러나 이런 사람은 교부들의 사유가 균형과 조화를 이루고 있다는 사실을 부인하는 것이다. 아울러 대상화시키려는 고찰 방식과는 달리 고대 철학의 특정한 방향들이 강조하고자 했던 것은, 특별한 자기 관계에 근거하는 내면적인 현상들이 보여주는 세계의 고유성이다. 인간 존재는 내면적인 것의 다양한 세계에 대한 감수성 없이는 생각될 수 없다. 내적 인간 없이는 결코 인간은 존재하지 않는다. 내적 인간의 근본적 기능에 대한 이러한 본래의 생각은 인간의 외적 태도에 대한 모든 언술의 토대가 된다. 그리고 언어적으로도 관련된 이러한 외적인 것과 내적인 것의 연관성은 12세기에 젊은 예비 수녀들에게 수련복을 입힐 때까지만 해도 그 의미가 잘 알려져 있었다.

내적 인간에 대한 관념을 통해 어떤 것이 주제에 적합하게 다루어지게 되는데, 이 어떤 것은 그리스도교 철학 개념에서 이미 항상 함축적으로 함께 내포되었고 함께 사유되었다. 말하자면 그리스도교 철학 개념은 오직 이교의, 고대의 철학 이해라는 배경 하에서만 이해될 수 있다. 이러한 이해에 따르면, 하도트(P. Hadot)가 놀랄 만한 가치를 지닌 논문들에서 서술했듯이, 철학은 추상적 이론의 지식이 아니라, 정신적인 훈련을 기반으로 형성된 생활양식이라는 것이다.[23] 생활양식이라는 지식은 이 지식이 항상 예외 없이 고유한 생명에 대해, 고유하게 내적인 것에 대해, 내적 인간에 대해 의식된 것의 의미를 묻는다는 점에서 추상적인 이론에 대한 지식과는 구분된다. 이론적 지식은 바로 이 지식이 이러한 물음에 내포됨으로써 정의된다.

이로써 그리스도교 철학은 내적 인간이라는 주제와 내적인 관련성을 지니게 된다. 이 책은 바로 이러한 관련성에 대해서 다룬다. 이는 어떤 역사나 단지 여기서 살펴볼 교부철학에 대한 짧은 역사만은 아니다. 오히려 이 책에서 작업은 교부들, 특히 그리스 교부들과 라틴 교부들의 그리스도교 철학이 지니는 보편적인 특색을 파악하고자 하는 것이다. 이는 정신적인 지평으로서, 카시오도루스나 세비야의 이시도루스를 통해서 또는 카롤링거 왕조 시대에 그리스 교부들의 작품을 라틴어로 번역함으로써 전수된 것으로, 소위 '암흑기'*를 지나 12세기에 이르러서 다시 살아났다.

마르과르도(O. Marquard)의 널리 인용되는 구절에 의하면, 철학자들은 '보편적인 것에 대한 전문가들'이다. 철학의 역사가 철학에 대한 어떤 것까지 독자들에게 전하려고 한다면, 철학도 역사 안에서의

---

* 일부 역사가들이 중세를 '암흑기'라고 불렀는데, 여기서는 중세 중기를 말한다.

그런 보편적인 것에 대한 감수성을 키워야 한다. 다시 말해서 이러한 감수성은 여전히 지나치게 역사적인 것을 중시하면서 철학사를 기술하는 것을 상쇄시키는 것이다. 모든 이론들은 생활 세계에서 살아가는 환경을 통해서, 때로는 유사 마르크스주의처럼,* 때로는 통속적으로, 그리고 경제적인 이해관계를 통해서, 이렇게 역사적인 것을 중시하면서 철학사를 기술하는 것을 제한적으로 보여 줄 수 있다고 믿는다. 그렇다면 이 이론들은 나무만 보고 숲은 보지 못하는 우를 범하는 셈이 된다.

모든 시대에서 볼 수 있는 이러한 보편적인 구조들은 딜타이가 대상들의 전체 속성을 의미하여 '전형'이라고 부르는 것의 특징과 같은 어떤 것을 지닌다. 이러한 보편적인 구조들은, 특수한 텍스트들에서 볼 수 있지만, 시대의 근본적인 견해, 정신, 보편적인 것, 자기 이해를 나타낸다. 이렇게 실제로 이루어진 모든 철학적 보편성들에 전제되어 여기서 제시되는 것은 내적 인간에 대한 표상이다. 이 표상은 바르텐부르크의 요르크 그라프(P. Yorck Graf)가 딜타이를 비판하면서 사용한 용어인 '열쇠' 중의 하나이다. 그라프에 의하면, 내적 인간의 표상은 "가장 섬세하고 접근하기 힘든 자물쇠를 연다." 현재의 철학에서 이렇게 사멸되지 않는 관념을 암시하는 유행 사조가 보여 주듯이, 이는 특정한 시대에만 해당되는 보편성에 관계되는 것은 아니다. 내적 인간에 대한 표상은 플라톤 철학이 풍미하던 특정한 시기에서 탄생되었으며, 스토아 철학의 사유를 통해서 그리스도교 안에서

---

* 마르크스가 모든 역사를 계급투쟁의 역사라고 했지만, 이와 같은 역사 비평에 대한 근거와 배경을 고려하지 않고 정형화된 법칙으로 이해하는 것을 '유사 마르크스주의'라고 칭한다.

특별히 성장하고 발전되었다. 이후 모든 시대는 내적 인간에 대한 표상으로부터 자양분을 얻게 되었다.

이 표상과 더불어서 인격이라는 관념과 개념이 부각되었다. 다시 말하자면 내면성뿐만 아니라 인격, 이 양자는 특정한 시대에 철학적 삶을 사는 것을, 이 생명의 실체이자 이 생명을 지속시키는 것으로 규정한다. 그리고 더 중요한 것은, 내면성과 인격 없이는 우리 자신의 생명을 더 이상 사유할 수 없다는 것이다. 그리고 이 점은 이중적인 의미에서 드러난다. 그러니까 우리의 일상생활은 이미 항상 이렇게 내부와 외부를 구분하는 지평에서 성취된다는 것이다. 그러나 생명을 염두에 두려고 한다면, 우리는 철학적으로도 이러한 구분을 경시할 수 없다. 더욱이 니체와 그를 따르는 일부 현상학자들과 일부 포스트모더니즘 철학자들은 이러한 구분의 의미가 '형성되는 배후'를 물었으며, 특히 니체는 철학의 의심할 수 없는 출발점이라는 견해로 여기는, '내면세계' 또는 '의식의 사실'에 대한 전통적인 철학의 견해를 비판했다. 물론 내면세계도 '정리'되고, '단순화'되어 '도식화'됨으로써, 단순히 현상일 수도 있지만, 그 때문에 내부와 외부를 구분하는 것이 무의미하거나 허구인 것은 아니다.[24]

더 나아가서 게링(P. Gehring)이 이미 표현했듯이, 포스트모던 철학이 내면과 외부의 쉽지 않은 관계를 "내면의 외부는 이미 항상 내면적이다."[25]라고 새롭게 해석한다면, 이는 한편으로는 전통적인 극단적 내면성 철학에 상응한다. 플로티누스가 종종 "모든 것은 내면이다."(Enn. III 8,6,40. VI 8,18,2)라고 말했듯이, 이 내면성 철학에는 고유한 외부란 없다. 하지만 다른 한편으로 내면성 철학은 외부라는 개념과 상승, 초월이라는 개념을 자동적으로 연결하는 것을 알게 한다. 우리는 더 나아가서 이 점을 한쪽에서는 하이데거와, 다른 쪽에서는 비판적으로 겨냥된 '정돈된' 형이상학과 연결시키게 된다. 그러나 이러한 비판은 결코 어떤 다른 종류의 형이상학의 주요 부분과 맞닥뜨리지는 못한다. 왜냐하면 내적 인간의 철학은, 이미 그 의미에 대해서 플로티누스가 말했으며, 늦어도 빅토르 학파가 생각한 자구적 의미에 따라서 보자면, '외부'에 대해서 생각하지 않으면서 주체의 '자기 초월'에 대해서 말하기 때문이다. 하지만 초월이 내면에서 이루어진다 하더라도, 내면과 외부의 구분은 무의미하지 않다.

더욱이 이러한 구분은 철학의 본래적인 관심사를 더욱 분명하게 만들 수 있다. 플라톤이 그 특징들 중의 하나를 나타냈듯이, 이 '현상들'을 '구하고' 논쟁을 통해 제거해 버리지 않는 것이 철학의 과제에 속한다면, 철학은 내적인 현상들이 있다는 것도 정당하게 평가해야 한다. 이는 바로 생(生)의 철학을 다르게 이해한 것이나 다름없다. 특히 딜타이의 형상(Figur) 개념에서 잘 드러나는 생의 철학은 이러한 구분의 필연성을 우리에게 가르쳐 주었다. 딜타이에 의하면, 정신과학적인(인문학적인) 체험, 그러니까 인간의 이해는 이러한 관련성(내적인 현상) 없이는 결코 생각될 수 없다. 자연과학의 '설명'과는 달리 인문과학의 이해에 고유한 대상은 생의 객관화(Objektivation)*이기 때문이다. 하지만 생의 객관화가 우리에게 있어서 이해된 어떤 것이라면, "이 객관화 자체는 내적인 것에 대한 외적인 것의 관계를 항상 내포한다."[26]

---

* 딜타이에 의하면 인간의 '생'은 생 그 자체의 경험(느낌, 의지)으로부터 이해되어야 하며, 다른 외부적인 범주(자연과학의 힘)를 통해서는 인식될 수 없다. 따라서 종교, 철학, 예술 등 인간의 문화 체계는 생이 객관화된 것으로 본다.

만일 초기 그리스도교를 통해서 '발견된' 내면의 세계를 통해서 이전에 규정된 형이상학적 상태가 박탈되었다면, 근대의 의식 철학뿐만 아니라 근대의 이해에 대한 이론도 이 내면 세계 없이는 제대로 발전되기 어려웠을 것이다. 수학의 영역에서 보자면, 데카르트는 언젠가 신으로부터 창조된 영원한 진리들에 대해서 말했다. 이와 유사한 방식으로 자기 자신에게 집중하는 존재인 인간이 존재하는 한, 내적 인간, 인격, 인간을 인간으로서 발견하는 등의 인간적인 발견들도 영원히 유효할 수 있지 않을까?

인간 의식의 자기 집중성은 교부들의 철학이 가장 일찍 전체적으로 관심을 가졌던 주제 또는 관점이다. 여기서 좀 더 가까이 살펴보아야 할 것은 철학사의 한 부분이다. 이 부분은, 철학적 요소들이 초세기 그리스도교 작품들에서 명백해졌음에도 불구하고, 현대의 철학사 서술에서는 가장 많이 소홀히 된 부분이다. 특히 그리스 교부들은 우리에게 여전히 낯설다. 이 책의 XI장(의도와 지향)에서 암시될 자유론에서처럼 그리스 교부들의 사유 방식이 이런 낯선 점을 보여 준다고 하더라도, 그리스 교부들의 사유 방식은 오히려 아우구스티누스적인 사유보다 훨씬 더 근대 사유의 출발점에 부합할 수도 있다. 특히 동방의 오리게네스와 서방의 아우구스티누스의 경합은 수용사의 밑거름이 되는 자리(topos)이다. 후기의 은총-철학(Gnadenphilosophie)*을 포함해서 아우구스티누스의 모든 작품을 살펴본다면, 그리스도교 철

---

* 펠라기우스가 원죄론을 비판하고 인간의 자유 의지로 구원에 이를 수 있다는 주장한 것에 대해서, 아우구스티누스는 인간의 자발적인 업적보다 은총이 구원에 있어서 절대적인 역할을 한다고 반박했다. 이에 대해서 근대에서는 아우구스티누스가 인간의 자유 의지를 과소평가했다고 생각했다.

학에 대한 두 작품 즉, 《참된 종교》와 《아카데미아 학파 반박》은 사실 서로 상이하게 평가될 수 있다. 이런 평가는 아우구스티누스의 작품을 은총론 때문에 악평한 근대 철학사의 서술에서만 그런 것은 아니다. 이미 1518년 에라스무스가 에크(Eck)에게 썼던 다음 편지의 내용을 생각해 보자. "오리게네스의 단 한 페이지가 아우구스티누스의 열 페이지보다 그리스도교 철학에 대해서 더 많은 것을 나에게 가르쳐주었다."27 이렇게 형평성을 고려하는 철학사 학자는 아우구스티누스를 옹호하는 모든 입장을 단호하게 반대하는 입장에서 동방과 서방의 치열한 논쟁에 대한 이 같은 엄격하고 불공평한 평가를 중재하려고 했다. 그런 이유로 이 철학사 학자는 에라스무스의 견해를 지나치게 과장된 것으로 여겼고, 타협을 제안했다. 말하자면 '열 페이지'는 너무 했고, '다섯 페이지' 정도로 말할 수 있다는 것이다. 그렇다고 하더라도 그리스 교부들 일부는 철학적 사유의 실체와 관련해서 늘 높이 평가되었다. 이들의 역동적인 형태와 더불어 그 시대마다의 '현대'에 대한 역사적인 적응의 가능성은 자신의 사유를 라틴적인 것을 통해 유지했다. 반면에 이 점은 동로마 제국인 비잔틴에서는 비역사적으로 확정되어 글로 기록되었다. '그리스도교 철학'이라는 표현이 14세기에 와서야 비로소 전면에 나타났고, 에우세비우스가 오리게네스를 비로소 그리스도교 철학의 첫 번째 위대한 대변자로 서술했다고 하더라도, 사실 그 원천들은 그리스도교 자체의 시작으로까지 소급된다.

지난 수십 년간 거의 수없이 많은 연구에 따라 아직도 진지하게, 이미 가장 이른 시기의 그리스도교 작품에서, 클레멘스의 첫 번째 편지에서, 바오로의 서간들에서, 사도행전의 아레오파고스 연설에서 스토아학파의 자연신학과 윤리학의 흔적들을 찾을 수 있다는 것에 대해서는 어느 누구도 이의를 제기하지 못할 것이다. 마찬가지로 테르툴리아누스와 같이 공공연히 철학을 반대한 인물에게도, 그리고 이레네우스에게 있어서도 그리스의 유산은 곳곳에 존재했다. 이에 호교론자인 유스티누스와 특히 아테네의 아테나고라스는 논증하는 능력과 정식화시키는 기술에 있어서 모든 플라톤주의자들과 더불어 그리스의 유산을 수용할 수 있었다. 그리고 최종적으로 알렉산드리아의 클레멘스와 오리게네스, 바실리우스, 니사의 그레고리우스, 나지안주스의 그레고리우스, 요한 크리소스토무스와 같은 카파도키아 학파, 그리고 동방의 다른 교부들과 서방의 암브로시우스, 아르노비우스, 락탄츠, 아우구스티누스와 같은 인상적인 교부들은 스토아학파와 플라톤주의의 깊은 영향에도 불구하고 존재, 질료, 인간 영혼, 신적 존재 등 철저히 독립적인 구상들을 기획했다.28

이 모든 저자들과 다른 많은 저자들이 이 책에서 인용될 것이며, 여기서는 전체적으로 교부들의 사상에 대해서만 살펴볼 것인데, 달리 말하자면 이러한 사상의 흐름을 대표한다는 점에서 살펴본다. 하지만 개별적으로, 그러니까 교부들, 호교론적 교부들, 호교론자들에 있어서, 알렉산드리아 학파 또는 안티오키아 학파*에 속한 교부들에 있어서, 풍부한 연구 또는 교회의 유산, 그리고 삶과 삶의 상황들, 학파

---

* 안티오키아 학파는 알렉산드리아 학파와 상호 보완적인 면도 있지만, 주로 대립적인 주장을 내세웠다. 안티오키아 학파는 아리스토텔레스 철학의 영향을 크게 받아, 사변적이고 관념적인 알렉산드리아 학파의 방법론과는 달리 현실적이고 역사적인 사실에 입각한 방법을 선택했다. 사모사타의 파울루스(Paulus)와 안티오키아의 루키아누스(Lucianus, +312)는 오리게네스를 중심으로 한 알렉산드리아 학파가 성경을 지나치게 알레고리적으로 해석하여 성경에 대한 내용을 환상적으로 가르치는 것에 반대하기 위해 안티오키아 학교를 세웠다.

에 대한 소속성 등 다양한 다른 세부 사항들을 잘 근거 지을 수 있도록 분류하는 것을 논의하기는 어려울 것이다. 오히려 이 모든 것은 그에 해당되는 사전이나 안내서에서 잘 찾아볼 수 있다.[29] 아래에서 알 수 있듯이, 그리스도교 저자들과 이들의 정신에 영향을 준 주변 환경과의 만남은 작품의 유명한 인물들의 목록이라는 장르, 특히 히에로니무스의 그리스도교 저술가들의 목록에 나오는 인물들과 유사하다. 히에로니무스의 이 목록에는 사실에 대한, 그러니까 그리스도교 철학에 대한 공헌만이 설명되어 있지만, 이교도와 필론 또는 요세푸스와 같은 유다 사상가들도, 특히 세네카 같은 이교도도 목록에 포함되어 있다. 그리스어로 된 이 긴 인용들은 아울러 독일어 번역으로도 제공되는데, 여기서는 그때마다 뛰어난 번역들이 사용되었다. 번역이 없는 개별적인 경우에는 그리스어 텍스트를 독일어로 번역하려고 시도했다. 너그러운 독자라면 이렇게 필자가 시도한 번역들을 너그럽게 봐 주리라 믿는다.

I. 그리스도교 철학: 교부적 모델

그리스도교의 발전이 고대 후기를 규정하는 특징 중의 하나라는 것은 분명하다. 이와 같은 새로운 사유의 운동이 정신적인 삶에 있어서 어떤 의미를 지니는가 하는 것은 오늘날까지 논란 중에 있다. 1976년에 되리(H. Dörrie)는 그리스도교를 '반플라톤주의'로 특징지었고, 이로써 플라톤주의를 그리스도교와 반대되는 '전혀 다른 종류의 종교'로 특징지었다.30 이 점은 주지하다시피 테르툴리아누스의 논제가 현대적으로 변형된 것 중의 하나이다. 테르툴리아누스는 《호교론 Apologeticum》에서 다음과 같이 강조한다. "철학자와 그리스도, 그리스와 천상의 학파들에게 있어서 공통적인 것이라도 있단 말인가? ⋯⋯ 오류를 친구로 삼는 자와 오류를 적으로 여기는 자, 진리를 위조하는 자와 진리를 새롭게 하고 해석하는 자 간에 같은 점이 있는가?"31 그리고 다른 구절에서는 다음과 같이 묻는다. "아테네와 예루살렘에, 플라톤의 아카데미아*와 교회에, 이교도와 그리스도교인에 공통적인 것은 무엇이란 말인가?"32 이름난 역사가인 벤느(P. Veyne)도 동일한

---

* 기원전 387년경 플라톤이 세운 학당으로 이후 약 900년간 지속되었다.

의미로, 그리스도교의 발생은 고대 사유와 역사적인 단절을 말해 준다고 서술한다.33 이렇게 역사가, 교부, 현대의 문헌학자들이 각자의 방식으로 말하려고 하는 것은, 그리스도교가 그리스 철학과 직접 대치하는 위치에 있다는 입장으로부터 정의된다는 것이다.

사실 특히 라틴 교부들에게서는 철학과 그리스도교가 결코 서로를 용납할 수 없다는 것을 드러내는 좋은 근거들을 들 수 있는 것처럼 보인다. 이미 170년 전에 튀빙겐 학파에서 가장 철학적인 대변자로서 교부들을 잘 알았던 요한네스 쿤(Johannes Kuhn)은 다음과 같이 이 점을 인지했다. "일반적으로 테르툴리아누스, 아르노비우스, 락탄시우스 같은 교부들은 단순히 이러저러한 철학을 이용한 것이 아니라, 그리스도교를 위해 온갖 철학을 이용하는 것을 거부했다고 생각한다. 이에 대해서는 특히 철학에 의해 유발된 몇 가지 준엄하고 일반적인 판단이 내려졌다. 예컨대 철학자들이 사탄을 고안해 냈다는 둥, 이들이 이교도들의 조상이라는 둥 하는 것이 이러한 판단에 속한다. …… (그러나) 오직 교부들만 고려한다면, 분명히 사태는 아직 정당하게 살펴보지 않은 것이 된다."34

하지만 그 사이에 교부들과 철학 간의 관계에 대한 뛰어난 연구가 이루어졌다. 이 연구는 튀빙겐 학파의 관점을 철저히 광범위하고 전체적으로 검증했다.35 소위 그리스도교 저자들의 철학에 대한 적대감은 결코 테르툴리아누스의 관점에서 분명하게 밝혀지는 것은 아니다. 어쨌든 테르툴리아누스도 철학자들의 외투를 입었고, 풍자적인 비판으로 철학자들을 옹호했다.36 그 어떤 잘못된 철학도 그리스도교로 전수되지 않아야 된다는 점에 대해서 교회의 대부분의 옛 스승들은 테르툴리아누스에게 동의한다. 튀빙겐 학파에 속하는 쉬타우덴마이어(F. A. Staudenmaier)도 이 점을 이미 인지하고 있었다. 그러나 이로부터 그리스도교에 의해서 철학을 전면적으로 거부하는 것을 추론하려고 하는 것은 전혀 엉뚱한 길로 들어서는 셈이 된다. 쉬타우덴마이어가 자기 시대의 신학자들의 잘못을 지적한 것은, 오늘날 많은 신학자들, 철학자들, 문헌학자들에게 다음과 같은 점을 상기시키려고 하기 때문이다. "그 때문에 우리 시대의 신학자들이, 교부들이 철학과 철학을 이용하는 것에 반대해서 신학에서 주장한 모든 것을 그리스도교에 의한 내적인 철학적 발전, 그러니까 그리스도교의 정신 자체의 운동과 다름없다고 여겨지는 그러한 발전과 관련짓는다면 그것은 잘못된 것이다."37

이렇게 원천적으로 대립되는 옛 논제는 '헬레니즘화'*와 '탈헬레니즘화'라는 표제어를 통해서 언뜻 암시되는 사유의 배후에도 숨겨져 있는 것 같다. 그 숨겨진 한 측면은 다음과 같다. 그리스도교의 헬레니즘화라는 하르낙의 논제가 말하는 의미에서 보자면, 내용적으로 또는 단순히 형식적으로 그리스도교에 대한 플라톤주의의 영향을 수용하는 저자들은 교의로서 그리스도교가 이러한 영향을 철학을 통해서 체험했지만, 이러한 교의 자체는 마치 복음이 철학의 한 형태가 아닌 것처럼 "복음에 근거를 두고" 있으며, 이러한 관련성에서 더욱 중요한 것은, 그리스도교가 그러한 교의로 여겨졌다는 점으로부터 출발한다.38 하지만 숨겨진 또 다른 측면은 다음과 같이 말해진다. 니케

---

* 원래 헬렌(Hellen)은 그리스인을 의미하며, 헬레니즘은 그리스에서 융성한 그리스 문화와 정신을 뜻하지만, 넓은 의미로는 당시에 그리스 문화가 광범위하게 퍼져서 그리스적인 것이 됨으로써 이러한 그리스 문화와 정신을 따르는 것을 의미한다.

아 공의회와 칼체돈 공의회는 플라톤주의의 특정한 형태와 거리를 두는 과정이며, 이와 더불어 탈헬레니즘화의 과정이다.[39]

하지만 '헬레니즘화'나 '탈헬레니즘화'라는 두 개념은, 그리스도교 자체가 철학이 아니라는 것을 함축적으로 표현한다. 그러나 우리가 그리스도교를 이렇게 저렇게 반철학 또는 반플라톤주의로 특징짓는다면, 그리스도교가 무엇인지를 정말로 이해하는 것인가? 이와 달리 오히려 그리스도교가 자기 자신을 어떻게 이해했는가를 묻는 것을 배울 때, 우리는 그리스도교를 정말로 이해하게 될 것이다. 이러한 의미에서 이 책의 논제들은 그리스도교 자체가 철학의 한 형태도 나타낸다는 점을 주장할 것이다. 왜냐하면 그리스도교는 그리스 철학 전체의, 특히 플라톤 철학의 성취로 이해되었기 때문이다.[40] 이 점은 '플라톤주의적 사유와 그리스도교적 사유의 성공적인 공생'의 근본적인 사유에 대한 극단적인 형태를 말해 준다. 그렇게 오래 전은 아니지만, 이와 같은 근본적인 사유를 바이어발테스(W. Beierwaltes)는 여섯 명의 그리스도교 사상가(마리우스 빅토리우스, 디오니시우스, 보나벤투라, 마이스터 에크하르트, 쿠자누스, 피치누스)를 통해 보여 준다. 특히 우리에게는 익히 알려졌지만 이 사상가들을 대부분은 알지 못하는, 철학과 그리스도교 신학의 구분을 유지하면서 자세하게 설명했다.[41] 여기에다 유다교뿐만 아니라 그리스도교가 이교의 저자들로부터, 예컨대 2세기의 갈렌(Galen)으로부터 기묘한 철학의 형태로 인식되었다는 점도 부가된다. 이는 그리스도교가 어느 이교도 지성인, 곧 켈수스(Celsus, 2세기의 철학자)로부터 결정적으로 진정성 있게 수용되었고, 심지어 이 점은 제국의 안보와 안위에 실제적으로 위협이 되는 것으로 여겨지기 전이었다.[42]

그리스도교의 철학적 특징에 대한 점은, 예컨대 되리의 입장에 대한 마이예링(E. P. Meijering)의 비판에서 그리스도교를 교회의 신앙고백과 연결된 '그리스도교 신학'으로서 이해한 모든 해석과도 상충된다.43 그러나 이렇게 중세 시대와 근세 시대의 입장을 통해 제한된, 철학과 비교해서 복음의 다른 특징에 대한, 다시 말해 성경의 신학적인 특징에 대한 함축적인 견해가 정말로 초세기 그리스도교 저자들에 대한 근대적 연구의 전제라고 한다면, 이는 이 저자들이 자신을 이해하는 것과는 다를 수 있다. 왜냐하면 초세기에는 결코 철학과 구분되는 신학은 없었기 때문이다. 알려진 연구자들을 수용하는 것에 반대하는 점이 그토록 부각될 수밖에 없는 것은 어떤 '대립성'을, 그러니까 이미 고대 그리스도교에서 신학과 철학의 이중성에 대한 논의를 보여 준다. 후대에서야 생긴, 오늘날 익숙한 이와 같은 사유 체계는 유감스럽게도 교부들 작품의 텍스트를 위조해서 덧씌운 것이다.44

그리스도교의 헬레니즘화라는 논제뿐만 아니라, 공의회를 통한 탈헬레니즘화라는 논제는, 교부들 또는 공의회 교부들의 의식 속에 철학으로부터 구분되어야 하고 철학의 영향으로부터 벗어날 수 있는 어떤 것이 있었을 것이라는 점에서 출발한다. 바로 이 두 논제에서 전제된 그리스도교가 지닌 내용, 다시 말해서 철학의 개념으로 바꾸지 못할 내용에 대한 가정은 그 배후 근거를 물어보아야 한다. 오늘날 현저하게 신학 분야에서 장악하고 있는 현재의 교부학 연구 중 일부도 이러한 점을 의도하는 것 같다. 그 출발점은 이미 유명해진 판넨베르크의 논문이다. 판넨베르크는 초기 그리스도교 호교론자들의 사유를 전체적으로 복권시키려고 애썼다. 하지만 판넨베르크는 동시에 하르낙의 헬레니즘화 논제라는 의미에서 철저하게 철학적인 신

(神)에 대한 사유를 통한 과도한 그리스의 영향이라는 위험에 대해서도 언급했다. 이와 같은 경고는 분명히 그리스도교 철학에 대해서는 결코 존재하지 않았던 대립을 전제한다. 이는 성서적인 것과 그리스적인 것의 대립, 그리스도교와 철학의 대립이다. 판넨베르크의 논문에 연결되는 논의는 이러한 점을 가시화시켰다.45 이러한 의미에서 뷔르바(D. Wyrwa)는 판넨베르크가 교부들의 사유에서 특수한 그리스적 요소들을 제거하거나 상대화시키는 비판적인 관점을 통해, 그리스도교와 그리스 사유의 조우가 이미 70인역과 신약 성경 자체에서 일어났음을 지적했다. 그리고 브렌넥케(H. Chr. Brennecke)는 일관되게 한 걸음 더 나아간다: "그리스도교 신앙과 그리스 정신의 만남은 …… 결코 이루어질 수 없었다. 왜냐하면 양자는 결코 분리되지 않았기 때문이다."46 이 점은 철학과 신학 간의 관계에 대해서도 적용된다. 왜냐하면 철학과 구분되는, 신학이라고 부를 수 있는 그러한 지식은 교부 시대에서 12세기에 이르기까지는 결코 존재하지 않았기 때문이다. 더 정확히 말하자면, 신학이라는 개념은 12세기에 이르기까지 항상 아리스토텔레스, 보에티우스, 디오니시우스 아레오파기타(위디오니시우스) 또는 다른 철학자들을 의미한다는 점에서 철학적 신학을 가리키기 때문이다. 이러한 점에서 그리스도교는 알렉산드리아의 클레멘스가 말하는 '참된 신학'으로도 불릴 수 있다.47

일반적으로 교부들은 그리스도교를 철학의 한 형태로 보았다. 클레멘스에 의하면 그리스도교는 '그리스도인들의 철학'이며, 또는 니사의 그레고리우스와 일치하며, 아우구스티누스와도 일치하는, 플라톤의 《국가》에서 유래하는 표현인 '참된 철학'이다.48 더 나아가서 스스로 자신들을 '철학자'라고 부르는 그리스도교 저자들은 그리스도교를 '우리의 철학', '신적인 철학', '거룩한 철학', '천상의 철학', '완성된 철학'이라고 부른다. 다시 말하자면 그리스도교는 심지어 '신의 철학' 또는 '성경의 철학', '모세의 철학' 또는 아우구스티누스에게 있어서도 '그리스도교 철학'이다.49 그리스도는 자기를 극복한 공경할 만한 삶의 모델을 제시하는 한에서, 에우세비우스가 말하듯이 '모든 철학자들 중에 첫 번째 철학자'에 해당된다. 이로써 그리스도로부터 배운 것은 '그리스도인들의 철학' 또는 '그리스도의 철학' 또는 '복음적 철학'으로도 불린다.50 이러한 평가에 대한 입증은 그리스도에 대한 교육 회의에서 쓰인 이코노그래피(도상〔圖像〕)에서도 확인할 수 있다. 카타콤바의 벽화나 석관, 또는 모자이크에서 볼 수 있듯이, 이 코노그래피에서는 그리스도가 사도들에게 둘러싸여서 망토와 수염을 기른 모습으로, 흡사 완전히 철학자들의 모임 같은 분위기에서 지혜의 교사로 표현된다. "그리스도와 사도들, 예언자들, 성인들은 마치 이교도 지성인들처럼 묘사된다."51 교양 있는 알렉산드리아인인 클레멘스는 이미 초기 2세기에 '세련됨'에 대한 자신의 작품 《권고 Protreptikos》의 유명한 서문에서 독자들에게 더 이상 옛 신들의 노래가 아니라 새로운 오르페우스인 그리스도의 노래에 귀 기울이고, 뮤즈의 산인 헬리콘(Helikon)과 키타이론(Kithairon)을 떠나서 시온 산을 거처로 삼으며, 프리기아풍, 리디아풍 또는 도리아풍의 음계 방식이 아니라 천상 로고스의 '새로운 노래'를 들을 것을 요구했다.52 그 어디서도 초기 1세기의 그리스도교 저술가들이 그리스도교의 가르침을 철학과 구분한 계시신학의 의미로 이해한 흔적은 없다.

오히려 반대로 철학을 모든 인간에게 가장 위대하고 가장 가치 있는 신의 선물로 본 유스티누스는 그리스도교의 가르침을 일종의 계시 철학으로 이해했다.[53] 여기서 유스티누스는 특별히 중기 플라톤주의를 대변하는, 옛 민족들에게 전해진 원시 계시에 대한 논제를 연결한다.[54] 클레멘스도 철학, 특히 그리스 철학을 '신으로부터' 전해진 선물로 표현한다. 비록 에피쿠로스 철학의 형태로 무신론이라는 잡초를 자신의 땅에 함께 자라도록 놔둠으로써, 이교도들이 그리스도교 내에서 활동을 할 수 있게 했더라도, 이 선물은 '그리스도교 철학'의 토대를 다지는 임무를 맡았다.[55] 동시에 철학에 대한 평가는 어떤 그리스도인의 입으로 표현되는데, 이 평가는 전적으로 고대의 견해를 나타내고 있다. 이는 우연이 아니라 전형적인 것으로, 플라톤이 세운 아카데미아의 시작과 끝은 철학을 신으로부터 선사된 선(善)의 한 형태로 여기며, 이와 비교해서 각 인류에게 이보다 더 높은 형태의 선이 결코 주어지지 않았고, 철학이라는 선은 여전히 각 시대마다 주어질 수 있다는 플라톤의 고전적인 정식을 통해서 유지된다.[56] 심지어 요한 크리소스토무스에게 있어서 철학은 적어도 그리스도교적인 '위대한 선'이다.[57] 철학에 대한 이러한 높은 평가에 동의함으로써, 철학은 일반적으로 철학자의 삶이라는 장르에서 나타난 대로 제시하자면, 이 세상에 나타난 신의 현현으로서도 간주된다.[58] 호교론자들과 교부들에게 있어서 철학은 의심의 여지없이 그 안에 그리스도교의 가르침이 들어 있는 피복(被服)이나 의복을 넘어서는 것이었다. 오히려 그리스도교는 자신의 실체 안에서 속속들이 철학의 한 형태이다. 19세기에 튀빙겐 학파의 정신적인 수장인 쿤(J. Kuhn)은 이미 이 점을 파악했다. "이는 잘못되었지만, 자주 제기되는 주장이다. 말하자면 교부들 중 일부는 철학을 결코 거부하지 않았지만, 그들은 이교도들에 대항에서 방어를 위해 추천할 만한 도구로 외적인 목적을 위해서만 철학을 허용했다는 것이다. 그리고 이로써 철학이 다른 시대 상황과 그리스도교에 대한 더 유익한 관계에 있어서 전적으로 무용하리라는 점이 암시된다는 것이다. 또한 이로써 알렉산드리아의 클레멘스가 이미 다음과 같이 올바르게 직시한 점도 용납할 수 없게 된다. 클레멘스에 의하면, 철학은 그리스도교라는 종교에서 보자면 인간의 정신과 마음을 정화시키기 위해 신으로부터 주어진 것이다."59

물론 신적 계시의 개념과 관념이 초세기 그리스도교 철학에서 극도로 중요한 역할을 했다는 점은 결코 이론을 제기할 여지가 없으며, 또 그래야 한다. 하지만 철학은 그 어디서도 본성적인 지식과 더불어 지식의 고유하고 유일한 원천으로만 수행된다고 파악되지도 않았다. 말하자면 이성과 계시 간의 내적인 모순이라는 표상은 교부들에게는 전혀 낯설었다. 더 중요한 점은 이미 19세기에 튀빙겐 학파의 지도자 중의 한 명인 드레이(S. Drey)가 다음과 같이 정식화한 것이다. "교부들은 이성과 계시 간의 내적 모순에 대해서 알지 못했다. 오히려 교부들은 자신들이 보기에 그리스 철학을 부분적으로는 불완전하게 형성된 이성으로, 부분적으로는 방향을 잃은 이성으로 설명했다. 반면에 그리스도교는 참된 철학으로, 다시 말해서 이성과 계시를 가장 아름답게 조화시킨다고 설명했다."60 13세기부터 시작된 계시에 대한 관심은 신학과 철학의 질적인 차이를 근거 지은 반면에, 이 그리스도교 철학의 시대에서는 이러한 관심이 본성적인 지식의 탁월함에 대한 요구를 구축했다. 더 나아가서 이러한 관심은 인간의 지식과 신적 지식의 통일성을 강조했다. 브라운(P. Brown)은 고대 후기 철학의 관점에서 보편적으로 계시의 이러한 고유한 특성을 올바르게 밝혔다. 그에 의하면 "예컨대 고대 후기 사람들에게 계시는 인간의 이성에 대한 신뢰를 단순히 포기하는 것을 넘어선다. 계시는 (이성과 계시라는) 두 영역을 하나로 만드는 것을 의미했다."61 이러한 관점에서도 그리스도교 철학은 고대 철학, 특히 플라톤 철학*의 발자국을 따라간다.

그리스인들은 몇 명의 탁월한 사람들, 예컨대 입법자들, 시인들, 피타고라스 같은 철학자들도 신들의 계시를 체험한다고 항상 믿었다. 뮤즈들(학문과 예술의 여신들)이 헤시오도스에게 전달한 것에 대해서 우리는 그가 쓴《신통기Theogonia》에서 읽을 수 있다. 이와 더불어 델피, 디디마 또는 클라로스에는 신탁(神託)의 계시들이 있다. 진리가 절대적으로 원천적인 것이라는 그리스적 관념에서 보자면, 플라톤에서 피타고라스, 그리고 최종적으로 오르페우스에 이르기까지 모든 사유가 이러한 원천으로 되돌아가지만, 아울러 일찍이 유다인들, 이집트인들, 아시리아인들, 브라만인들, 마술사들 또는 켈트족의 사제들이 체험한 계시로도 되돌아가려는 시도가 있어 왔다.62 그리스도교 철학은 이와 같은 사유를 거의 전형적인 것으로 받아들였다.63 특히 오르페우스교, 헤르메스주의, 2세기에 형성된 '칼데아의 신탁'에 근거하는 칼데아주의**와 같은 계시된 전통에 기반하는 신플라톤주의 철학에 대해서 그러했다. 계시 사유에 대한 그리스도교적 전통은 이러한 고대의 계시 관념과 이론에 직접적으로 연결된다.64 저술들의 영

---

*   여기서 플라톤 철학은 하나이자 궁극적인 존재 근거와 일치한다는 관점에서 신과의 유대를 복구하는 것을 목적으로 한다.
** 플라톤의 사상을 모든 종교들과 연결시키고 있는 '칼데아의 신탁'에서 신은 아버지, 힘, 정신이 하나로 결합된 삼위일체적 존재로 이해된다. 신플라톤주의자 포르피리오스는 이를 존재, 삶, 정신으로 표현했다. 이러한 신탁을 중심으로 칼데아주의가 형성되었다.

감에 대한 그리스도교적 언술도 본성적인 이성에 대한 투쟁이라기보다, 단지 어록들에 대한 신적인 유래성을 의미하는 것이다. 사실 고대 세계에서, 그리고 그리스도교 세계에서도 신적인 말씀을 받아들이고 전달할 수 있는 자연적 이성은 가치 있고 능력 있는 것으로 여겨져서 이에 대한 각별한 존경심이 표현되었다.

그리스도교 신앙의 몇 가지 내용은, 그것이 원칙적으로 철학적인 이성을 통해 이해되는 한에서, 결코 신학과 구분되지 않는 철학의 대상이다.[65] 그렇기 때문에 나지안주스의 그레고리우스는 피타고라스주의자들의 침묵, 이데아에 대한, 그리고 영혼들이 다시 육체와 결합한다는 플라톤의 가르침, 영혼의 불멸에 대한 아리스토텔레스적 격언, 여러 철학 학파들에서 나온 다른 명제들을 포기할 것을 요구했다. 그것은 그리스도교적 의미에서 세계, 질료, 영혼, 이성적으로 주어진 본질에 대해서 육신의 부활, 최후의 심판, 보상, 그리스도의 고난에 대해서 '철학하기' 위해서였다.[66] 그리스도교 저술가들은 이교도 저자들의 지식도 철학으로 보았다. 이 철학은 7개의 자유 학문인 문법, 수사학, 논리학, 그리고 실천적인 것과 이론적인 것으로 세분될 수 있는 '참으로 숭고하고 상승하는 철학'을 포괄한다.[67] 이로부터 그리스 철학의 지식 전체, 다시 말해 전체적으로 고전적이고 프로그램화된 오리게네스의 규정 — 물론 오리게네스는 단지 알렉산드리아의 필론의 생각을 수정했다. — 에 따른 과목들의 범위는 고유한 철학, 곧 그리스도교 철학의 예행연습으로 여겨질 수 있다.[68]

때로는 그리스도교가 원칙적으로 철학에 적대적인 태도를 취하는 것처럼 보이기도 한다. 예를 들어 오리게네스는 비유적 의미에서 그리스도가, 철학자들이 근본 명제와 정리를 통해 구축한 철학 도시를 근본적으로 궤멸시켰다고 말한다.69 하지만 이는 오해한 것으로 보인다. 왜냐하면 다른 측면에서 보면 오리게네스는 이교 철학의 확실한 지혜를 철저히 인식했고 인정했기 때문이며, 이와 같은 철학의 지혜도 "무시되지 않아야" 했다.70 다름 아닌 진리에 좋은 일을 하려고 한다면, 그리스도교적인 입장에서 이교 철학이 그리스도교와 같은 많은 영역에 대해 숙고한다는 것을 인정해야 한다. 예를 들어 플라톤주의자들로 추정되는 몇몇 그리스 철학자들은 참된 신을 인식했다.71 마찬가지로 이교도 저자들의 신에 합당한 행위들, 덕들, 이와 더불어 윤리철학이 인정받을 수 있다. 윤리철학과 자연철학의 관점에서 보자면, 그리스 철학의 가르침과 그리스도교 간에는 결코 그 어떤 차이도 없는 것처럼 보인다.72 요약하자면 그리스 철학은 그리스도교의 어떤 면에도 대립되지 않지만, 그렇다고 해서 그리스도교와 일치되는 것도 아니다.73

이와 더불어 이교 철학과 그리스도교 철학 간에는 단지 정도의 차이만 있을 수 있다. 이 점은 초기 그리스도교가 파악한 것이다. 그리스 철학을 수용하여 그리스도교 철학의 선구자로 서술하는 이와 같은 문제에 있어서 알렉산드리아의 클레멘스는 이미 오리게네스보다 앞서갔다. 하르낙은 클레멘스에 대해서 다음과 같이 정당하게 주장한다. "그(클레멘스)는 소크라테스로부터 시작되는 그리스 철학의 전체 역사를 그리스도교와 대조되는 것으로 여긴 것이 아니라, 구약 성경과 같은 현관 입구로 생각했다."74 더 낮게 말하자면, 이렇게 말하는 것이 그리스도교 저자들의 자기 이해에 더 적합할 것이기에, 이 점은 이교도 저자들을 연구하는 것을 '예행연습'으로 여기는 것이며, 이러한 연구가 마치 벌들이 꽃 주위에 몰려들 듯이 올바른 방식으로 이교도 철학자들의 작품 주위를 배회한다면, 이는 성경, 곧 그리스도교 철학을 이해하기 위한 적합한 준비를 서술하는 것이다.[75] 이러한 의미에서 참으로 올바르게 '다가오는 세기를 위한 모든 그리스도교 교육의 대헌장'으로 불린 바실리우스의 작품《청년들에게*Ad adolescentes*》는 프로그램화된 형태에서 그리스도교 철학의 관심사를 더 잘 이해하기 위해서 이교 문학과 관련한 비판적인 교류를 권한다.[76]

이로써 참된 철학은 신으로부터 계시되거나 어떤 경우에도 신으로부터 유래하는 철학임은 의심의 여지가 있을 수 없다. 단지 그리스도교 철학에 대한 특별한 특성이 없을 뿐이다. 적어도 플라톤주의적 노선의 이교도 저자들도 매우 자주 자신들의 철학의 신적인 원천을 구체화시킨다. 심지어 클레멘스는 더 나아가서, 그리스도교 철학뿐만 아니라 그 '예행연습'인 그리스 철학도 "신으로부터 인간에게 도달했다."고 말한다.[77]

2세기와 3세기에 그리스도교 철학의 중심은 알렉산드리아였다. 아테네와 예루살렘이 화해하지 않고 서로 대립했다고 테르툴리아누스가 언급했음에도 불구하고, 이 두 도시는 알렉산드리아에 함께 모인다. 여기서 클레멘스와 오리게네스가 활동했다. 여기서 이미 판타이노스(Pantainos)와 클레멘스를 중심으로 유명한, 그리스도교 공동체에서 모인 알렉산드리아 학파, 소위 그리스도교 철학의 첫 번째 전문 양성 기관이 문을 열었다. 여기서 오리게네스는 자신의 철학적 성경 주석을 위한 공개 토론장을 만들었다.[78] 지난 몇 해 동안 학문적 연구들이 밝혀냈듯이, 클레멘스와 오리게네스는 본래적인 성경 연구를 위해 이교 철학의 지식을 전제했을 뿐만 아니라, 이를 플라톤주의자들의 교육 과정과 유사하게 만들었고 전체 성경 주석 교육, 지식 이해,

그 밖의 다른 많은 것들을 이교 철학의 안내서와 입문서들에서 방향을 맞추었다.[79]

II. 그리스도교 철학: 삶의 방식

특별히 그리스도교 철학은 고대의, 그러니까 이미 플라톤에게서 만 아니라 특히 스토아주의자들에게서도 '철학'이라는 용어 자체의 의미를 수용했다. 하지만 이는 생명이 없는 죽은 지식 또는 이론적이기만 한 지식이 아니라, 삶의 방식, 삶의 태도를 말해 주는 것이었다. 이러한 의미에서 나지안주스의 그레고리우스는 그리스도교의 그림자만을 묘사하는 그리스 철학과는 대조되는 것으로, 그리스도교의 수도생활을 '참된 철학'으로 표현했다. 더욱이 그레고리우스에 의하면 철학은 올바른 방식으로 사는 것을 의미한다.[80] 이것이 '참된 철학'이라고, 자신의 욕망을 억제할 수 있었던 시리아의 에프렘은 말한다.[81] 이러한 의미에서 종종 그리스 철학과 비그리스도교인들의 철학을 그리스도교 철학과는 구분되는, 전적으로 '알맹이 없는 껍데기의 철학'으로 특징짓는다고 해서,[82] 계시신학과 철학 간의 차이까지 없어지는 것은 아니다. 오히려 이러한 구분은 오리게네스가 알고 있었듯이, 철학 내적인 단순한 차이에 관련된다. 이 내적 차이는 예컨대 아리스토텔레스가 그렇게 구분했듯이, 이미 그리스 철학에서 표층적 차원의 철학과 심층적 차원의 철학 간의 차이에서 드러난다.[83] 이미 히에로니무스*는 특히 라틴어를 사용하는 그리스도교 전통과 대비해서 그리스어를 사용하는 그리스도교 전통의 철학적 특징을 부각시켰다. 하지만 그리스어를 사용하는 그리스도교 저자들(동방 교부)은 클레멘스에서 카파도키아 학파**에 이르는 모든 이들의 작품들 중에서 철학자들에 대한 작품들을 떼어내 버렸다. 그 결과 안타깝게도, 이교 철학에 대한 지식 또는 그 저작들을 통해서 배운 내용을 알지 못하게 되었다.[84]

유스티누스에서 12세기 사상가들에 이르기까지 그리스도교 저자들이 자신들을 스스로 특징짓는 점을 함께 고려한다면, 이들의 사상은 그리스 사상처럼 '철학'으로 이해되며, 4세기부터는 자기 자신을 '그리스도교 철학'으로도 표지했다는 것은 명백한 사실이다.[85] 그렇다면 오늘날 이러한 이름을 거부하는 근거는 무엇이겠는가? 아마도 그것은 이 개념에 대한 최근의 역사에서 찾아봐야 할 것 같다. 예컨대 19세기에는 이 개념이 모순되지 않는다는 것이 명시적으로 검증되었지만, 20세기에 들어와서 하이데거 외에도 적지 않은 이들이 그리스도교 철학을 '나무로 만든 쇠'라는 모순적인 개념으로 이해했다는 것을 염두에 둔다면, 이 개념은 분명히 상이한 내용을 내포하고 있다고 추정할 수 있다.[86] 지난 세기에 브레히어와 질송에 의해 추진된 '그리스도교 철학'에 대한 토론은 이 개념의 역사적 의미에 대해서는 모른

---

* 히에로니무스(Hieronymus, 예로니모): 라틴어로 된 불가타 성경을 번역했으며, 이 성경은 1546년 트리엔트 공의회에서 교회 공식 성경으로 공인되었으며, 특히 전례 공식 성경이다.
** 대(大)바실리우스, 니사의 그레고리우스, 나지안주스의 그레고리우스가 이 학파에 속한다.

채로 진행되었는데, 여기서는 끝내 대상이 되는 '그리스도교 철학'이라는 개념을 설명하는 데 시간을 할애하기보다 이 개념을 좁게 한정해서 다루는 데 그쳤다. 그런 이유로 오늘날까지 특별히 영국 철학의 관점에서는 교부들의 사상을 철학으로 바라보는 데 대한 거부감이 존재한다. 몇 년 전에 스테드(Chr. Stead)는 다음과 같이 말했다. "우리가 오늘날 그것(교부들의 사상)을 철학이라고 불러야 할 것인가 하는 것은 훌륭한 물음이다." 이 말은 결국 무엇이 철학인지, 무엇이 철학이 아닌지를 항상 의식했던 영국 전통의 배경에서, 그리고 아우구스티누스의 특별한 관점으로 다름 아닌 이 물음을 부정하기 위해서이다.[87]

반면에 이러한 점은, 예를 들어 소위 고유하게 신학적으로 의미 있는 자극들과 더불어 교부학에 대해 역사적으로 정보의 가치가 있는 수많은 논문들과 연구서들을 내놓은 튀빙겐 학파에 있어서는 '자기 이해'와 관련되었다. 이러한 '자기 이해'는, 철학이 관념들의 학문이기 때문에, 그리스도교가 자신의 교의적인 내용에 따라서는 관념들의 총체, 그러니까 철학의 한 형태라는 것이다.[88] 이러한 작업을 가능하게 하는 물음은 오직, 그리스도교가 이러한 관점에서만, 그러니까 자신의 관념들에 해당되는 내용을 고려한다는 점에서만 철학으로 불린 것인지, 또는 전혀 새롭지 않은 방식으로 철학 개념에 대해서 숙고했는지 하는 것이다.

이러한 점은 특히 그리스 교부들, 카파도키아 학파, 에우세비우스, 요한 크리소스토무스, 폰투스의 에바그리우스, 키루스의 테오도레투스, 그리고 그 다음에는 히에로니무스와 고대 후기의, 그리고 철학을 수도자들의 생활 방식으로 해석한 중세 초기 전체의 라틴 저자들에게 해당되었다.[89] 여기서 폰투스의 에바그리우스의 작품들은 이미 곧바로 동방의 언어뿐만 아니라 5세기 말에는 라틴어로도 번역되었고, 더 나아가서 그의 추종자인 요한 카시아누스는 에바그리우스의 근본 사상을 라틴 세계로 전달했으며, 누르시아의 베네딕투스는 이런 카시아누스에게서 배웠다. 특별히 분명하게 수도자의 철학적 삶이라는 실천적인 차원이 에바그리우스에게 있어서 수립되었다는 점을 염두에 둔다면, 그리스-그리스도교적 철학 개념이 중세 전성기에 이르기까지 서구 수도 생활 전체를 어느 정도까지 규정할 수 있었는가를 이해할 수 있게 된다.[90]

그러나 철학이 고대 후기에 수도자 또는 은수자들의 생활 방식이라는 의미로 이해된다고 해서, 철학이 자신의 반성적인 특징을 벗어 던지고 단순히 행동주의를 말했다는 것을 의미하지는 않는다. 오히려 고대 후기의 '철학' 개념에 대한 이러한 의미는 이론적인 철학의 형태인 반성이 최종적으로 특정한 삶의 형태에, 특정한 실천에 뿌리박고 있다는 것을 암시한다. 철학을 수도자의 삶의 방식으로 간주하는 것은, 철학하는 것이 상아탑에서 사유하는 것이 아니며, 그렇다고 해서 세상 한 가운데서 정신을 집중해서 전념하는 삶이라는 것을 의미하는 것도 아니다. "왜냐하면 자신의 육체를 명상의 장소로, 그리고 영혼의 확실한 피난처로 여기고 있는 사려 깊은 철학자는 …… 자신이 시장 광장이나 시민 축제에 있거나 간에, 산이나 땅에 또는 많은 군중 속에 있거나 간에, 내면 안에서 자신의 정신을 모아서 자신에게 걸맞는 것에 대해 철학하기 때문이다." 이렇게 철학을 한다는 것은, 영혼으로 돌입하는 방향 전환과 영혼의 주위를 배회한다는 관점에서, 무엇보다도 영혼 자체 안에서 내적인 '고요함'을 유지하면서도 활발하게 움직이는 것도 의미한다.[91] 이는 오직 철학이 처음부터 그리고 원천적으로 삶을 형성하는 실천적인 특징을 지녔기 때문에만 가능하다. 이론적인 수행과 실천적인 수행을 구분하지 않은 플라톤은 이미 작품의 많은 구절에서 세상과는 동떨어진, 추상적이고 순수하게 이론적인 철학의 태도를 비판했다. 하도트(P. Hadot)가 명시하듯이, 이 점은 특히 스토아 철학에 해당되지만, 본래는 고대 철학 전체의 문제였다. 이러한 의미에서 고대 철학은 철학을 추상적인 이론으로서가 아니라, 삶을 형상화하는, 삶에 대한 반성으로서 이해했다.

그리스도교는 이러한 발전을 성취했다. 고대의 철학 개념에 대한 이와 같은 생각에서 그리스도교에서는 자기 인식이라는 주제가 중심적인 의미로 등장하게 된다. "너 자신을 알라."는 말은 그리스도교적 시각으로 볼 때, '최고의 철학 문장'의 반열에 속한다.[92] 왜냐하면 철학하는 자에게 가장 가치 있는 것으로, 자신의 영혼을 우선적으로 돌보아야 하는 것은 자기 인식을 통해서 시작되기 때문이다. 그 때문에 철학은 무엇보다도 올바르게 이해된 자기 자신에 대한 돌봄(Sorge)이다. 이러한 돌봄은 외적인 것, 다시 말해 낯선 것에 대해 눈을 돌리지 않고, 자신의 고유한 내면에 대한 끊임없는 집중(Aufmerksamkeit)에서 나타난다.[93] 그리스도교에서 "너 자신을 알라."는 그리스 신탁의 언어가 풍기는 실천적인 뉘앙스를 처음으로 알아차린 것은 오리게네스였다. 오리게네스는 영혼이 자신의 실체 안에서, 다시 말해 자신의 존재에 따라 자신을 인식하는 이론적인 자기 인식과 영혼이 자신의 성향(affectus)을, 다시 말해 자신이 해야 할 것에 대한 관계에서 자신을 인식하는 실천적인 자기 인식을 분명하게 구분했다. 실천적인 자기 인식에서 영혼은 자신이 좋은 성향 또는 나쁜 성향을 갖고 있는지,

자신의 행위가 하느님의 모상으로서 자신의 본성에 적합한지 그렇지 않은지에 대해 양심을 시험함으로써 자신을 평가한다.[94]

그리스도교는 기어이 이렇게 해석하려고 했으며, 아울러 이와 같은 경우에 신탁과 그에 대한 플라톤적인 해석보다도 (《신명기》와 《아가》에서) 그리스도교적 가르침이 시간적으로 우선한다는 점에 대해서도 보여 주었다.[95] 자기 인식은 이중적 의미에서 그리스도교 철학의 과제이다. 하지만 이론적 인식은 항상 실천적 인식에 대한 봉사에서 성립된다. 실천적인 자기 인식에 대한 이러한 사유는, 이미 루피누스(T. Rufinus)에 의해 제안된 '너 자신을 알라.'($\gamma\nu\tilde{\omega}\theta\iota\ \sigma\epsilon\alpha\upsilon\tau\acute{o}\nu$)에 대한 두 가지 번역, 곧 '노셰 테입슘'(nosce teipsum)과 '시토 테입슘'(scito teipsum)*을 인정한 암브로시우스[96]의 중개를 통해 중세 라틴 세계에 알려졌다. 12세기에는 실천적인 자기 인식에 대한 이중적인 형태의 이러한 그리스도교적 관념이 일시적인 황금기를 맞이한다. 아벨라르두스에 있어서 '시토 테입슘'이라는 표현은 윤리의 수련을 위한 표지가 되었다. 하지만 이 표현의 위용에 대해서는 클레르보의 베르나르두스와 티에리의 빌헬름만이 그 경이로움을 드러낼 수 있었다. 그리고 빅토르의 리카르두스는 자신의 저서인 《소 벤야민Benjamin minor》에서, 그리스도를 세상 아래로 내려오는 "너 자신을 알라."이신 분이라고 말한다.[97]

이와 같은 실천적 자기 인식의 전통이라는 배경에서, 그리스도교적 의미에서 철학한다는 것은 특별한 방식으로 자신의 내면에 마음을

---

* 여기서 nosce는 영적이고 내면적인 앎을 의미하고, scito는 외적이고 자연적인 지식과 관련된 윤리적인 실천적 인식을 의미한다.

쓰며, 영혼의 적들에게 자신을 지키고, 자신의 마음을 순수하게 보존한다는 것을 의미한다. 전적으로 고대 철학의 의미에서 그리스도교 저자들도 이러한 종류의 자기 보존을 '보호'(Hut) 또는 이를 통해 철학하는 사람이 자신의 마음을 염려하는 '깨어 있음'(Wachsamkeit)이라고 부른다.98 그리스도교 저자들이 스토아적 용어를 더 개방적으로 수용한 곳에서 철학은 내적인 인간에 대한 주목으로 이해되었다. 이러한 주목은 깨어서 사방의 위험들을 내적 인간으로부터 없애려고 하는 것이다. 이렇게 이론가가 별 생각 없이 마음 편하게 이리저리 둘러보는 것과는 달리, 염려하면서 두루 살펴보는 것(Umsehen)은 스토아-그리스도교적 철학 이해에 따르면 '신중함'(Umsicht)이라 불린다. 신중함은 자기 자신에 대한 염려에 의해 유발된, 유익한 것과 해로운 것을 감지하는 것으로서 철학자들에게 고유한 시선의 실천적인 형태이다. 이 실천적인 형태는 고대 철학과 고대 그리스도교와 중세 철학에서, 특히 신비주의에서 볼 수 있는 것으로 하이데거에 이르기까지 발견되는데, 항상 아리스토텔레스적 전통의 이론-구상과는 구분되었다.99 염려 자체는 이미 항상, 영혼이 자기 자신에 대해서 지니는 앎이 실천적인 본성이라는 점을 말한다. 후에 자기 인식에 대한 대화로서 (아테네와 알렉산드리아에서) 학원 강의 과정의 초반에 집필된 플라톤의 대화록 《알키비아데스 Alkibiades maior》에서 '영혼에 대한 염려'(Sorge um die Seele, 132c)라는 생각까지 드러나는 것이 우연은 아니다. 이 염려는 향후 이러한 실천적 지식에 대한 '전문 용어'(terminus technicus)가 된다.

 지식이 무엇인지, 다시 말해서 영혼에 대한 염려가 무엇인가 하는 물음에 대해 이미 인용한 소크라테스적인 대답은 아주 명확하게 철학적 지식 개념에 대해 원천적으로 실천적인 의미를 보여 준다. 그리스도교는 이러한 생각을 자기 염려 또는 자기 자신에 대한 영혼의 염려로부터 무제한적으로 수용했다. 알렉산드리아의 클레멘스에 의하면, '영지주의자'* 다시 말해 그리스도교 철학자의 신에 대한 참된 공경은 영혼에 대한 끊임없는 염려에서 이루어진다고 말한다.100 바실리우스는 이 끊임없는 염려를, 영혼을 염려함으로써 철학을 통해 육체적인 격정의 감옥으로부터 인간을 자유롭게 하는 시간경, 그러니까 정해진 시간마다 바치는 기도로 간주했다.101 오리게네스의 제자인 그레고리우스 타우마투르구스는 자기 염려를 인간 영혼의 고유한 속성으로 보았다. 더욱이 그는 인간 영혼이 온갖 호기심 많은 활동성을 멀리하고 자신에게 낯선 일에 개입하는 충동에 저항할 때, 이때에만 영혼은 자신에게 적합한 것을 행하게 된다고 말한다.102 본래적인 의미에서 염려는 자기 염려, 곧 본래적인 자아, 양심, '우리의 구원'에 대한 염려이다.103

이로써 염려는 특별한 능력이 아니라, 인간 영혼의 근본적 특성을 이룬다. 염려 안에서, 염려를 통해 인간은 세계를 이해하게 된다. 영혼에 대한 이러한 염려를 수행하면서 그리스도교 수도자들과 사막 교부들에 의해 자주 주제화된, '세상적인 염려'로부터의 자유로움도 성립된다. 이 자유로움은 히에로니무스가 불확실한 어원에서 해석했

---

* 본래 '영지주의'(Gnoticism)는 고대의 혼합주의적 종파로 정신과 물질에 대한 이원론을 바탕으로 물질은 악하고 영은 선하며, 자신들만 더 높은 지식(영지)을 소유한다고 주장했다. 특히 예수의 육체를 부인하고 자신들만 구원받는다고 주장함으로써 초기 그리스도교로부터 비판의 대상이 되었다. 그러나 여기서는 참된 진리를 추구하는 그리스도교 철학자를 '영지주의자'로 부름으로써 긍정적인 의미로 사용되었다.

듯이, 라틴어 개념으로는 '돌보다'라는 뜻의 '쿠라'(cura)를 의미했다.[104] 이를 위해서 특별한 방식으로 영혼에 대해서 일어나는, 일반적인 세상의 염려에서 야기되는 위험들에서 인간의 실존 상황을 특별한 염려로 인식하는 '신중함'을 필요로 한다.[105] 여기서 자기 자신에 대한, 직접적으로 실천적인 지식으로서 자기 염려는 배타적이고 추상적으로 영혼에만 관계되는 것이 아니라, 영혼이 육체에 관계되듯이, 육체와 모든 것들에도 관계된다. 그리스도교는 플라톤주의처럼 참된 인간으로서, 또는 참된 자아로서 영혼에 대한 염려에 절대적 우위를 부여하지만, 육체와 이 육체에 필연적인 것들을 차등화된 강도로 이와 같은 자기 염려 속으로 항상 함께 연관되도록 만든다.[106] 바실리우스는 자신을 보존하는 것에 관계될 때, 육체나 이 세상의 사물들에게가 아니라 영혼에게만 '주의'가 부여될 수 있다는 점을 통해 영혼의 절대적 우위성을 표현했다.[107] 하지만 이는 육체와 사물들을 무시하도록 환기시키는 것은 아니다. 자기 염려로서 플라톤-그리스도교적인 철학의 입장이 표현하려는 바는, 오히려 자기 자신에 대한 논지에 적합하게 주의하는 본래적이고 직접적인 대상이 오직 영혼일 수 있다는 것이다. 그렇기 때문에 육체와 외적 사물들의 올바른 관계는 어떤 의미에서는 함축적이며, 이로부터 육체와 외적 사물들은 자기 염려에 대한 신중함의 범위에 매개적으로 속한다.

그 때문에 영지주의의 문헌으로부터 읽을 수 있는 육체에 대한 혐오는 애초에 플라톤에게도 그리스도교에도 그 책임을 전가시킬 수 없을 것이다. 그리스도교는 이러한 관점에서 심지어 플라톤 자신(《국가*Politeia*》 3권)에게서 볼 수 있는, 육체를 영혼의 무덤으로 보는 피타고라스적 관점을 단념할 것을 분명히 밝혔다. 이는 영혼과의 조화를 위해, 다시 말해 좋은 삶을 위해 필요한, 육체에 대한 적합한 염려를 위해서였다.[108] 영혼이 자기 자신에 대해 신중하게 염려하는 것은 항상 삶 전체에 관계하기 때문이다.

이렇게 초기 그리스도교는 니체의 견해와는 달리 항상 삶의 철학으로 이해되었다. 락탄티우스(240~320년)는 이와 같은 관점에서 특히 자신들의 철학을 '이성적인 삶'(ratio vivendi)으로 간주할 수 있다는 스토아주의자들의 요구를 반박한다.[109] 삶의 철학이라는 전체적인 윤곽을 그리는 것은 종종 플라톤주의자들의 이론이 지니는 높은 비중을 비판하는 것으로 이어진다. 이미 오리게네스는, 플라톤주의자들이 진리에 대한 물음을 '변증법적인 지식'*의 영역에 제한했다는 것에 대해 개탄했다. 그리스도교 철학의 비판적인 관점에서 보자면, 플라톤주의자들에게 있어서 진리는 단지 이론적인 지식의 사안이었던 것처럼 보인다. 하지만 그리스도교는 삶의 진리에 관계한다. 그리스도교의 특수성은 바로 진리가 윤리적인 삶에서 빛을 발한다는 의식에서 성립된다.[110] 달리 말하자면 이 특수성은 "그리스도교는 삶에 관련되는 사안이다."[111]라고 말한 어느 훌륭한 교부학 연구자가 꾸밈없이 말한 것에서 알 수 있다. 물론 이미 플라톤 자신도 ―《고르기아스 *Gorgias*》에서 '단련시키는 근거들'로 강화된 구절로서, "불의한 행위는 불의한 고통보다 더 나쁘다."는 문장을 예를 들 수 있다. ― 변증법적 진리가 생명을 얻을 때, 비로소 본래적 진리가 된다는 것을 생각한다면, 오리게네스의 비판은 부당하게 보일 수 있다.

---

* 플라톤의 변증법은 각 사물의 불변의 본질, 궁극적으로는 선의 이데아(형상)에 이르는 것을 목적으로 한다. 이를 위해서 변증법에서는 개념 또는 형상을 분리(diairesis)하고 결합(sunagoge)하는 과정을 거친다.

그러나 주지하다시피 그리스도교에서는 플라톤주의자들의 실천에 대한 망각에 항의하는 계기가 있었다. 그리스 철학의 대표자인 오리게네스와 라틴 사상계에서 그리스도교 철학자인 아우구스티누스는 플라톤주의자들에 의해 소홀히 된 이러한 실천적인 철학의 요소에 대해 드물게 일치된 목소리로 언급했다. 플라톤 자신에 의해서는 아주 명백히 제시되었지만, 모든 플라톤주의자들이 그와 같은 명백성으로 대변하지 못한 것은 철학과 종교, 신론과 제의의 통일성이다. 오리게네스, 아타나시우스, 아우구스티누스가 거의 자구적으로 동일하게 질책한 바에 따르면, 플라톤주의자들은 지성적인 존재와 최고의 본질을 지닌 존재에 대한 탁월한 이론을 창안했다. 하지만 "최고의 선에 대해 그렇게 훌륭하게 쓴 사람들이 여신인 아르테미스를 숭배하고 순수한 사람들에 의해 열린 시민 축제를 보기 위해 피레우스 항구까지 내려간다. 그리고 이들은 영혼에 대해서 철학하고 영혼의 미래 상태를 자세하게 설명한 후에는, 신이 그들에게 계시한 높은 사유 세계를 떠나서 오히려 의미 없는 것과 사소한 것을 생각하고 치유의 신인 아스클레피오스에게 닭 한 마리를 바친다."[112] 오리게네스는, 여기서 그리고 자기 작품의 다른 구절에서, 삶의 철학 곧 그 철학이 말하는 것이 또한 살아 있는 그런 철학에 있어서, 이론과 실천 사이에는 감당할 수 없는 차이가 존재한다는 것을 보여 주었다. 아우구스티누스도 아주 유사한 방식으로 이 점을 비판했다. 플라톤, 크세노크라테스, 스페우시포스, 플로티누스, 포르피리오스와 같은 모든 플라톤주의자들과 "동일한 노선의 그 밖의 철학자들은 신들에게 제물을 바쳐야 한다는 확신을 가지고 있었다." 비록 그들이 자신들의 철학적 이론에 있어서 하나의 신을, 모든 것을 규정하는 원리로 인식했다고 하더라도 말이

다.113*

그리스도교는 이러한 방식에 있어서 철학적 이론과 종교적 실천 간의 완전한 일치에 대해 엄격하게 의문을 제기했다. 신플라톤주의 시대에 제의 개념이 실제로 위기에 처했다는 것은 다음과 같은 유명한 답변에서 추론할 수 있었다. 이 답변은 열성적인 제사장이었던 아멜리우스가 플로티누스에게 신에게 드리는 제사에 함께 가자고 요구했을 때, 플로티누스가 아멜리우스에게 말하려고 했던 것이다. 이 답변에 의하면, 플로티누스는 "그들이 나에게 와야 하는 것이지, 내가 그들에게 가는 것은 아니다."114라고 말했다. 이로써 플로티누스가 본래 말하고 싶었던 것은 제의가 아니라 일자(一者) 자신에 대한 찬양에 있었다. 이러한 견해는 영성적인 경신(敬神)에 대한, 스토아주의자들과 에피쿠로스주의자들의 견해를 펼치는 장(場)에 아주 적합했다. 그럼에도 불구하고 그리스도교 철학자들은 그러한 것이 우리의 삶을 형성하는 '참된 철학'이어야 한다면, 외적인 제의 실천도 이와 같은 (일자에 대한 경우와 같이) 내적인 찬양에 상응해야 한다는 점을 고수했다. 결국 플라톤주의의 개별적인 입장에 대한, 전체적으로는 고대 철학에 대한 그리스도교의 비판은 파괴적인 비판이 아니라 승화적인 비판이었다. 다시 말해서 이러한 비판은 인간에게 규범적인 삶의 형식을 제공한 고대 철학의 원천적인 관심사를 받아들이고, 플라톤주의자들의 실천에 대한 망각에 대항해서 이러한 관심사에 의문을 제기하는 것이었다. 이러한 의미에서 키프리아누스는 이미 그리스도교의

---

* 여기서는 철학자들이 이론적인 면에서는 하나의 신을 근본 원리로 인식하면서, 실천적인 면에서는 여러 신에게 제물을 바친 이율배반적인 면을 비판하고 있다.

'실천하는 철학'을 다른 고대 철학자 학파들의 '말로만 하는 철학'과 대비시켰다.115 그 때문에 그리스도교 철학은 고대 사상과 반대되는 기획이 아니라 오히려 고대 사상의 완성이라고 할 수 있다.

III. 그리스도교: 대중을 위한 플라톤주의

　　자기 이해에 따른 그리스도교의 실천적 특성은 '그리스도교'라는 표현을 스스로 해석하는 데 있어서도 명료하게 만든다. 이미 오리게네스도 그리스도교의 실천적인 요소에 대해서 보여 주었다. 이러한 실천적 요소들을 통해서 아리스토텔레스의 논증적인 증명과 비교하여 결핍된 것처럼 보이는 측면들이 상쇄될 수 있고, '그리스도교의 진리'가 증명될 수 있다.116
　　이러한 의미에서 인간 본성을 창조한 신적인 창조주는, 윤리적인 삶을 살려는 사람들이 "영혼 전체를 정화하고 준비할" 수 있기 위해서 그러한 삶을 시작하는 터전을 인간 본성 안에 심었다. "말에 따라서 뿐만 아니라", 다시 말해 이론적으로 뿐만 아니라, 그리스도교에서는 존재와 생성 또는 가시적인 것과 지성적인 것의 플라톤적 구분을 이해했을 뿐만 아니라, 특별히 자신의 실천적인 의미도 이해한 것이다.117 안티오키아의 이냐시우스는 이미 이와 같은 실천적인 의미로부터 (그리스도인이라는 이름과는 달리) 참된 그리스도의 존재를 정의했다. 이냐시우스에 따르면, 그리스도는 그리스도교의 의미에서 삶을 이끄시는 분이다.118 따라서 내적인 그리스도교적 삶은 그 사람의 태도와 말에서도 드러난다. 그리스도인들이 알고 있었던 인물인 요한 크리소스토무스는 "걸음걸이에서, 목소리에서, 태도에서, 시선에서, 이 모든 것에서 그렇게 해야 한다."고 말한다.[119] 여기서 그리스도교라는 이름은 그리스도의 이름과 연결된 모든 것, 그러니까 정의, 순수함, 진리, 온갖 불행으로부터 자유로움을 내포하고 있다. 그 때문에 그리스도교는 새로운 윤리를 도입하기를 요구하지 않는다. 오히려 오리게네스가 강조했듯이, 이는 마치 윤리적인 좋음과 나쁨, 옳은 것과 옳지 않은 것에 대한 첫 번째 원칙들이 전제된 본성적인 윤리성과 보편적인 인간성을 그 자체로 나타내는 것처럼 보인다.[120] 그리스도교 비판가인 켈수스가, 그리스도교 윤리론은 다른 철학자들의 윤리와 다를 바 없으며 결코 특별히 숭고하고 새로운 가르침이 아니라고 했을 때(C. Cels. I, 4), 흥미롭게도 오리게네스는 전혀 이에 대해 이의를 제기하지 않았고, "오히려 본래의 그리스도교 윤리에 대한, 지탄받는 결함을 설명했다. 이는 신이 인간 존재 안에 있는 공통적인 윤리적 근본 직관들을 염려하기 위해서였고, …… 최후의 심판 전에 동등한 기회를 주기 위해서였다는 것이었다."[121]

니사의 그레고리우스는 이러한 의미에서 전적으로 플라톤적인 의미로 인간의 본성이 할 수 있는 한에서 그리스도교를 신과 닮아 가는 것으로 이해했다. 실천적인 요소는 처음부터 이 점에 근거했다. 왜냐하면 이미 플라톤은 신과 닮아 가는 것을 진리와 정의를 실현시키는 것에서 보았기 때문이다(《테아이테토스*Theaitetos*》 176b). 이로써 그레고리우스는 이렇게 중심적이며 가장 중요한 플라톤의 사유 중의 하나를 전적으로 참된 그리스도교의 본질적 규정으로 받아들였다.[122] 하지만 신과 닮아 가는 것이라는 표현 방식의 의미는 인간 존재의 실체적인 변화가 신적 존재에서 성취된다는 것을 말하는 것은 아니다. 이는 플라톤에 있어서도 그리스도교에 있어서도 해당되지 않는다. 오히려 플라톤과 그리스도교 사상가들은, 인간이 진정으로 인간이라면, 신적인 것에 가까이 다가간다는 것을 말하려고 한 것이다. 휠덜린(Hölderlin)은 자신의 작품《히페리온*Hyperion*》에서 이와 같이 신을 닮아 가는 것에 대한 고대 사유에 적합한 표현을 다음과 같이 서술했다. "그러나 인간은 자신이 인간이자마자 어떤 신이다."

물론 니사의 그레고리우스가 이러한 플라톤적인 근본 사유를 처음으로 그리스도교 세계에 받아들인 것은 아니다. 오히려 이러한 사유는 이미 그 시대의 길지 않았던 그리스도교 전승사와 연결된다. 이러한 사유는 인간 역사에 대한 스토아적으로 발전된 사유(진보)의 의미로 확장되었다. 그러한 한에서 플라톤적인 사유에서 '인간 역사의 발전 전망'을 발견한 이레네우스의 해석은 탁월하다.123 더 나아가서 바실리우스는 플라톤과 바오로의 포괄적인 일치를 밝혀냈다.124 플라톤 또는 소크라테스로 방향을 잡는 것은 그리스도교에서 새로운 것은 아니다. 수많은 구절에서 증명되었듯이, 이미《사도행전》은 소크라테스적 전통에 대한 많은 유사점들을 지닌, 문학적으로 양식화된 구성물이다. 아울러 그리스도교의 호교론자들은 그리스도교 진리의 주요 증인으로서 소크라테스와 플라톤과, 물론 세네카와도 여러 가지로 관련성이 있다고 보았다.125 다른 구절에서 그리스도교는 '신의 모방' (Nachahmung Gottes)으로도 일컬어질 수 있었다.

이렇게 나타난 특색도 플라톤적인 영향을 알게 했다. 플라톤은《국가》의 중심 구절에서도 '모방'(mimesis)에 대한 긍정적인 개념을 발전시켰다. 이 개념에 따르면 인간은 자신이 진정으로 인식하는 것을 모방하게 된다. 이렇게 플라톤은 철학적 지식을 이론적 요소와 실천적 요소의 통일로서 이해했다. 그리스도교의 자기 이해에서도 이와 같은 두 요소가 재차 수면 위로 떠오른다. 이렇게 한편으로 에우세비우스는 그리스도교를 유다교와 헬레니즘과 비교해서 '새롭고 참된 신(神)지혜(Teosophie)'로, 다시 말해 철학적 신학으로 불렀고, 그리스도교에 '고유한 특성'을 부여했다.[126] 다른 측면에서 보자면, 신플라톤주의 작가들이 플라톤적 철학의 의미에서 철학을 전적으로 '신을 모방함'으로, 상호간의 사랑으로, 평화로 보았던 것처럼, 수많은 그리스도교 저자들도 이와 같은 점을 파악했다.[127] 이들에 의하면, 그리스도를 모방하는 것은 실천에서 이루어진다. 왜냐하면 실천은 특정한 시간이나 재주를 필요로 하는 것이 아니라, '단지 의지만을' 필요로 하기 때문이다.[128] 이와 더불어 그리스도교의 개념에서 이론적인 요소뿐만 아니라 실천적 요소도 하나로 합쳐진다.

동시에 '그리스도교'라는 표현에서는 일반적으로 그리스도교의 본질적인 특성으로 여겨지는 두 교리가 함축적으로 내포되어 있다. 그것은 죽은 이들의 부활과 신적 말씀의 강생이다. 이 교리는 우리에게, 특히 교부들 중에 가장 철학적인 인물인 니사의 그레고리우스가 가르쳐준다. 그레고리우스는 그리스도교를 "신적 본성을 모방하는 것"이라고 정의한다. 하지만 이러한 모방을 통해 인간이 지나친 요구를 받는 것은 아니다. 왜냐하면 자신의 원천적인, 그러니까 첫 번째 상태에서 인간은 신의 모습에 따라서 창조되었기 때문이다.[129] 그 때문에 모방은 이러한 원천적 상태를 회복시키는 것에 관계한다. 그러나 이러한 회복은 죽은 이들의 부활을 통해 이루어진다. 따라서 그리스도교 철학을 플라톤적인 의미에서 신적인 것을 '모방함'으로 이해하는, 그리스도교에 대한 '정의'(ὅρος, 개념)에 죽은 이들의 부활에 대한 견해가 함축된다. 그레고리우스는 부활을 인간의 원천적인 형상을 향한 복귀로 파악했다.130 그레고리우스가 죽은 이들의 부활에 대한 그리스도교의 가르침을 교회의 가르침으로서 여러 철학 학파와 ― 반플라톤주의 또는 반철학의 의미에서 ― 단순히 대조하는 것이 아니라, 이러한 가르침을 플라톤적-신플라톤주의적 철학에 대한, 그 자체로 올바른 평가의 성취로 파악했다는 것은 결정적인 의미로 여겨질 수 있다.

이 플라톤적-신플라톤적 철학에 대해서는 이성적 근거들(《영혼과 부활에 대하여 De anima et ressurectione》, PG 46,108A: "우리 인간의 나약한 이성은 쉽게 파악될 수 있는 근거와 증명을 통해서는 좌절되지만, 신앙의 가르침에 대해서는 기꺼이 응하게 된다.")도 진술될 수 있다. 그레고리우스는 영혼이 육체에서 "되살아남"이라는 사유에서 이에 대한 공통적인 출발점을 본다. 육체는 영혼의 변화 이론에 대한 모든 형태, 그러니까 원천적으로 플라톤적인 형태뿐만 아니라 신플라톤주의에서 변화된 형태에 근거한다. 오리게네스는 동물의 육체에서도 변화되는 영혼에 대한 플라톤 이론의 해석사에서 중요한 점을 받아들인다. 오리게네스는 동물의 육체에서 영혼의 변화를 ― 전적으로 성경 해석적인 근거에서 뿐만 아니라 철학적인, 더 정확하게 말하자면 자유철학적인 근거에서도 ― 자구적으로 이해하는 것은 거부했지만, 인간이 동물로 되는 것에 대해서는 윤리적인 의미를 부여했다. 그리스도교 철학자들뿐만 아니라 플라톤주의자들, 예컨대 포르피리오스에게서도 이러한 다른 해석이 발견된다.131 그리스도교 철학자들뿐만 아니라 신플라톤주의 철학자들도 제기했던 문제는, 정당한 물음을 참작하면서 신정론(神正論, Theodizee)*의 테두리에서 이러한 신정론이 영혼의 실체적인 변화를 서술하는 방식을 모순적으로 결론을 내지 않고 어떻게 영혼의 '되살아남'이 생각될 수 있는가 하는 것이다.132 이러한 맥락에서, 그 안에서 인간 본성의 고유성이 유지되는 인간의 자기 동일성과 같은 어떤 것으로서, 최종적인 행복의 상태에 대한 사유에 있어서 필연적인 전제인 그런 변화되지 않는 동일성을 생각하려 할 수 있다. 만일 그렇다면, 그레고리우스에 의하면, 그리스도교 철학의 이름으로 모든 영혼 변화 이론**과는 거리를 두어야 하며, 육신의 부활에 대한 이론을 인간의 현재 불완전한 상태를 충만하고 완전한 원천적 상태로 되돌리는 것으로 받아들여야 한다.133

유스티누스, 히폴리투스, 오리게네스, 니사의 그레고리우스, 시리아의 에프렘, 요한 크리소스토무스, 메토디우스처럼, 교회의 가르침을 이성적 근거로 명료하게 설명하기 위해 부활에 대한 고유한 작품을 저술한 아테나고라스도 플라톤적인 근본 사유를 받아들였고, 이러한 사유를 그리스도교적 매개를 통해 끝까지 숙고했다. 이러한 근본 사유는 종종 플라톤에게서 신화적으로 채색된 구절에서 종종 만날 수 있는, 심판에 대한 사유이다. 아테나고라스는 저 세상의 심판에 대한 플라톤의 이론에서 철학적으로 일관성이 없다는 점을 발견했다. 플라톤에게서 저 세상의 심판은 인간이 '육체와 분리된 영혼'(anima separata)으로서 책임을 추궁받게 된다. 그러나 인간이 육체와 영혼의 단일성으로 세상의 실존적 삶에서 특정한 행위와 악행을 수행함으로

---

* Theodizee: 그리스어 신(theos)과 의로움(dike)이 합쳐진 단어로, 신이 전능하고 선한데도 어떻게 세상에 고통이 생기는가에 대해서 신의 정당함을 변론하는 이론
** 여기서는 특히 영혼의 윤회설을 염두에 두고 있다.

써 이 행위와 악행에 대해서 책임이 있다. 그렇기 때문에 플라톤주의자들이 육체와 영혼의 분리를 가정함으로써, 이에 대해서 육체와 영혼이 통일된 존재로 책임을 추궁받을 수 없다는 것은 전적으로 불합리한 것으로 간주될 수 있다.

따라서 죽음 이후에 초월적인 최후의 심판 앞에서 지상의 실존 전체에 대한 인간의 보편적인 책임이라는 논제를 진지하게 받아들일 수 있기 위해서는 죽음으로 소멸된 것의 부활이 상정되어야 한다. 만일 정의로운 심판자가 육체와 영혼의 단일체로 행했던 바에 대해서 인간의 어떤 부분만을 보상하거나 벌을 준다면, 이 심판자에 대해 어떻게 정의가 말해질 수 있다는 말인가? 게다가 영혼이 저 세상의 상태에서 육체로부터, 그러니까 심지어 영혼이 육체의 지상적이고 결핍된 상태에서 육체와의 특별한 단일성을 형성했던 그 육체로부터 분리된다면, 영혼의 행복에 대해 말하는 것이 어떻게 가능할 수 있다는 말인가? 하지만 이러한 점은 오직 수많은 이성적 논증들 중의 하나일 뿐이다. 아테나고라스는 이에 대해 "어떤 경우에도 영혼에서 분리되거나 완전히 소멸된 육신의 부활이 시작되어야 하고 동일한 이 인간이 다시 존재해야 한다."고 주장했다.[134] 이렇게 죽은 이들의 부활은 그리스도교가 플라톤주의와 일치되는 것을 의식한 사유에서 계속해서 이어지는 그리스도교 철학의 범위에서 나타났다. 이는 그리스도교를 구성하는 그리스도의 강생에 대한 두 번째 교의(教義)에 다름 아니다. 자기 자신을 철학의 한 형태로 이해한 초기 그리스도교는, 소크라테스가 모든 인간에 내재하는 로고스로부터* 자신의 논의를 시

---

*   여기서 로고스는 단순히 말과 이성이 아니라 신적인 속성을 의미한다.

작함으로써, 이미 그리스도에 대해 부분적으로 인식했었다는 점을 이 이해에 대한 증거로 끌어들였다.135 그 때문에 소크라테스나 헤라클레이토스(Heraclitus)와 같은 철학자들은, 비록 이들이 신을 부인하는 자들로 여겨졌음에도 불구하고, '그리스도인들'이라 불렸다. 왜냐하면 이들은 "로고스와 더불어 살았기" 때문이다.136 그리스도교는 로고스론에 대한 이와 같은 초기 근거들을 그리스도교의 강생이라는 교의를 통해 최종적으로 사유했다. 유스티누스의 소크라테스적 로고스론과 그리스도교적 강생론의 이러한 연결은 근대 신학자들에게 있어서 대담하게 보였다. 벤츠(E. Benz)가 언젠가 이런 사유를 "오늘날에도 숨이 막힐 정도"라고 표현했지만, 이는 오직 본성적 이성을 통해서만 소위 강생의 신비를 숙고하려고 한 것이었다.137 알렉산드리아의 키릴루스, 암브로시우스, 아타나시우스, 라오디케아의 아폴리나리스와 같은 수많은 다른 교부 저자들은 이와 같은 주제에 대해 고유한 작품들을 저술함으로써, 이러한 점에서 유스티누스를 따랐다. 유스티누스의 날카로운 구상에서는 이미 '아벨에서 분리된 교회' 또는 '익명의 그리스도인'이라는 관념이 토대를 이룬 것처럼 보인다. 이와 같은 관념에 따르면 그리스도교는 선한 의지를 지닌 또는 오직 이성적으로 이끌어진 삶을 얻는 이들에게 드러나는 표지이다.

중세 전성기에 이르기까지 그리스도교 저자들도 신적 로고스에 대한, 심지어 신적 삼위일체에 대한 가르침이 지닌 보편적인 이성성에 대한 전거로서 그리스도교 이전의 또는 그리스도교 밖의 철학적 전통을 끌어내었다.138 더욱이 오리게네스와 아우구스티누스는 의견에 일치를 보이면서, 개별적인 이교도 철학자들이 신적 로고스를 암시적으로 인식했지만, 반면에 성령의 현존에 대해서는 한 번도 예감하지 못했을 것이라고 언급했다.139 그러나 12세기에 샤르트르 학파*뿐만 아니라 더 나아가서 널리 유포된, 성령과 플라톤적인 '세계영혼'(희: ψυχή κόσμο, 라: Anima mundi)을 동일시한 것은 전적으로 교부들에게서 그 토대가 구축되었다. 키릴루스와 에우세비우스는 이 점에서도 플라톤주의와 그리스도교의 확장된 내용적 일치를 위한 전거를 보았다.140 이와 함께 신적 로고스의 강생, 또는 삼위일체와 육신의 부활에 대한 가르침은 '그리스도교'라는 표현에서 함축적으로 포괄된 이론적 요소이다. 모든 이론, 곧 모든 이론적인 진리 연구가 좋은, 성공적인, 행복한 삶을 사는데서 성립된다는 것은 그리스도교 철학에 대한 표지이다.

이는 순수하게 이론적인 연구가 무용하다는 데 대해서 알려진 그리스도교의 비판에 대한 배경이다. 이러한 비판은 수많은 교부들의 사상에 관철되었고, 중세 전성기에 이르기까지 휩쓸었다.141 특히 아리스토텔레스의 실체론에 대한 그리스도교의 첫 번째 비판도 니사의 그레고리우스를 통해 이해되었다. 이와 같은 고대 회의주의의 관점에서 영감을 받은 니사의 그레고리우스에 의하면, 사물들의 본질에 대한 이론적 인식은 삶에 있어서는 전적으로 무용하며, 그 때문에 그 목적이 삶의 진리인 그리스도교 철학의 의미에서는 전적으로 부차적인 의미를 지닐 뿐이다.142 철학자들의 이상에 대해 묘사한 플라톤의 유명한 대화 《테아이테토스 *Theaitetos*》는 사실 구체적인 삶과는 관련 없는, 순수하게 이론적인 태도에 ─ 이는 밀레의 탈레스에서 구체화된다. ─ 대한 비판을 내포한다.143

---

* 10~12세기에 플라톤주의 사상을 그리스도교적으로 해석한 학자들을 일컫는다.

그렇다면 플라톤적인 이론과 연관된 이런 근본적인 일치는 그리스도교에 있어서 무엇을 의미하는가? 추정컨대 그리스도교 스스로 플라톤주의의 한 종류란 말인가? 자신에 대한 정의를 '신과 닮음' 또는 '신의 모방'으로 여긴다면, 그리스도교는 자기 이해에 따라 '그리스도교적 플라톤주의'로 불려야 한다. 그리스도교 철학에 정통한 전문가인 쉬타우덴마이어(F. A. Staudenmaier)가 진술하듯이, 플라톤은 "교회의 교사들에게 있어서는 반가운 손님처럼 익숙했다."144 그리고 프레데(M. Frede)는 플라톤주의와 그리스도교 간의 '강력한 유사성'에 대해서 말했다.145 니체는 그리스도교를 '대중을 위한 플라톤주의'라고 부름으로써, 이러한 플라톤주의의 고유성을 예리하게 인식했다.146 사실 그리스도교는 항상 플라톤과 플라톤주의의 엘리트적인 태도와 거리를 두었다. 켈수스는 그리스도교 윤리의 진부함을 비난하고, 다른 쪽 뺨을 내어 주라는 충고도 이미 플라톤에게서 특별히 더 잘 표현되었다는 것을 보았다. 이에 대해 오리게네스는 그리스도교 설교가들이 '대중을 위해 요리한' 반면에, 플라톤은 까다로운 사람들의 마음에 들기 위해 똑같은 요리에 양념을 쳤다는 것을 의심하지 않았지만, 켈수스가 말한 것에 대해서도 가르쳤다.147

플라톤과 플라톤주의자들에게 있어서 철학은 용어의 본래적인 의미에서, 곧 형이상학은 오직 소수를 위해, 선택된 이들을 위해, 엘리트를 위해 고안되었고 그에 적합했다. 반면에 그리스도교는 스스로를 (특히 베드로, 야고보, 안드레아, 요한을 통해 널리 전해진) '어부의 철학'으로 여겼다. 이 철학은 가난하든지 부유하든지, 남자든지 여자든지, 그리스 사람이든지 이방인이든지 간에 모든 사람을 구원으로 인도하려고 했다. 현자들과 부자들이나 귀족들이 그리스도교 철학의 대변자로 신의 섭리를 찾은 것이 아니라, 어부와 일일 노동자들이 신의 섭리를 찾았다.[148] 이와 같은 그리스도교의 자기 이해에 있어서는 전적으로 고대 사상의 성취와 본질적으로 관계되는, 진리와 대중성이라는 두 가지의 요소가 함축적으로 결정되어 있다. 이를 통해서 그리스도교의 진리가 전문가들의 진리가 아니라, 생활 세계의 진리, 그러니까 그와 더불어 살 수 있는 진리라는 것이 확실하게 표명된다. 이와 같은 진리는 교육을 받지 않은 이들, 평신도들로부터 유래하는 것이지, 아리스토텔레스의 논리적 삼단논법을 배운 이들로부터 유래하는 것은 아니다. 그 때문에 종종 어부의 지혜는 심지어 아리스토텔레스적 교육 방식이나 수행 방식과 대조되는 것처럼 보이기도 한다.[149] 하지만 이와 같이 사해동포적이며 신분의 벽을 넘는 태도 자체에서도 그리스의 관념에 닻을 내린, 다시 말해서 그리스도교 사상에 대한 폭넓은 영향을 받아들인 동시적인 정신의 노선이 존재한다.

이와 같은 노선에는 예컨대 '4세기 실천 철학을 조인한' 결과로, 지성적인 철학자들이었지만 고매한 거지처럼 자유롭게 살아간 견유학파(Kynismus)가 있다. 그리스도인들에게 예수 그리스도가 의미하는 것은 견유학파에 있어 불멸성을 얻어 무한한 자유를 얻게 된 영웅으로서 인간 자유의 원형인 헤라클레스였다. 그리스도교 견유주의자로 불리는 나지안주스의 그레고리우스에 대한, 그리고 4세기 그리스도교 사상 전체에 대한 특별한 관점으로 보자면 다음과 같이 말할 수 있다. "사도가 된 가난한 어부들이 그리스도의 모범을 따랐듯이, 마찬가지로 남루한 모습으로(kinisch) 사람들 가운데 나타난 순회 설교가들도 헤라클레스의 모범을 따랐다. 사도들처럼 견유주의자들도 조국을 잊었다. 따라서 견유주의자들도 모든 나라를 다녔고, 모든 백성들을 가르쳤다. 이들 두 부류는 그 어떤 인간적 두려움도 알지 못했으며, 온갖 가능한 위험을 감수했으며, 묵묵히 궁핍과 곤경을 참았으며, 자신들의 선교를 위해 순교자가 되었다 ······ 이들 두 부류는 백성들이 말하고 보는 방식으로 말했다."150

교부들이 자신들의 작품에서 간직해 둔 것은 그리스도교적 단순성에 대한 높은 수준의 호교론이었다.151 이 호교론의 대상은 순수한 사람들, 그러니까 품팔이, 어부, 천막 만드는 사람들, 양치기들, 염소지기들, 문외한들, 노동자들, 그리스도교 진리를 널리 퍼뜨린 봉사자들이었다. 이로써 모든 사람들 중에 가장 배우지 못한 사람들도 배울 기회를 가질 수 있었다.152 따라서 그리스도인들을 위해서도 특정한 의미를 지닌 플라톤은 무엇보다도 그리스도교에서 더 현명한 어떤 철학자에 의해 밀려난 것이 아니라, 어느 못 배운 어부를 통해 밀려나게 되었다.153 히에로니무스에 의하면, 우리는 이차적인 문헌을 읽었고, 플라톤과 그 외 철학자들의 작품을 읽었지만, "우리 어부는 철학자가 발견하지 못한 것을 발견했다."154고 말한다. 이러한 의미에서 암브로시우스가 깨달았듯이, 철학자들은 '어부들의 단순한 진리'에서 배제되어 있었다.155

이렇게 보자면, 특히 라틴 저자들에게 있어서는 그리스도교의 단순한 진리가 마치 철학적인 진리를 종종 배제한 것처럼 보인다. 하지만 히에로니무스는 바로 그리스도인들을 참된 철학자들이라고 불렀다.156 이 '그리스도교적 단순성'은 그 이름에서 히에로니무스가 "우리는 플라톤적 능변을 원하는 것이 아니라, 어부의 사도적 단순성을 원한다."라고 설명하는 것에서 알 수 있다.157 이로써 신앙 고백은 문학적인 단순한 문체와 연결된다. 히에로니무스는 다음과 같이 묻는다. "작금에 얼마나 많은 사람들이 아리스토텔레스와 플라톤을 읽는 데도, 단지 그들의 이름만을 알고 있는가? 하지만 이 땅의 우리 순박한 사람들과 우리 어부들에 대해서는 온 세계가 말한다. 이로부터 이들의 단순한 말은 단순한 어조로 널리 퍼졌다."[158] 그리스도교 철학은 후에 자신을 '어부의 제자들'로 밝힌다. 이 제자들의 입에서는 키케로의 세련된 라틴어 문장이 나온 것이 아니라 그리스도교적 단순성이 말해졌다.[159] 여기서 견유주의자들과 교부들에게 있어서 새로운 철학 유형의 관념이 탄생했다는 것은 의심의 여지가 없다. 참된 철학자는 경험하지 못한 사람, 배우지 못한 사람, 교육받지 못한 사람, 문외한(Idiota)[160]이다. 이 문외한은 쿠자누스의 '이디오타'라는 인물상과, 더 나아가서 그리스도교 철학의 고전적 주제로 남아 있는 어느 철학자의 상이다.

그리스도교 철학과 단순성과의 관계는 철저히 양면적인 본성을 지닌다. 한편으로 이 본성은 박학한 문외한의 유형과 사적인 인간을 생각해 냄으로써, 범주적으로 아리스토텔레스 논리학의 지나친 허식, 아리스토텔레스 논리학의 삶과 동떨어진 구조, 변증법의 복잡하게 얽힌 실타래와는 거리를 두었다.[161] 다른 한편 히에로니무스는 켈소스, 포르피리오스, 율리아누스를 다른 이들처럼 그리스도교에 반대해서 짖어 대는 개라고 불러야 한다고 촉구했다. 그렇다고 해서 교회에는 지식인들이 전혀 없었기에, 더 이상 그리스도교 신앙은 배울 것 없는 단순한 것이라고 질책하지 않는 다른 사상가들의 사유를 소환한 것은 아니었다.[162] 하지만 이와 같은 두 번째 태도는 비로소 그리스도교 철학과 관계되는 어떤 연관성이 있다는 것을 보여 준다. 하지만 이 점이 우선적으로 여기서 논의 중인 견해의 단순성이나 사유라는 것은 아니다. 오히려 이 점은 '거룩한 천진함'(heilige Einfalt)에 관계된다. 이러한 천진함을 독일어에서 악의는 없지만 낮추어서 표현하는 '어리석음'(Dummheit)이라는 용어로 대체하려고 시도할 수 있겠다. 이 용어는 원래 소크라테스적인 무지의 그리스도교적인 변형으로서 철학자들의 변증법적 지식보다 탁월하고, '마음의 단순성'에 근거하는 더 우월한 어떤 지식을 나타내지만, 여기서는 이 점에 대해서 주목하는 것은 아니다.163 어쨌든 거룩한 천진함, 어리석음이라는 표현을 통해서 그리스도교는 고대 철학자들, 특히 플라톤주의자들과는 달리, 몇 명이 아니라 많은 사람들이 그 가르침에 접근하도록 요구했다.

이미 알렉산드리아의 클레멘스가 강조하듯이, 그리스도교의 가르침은 철학이 그리스에서 한정되었듯이, 자신의 본래 지역인 유다 지역에 묶인 것이 아니라, 오히려 지구 전체로 퍼져 나갔다.164 그리스도교는 에우세비우스가 그리스 철학의 동인(動因)을 이어가면서 말했듯이, 인류 전체에, 그러니까 그리스인들뿐만 아니라 세상 끝의 가장 미개한 어리석은 자들에게까지 문화를 전파했다. 다시 말해서 그리스도교는 모든 사람을 미개한 상태에서 벗어나게 하고 철학적 삶으로 향하게 해서 자기 자신을 이해하는 생각, 실천적인 이성과 정의, 예술과 덕을 위한 씨앗을 마음속에 뿌린 것이다.165 거룩한 '그리스도교의 스승'은 자신의 '낮춤'(Kondeszendenz)을 통해서 ― 우리가 특별히 하만, 외팅거 또는 쉘링으로부터 알고 있는 용어에서 맹인 디디무스가 이미 표현했듯이 ― 지혜로운 자들뿐만 아니라 특히 어리석은 자들에게 말을 걸려고 했다. 이 어리석은 자들은 그리스적으로 사유하는 자들이, 그리스인이지만 이방인으로서 '조야한 사유'를 한다는 이유로 따돌린 사람들이다.166 그리스도의 제자들인 어부, 날품팔이,

천막 제작자는 몇 년 만에 진리를 지구 전체에 퍼뜨렸다. 반면에 고대 철학은 결코 문외한 사람들이 철학을 하도록 가르치지 못했다.167 고대의 지식인 철학자들, 웅변가들, 정치가들이 생각할 수 없었던 것을 어부들과 날품팔이들은 가르침으로 만들었다. 이러한 가르침은 영혼의 불멸과 육신의 부활, 시간 속에 존재하는 것을 하찮게 여기는 것 등에 관한 것이다. 이를 통해서 이들은 다른 고대 철학자들 보다 더 많은 것을 이루었다.168 무식한 자들, 어부들, 문외한들은 요한 크리소스토무스가 강렬하게 표현하듯이, 철학자들을 침묵하게 만들었다.169 영혼의 불멸에 대해 좋은 것을 많이 가르쳤던 플라톤은 자신의 제자인 아리스토텔레스에게 이와 같은 가르침이 옳다는 것에 대해서 한 번도 설득할 수 없었다. 반면에, 어부들과 날품팔이들, 천막 제작자들은 그리스인들과 로마인들뿐만 아니라 이집트인들과 지상의 모든 민족들에게 영혼이 죽지 않으며, 신이 가진 품성들을 가지는 것이 가능하리라는 염원으로 가득 차리라는 것에 대해서 설득하는 것에 성공했다. 고대 철학에서 법은 사라져 버렸지만, 어부의 법은 그리스인과 로마인에게, 스키타이인과 페르시아인에게, 그리고 모든 이방인에게 퍼져 나갔다. 함축적으로 말해서 그리스도교의 진리는 모든 인간이 기대할 수 있으며 모든 인간을 치유할 진리이다. 에우세비우스가 그렇게 부르듯이, "최고의 철학"은 남자에게나 여자에게나, 빈자에게나 부자에게나, 지식인에게나 문외한에게나, 아이에게나 노예에게나, 도시인에게나 농부에게나 모두에게 있어서 '살아 있는 철학'이다.170

이와 같은 그리스도교의 보편성에 대한 요구는 처음부터 그리스도교 철학의 자기 이해와 내적으로 연결되어 있다. 그리스도교는 모든 한계, 그러니까 국가의 경계뿐만 아니라 성적(性的) 한계, 직업적

한계, 언어와 장소의 한계마저 넘어선다. 이미 초세기 호교론은 이러한 의미에서 그에 상응하는 영역을 확장시켰다. 이 호교론의 대변자들은 철학의 변증적인 이론가들이나, 증명을 통해 진리를 제시한 박식한 그리스인들이 아니라, 자신들의 행위를 통해 그리스도교 진리를 실천으로 옮김으로써 증명한 이방인, 문외한, 수공업자, 나이든 여성들이었다.171 미누키우스 펠릭스(Minucius Felix)에 의하면 배우지 못한 자, 가난한 자, 미숙한 자도 천상의 것에 대한 지식을 가질 수 있었다. 왜냐하면 "모든 사람들은 나이, 성별, 신분에 관계없이 누구나 이성과 의식을 부여받았으며 …… 그렇게 창조되었기" 때문이다. 말하자면 인간이면 누구나 본성적으로 분별이 있다는 것이다.172 예수 그리스도가 그리스도교적 덕치 국가를 전 세계에 세웠기 때문에, 에우세비우스가 말하듯이, 모든 사람들, 곧 남자들뿐만 아니라, 여자들, 가난한 자들, 부자들, 노예들, 귀족들에게도 그리스도교적 의미에서 '철학하는 것'이 가능해졌다.173 5세기 시리아의 주교였던 테오도레투스가 이교도를 향한 호교론인 《이교도 병의 치유 Heilung der heidnischen Krankheiten》에서 요약했듯이, 그리스도교가 고대 철학, 특히 플라톤 철학 앞에서도 두드러진 점은 그리스도교 진리가 교회의 교사뿐만 아니라 모든 이들에게 있어서, 곧 날품팔이들, 여성들, 곧 배우거나 배우지 못한 방적 여공들, 수작업으로 생계를 이어 가는 여성들, 그리고 여성 노동자들, 여성 재봉사들, 하인들에게 있어서, 무덤지기들, 마부들, 정원지기들에게 있어서도 살아 있는 실천적인 진리라는 점이었다. 그리스도교 진리가 풍기는 향기는 다섯 명 또는 열 명 또는 백 명만이 향유하는 것이 아니라, 어느 누구나, 그러니까 배우거나 못 배우거나, 그리스인이거나 미개인이거나, 인도인, 페르시아인, 독일인에 상관없이 향유한다. 이들 모두는 테오도레투스가 이에 대해서 명시적으로 말하듯이, 이 진리에 합당한 법도 이미 받아들였다. 그리고 이에 대해서는 자신들 임의대로 철학사를 서술하는 포스트모더니즘의 권력 이론가들과 비교될 수 있겠다.* 하지만 그리스도교의 이 법은 폭력에 의한 것이 아니라, 상호 대화를 통한 설득**이라는 양식으로, 그러니까 소크라테스적 방식으로 전파되었다. 테오도레투스는 여기서 초기 그리스도교에서 일반적으로 공감하는 것이 폭력이라는 원칙에 대해 거부하는 것이라는 점을 받아들였다. 이 폭력의 원칙은 결코 신 개념과도, 자유 개념과도 어울리지 않는다. 그리고 폭력 대신에 설득, 이것이 플라톤의 최대치라고 할 수 있겠다.[174]

---

* 예컨대 푸코에 의하면 주체가 인식하고 지식을 갖는 것이 아니라, 반대로 지식에 의해서 주체와 대상이 구성된다고 본다. 또한 권력은 지식 안에서, 지식을 통해서 발견된다. 권력은 효과적인 작동을 위해 지식을 필요로 하고 만들어 낼 뿐만 아니라, 지식은 자신 안에서 권력을 작동시킨다. 이렇게 권력과 지식은 하나가 된다. 따라서 지식은 권력을 만들어 내는 폭력이 된다.
** 설득은 상호 간에 차별 없이 평등하다는 것을 전제로 한다.

IV. 그리스도교: 가장 오래된 철학

어떤 개별적인 주체의 자기 이해, 그리고 공동체적 주체의 자기 이해는 다른 사유 방식에 대한 관계도 설명될 때에야 비로소 완전히 투명하게 드러나게 된다. 그리스도교가 지니는 특성, 그리스어로는 '크리스티아니스모스'(Χριστιανισμός)라는 개념은, 독일어에서는 19세기에 '실재론'(Realismus), '관념론'(Idealismus) 등에서 보는 것처럼 끝에 '이스무스'(-ismus)가 붙어서 만들어진 여러 가지 형태의 반성된 개념과 유사하다. 크리스티아니스모스라는 개념은 그리스도교에서 이해된 내용들이 다시 한번, 그러니까 유다적 사유와 그리스적 사유와 같은 다른 사유 방식들과 맺은 관계에서 이해되고 규정되었다는 것을 보여 준다. 그 때문에 이 개념에 내포된 것은 사유의 다른 복합체에 대한 관계라는 측면이 '그리스도교'라는 표현에 함축적으로 들어 있는 것이다.

　그리스도교 철학은 대개 유다적 사유와 그리스적 사유와는 대조되는 것으로 정의되었다. 그리스도교에 있어서 유다이즘과 헬라이즘은 그리스도교 내적 논쟁에서 확실히 투쟁적 개념이기도 했다. 여기서 유다주의는 일신론의 입장이지만, 이는 모든 것에 대해서 무차별적으로 하나의 신을 의미한다. 반면에 헬라이즘은 여러 가지로 구별되는 입장을 반영하지만, 이는 다수의 신을 의미한다. 그러나 이러한 개념들이 사용되거나 오용될 뿐만 아니라 사유적으로 침투하는 곳에서도, 이 개념들은 절대적이지는 않더라도, 어떤 규칙을 나타내고 있다. 말하자면 그리스도교 철학은 어떤 거대한 연관성, 곧 어떤 전면적으로 포괄적인 연관성을 만들어서, 개별 학파들의 요구를 상대화시키려고 한다.

에피파니우스가 자신의 역사 신학적 고찰에서 확신하듯이, 그리스적 사유는 특히 네 개의 철학 학파들, 곧 피타고라스주의, 플라톤주의, 스토아학파, 에피쿠로스학파를 의미한다.[175] 하지만 이 사상들이 그 자체로 형성된 것은 아니다. 이 사상들은 자신으로부터 해서 다른 사상을 가리킨다. 알렉산드리아의 클레멘스는 이미 이러한 점에 대해서 보도했다. 그에 의하면, 그리스의 지혜로운 사람들의 대부분인 철학자들은 본래 그리스인들이 아니라 이방인들이었다. 피타고라스는 티루스 출신이었고, 안티스테네스는 피게르인이었으며, 오르페우스는 오드리제인 또는 트라커인이었고, 탈레스는 페니키아인이었으며, 호머는 작품 대부분을 이집트인들을 위해 썼다. 더욱이 그리스인들은 자신들 철학의 가장 중요한 내용을 이집트인들, 칼데아인들, 마술사들로부터 취했다. 그리스도교 철학자들의 보도로 알 수 있듯이, 플라톤도 자신의 지혜를 이집트에서 모세와 철학자들로부터 받았다는 것을 알고 있었다. 다시 말해서 플라톤은 바로 이방인들에게서도 철학이 존재했다는 것을 받아들였던 인물이었다. 반면에 에피쿠로스는 이 점을 그리스인들의 전유물로 여겼다.[176] 클레멘스는 플라톤에게 다음과 같이 묻는다. "당신이 난해하게 암시하는 진리를 어디서 알게 된 것이오? 기하학은 이집트인들로부터, 천체학은 바빌론인들로부터 알게 되었고, 치유를 불러일으키는 대화는 트라키아인들로부터, 그것이 참된 한에서, 법은 …… 히브리인들로부터 받아들이지 않았소?"177

따라서 그리스인들의 진리는 수많은 고대의 민족들로부터, 특히 유다인들로부터도 차용한 진리이다. 그리스도교 철학은 이 점을 말하려고 했다. 여기서 오리게네스가 켈수스를 비판했듯이, 유다교의 고대적 성격은 의문의 여지가 있을 수 없다. 유다교는 켈수스가 열거하듯이, 사모트라케인, 엘레우시스인, 오드뤼사이인, 히페르보레아인과 같이, 민족으로서는 참으로 옛 태고 시대 민족들의 반열에 속한다.178 그럼에도 불구하고 유다교 또는 유다주의는 그리스 사상과 마찬가지로 자기 자신에게 갇혀 있기만 한다면, 진리가 아니다. 그 때문에 아타나시우스는 이 양자가 '진리 밖에' 있다고 말할 수 있었다.179 하지만 이들은(유다교와 그리스 사상) 그리스도교 교육에 있어서 필수적인 '준비 교육'(προπαιδεία)의 기능을 충족시켰다.180 니사의 그레고리우스에 의하면, 그리스 철학은 그리스도교 철학으로 가는 필수적인 '단계'이다. 이는 마치 감각적으로 인식된 것이 더 이상 감각적으로 인식될 수 없는 상위의 것을 가리키는 인식 노정의 단계인 것과 같다.181 이와 아주 유사하게, 후의 아리스토텔레스 주석가인 다비드 (David, '무적의 인물')에 의하면, 철학은 여러 '단계들'에서 현실화되며, 서서히 비로소 꽃피우게 된다.182 그러나 그리스 사상과 유다이즘이 이미 자기 자신 안에 갇혀 있어서 진리를 드러내지 못하는 곳에서는 그리스도교를 해명해 내지 못한다. 오히려 그리스도교는 에우세비우스가 갈파하듯이, 이들을 넘어서서 신에 대한 공경이라는 '고유한 특성'을 지닌다.183 이렇게 그리스도교는 그리스도교적 해석에 따르면, 고유한 어떤 것, '새로운' 어떤 것이다. 알렉산드리아의 클레멘스는, 그리스적인 것과 유다적인 것은 이들에게 있어서 옛 신이 공경됨으로써 '옛 것'인데 반해서, 그리스도교에서는 그리스도의 형상으로 새로운 신, 하느님이 '새로운 방식으로' 공경된다는 것을 분명하게 강조한다.

그러나 그리스도교로 시작되는 것은 역사성이 없는 새로운 것이 아니다. 그리스도교는 옛 것에서 나온 새로운 어떤 것이다. 하지만 특히 몇몇 교부들의 눈에는, 마치 그리스도교가 전통과 단절되는 것처럼 비춰졌다. 이에 대해서는 테르툴리아누스의 유명한 문장이 대표적이다. 그에 의하면, "그리스도는 자신을 진리라고 불렀는데, 이는 관습이나 전래된 것이 아니다." 하지만 그리스도교의 독창성이 부각되는 다른 모든 경우들처럼, 이 경우에도 로마인들의 '선조들의 관습'(mos maiorun)이나 그밖에 사람들이 현실에서 뚜렷이 알고 있는 것처럼 항상 특정한 관습이나 전래된 것을 의미한다.184 말하자면 그리스도교는 고대 사상의 전통에서 결코 분리되지 않으려고 한 것이다. 그리스도교는 오히려 이 전통을 새롭게 지속하는 것으로 자신을 이해했다. 아르노비우스처럼 언뜻 보기에 그리스도교의 독창성이 고대 전통에 대해서 공격적으로 방어하는 것처럼 보였던 저술가들에게서 조차도, 고대의 철학적 신론에 대한 그리스도교의 관련성이 간과되지는 않았다.185 따라서 그리스도교는 자신을 결코 사유 방식의 혁명으로, 그러니까 과거 철학적 사상과의 혁명적인 단절로서 이해한 것이 아니라, 옛 것을 자신의 참된 규정으로 이끄는 새로운 어떤 것으로서 이해했다.186 왜냐하면 클레멘스가 덧붙이듯이, 이 새로운 것은 그리스인들에게 있어서는 이교도적인 방식으로, 유다인들에게 있어서는 유다적인 방식으로, "우리에게 있어서는" 새로운 방식으로, 그러니까 영적으로 공경되는 "동일한 신"이기 때문이다. 이는 그리스인들에게는 그리스 철학을, 유다인들에게는 그들의 사상을 선사한 한 분의 신이다. 이분은 또한 양자(兩者)를 구원하려고 하시는 분이다. 그 때문에 이 신은 유다인들에게는 예언자들을, 그리스인들에게는 철학자들을 보내 주셨다.187

더 나아가서 에피파니우스는 심지어, 고대적인 이해에 따르면 항상 종교 공동체이기도 한 위대한 네 개 철학 학파들의 구원사적 질서를 구상했다. 그러니까 이 철학 학파들은 모든 학파들과 이후의 분파들의 '선조들'로서, 바바리아, 스키타이, 유다, 그리스 사상이다. 이 중 그리스 사상은 피타고라스학파, 스토아학파, 플라톤 학파, 에피쿠로스학파로 분화되었다.188 에피파니우스와 더불어 그리스도교 철학 내에서 가장 중요한 역사 이론가인 에우세비우스는 '헬레니즘'과 '유다이즘'이라는 양대 사상과 그리스도교의 복합적인 관계를, 그리스도교의 자기 이해를 가장 잘 표현하는 정식으로 만들었다. 에우세비우스에 의하면, 그리스도교는 그리스 사상과도, 유다교와도 동일하지 않으며, 오히려 양자의 가운데서 최근에서야 지구 위의 모든 사람들에게 알려지게 되었다. 다시 말해서 그리스도교는 완전히 새롭게, 하지만 '가장 오래된 철학'으로 전적으로 알려지게 된 것이다.189 그리스도교는 많은 다른 학파들 가운데 가장 새로운 철학이지만, 오직 가장 오래된 철학적 진리가 무엇이라는 것을 분명하게 표현했다.

따라서 그리스도교는 새로운 어떤 것이지만, 가장 오래된 것이기도 하다. 철학적 교육을 받은 안티오키아의 주교인 테오필루스는 다음과 같이 말했다. "우리의 가르침은 새로운 것도 그렇다고 신화도 아니며, 오히려 모든 시인과 작가들보다 더 오래되고 더 참되다."(Ad Autol. 3,16,19) "진리보다 더 오래된 것은 없다."라는 데카르트의 말190은 전적으로 교부들이 말한 의미이다. 이로써 그리스도교는 그리스도교 철학으로서 자신의 역사적 형태에서 원천적인 어떤 것이 전개된 최종적인 모습이다. 하지만 본래 그리스도교는 진리에 대한 의지가 있는 곳이면, 철학이 있는 곳이면 어디서나 존재한다. 다시 말해서 플라톤의 입장을 받아들인 알렉산드리아의 클레멘스에 의하면, 철학은 오래전에 이미 이방인들에게서 꽃피었고, 그 이후에서야 그리스인들에게 도달하게 되었다. 이방인들의 전역에 철학 교사들이 있었음을 알 수 있다. 이집트에서는 예언자들의 모습으로, 아시리아인들에게는 칼데아인들의 모습으로 나타났을 뿐만 아니라, 그밖에도 갈리아인들과 켈트인들에게서는 드루이드(Druid)라는 사제들의 모습으로, 페르시아인들에게서는 마법사의 모습으로, 인도인들에게는 김노소피스트라는 나체 고행자들과 바라문교도들의 모습으로 세상 전체에 지혜의 교사로 나타났다. 이렇게 그리스도교의 찬란한 계보의 연관 속에서 심지어 부처의 가르침을 따르고 그를 신으로 공경하는 사람들도 언급된다.191 물론 이따금 그리스도교 저자들에 의해 마니교의 이론이 엠페도클레스의 두 가지 반대되는 사랑과 불화의 원리에 기인하고, 급기야 부처로 소급된다는 어이없는 계보 연구에서도 부처가 등장한다.192 더욱이 마니 자신은 분명히 조로아스터와 예수와 더불어 부처를 신으로부터 파견된 자신의 선지자로 생각했다.193 철학의 시작에 대한 그리스도교적 시각은 거의 문자적으로 3세기 디오게네스 라에르티오스의 유명한 철학사 서두의 의견과 일치한다. "철학의 발전은 많은 이들이 주장하듯이, 이방인들에게서 시작되었다. 그래서 페르시아인들에게는 마법사들이, 바빌로니아인들과 아시리아인들에게는 칼데아인들이, 인도인들에게는 김노소피스트들이, 켈트인들과 갈리아인들에게는 소위 드루이드들과 셈노타이들이 있었다." 그리스도교 철학사의 서술에 따르면, 이러한 민족들의 철학자들과 그리스 철학 간에는 아주 다양한 관계가 형성되었다. 특히 드루이드와 피타고라스 간에는 밀접한 연관이 있었다.194 드루이드들은 비록 윤리학도 익혔지만, 니체 이후로 일반적으로 불렸던 '소크라테스 이전 철학자들'처럼 자연 철학자들이었다.195 더 나아가서 엠페도클레스, 피타고라스, 데모크리토스, 플라톤은 바빌로니아의 마법사들과, 인도의 브라만들과, 이집트의 예언자들, 김노소피스트들과 교제함으로써, 다양한 영향을 받아들일 수 있었다.196 아주 우매한 사람들은 특별히 마법사를 가까이 접촉한 것 같다.197 오르페우스, 호머, 솔론, 피타고라스, 플라톤은 이집트 사상의 영향을 체험했다.198 피타고라스는 윤회와 채식주의에 대한 가르침을 이집트 사람들로부터 받아들였다.199 특히 플라톤 철학과 브라만들, 유다인들, 마법사들, 이집트인들과의 일치는 간과할 수 없다. 플라톤은 일원론을 모세로부터 수용했다. 그 때문에 누메니우스는 플라톤을 '아테네의 모세'라고 불렀다.200 그러나 플라톤은 그 외의 다른 그리스 철학자들과는 달리, 자신의 철학에서 최고의 사유를 이방인들로부터 받았다는 것을 알지 못했다.201 이후의 플라톤주의자들도 이러한 사상 세계와 관련되는데, 예컨대 포르피리오스*의 철학적 분야의 이론은 브라만들과 마법사들과 관련되었

---

* 플로티누스의 제자로서 자기 스승의 작품들을 《엔네아데스》로 정리했다.

다.202 더 확장될 수 있었으며, 라틴 세계에서도 수용되었던203 이와 같은 예들은 그리스도교 철학에서 어떤 일반적인 경향이 있었다는 것을 보여 준다. 이 경향은 고유한 진리를 그리스 철학과 절대적인 거리를 두거나 이를 차단함으로써 볼 수 있는 것이 아니라, 그리스 철학의 발전으로서 그 자체로 원초 시대의 철학으로 되돌아가는 것이다. 그리스도교적 측면에서 이교의 지혜와 그리스도교 신앙과의 일치에 대한 가장 명시적인 증언 중의 하나는 5세기 말에 알려지지 않은 저자가 지은 소위 "튀빙겐의 신(神)지혜"(Tübinger Theosophie)이다.204

그에 따라 그리스적인 것이 자신의 고유한 기능을 지닐 뿐만 아니라 고유한 실존의 정당성을 지니게 되는 그리스도교의 이러한 일치에 대한 구상은, 철저히 평화적 공존의 실천과, 더욱이 두 차원에서 특정한 시대에 이루어졌다. 예컨대 황제의 모친인 율리아 마메아가 오리게네스를 자신의 궁으로 초대했을 때, 중심적인 대화는 단연코 이교도와 그리스도교의 평화로운 공존이라는 생각이었다. 그녀의 아들인 알렉산더 세르부스 황제는 자신의 개인 경당에 아브라함, 오르페우스, 그리스도, 티아나의 아폴로니우스 석상을 세워 놓았다. 이 석상들은 그가 그리스 방식으로 네 명의 공경 받을 예언자로 생각한 것이었다. 영지주의자인 카르포크라테스의 추종자들은 호머, 피타고라스, 플라톤, 아리스토텔레스, 그리스도, 바오로의 상을 공경했다. 이렇게 포괄적인 진리에 대한 실천적인 다른 예들도 열거할 수 있을 것이다.205 그리스도교의 진리는 그 자기 이해에 따르면 배타적인 진리가 아니라, 분명히 포괄적인 진리이다. 이 진리는 다른 '학파들의 진리들을 아우른다. 하지만 이 점은 필연적으로 그리스도교가 결코 헬라이즘과 유다이즘을 따랐다는 그러한 역사적 평가에 제한될 수 없다는 것으로 귀결된다. 그리스도교는 오히려 진리, 정의, 진리에 대한 의지가 있는 곳이면 어디서나 도처에 있었다. 그리스도인들은 역사적 예수의 가르침을 따르는 자들일 뿐만 아니라, 진리를 추구하며 선한 의지를 가진 모든 이들이 그리스도인들이었다. 이러한 의미에서 유스티누스는 이미 그리스인들 중에 — 이방인들 중에(이는 중요한 점이다.) — 소크라테스와 헤라클레이토스와 같이, 또는 아브라함과 엘리야처럼 '로고스와 함께 산' 이들을 '그리스도인들'이라 불렀다.206 교양 있는 로마인인 미누키우스 펠릭스에 의하면, 일원론의 근본 사상을 일별하면서 그리스도인들이 현재의 철학자들이라 불릴 수 있으며, 또는 하나의 신에 대한 관념을 대변한 당시의 철학자들을 "이미 그리스도인들이었다."207고 말한다. 후기 교부학은 그리스도 이전에 그리스도교에 대한 이러한 사상들을 여러 가지 방식으로 확인했다. 오리게네스는 '우리' 모두가 본성적으로 죄로 기울어졌고 심지어 죄에 익숙해져 있지만, 동시에 모두가 자신의 삶을 근본적으로 "변화시키는 것"에 대해서 둔감하지는 않다고 강조했다. 그래서 모든 철학 학파들이 철학을 진지하게 생각해서 신적 로고스의 의미로 자신들의 삶을 변화시킨 데 대한 예들이 있다. 이러한 의미에서 영웅들 가운데서도 헤라클레스와 오디세우스, 후에 소크라테스와 무소니우스는 '최선의 삶에 대한 본보기'가 되었다.208 나지안주스의 그레고리우스는 운명과의 모범적인 관계에 대한 물음과 관련해서 소크라테스와 더불어 개괄적으로는 스토아주의들을, 특별하게는 에픽테토스를, 그리고 '우리 중에서는' 욥을 언급했다.209

하지만 가장 분명하게 그리스도 이전에 그리스도교에 대한 그리스도교적 가르침은 에우세비우스에게서 드러난다.210 자신의 《교회사》에서 에우세비우스는 그리스도교의 참신성도 반영했다. 그리스도인들의 특색은 실제로 새로울 수 있지만, 그렇게 표지된 삶의 방식은 아주 오래된 것이었다. 그러니까 이 삶의 방식은 인류의 시작부터 본성적인 의식에 깃들여져 있으며, 노아와 아브라함의 예에서와 같이, 소위 '신의 벗들'(Gottesfreunde)의 삶에서 가시화된 윤리이다. 이들은 본성적인 의로움과 신에 대한 두려움을 통해 탁월한 모습을 보였다. 인류의 시작부터 정의로움의 의미에서 증언했던 모든 이들은 ― 우리는 이들을 선한 의지를 가진 사람들이라고 말할 수 있다 ― 에우세비우스에 의하면 "비록 그 이름을 알고 있지 않더라도, 그리스도인들을 따르는 행위"에 대한 뛰어난 표지이며, 그 행위 자체로는 진리 밖에 있지 않다.211 이 '신의 벗들'의 삶이 아브라함, 이사악, 야곱에 해당되든지, 멜키세덱이나 욥, 또는 노아나 셈에 해당되든지 간에, 이들의 삶은 그리스도의 복음의 의미를 함축하고 있다.212 에우세비우스가 이렇게 그리스도인다운 행위로 구약 성경의 의인들만이 아니라, 그들이 그리스인이건 이방인이건 간에, 모든 나라에서 선한 의지를 가진 사람들을 의미했다는 것은 분명하다.213 그 때문에 "오래지 않아 그리스도의 가르침을 통해 모든 민족에게 전파되었던 것들은, 가장 오래되고 가장 본래적인, 이미 아브라함 시대에 이르기까지 '신의 벗들'로부터 수련된, 일종의 신에 대한 경배로 간주되어야 한다."214 더 나아가서 이 '신의 벗들'에 대한 관념에 있어서도 그리스도교적인 것과 이교 철학의 밀접한 연관성이 나타난다. 왜냐하면 신적인 것과 특별히 밀접한 접촉으로부터 이루어지는 '신의 벗'에 대한 표상들은 ― 게다가 신의 벗은 신으로부터 파견된, 비가시적인 영혼의 동반자인 수호천사가 선물로 파견되었고, 콘스탄티누스 황제에게도 붙여진 명칭인

'신의 사람'이라는 관념으로도 표현된다. ─ 이교 세계에서 이미 알려졌거나 그리스도교와 나란히 발전했다.215 특히 신의 사람이라는 표상은 황제 시대의 사유에서 강화되어 수용된 후에, 신플라톤주의와 그리스도교의 철학에서도 받아들여졌고, 심지어 중세 전성기 철학에까지 침투되었다.216 이는 그리스도교를 통해서 새로운 삶의 방식이 도입된 것이 아님을 알려 준다. 오히려 그리스도의 가르침은 '신의 벗들'의 삶의 의미와, 이와 더불어 원천적이며, 최초의, 본성적이고 참된 삶의 방식과의 일치를 의식하게 만들었다.217 따라서 그리스도교는 본성적인 의로움에 대한 옛 삶의 방식으로 향하게 하는, 모든 이에 대한 호소이다.218 오리게네스는 모든 사람들에게 그리스도교의 가르침을 익히게 한다면, 그리스도교가 윤리적인 지식에 대한 본성적인 토대와 연결될 수 있다고 말했다. 한편 오리게네스는 세네카가 말한 '이 세상에서는 자신의 돈을 나누어 주려는 사람을 발견하지 못한다.'는 스토아학파의 근본 명제를 이용했는데, 이 명제 때문에 하마터면 본성적인 윤리성에 대한 첫 번째 원리들을 완전히 상실할 뻔했다.219

테르툴리아누스는 "영혼은 (하느님의 모상대로 창조되었기 때문에) 본성적으로 그리스도교적 특성을 지닌다."(anima naturaliter christiana)고 말했다. 이 문장과 모든 것을 포괄하는 그리스도교적 원관념이 후에 전 시대를 휩쓸지 않았다면, 이러한 원관념은 단지 1세기의 유별난 고유한 특성으로만 여겨졌을 것이다.220 그리고 르네상스 시대의 철학에서도 이러한 관념이 수용되었다. 또한 이 관념은 상징주의자들, 신비주의자들, 잠재적인 그리스도인들(Kryptokatholiken), 로마의 사고방식을 따르는 '뢰믈링들'(Römlinge)*에게서 다시 수면 위로 떠올랐다. 빈크켈만, 괴테, 쉴러는 뢰블링들이 고대의 고전적인 상에 반대하여 "모든 것을 아우르는 그리스도인다운 정신"을 전파했다고 보았다. 특히 괴테는 꾸준히 '그리스도교적 해석'을 통해 모든 것을 아우르려는 시도에 반대하여 고전적인 고대 시대의 고유한 권리와 권위 있는 아우라를 옹호했다. 그렇기 때문에 괴테에 의하면 '소포클레스*는 그리스도인이었는가?'라는 물음에 대해서는 어떤 것도 말해질 수 없다는 것이다. 더욱이 묘하게도 괴테는 그리스도교 전체가 소포클레스 한 사람을 만들어 내지 않았다는 견해와는 거리를 두었다.221 그러나 '낭만주의의 성경'인 크로이저(Creuzer)의 《고대 민족, 특히 그리스인들의 상징과 신화Symbolik und Mythologie der alten Völker, besonders der Griechen》가 출판되었을 때, '그리스도교적 해석'은 1804년 이래로 모든 것을 아우르려는 시도를 감행했는데, 이는 전적으로 교부들의 근본적인 사유에 상응한다. 크로이저, 쉴레겔, 솔거, 노발리스, 바아더, 괴레스뿐만 아니라 쉘링에 있어서도 헬레니즘은 다시금 그리스도교로 들어가는 문의 입구가 되었고, 아테네와 예루살렘을 다시금 함께 생각되었다. 그리고 아시아적인 것이 그리스도교의 근원으로서 원(原)그리스도교라는 점은, 그리스도교 이전에 선재한 다른 문화에서 그리스도인들의 원형(Protochristen)을 잘 알아볼 수 있는 눈을 가진 이로부터 연역되었다. 낭만주의자들 중의 한 사람은 소위 이 점을 의식했다. 이 인물은 벡커, 쉘링, 바아더, 괴레스의 제자로 고전

---

* 원래 게르만 족에 속하는 고트족 중에서 로마 제국에 정착하여 그리스도인이 된 사람들을 가리킨다.

* 기원전 496~406년, 그리스의 3대 비극 시인 중의 한 사람으로, 인간은 운명의 힘 앞에서 한계를 드러내지만 이성과 존엄성을 지님을 강조했다.

학자인 라자울크스였다. 라자울크스는 교부 철학과 연관해서 "그리스도교 이전 세계 전체에서 재차 끊임없이 그리스도교적인 것, 그것이 암시하는 것, (그리스도교를 위한) 준비 교육들을 연구"했으며, 이를 발견했다. "왜냐하면 그리스도교에 있어서 과거 전체는 그 가장 내면적인 본성에 따르자면 단지 앞선 상이며, 동시에 미래가 앞서서 나타난 것이었기 때문이다."222 이렇게 해서 19세기에 포괄적인 진리에 대한 교부적 관념이 더 넓은 장(場)으로 수용되었다는 것은 의심의 여지가 없다.

V. 성경도 철학이며, 부분 영역에서 세분된다

    그리스도교가 자신의 자기 이해에 따라서 볼 때 하나의 철학, 그러니까 그리스 철학의 발전된 모습, 그것도 동일한 이성의 매개를 통해서 단지 배타적인 엘리트 집단에게만 해당될 뿐만 아니라, 인간의 면모가 지닌 모든 것에 해당되는 철학이라면, 다시 말해서 그리스도교 철학이 이러한 방식으로 그리스 철학의 완성으로 생각되어야 한다면, 그리스도교 철학도 교육과 배움에 대한 관심에서 볼 때 세분화될 수 있다. 여러 특정한 교육과정에서 전체 철학의 세분은 오늘날 우리가 알고 있듯이, 본래 플라톤의 관심사가 아니었다. 하지만 첫 번째 구분들은 옛 아카데미아 또는 아리스토텔레스로 거슬러 올라갈 수밖에 없다. 고대 후기 철학, 이교 철학이나 그리스도교 철학에 있어서 철학을 익히 알고 있는 논리학, 윤리학, 자연학으로 세분화시킨 것은 플라톤으로부터 유래한다. 에우세비우스는, 플라톤이 철학을 세 부분으로 나눈 것은 그리스도교 철학 전체, 그리스 언어권, 라틴 언어권 철학을 상징적으로 드러내 주는 것이라고 말한다.223 그리스도교 철학 내에서 이러한 세분화의 구상은 그 자체로 받아들이자면, 이미 정신의 역사에서 중요한 결과를 낳는다. 하지만 이러한 구상 과정을 정말로 획기적이며 — 영향사의 관점에서 — 의미심장한, 유럽 전체의 광범위한 해석 행위로 만든 것은 이와 같이 철학을 구분하는 것을 그리스도교 철학의 원전인 구약과 신약 성경 자체에 적용했다는 점이다. 여기서는 성경 말씀의 학문 이론적 지위에 대해서, 그러니까 성경이 제1원리들의 지위를 차지하는지, 또는 어떤 다른 학문적 지위를 지니는지 하는 물음을 포괄적인 의미로 논하는 것은 아니다. 하지만 성경이 교부들에게 있어서 철학의 최고 형태를 명시한다는 점은 그리스 철학의 세분화가 성경 자체에서 재인식될 수 있다는 점에서 귀결된다. 우리에게는 성서적인 것과 그리스적인 것, 성경과 철학이라는 두 가지 사안으로 보이는 것이 교부들에게 있어서는 하나였다. 양자 사이의 대립은 오늘날 신학자들 자신이 말하듯이, 신학자들이 생각해 낸 것이었다.224 성경의 학문론이 처음으로 전개된 고전적인 지점은 오리게네스의 《아가서 주석》에 대한 서문이다. 이 서문에서는 솔로몬의 세 권의 책인 《잠언》, 《코헬렛》, 《아가》가 소위 옛 아카데미아 또는 스토아학파가 세분화시킨 의미로 이해될 수 있다는 점이 설명된다. 여기서 《잠언》은 윤리학을, 《코헬렛》은 자연학을, 《아가》는 에폽테이아, 곧 정신적인 바라봄(직관, ἐποπτεία)을 의미한다. '바라봄'이라는 개념은 중기 플라톤주의가 형이상학을 위해 수용한 개념으로, 그리스도교 철학 내에서는 '철학적 신학'을 의미한다.225 오리게네스는, 이 세 가지 분야 외에도 성경의 다른 부분들이 고유한 분야로서 논리학에 속한다고 보았다. 오리게네스 이후의 저자들은 그리스도교 철학에서 논리학이라는 원천적인 분야가 신학으로 변경되었다고 말한다. 분명하게 말하자면, 윤리학, 자연학, 형이상학이라는 구분은 솔로몬의 세 권의 책이라는 관점에서 전형화되었고, 17세기에 이르기까지 지속되었다. 그렇지만 이러한 구분이 그리스도교 철학을 처음으로 세분화한 것은 결코 아니었다. 왜냐하면 이미 알렉산드리아의 클레멘스는 모세의 철학, 다시 말해서 다른 모든 철학들을 근거 짓는 원천적인 그리스도교 철학이 — 그 때문에 피타고라스학파 철학자인 누메니우스는 플라톤을 아테네 식으로 말하는 모세라고 부를 수 있었다. — 윤리학, 자연학, 바라봄(에폽테이아)과 신학이라는 네 부분으로 나누어졌다고 보도하기 때문이다.226 세 가지 분야는 이미 4세기에 분명하게 그리스도교 가르침과 밀접하게 연결되었는데, 키릴루스는 그리스도를 십자가에 못 박히신 왕이시며 '실천적인', 다시 말해서 윤리적이며, 물리적이고, 신학적인 철학의 주님이라고 부를 수 있었다. 이러한 특성들은 빌라도에 의해 정해진 십자가 팻말이 로마어, 그리스어, 히브리어로 새겨졌다는 점을 통해서도 드러난다. 로마적인 것, 그러니까 이는 실천적인 것, 용감함을 의미하며, 그리스적인 것은 그리스라는 지역과 관련해서 발전된 이론적인 철학, 특히 자연학을 말하며, 마지막으로 유다 민족은 이미 항상 신과의 특별한 관계를 지녔기 때문에, 히브리적인 것은 상징적으로 신학적인 '신비 인도'(Mystagogie)를 말한다.227

　　오리게네스의 《아가서 주석》 서문은 개별적 분야들의 대상과 목적이 확정되는 그리스도교 철학의 학문적 가르침을 내포하고 있다. 게다가 개별적 분야들은 플라톤적인 상승의 길이라는 의미에서 질서 지어진다. 따라서 우리는 구약 성경의 《잠언》에 포함된 윤리학으로 시작할 수 있겠다. 이 윤리학은 배우는 이들의 정신을 정화시키고 탁월한 대상들에 대해서 민감하게 만든다. 윤리학 다음에는 《코헬렛》의 자연학이 등장한다. 《코헬렛》은 감각적인 사물들의 본성과 근원에 대해서, 물론 사물들의 연약함과 무상함에 대해서도 해명한다. 인간은 이러한 방식으로 ―《아가》의 형이상학을 통해 인도됨으로써 ― 신비적이고 신적인 대상들을 숙고하고 상승하기 위해서 최대한 준비된다. 구약 성경에 나오는 세 인물의 모습은 그리스도교 철학의 이러한 세 가지 구분을 이미 암시했다. 말하자면 순종적인 아브라함의 모습은 윤리학의 표상이며, 우물을 찾아서 지상 곳곳을 샅샅이 찾아 헤맨 이사악은 자연 철학을 대표하며, 신적인 것들에 정통한 야곱은 바라봄 (에폽테이아)을 ― 오리게네스의 수많은 작품들을 라틴어로 번역한 루피누스는 이 용어를 '알아봄'(inspectiva)으로 번역했다. ― 구현했다. 이 바라봄은 형이상학 또는 철학적 신학을 의미한다.[228]

이와 같은 구상에 대한 영향사가 압도적으로 지배적이라고 하더라도, 이 구상은 그 의미에 있어서 신학자들에게도, 중세학자들에게도 지금까지 본래적인 올바른 의미로 명백히 받아들여지지 않았다. 바실리우스와 나지안주스의 그레고리우스와 긴밀한 관계를 맺었으며, 오리게네스의 사상을 추종하고 널리 전파한 에바그리우스는 자신의 저서인《수행Praktik》첫 번째 장에서 다음과 같이 말했다. "그리스도교는 우리의 구원자 그리스도의 가르침이다. 이 가르침은 실천적이고 자연적이고 신학적인 부분으로 구성되어 있다." 이 부분들은 특히 솔로몬의 책들에서 정제된 모습으로 나타난다.[229] 맹인 디디무스에게 있어서《잠언》은 윤리의 책이며,《코헬렛》은 감각적인 우주의 덧없음, 그러니까 지나가 버리는 사물들뿐만 아니라 인간의 기획들도 덧없다는 데 대한 가르침이다.[230]《아가》는 지성적이며 초월적인 것들에 대한 논문, 다시 말해서 형이상학이다. 니사의 그레고리우스는 그리스도교 철학을 세 부분으로 나눈 것을 삶의 방식이라는 의미에서 전적으로 고대 철학의 이념 안에서 수행한다. '솔로몬의 금언들', 곧 《잠언》은 적합한 방식으로 아직 젊은 사람들과 대화하는 윤리학이다. 이는 영혼의 갈망을 육체적으로 제한된 충동으로부터 '비물질적인 관계'로 변화시킴으로써, 내적 인간의 수호를 보장하기 위해서이다.231 '설교자의 책', 곧 《코헬렛》은 물론 세상 자체에 대해서가 아니라, 세상에서 변하는 것과 사라지는 것을 고찰하는 그리스도교 자연학을 서술한다. 더 정확하게 말하자면, 니사의 그레고리우스에게서는 이러한 관점에서 《코헬렛》에 내포된 그리스도교 자연학의 본질에 속하며, 중세 전성기에 이르기까지 거의 모든 코헬렛 주석에서 수용한 어떤 것이 표현된다. 그것은, 그리스도교 자연학이 아리스토텔레스적 의미에서의 '자연 철학'이 아니라는 것이다. 이 자연 철학은 이론적인 분야로서 스스로 변화하는 우주를, 우주 자체를 위해 주제로 삼았다. 오히려 감각적인 우주와 우주의 모든 무성(無性)에 대한 그리스도교적 고찰의 목적은 단순히 나타나는 존재와의 결합으로부터 마음을 정화시키는 것이다.232 이는 감각적이며 변화하는 사물들에 대한 순수한 이론적인 고찰에 관한 것이 아니라, ― 그레고리우스가 자신의 코헬렛 주석의 프로그램으로 명확히 규정해 놓았듯이, ― 덕이라는 의미에서 삶의 특정한 방향 설정에 관계된다.233 따라서 그리스도교 자연학은 결코 순수한 이론이 아니라, 삶에 헌신한다. 하도트가 말하듯이 이는 '삶을 살아가는 자연학'이다.234 니사의 그레고리우스가 이렇게 특별히 자연학이라는 분야의 입장에서 강조한 것을 자신의 형제인 바실리우스는 성경의 모든 세 가지 실천적인 내용에 대해서 관철시켰다. 왜냐하면 윤리학, 자연학, 형이상학이라는 자신의 삼중적인 형태에 있어서 철학은 '삶을 유익하게 하는 것'이 되기 때문이다. 이러한 의미에서 솔로몬의 금언들, 곧 《잠언》은 윤리적 가르침으로서 '삶에 대한 가르침'이다. 마찬가지로 《코헬렛》은 '생리학'(physiologie)으로서 이 세상의 무가치함을 파헤침으로써, 갖가지 관심과 '영혼에 대한 염려'(Sorgen der Seele)를 본래 배려될 수 있는 것으로 이끄는 삶을 위해 바치고 있다.[235] 후에 나타나게 될 형이상학(《아가》)은 바로 삶에 기여한다는 의미에서 최고조에 이르며 마감된다. 왜냐하면 테오도레트(Theodoret)가 해명하듯이, 솔로몬의 세 권의 책은 영혼이 최종적으로 자기 자신에, 자신의 완성에 도달하게 되는 사다리의 세 계단으로 이해되어야 하기 때문이다.[236] 거의 모든 그리스 교부들은 솔로몬의 책들을 그리스도교의 윤리학, 자연학, 형이상학으로 파악하려는 오리게네스의 학문적 입장을 받아들였다. 하지만 동시에 이러한 학문적 견해에 대한 그때마다 상이한 대상들은 ― 윤리, 감각적 우주, 초월자 ― 인간 영혼에 있어서 그때마다 다양한 의미에서 고찰된다. 이와 더불어 윤리학, 자연학, 형이상학은 정신적인 훈련, 내적 인간을 돌보는 방식들, 실천적이며 삶과 결부된 입장들이기도 하다. 오리게네스가 자신의 학문론에서 아브라함과 이사악과 야곱의 하느님에 대해서도 말한다면, ― 여기서 세 명의 구약 성경의 인물들은 '신적인 철학'의 삼중적 형태를 나타낸다. ― 이는 그리스도교 윤리학, 자연학, 형이상학에서 체험한 신, 내면의 신을 의미하는 것이다. 바로 이러한 의미에서 파스칼이 이 신을 철학자들의 신, 곧 특히 아리스토텔레스주의자들의 신과 대조시켰을 때, 그는 '신적인 철학'이라는 용어를 받아들인 것이다.

하지만 오리게네스의 학문론적인 구상은 더 나아가서 서구에도 확산되었다. 그리스도교 철학에 대한 이해를 전승시키는 데 있어서 루피누스 티란니우스의 라틴어 번역과 더불어 특히 암브로시우스도 핵심적으로 중요하다. 암브로시우스의 저서 《이사악과 영혼에 대하여 De Isaac vel anima》는 실천적으로 《아가》에 대한 주석인데, 본문에 대한 서문에서 유래하는 오리게네스의 학문론이 명백히 이 작품의 토대가 되었다. 《잠언》의 매우 친숙한 윤리적 가르침과 《코헬렛》의 자연에 대한 가르침과 더불어 《아가》는 '신비적 가르침' 또는 '신비적인 것'에 대한 가르침으로 나타난다. 이와 같은 《아가》의 가르침에 따르면 영혼은 지상적인 것을 초월하며 천상의 신랑에게 사랑으로 자신을 헌신한다.[237] 여기서는 이미 ― 그래서 '신비적 이론'(μυστικὴ θεωρία)과 '신비적인 것'(τὰ μυστικα)이라는 그리스어 표현은 다음을 증명한다. ― 비록 아리스토텔레스적 용례 하에 속해 있는 이 용어의 의미가 여기서는 배제되어야 한다고 하더라도, 신비적인 것과 신비주의의 개념은 다름 아닌 형이상학적인 것과 형이상학을 의미한다는 것을 명백하게 알 수 있다. 암브로시우스는 성경의 각 권이 오리게네스에 의해 논증된 학문론에 따라 분할될 수 있다는 것에 대해 처음으로 밝혀 준 인물들 중의 한 명이기도 하다. 이제부터는 예를 들어 항상 《창세기》도 《코헬렛》과 더불어 그리스도교 자연철학의 한 형태로 여겨지게 되었다. 반면에 《신명기》는 《잠언》과 더불어 그리스도교 윤리철학으로 간주되었다.[238] 이와 같은 그리스도교 자연철학의 형태는 당연히 창세기 주석과 코헬렛 주석에서 가장 일찍 파악되었다. 이 주석들은 중세 전성기까지, 빅토르의 후고와 페트루스 요한네스 올리비에 이르기까지 이러한 전통을 계승해 나갔고 이러한 전통을 의무적으로 알게 했다.

그러나 성경 각 권에 대한 다른 형태의 주석도 있었다. 이러한 주석 형태들은 명시적으로 '주석'으로 표지된 것이 아니라, '강론', '질문'과 같은 다른 이름 뒤에 숨겨져 있었다.[239] 이와 같은 학문론적 숙고를 중세 시대에도 전해 준 히에로니무스는 자신의 서른 통의 서간에서 세 가지 철학적 분야들에 대한 본래적인 스토아적 형태를 상기하고 있다. 이 분야들은 그리스도교를 변화시킴으로써, 비록 때때로 논리학이 특히 바오로의 서간에서도 보존되어 있다는 흔적이 나타날 수 있다고 하더라도, 논리학의 자리에 철학적 신학이 들어서게 된다.[240] 하지만 이 서간에서 그리스도교 철학의 원 텍스트에 대한 학문론적인 이해에 있어서 — 바로 오랜 기간 지속된 영향사의 관점에서 볼 때도 — 근본적인 중요성을 지니는 것은 복음서들이 이와 같은 연관성에 연루된다는 점이다. 히에로니무스에 의하면 복음서들은《아가》와 더불어 신학의 분야, 그러니까 형이상학에 속한다. 이 점은 특히 신약 성경의 형이상학으로 고찰되어야 하는《요한 복음서》에 해당된다. 마이스터 에크하르트에게 있어서도, 자신의《요한 복음서 주석》에서 "복음은 그것이 존재하고 있는 한에서 존재를 다룬다."(evangelium contemplatur ens in quantum ens)고 말할 때, 이러한 생각이 자리 잡고 있다.[241] 오리게네스적인 의미에서 성경의 학문론적인 구분과 더불어 그리스도교 철학의 윤리학, 자연학, 형이상학은 다양하게 수용되었고, 카시오도루스, 이시도루스, 카롤링거 왕조 시대 사상가들과 그 외 다른 이들을 거쳐서 중세 전성기까지 전해졌다.[242] 특히 알쿠이누스(730년경~804년)는 이 점을 자신의 의미 있는 작품인《변증법에 대하여De dialectica》에서 서술했으며, 라바누스 마우루스(784년경~856년)는 자신의 주저《우주에 대하여De universo》에서 이 점을 자구적으로 받아들였다. "따라서 철학은 세 부분, 곧 자연학, 윤리학, 논리학으로 나누어진다 …… 철학의 신적인 말씀들(eloquia)도 이 세 가지 영역으로 구성된다. 왜냐하면 이 말씀들은 《창세기》와 《코헬렛》에서처럼 자연에 대해서 논의하거나, 《잠언》과 모든 책들에 산재해 있는 것처럼 윤리에 대해서 논의하거나, 《아가》와 거룩한 복음들에서처럼 그것에 대해서는 우리의 전통이 신학을 요구하는 논리학에 대해 논의하기 때문이다. 이를 통해 우리가 가시적인 사물들을 넘어서고 신적이며 천상적인 사물들을 …… 연구하는 형이상학의 의미에서 사색적이라(inspectiva) 불리는 분야도 신학적이다."243 여기서 알쿠이누스가 성경의 각 권들에 대해서 대표적이고 예형적으로 말하는 것은 이미 오리게네스 이후로 일반적으로 통용된 것이었고, 12세기까지, 그러니까 마이스터 에크하르트에 이르기까지 여전히 중요성을 지녔다. 요약하자면 성경의 각 권들은 철학의 그리스도교적 형태이며, 그 삼분적인 형태에서 윤리학, 자연학, 논리학에 대한 옛 아카데미아의 관념 또는 스토아적 관념을 완성한다.

그러나 학문적 이론과 교육의 실천은 다른 문제이다. 근대의 연구는 — 특히 오리게네스의 관점에서 — 그리스도교 철학에서 가르치기 위한 강의 계획이 전적으로 이교의 철학 학교의 그것과 상응한다는 것을 보여 주었다. 따라서 오리게네스에게 있어서 '정신요법적인 강의'(psychagogischen Unterrichts) 방법은 논리학과 변증법으로 시작해서, 자연철학과 윤리학으로 인도하며, 최종적으로는 아리스토텔레스가 그렇게 부른 것처럼, 이론적 학문들, 그러니까 수학과 신학에서 완성하게 된다.244 더 나아가서 다음과 같은 점을 알려 주는데, — 이점은 여기서는 암시되기만 하고 표출될 수는 없다. — 그것은, 성경의 각 권에 대한 주석들이 그리스도교 윤리학, 자연학, 형이상학 또는 신학으로 이해되는 한에 있어서, 이 주석들이 근거하는 텍스트들에 대한 순전히 이론적인 해명을 서술하는 것이 아니라는 것이다. 하도트(I. Hadot)와 호프만(Ph. Hoffmann)이 고대 후기의 이교적이고 신플라톤적인 주석들로부터 보여 준 것처럼,245 이 주석들은 카타르시스 또는 관조의 의미에서 그 자체로 이미 영적인 또는 정신적인 수련이라는 것을 나타내 보여 준다. 따라서 우리는 참으로 그리스도교의 성경 해석 작업과 전적으로 병행해서 다음과 같이 말할 수밖에 없다. "아리스토텔레스 작품에 대한 주석은 그 자체로 종교적 행위로서, 주석을 하는 집필자와 주석을 읽는 독자를 지성적이고 영적인 진보의 길로, 내적인 변화와 계시의 길로 이끄는 수련이다."246

VI. 세 분야의 통합적 지향점으로서 내적 인간

각기 고유한 대상 영역이 있는 다양한 철학 분야에도 불구하고, 그리스도교 철학의 목적은 ─ 이교의 삼분화된 철학의 목적도 이와 같은데, ─ 오직 유일한 하나, 곧 그 안에서 그때마다 내가 내 자신과 더불어, 내 자신의 가장 깊은 내면과 조화롭게 살 수 있는 삶의 방식을 교육하고 수련하는 것이다. 윤리학(《잠언》)은 참된 선과 악이 나에게 있어서 선과 악으로 인식되게 함으로써, 이를 말해 준다. (《창세기》와 《코헬렛》이 말해 주는) 자연학은 최종적으로 윤리적 목적, 곧 지상의 사물들에 대한 다양성과 무성(無性)의 관점에서 자아의 평온함을 향한다. (《아가》와 복음서들의) 형이상학 또는 신학은 최종적으로 ─ 아직 더 설명되어야 할 것이지만, ─ 그것을 통해서 인간의 자아가 자기 자신을 넘어서 나아갔을 때, 그때 참으로 자기 자신에 도달하게 되는 정신적인 수련이다.

이렇게 아주 상이한 대상 영역들이 몇 가지 분야에 속한다면, ─ 도덕은 윤리학에, 지상의 사물들은 자연학에, 초월적인 것들은 신학에 속한다. ─ 이 분야들의 통일적인 규정은 자아, 주체, 영혼, 정신, 인간의 내면을 형성하고 강화하는 데에 있다. 고대 철학은 이러한 내면의 영역을 전통적인 표현으로 '내적 인간'이라고 불렀다. 이 내적 인간이라는 표현은 플라톤으로부터 유래한다. 그의 작품 《국가》의 아홉 번째 권은 내용적으로 플라톤의 다른 작품인 《고르기아스》에서 문제되는 것과 비슷한데, 그것은 용기의 도움으로 욕구에 찬 많은 동물적인 요소를 길들이는 이성적인 영혼의 부분이 내적 인간으로 표지된다는 것이다.(《국가》 589a) 여기서 내적 인간은 올바름을 통해서 영혼의 유익함을 체험하는 자로서 뚜렷이 드러난다. 이로써 플라톤에게 있어서 '내적인 것'은 실천적인 것의 범주라는 것이 명백해진다. 이러한 생각은 길을 알려주는 이정표가 되었다. 내적 인간에 대한 이후의 모든 이론들은 여전히 이러한 실천적인 중요성을 알게 해 준다.

정신의 역사에 있어서 이 점은 내적 인간에 대한 플라톤의 표상이 그리스도교에서 탄탄한 기반으로 수용되었다는 측면에서 매우 중요한 시사점을 보여 준다. 우리는 확실히 이와 같은 점이 특히 그리스도교에 해당되며 중기 플라톤주의*에는 해당되지 않는다고 말할 수 있다. 왜냐하면 그리스도교는 영지주의와의 논쟁에서 내적 인간에 대한 플라톤의 본래적인 관념을 관철했고, 이러한 관념을 (그리스도교) 철학의 고유한 대상으로 고양시켰기 때문이다. 이집트 출신의 경건한 수도자였던 마카리우스(Macarius)는 그리스도교를 내적 인간의 진리에 전념하는 것으로 서슴없이 정의했다.247 이러한 의미에서 나지안주스의 그레고리우스에 의하면, ─ 철학의 대상으로서 ─ 내적 인간은 밖으로 드러난 존재로서의 인간(homo phaenomenon)보다 절대적 우위를 지닌다.248 하지만 암브로시우스가 알고 있듯이, 내적 인간은

---
* 로마 제국 초기의 플라톤주의자들을 말한다.

철학의 가장 중요한 대상일 뿐만 아니라, 정말로 가장 어려운 대상이기도 하다. 왜냐하면 내적 인간은 명료한 감각적 인식에서 벗어나 있기 때문이다.[249] 그리스도교 철학에서 이러한 관념은 — 플라톤의 영혼의 세 부분(이성, 기개, 욕망)에 대한 이론과 관련해서 — 내적 인간의 삶이 이성을 지닌 본능적 존재를 넘어서는 이성적인 영혼의 부분을 지배하는 것으로써 해석됨으로써 해명된다.[250] 내적 인간에 대한 그리스도교적 논의의 근간은 《코린토 신자들에게 보낸 둘째 서간》이다. 이 서간에서 바오로 사도는 '외적' 인간에서 벗어나 매일매일 '내적' 인간으로 새롭게 완성되는 것에 대해서 말한다. 《로마서》에서도 내적 인간의 법을 정신의 법으로 논의하고 있다. 비록 소수의 신학자들이 바오로의 본문들과 플라톤의 세계와의 연관성을 논의에서 제외시키려고 할지라도, 내적 인간에 대한 바오로의 표상이 플라톤적인 표상을 변형시킨 것이라는 점에 대해서는 어떤 의심도 있을 수 없다.[251] 특히 바오로가 말하는 '매일 새로워짐'은, 마치 플라톤은 정적인 존재론을 대변하고 바오로는 여기다 새롭게 역동적인 요소를 연관시킴으로써, 플라톤과는 다른 것을 추구하는 것이라고 볼 수 없다. 오히려 반대로, 내적 인간의 새로워짐이라는 생각은 그 자체로 이미 자기 자신을 정신적인 수련으로서도 이해하며, 그 실천적인 본성이 자신의 핵심인 철학적 전통으로부터 추론되었다.[252] 그 때문에 오리게네스에 의하면, 내적 인간은 덕이 본래적으로 머무는 곳, 곧 지식의 자리이며 신적 표상을 '새롭게 함'이다.[253]

이러한 의미에서 인간도 외적으로가 아니라 특별히 내면적으로 판단되어야 한다. 그것은 인간의 참된 가치가 파악될 수 있기 위해서이다. 그렇기 때문에 "인간의 참된 가치를 그 외적인 본성으로부터가 아니라 자신의 내적 의지로부터, 자신의 외적인 모습이 아니라, 자신의 내적인 태도로부터 알아보고 배운다." 그리고 이 내적인 태도뿐만 아니라 자신의 전적인 삶으로부터 알아보고 배운다.254 요한 크리소스토무스의 이와 같은 말들의 배후에는 교부들에게 있어서 각각의 개별적인 사람에게 해당되는 두 인간(외적, 내적 인간)에 대한 널리 확산된 가르침이 있다. 오리게네스 학파에 속하는 맹인 디디무스는 이를 고전적으로 다음과 같이 정식화했다. "우리 각 개별 인간은 한편으로는 외적이며, 다른 한편으로는 내적인 두 인간으로 구성되어 있다."255 이와 아주 유사하게 니사의 그레고리우스는 현상으로서 인간과 내적 인간이라는 두 인간에 대해서 말한다. 후에 칸트가 현상적 인간(homo phaenomenon)과 본체적 인간(homo noumenon, 예지적 존재로서 인간)으로 구분한 것은 여기서 술어적으로 내적 인간에 대한 플라톤-바오로적 표상의 해석에 근거하고 있다. 물론 니사의 그레고리우스에 의하면 인간의 자아는 오직 내적 인간으로만 구성되기 때문에 외적 인간, 곧 육체는 내적 인간에게만 속한다.256 더욱이 인간은 육체와 영혼으로 구성되어 항상 본래적으로 이중적이기 때문에, 인간의 생명도 항상 육체에 대한 생명이거나 영혼에 대한 생명이라는 이중적인 형태를 지닐 수 있다.257

이 점은 심지어 거의 자구적으로 인간에 대한 신플라톤주의적 견해와도 상응한다. 비록 우리가 육체만을 지니고 있다고 하더라도, '우리'는 항상 어떤 식으로든지 우리의 육체로 존재한다. 그러나 본래 우리는 그로부터 자유로운 영혼이다. 그 때문에 플로티누스에 의하면 '우리'는 항상 동물일 뿐만 아니라 내적 인간이기도 하다.258 현상적 인간과 내적 인간에 대한 이론은 후기 신플라톤주의에서도 받아들여졌다.259 이 신플라톤주의 이론은 그리스도교에서 특히 암브로시우스와 아우구스티누스를 통해서 중세 라틴어권에 매개되었다. 암브로시우스에 의하면 이 이중적인 형태는 외적 인간과 내적인 인간이 하나의 인간 안에 존재하는 '두 인간'이다. 내적 인간은 신의 모상(imago Dei)과 유비*에 따라 만들어진다. 왜냐하면 내적 인간은 이미 오리게네스가 말했듯이, 비가시적이며 비육체적이고 파괴되지 않고 불멸하기 때문이다.260

특히 이레네우스, 알렉산드리아의 클레멘스 또는 오리게네스에서 중세 전성기에까지 이르는 거대한 전통은 내적 인간의 두 계기로서 '상'(像)과 '유비'(類比)를 구분했다.261 이에 따르면 신의 모상(模像)은 첫 번째 창조를 통해 만들어진 피조물로서 인간이다. 반면에 신의 유비는 인간의 자발적인 완성을 통해 이루어진 인간이다.262 이에 대해서 우리는 다음과 같이 말할 수 있겠다. 신의 모상은 인간이 아이를 낳고 건물을 지을 수 있는 불멸의 자유로운 정신으로 창조되었다는 점을 통해서 이미 인간이다. 그러나 인간은 자신의 현실적인 의지를 통해, 다시 말해서 그를 신과 유사하게 만들거나 동물과 유사하게 만드는 자신의 자유를 통해서 신의 유비가 된다. 이와 더불어 유비적 특성은 상의 특성을 상실할 수는 없다.263 그러나 외적 인간은 모든 사물들처럼 사라진다.264 인간의 이중적 실존에 대한 신플라톤

---

* 어떤 것을 말할 때 한 가지 의미로 말하는 일의적(univoce) 개념이나 이름이 있는 반면에, 배, 눈과 같은 개념이나 이름은 여러 가지 다의적인(aequivoce) 의미를 지니기도 한다. 그러나 서로 다른 의미를 지닌 여러 가지 것들이 하나의 유일한 것에 관련될 때는 유비적(類比, analogia) 의미를 지닌다. 예컨대 어린양, 구세주, 목자, 스승, 성자 같은 이름은 서로 다른 의미를 지니지만 모두 예수를 가리키므로 유비적인 의미라고 할 수 있다.

주의적-그리스도교적 이론을 수용한 아우구스티누스는 옛 인간과 새 인간, 외적 인간과 내적 인간, 지상 인간과 천상 인간에 대해서 말할 때, 자립적으로 실존하는 두 인간이 의미되는 것은 아니라는 것을 강조한다. 여기에는 그 어떤 본질적인 단일성은 없다. 왜냐하면 외적 인간과 내적 인간은 본질적으로 다르기 때문이다. 하지만 두 인간(외적, 내적 인간)은 하나의 인간을 구성한다. 그러니까 이는 외적 인간과 내적 인간이라는 본질적으로 다른 두 원리를 내포하는 하나의 인간이다.265 아우구스티누스의 《삼위일체론*De Trinitate*》의 유명한 12권은 외적 인간과 내적 인간 간의 '경계'를 규정하려는 프로그램화된 예고로 시작한다. 이에 따르면 인간은 내적 인간과 외적 인간 사이의 경계에 사는 '지평'의 존재이다. 이는 지평이 양자에 관여하기 때문이다. 이는 바로 아우구스티누스가 받아들인 신플라톤주의 이론이다.266

이 배경에는 인간 또는 인간 영혼의 존재론적 중간 위치에 대한 그리스적-그리스도교적 견해가 놓여 있다. 인간은 자신의 본성에 따라 경계를 왔다 갔다 하는 존재로서, '경계선'에 살고 있다. 피타고라스주의자들이 영혼을 일종의 '조화'로 이해했을 때, 그들은 신플라톤주의의 해석에 따라 신과 물질 사이의 이와 같은 중간 위치를 생각했다.267 인간 현존재에 대한 이와 같은 존재론적인 자리매김은 철저히 일반적인 그리스적 이해에 상응한다. 비록 알렉산드리아의 필론이 비로소 이에 대한 술어적인 표현을 부여했다고 하더라도 말이다. 필론에 의하면 인간은 자신의 육체를 통해서 죽음에 참여하고 자신의 의식을 통해서 불멸에 참여하는 한에 있어서, 죽을 본성과 불멸의 본성을 지니고 있다. 더 나아가서 인간은 덕과 윤리적 악 사이를 왔다 갔다 하는 자이다.268 그리스도교 인간학은 이와 같은 근본적 사유를 철저히 받아들였으며, 칸트에 이르기까지 수백 년 간 유지했다. 이 사유는, 인간이 감각 세계와 지성 세계라는 두 세계의 시민이며, 동시에 두 세계 사이의 다리를 놓는다는 것이다.269 그 때문에 플라톤적-그리스도교적 표상에 따르면, 인간이 육체적인 것의 세계뿐만 아니라 정신적인 것의 세계에도 속하며, 인간 자신은 혼합된 존재로 자유와 필연에 의해 존재하기 때문에 '이중성'의 특성이 인간에게 해당된다. 이 혼합된 존재는 부분적으로는 '그곳에서' 생명을 영위하고, 부분적으로는 '이곳에서' 생명을 영위하면서 부단히 '상승'과 '하강' 중에 있는, 확정되지 않은 존재이다.270 4세기의 신플라톤주의는 자기 변화로서 인간의 영혼에 대한 이와 같은 보편적인 이념을 고유한 방식으로 표현했다. 심지어 얌블리쿠스는, 물론 후에 다시 전통적인 방식으로 해석될 논제인 영혼의 본질적 변화에 대해서 말하고 있다.271 어쨌든 이와 같이 인간 영혼의 변화 가능성과 변경 가능성이라는 주제는 플라톤 철학뿐만 아니라 그리스도교 철학의 대상이기도 하다.

그리스도교 저자들 중에서 니사의 그레고리우스는 이러한 플라톤주의의 이념을 가장 분명하게 수용했고, 이를 전형적인 방식으로 강조했다. 이 점에 대해서는 의문의 여지가 없다. 말하자면 인간의 삶에는 모호함의 인장이 박혀 있기에, 더러움과 깨끗함 사이에서 왔다 갔다 하며, 반은 짐승으로, 반은 인간으로, 삶과 죽음 사이에서 큰 희망과 동시에 항상 절망에 가까이 가곤 하면서 흔들거린다. 이는 인간 영혼 자체이며, 말하자면 우리가 덧붙이려는 것처럼 내적 인간이다. 니사의 그레고리우스에 따르면 내적 인간은 한편으로는 비육체적으로, 영적으로, 혼합되지 않고, 다른 한편으로는 육체적으로, 물질적으로, 비이성적으로 이중적인 방식으로 존재한다. 그러한 이유로 내적 인간은 두 세계 사이의 경계에 서서 자신의 자율적인 의지를 통해 죽게 되는, 실제적 죽음, 다시 말해서 내적 인간의 죽음272을 향한 여정을 중지하여 더 고귀한 좋음(善)에, 생명에 참여할 수 있게 된다. 천국 또는 지옥, 부활 또는 분리가 내적 인간과 결부되어 있다. 그때마다 자기 의지의 자유로운 결정에 따라 어떤 이들은 좋은 것에 더 많이 참여하고, 다른 이들은 좋은 것에 덜 참여한다. 인간의 본성은 한갓 그냥 주어진 것이 아니라 의지를 통해 형성된 것이다.273 니사의 그레고리우스에 의하면 인간의 중간적 위치는 한편으로는 분명한 사실로 드러날 뿐만 아니라, 다른 한편으로는 인간이 신, 천사, 동물에게는 없는 유일한 출발점이다. 이 점으로부터 인간은 더 높은 존재와 동등해질 수 있지만, 동시에 동물로 추락할 수도 있다. 양방향으로 갈 수 있는(이중적으로 기능한다는 의미) 이러한 능력의 관점에서 보자면, 신의 모상이자 신의 모습을 간직한 내적 인간은 다른 모든 것을 신과 닮게 만든다.274 더 나아가서 여기서는 신과 인간의 차이와 다른 점이 최대한 나타난다. 훌륭한 플라톤주의자인 니사의 그레고리우스에 의하면 신은 다른 것으로 전의(轉義)될 수 없고, 자기 자신과 동일하여 다른 것으로 변화될 수 없는 반면에, 인간은 내적인, 그러니까 인간적인 의지를 지닌, 인간적인 감정을 지닌 존재로서 바로 전의와 변화의 화신이다. 니사의 그레고리우스는 특히 이 점을 스토아주의자들로부터 배웠다.275 이는 알렉산드리아의 키릴루스가 말하듯이276, 모두가 알다시피, 인간이 창조된 존재의 세상에 속한다는 의미뿐만 아니라, 세상이 끊임없는 변화에서 벗어날 수 없다는 의미에서도 그러하다. 니사의 그레고리우스가 의미하고자 한 것은 자신의 친형인 바실리우스의 말로 잘 표현될 수 있다. 바실리우스는 때때로,

인간이 나이가 들어감에 따라서 변화되는 것은 육체뿐만 아니라, 전적으로 내적 인간이기도 하다는 점을 말한다. 따라서 "우리가 나이가 들 때, 아이와 다르며, 청소년과도 다르며, 성인들과도 달라서, 우리는 거듭 완전히 변화된다." 말하자면 우리 인간은 화가 날 때, 욕망에 사로잡힐 때, 불행한 사건에 반응할 때, 동물로 타락할 때, 여러 가지 상황에서 그때마다 달라진다. 요약하자면, 천사는 항상 동일한 존재로 머물러 있는 반면에, 인간, 특히 내적 인간의 존재는 변화한다.277

이러한 의미에서 니사의 그레고리우스도 이런 근본적인 가변성을 유한한 자유의 본질로 이해한다. 이 본질은 더 이상 주어진 본성이나 "변화를 통해 생성되는" 것들에게는 불가능한, 그 자체로 변화하지 않는 본질이 아니다. 오히려 이러한 자유의 본질 자체는 변화될 수 있고 생성되는 특성을 지니며, 의지의 '경향'을 통해서 제한된다.278 니사의 그레고리우스는 이와 같은 주제를 이미 오리게네스에게서 오롯이 발견할 수 있었다.279 오리게네스는 자기 스스로 말하듯이, 고유한 방식으로, 변화와 의지를 통해서 형성된 존재는 마니교적 의미에서 이해된 '구조'*라는 의미에서의 본성과는 구별되는, '본성적인 존재'라는 것을 표현하기 위해서 일종의 신논리학에 매진했다.280 하지만 니사의 그레고리우스가 오리게네스를 뛰어넘는 곳에 그가 제시하는 물음에 대한 답이 있다.281 이 답은 가변적인 본성에 있어서 뿐만 아니라, 인간에게도 가능해야 하는 것으로서 불변하는 좋음(善)을 실현시키는 것이다. 이 물음에 대한 답은 가변성과 변화라는 개념의 또 다른 의미를 보여 주는 데 있다. 고유한 의미에서 인간,

---

* 인간이 근본적으로 선한 본성과 악한 본성 중 하나를 지닐 수밖에 없다는 주장.

곧 자신의 자유가 창조된 자유인 내적 인간은 끊임없는 자기 변화를 통해, 항상적인 '진보'(Fortschritt)를 통해, 좋음 안에서 끝없는 성장을 통해서 좋음, 곧 선을 실현시킬 수 있다. 바실리우스도 인간에게 있어서 이러한 고유한 변화를 전적으로 긍정하는 의미에서 이를 교부들이 말하는 내적 인간의 일상적인 새로움으로 이해했다.282 유한한 자유를 실제로 생각하려는 사람은 이 자유를 그 자체로 무한한 변화로, '변화의 가장 아름다운 작품'으로 생각해야 한다. 왜냐하면 이 작품은 내적 인간의 참된 완성이기 때문이다. 이 점은 《완전성에 대하여 De perfectione》라는 작품의 말미에서 암시되고 있는데, 아마도 니체와 연관시키자면, 성장에 있어서는 결코 정체되어 있을 수 없으며, 완전한 것은 주어진 한계를 통해서는 윤곽을 드러낼 수 없다고 말할 수 있다.

이 점은 전적으로 물질세계의 관점에 해당된다. 외적 인간을 이루고 있는 것은 육체 자체만이 아니라, 외적인 의미에 의존하는 육체적인 삶이다. 이 육체적인 삶은 육체적인 것에 대한 기억, 그리고 안락함에 대한 추구 또는 불편함을 피하려고 하는 것과 연관을 지니며, 이 모든 것은 인간과 동물의 공통점이다. 그러나 다음과 같은 점을 유의해야 한다. 인간은 동물과 달리 자신의 주의력을 자유롭게 어떤 것에로 향할 수 있고, 잊어버린 것을 의식적으로 다시 드러냄으로써, 한갓된 기억에서 의식적인 생각으로 전환시킬 뿐만 아니라, 더 나아가서 상상적인 상(像)을 만들고 다시 기억된 것을 합성시키고, 개연적인 것을 참인 것과 구분할 수 있으며, 급기야 어떤 것이 참인지의 여부를 판단할 수 있다. 이러한 점들에서 인간은 더 이상 동물과 공통점이 없으며, 내적 인간의 특성을 보여 준다.283

하지만 내적 인간에 대한 이러한 존재론은 그리스도교 가르침의 핵심이자 본래적인 특징은 아니다. 이러한 존재론은 오히려 플라톤 철학에 근거하고 있으며, 많은 신플라톤주의자들에게서도 이 존재론은 인간에 대한 이론을 통합하는 구성 요소이다. 반면에 이와 같은 존재론과 관련해서 그리스도교 철학이 플라톤주의를 능가할 수 있는 것은 내적 인간의 가르침에 대한 근본적이고 포괄적인 특성을 인식하는 것이다. 여기서 내면성이 처음으로 원리로서 사유된다. 이미 헤겔은 '그리스도교적 원리'를, "대자적(對自的)인 내면성으로, 다시 말해 그 위에서 참된 것이 성장하는 토양으로"생각했다.284 헤겔이 말한 의미에서 덧붙이자면, 이러한 원리는 물론, (《법철학》 § 261의 유명한 정식에 따르면) "인간이 현대 세계에서 자신의 내면성으로 존중받으려고 하는" 한에 있어서, 근대에 이르러서야 실체가 있는 현실이 되었다. 교부들은 이와 같은 내면성의 원리를 원리로 발견했다. 이 발견은 마치 이와 연관되는 본문에서 확실한 것으로 주장될 것 같은 어떤 추상적 이론으로 표현되는 것이 아니라, 오히려 자기 자신에 대한 염려(Sorge um sich selbst)로 이해되는 철학 자체의 개념에서 표현된다. 오리게네스와 암브로시우스에 의하면, 외적 인간이 아니라 내적 인간이 염려와 주의, 보호와 돌봄의 본래적인 대상이어야 하며, 결코 소홀히 하지 않아야 한다. 그렇지 않으면 인간은 짐승의 수준으로 추락하고 만다285고 말한다.

  더 나아가서 적합한 보호와 돌봄을 내적 인간에 귀속시키는 것은 내적 인간이 자신의 능력을 다양하고 풍부하게 펼치는 것도 의미한다. 이 점은 내적 인간뿐만 아니라 외적 인간에게 있어서도 삶을 충만하게 만든다. 인간은 출생에서 시작하지만, 새로운 인간이 생성될 때 정신 안에서 재탄생이 이루어진다. 말하자면 내적 인간은 '새로운' 인간이다. '새롭다'는 범주는 본래 고유한 그리스도교의 가르침에 따르면, 인간이 세례를 통해 다시 태어남으로써 새롭게 되는 내적 인간에 해당된다. 이는《지혜서》가 말하는, 태양 아래 새로운 것은 하나도 없다는 세계관과는 다르다.

오리게네스에 의하면, 내적 인간은 내면성의 정수이다. 내적 인간은 영혼 전체의 삶을 포괄하는데, 이는 직관적인 원리에 대한 지식에서부터 상상력과 기억 능력에 이르는 영혼의 다양한 능력뿐만 아니라, 육체적 감각과의 유비에서 고안된 다섯 가지의 정신적 감각도 포괄한다. 이 정신적 감각은 신적 존재의 특별한 측면을 깨닫는 데 적합하다.[286] 오리게네스가 내적 인간의 감각, 마음의 감각 또는 신적 감각이라고도 부르는[287] 이 다섯 가지 정신적 감각은 정신이 지각하는 다양한 방식으로 또는 정신의 기관으로 이해될 수 있다.[288] 오리게네스의《헤라클레이데스와의 대화 Dialogus mit Herakleides》는 다섯 가지의 정신적 감각에 대해서 실천적으로 다루고 있다. 바실리우스는 다섯 가지의 정신적 감각에 대한 이론을 내적 인간의 나이에 따른 다양한 단계라는 유비를 통해서 근거 지으려고 했다. 외적 인간이 아이부터 노인에 이르기까지 다양한 연령에 따른 성장과 결부되듯이, 내적 인간의 연령에 따른 다양한 단계도 상이하다. 아직 아우구스티누스가 있기는 하지만, 바실리우스만이, 인간은 변하지 않는 천사와는 달리 내적 인간으로서도 변화와 변동 아래에 놓여 있다는 사실에 대해서 깨어 있는 의식을 보여 주었다. 우리가 삶에서 행복이나 성공에 대해서 기뻐할 때, 또는 불행에 저항하거나 분노할 때, 또는 격정에 사로잡혀서 짐승처럼 될 때 등등, 우리는 그때마다 다르게 존재한다.[289] 이러한 의미에서 바실리우스는 내적 인간의 특정한 성장 단계도 알아보기 쉽게 했으며, 영혼의 유년기, 청소년기, 노년기 상태를 구분했다. 물론 내적 인간의 삶의 성장 단계에 대한 아우구스티누스의 이론이 전형적이기는 하다. 삶의 단계는 외적 인간에서처럼 시간에 따라서가 아니라 정신적인 성장에 따라서 구분된다. 아우구스티누스는 삶의 여정에 관하여 이해를 돕는 예로 설명하는데, 여기서 여정은 유년기에서 이성의 시기를 거쳐서 안정된 윤리적 삶에 이르며, 최종적으로는 영원한 삶으로의 변화에, 이 모든 삶의 단계의 총체인 지속되는 지복(至福)에 이르게 된다.290

하지만 삶의 단계가 외적 인간에서 내적 인간으로 전환된다면, 바실리우스에 따르면, 이는 영적인 의미로 이해될 때만 모순이 없다.291. 이 이론이 미친 의미 깊은 역사에서, 특히 12세기에, 그리고 외팅어(1702~1782년), 심지어 바일(Simone Weil, 1909~1943년)에 이르기까지, 전체 신비주의 역사에서는 들음 또는 맛봄과 같은 몇 가지 감각이 고대 사상에서 눈으로 보는 것을 잘 아는 고귀한 것으로 만든 것처럼 회복되는 것을 경험했다. 그러나 더 나아가서 내적 인간은 여전히 인간의 인지 능력을 넘어서는 것을 함축하고 있다. 의도, 지향, 특히 양심과 같은 행위의 주관적인 측면도 내적 인간에 그 근거를 두고 있다. 말하자면 내적 인간은 인간의 의지로서 행위의 이면에 있는 의도이다.292 나중에 교부들의 전통과 연결되는 루터의 이론에서도 나타나는 것처럼, 의지는 "자아의 일부 조각이 아니라" 실천적인 관점에 볼 때 자아 자체이다. 하지만 자아는 항상 이미 양심으로 불렸다. 따라서 내적 인간은 인간의 양심이기도 하다.293

헤겔이 말하듯이, 선을 그 자체로 내적으로 규정하는 양심은 그 의미에서 볼 때 초기 그리스도교 사상가들에 의해 인간의 주관성의 중심으로 인정되었다. 아우구스티누스는 양심을 '내적 인간의 배 부분'(Bauch des inneren Menschen)이라고 지칭했다.294 요한 크리소스토무스에게 있어서 양심은 외부의 관찰자가 결코 접근할 수 없는 내면적인 것이다.295 이러한 의미에서 헤겔은 양심을 자기 자신과의 가장 깊은 내면적인 침잠(沈潛)으로도 불렀다(《법철학》 § 136). 양심은 인간 내면의 실천적인 측면으로서 전통적으로 정신 또는 영혼의 이끄는 부분으로도 불렸다. 이는 내면성의 단계에 근거한다. 인간은 외적인 것, 내적인 것, 가장 내적인 것으로 구성되어 있다. 가장 내적인 것은 정신이다.296 이후에 내적 인간은 기억, 감각, 의지라는 삼중성으로도 이해된다.297 이로써 내적 인간은 이론적인 요소와 실천적인 요소의 합치로 이해된다. 더 나아가서 때로 내적 인간은 실천적인 요소와 관련해서만 동일시된다.298 이미 클레르보의 베르나르두스는 의지를 마치 내적 인간의 '얼굴'과 같다고 불렀다.299

교부학에서 근간으로 삼는 것은 몇 백 년에 걸쳐서 수용된 것이기도 하지만, 동시에 내적 인간의 형이상학을 통해서 중세와 근대에도 영향을 미쳤다. 빅토르의 리카르두스의 내적 인간에 대한 두 작품은 이러한 점을 대표적으로 보여 주며, 마이스터 에크하르트의 철학과 신비주의 전체도 이 형이상학의 구체적인 형태를 서술하고 있다.300 루터는 내적 인간에 대한 가르침을 폭넓게 수용했고, 이 가르침은 페넬롱(Fénelon)과 멘 드 비랑(Maine de Biran) 같은 저술가와 독일 관념론, 현상학에서, 그리고 이후로도 많은 이들에게서 미지의 모습으로 살아 있다. 그 덕분에 우리는 내적 인간에 대한 이론을 다룰 수 있게 된 것이다.

VII. 인간의 의식(에피노이아)

　　오랫동안 그리스인들에게는, 오늘날 우리가 — 독일 관념론의 용어를 따르자면 — 주체로서 객관적인 현실과 마주해 있는 이성적이고 감정적인 행위들을 총괄하는 유한한 의식을 생각하지 못했다. 이에 대해서는 확실한 증거가 있다. 그리스인들에게는 오랫동안 특수하게 인간적인, 그러니까 유한한 의식에 대해서 술어적으로 사용된 개념이 없었다. 영혼이라는 개념이 이에 대해서 필요한 것일 수는 없었다. 왜냐하면 생명의 원리라는 그 개념의 의미에 있어서 영혼이라는 개념은 식물에서 세계영혼에 이르기까지 생명이 있는 모든 것을 나타내기 때문이다. '정신'(νοῦς)이라는 개념도 우리가 인간의 의식이라고 부르는 것에 상응하지 않으며, 정신이 곧바로 인간의 의식은 아니다. 왜냐하면 정신은 인간 안에 있든, 분리된 본질성으로 존재하든, 신적인 원리를 나타내기 때문이다. 그 다음으로 '추론적 사고'(dianoia)라는 개념이 아직 정신과 나란히 놓여 있는 것으로 보인다. 왜냐하면 추론적 사고는 사실 그 자체로 유한한 의식에 고유한 어떤 것, 그러니까 사유의 추론성을 표현하기 때문이다. 특히 정신과 상상, 그리고 다른 것과 더불어 추론적 사고를 말했던 후기 신플라톤주의의 논의에서도 추론적 사고는 그리스 철학에서 이미 항상 다른 능력과 더불어 영혼의 한 능력으로 간주되었다는 것을 분명하게 표현했다.

하지만 여기서는 실재와 대립해 있는, 특히 인간의 의식이 논의의 대상이 되어야 한다. 스토아주의자들은 이에 대해서 '에피노이아'(epinoia)라는 용어를 사용했다.301 얼핏 보기에 이미 안티스테네스는 "나는 한 마리 말을 보기는 하지만, 그 말임(말의 보편성)을 보는 것은 아니다."라는 자신의 유명한 플라톤의 이데아론에 대한 비판에서, 보편적인 것을 '공허한 생각 속에' 있는 것으로 특징지은 것처럼 보인다. 하지만 암모니우스가 노골적으로 비판했듯이, 안티스테네스가 쓴 단편의 의미는 스토아적인 용어로, 특히 '공허한 생각'이라는, 후대에서야 정착할 수 있었던 표현으로 받아들여졌다.302 스토아주의자들은 이를 따랐지만, 아리스토텔레스주의자들은 그렇지 않았다. 후자는 인간의 생각을 그 내용과 함께 에피노이아라는 용어로 철학적으로 분명하게 공공연하게 논의했다. 이 점은 이러한 주제에 대한 몇 가지 단편으로부터 유추될 수 있다. 이에 따라 다양한 의식의 방식들, 곧 사유 양태가 검토되어야 한다. 말하자면 생각된 모든 것은 감각적으로 명백한 것에 대한 접근을 통해 또는 이것(감각)의 제거를 통해 이루어진다. 이러한 제거는 전이(Metabasis)의 형태로 성취된다. 흰 것과 검은 것, 달콤한 것과 쓴 것과 같은 개념들은 감각적으로 명백히 드러난 것과의 직접적인 접촉에 근거한다. 왜냐하면 "이러한 점은, 비록 그것이 감각적으로 지각될 수 있다고 하더라도, 생각되는 것이기" 때문이다. 이렇게 어떤 것에서 다른 것으로 이행되는 과정은 재차 상이한 형태들을 가정할 수 있다. 예컨대 현재하지 않는 소크라테스가 그에 대한 어떤 상(像)을 근거로 알게 되는 유사성의 형태가 그것이다. 또는 합성의 형태의 경우, '켄타우루스'(Centaurus)라는 개념은 인간과 말(馬)에 대한 상상이 합쳐져서 이루어진 것이다. 결국 유비도 어떤 것에서 다른 것으로 이행되는 과정에 대한 어떤 양태를 나타내며, 이는 두 가지 형태로 이루어진다. 이렇게 인간의 의식은 더 커지거나 더 작아질 수 있다. 의식이 중간 크기의 사람을 지각했다면, 외눈박이 거인인 퀴클롭스뿐만 아니라, 소인인 피그미인들도 상상할 수 있다. 하지만 이들은 그 자체로 감각적으로 지각되는 것은 아니다.303 우리에게 이러한 생각을 전수해 준 회의론자 섹스투스 엠피리쿠스는 자신과 반대된 의견에 대해서도 우리에게 말해 준다. 플라톤과 데모크리토스가 그 경우인데, 이들은 감각적으로 지각된 것들을 배제했고, "지성으로 알 수 있는 것만을 따랐다." 하지만 이들은 이를 통해서 사물들의 진리를 뒤엎었을 뿐만 아니라, 사물들에 대한 의식, 곧 사물들의 에피노이아도 전도시켰다. 그러나 모든 사유는 감각적인 경험에 근거하거나 감각적인 경험 없이는 불가능하며, 극도로 기만된 상상의 표상들에 이르기까지 의식의 모든 양태들은 그것들이 꿈에서 만들어진 것이거나 망상에서 만들어진 것이든지 간에, 어쨌든 감각적인 경험에 의존한다. 그 때문에 일반적으로 "감각적인 경험을 통해 의식에 의해 인식된 것을 갖지 않는다면, 의식 안에서는 그 어떤 것도 발견될 수 없다."는 것은 전적으로 유효하다.304 이 구절에서 섹스투스 엠피리쿠스는 더 나아가서 이미 설명한 의식의 양태를 열거한다. 디오게네스 레티우스는 이 양태에 은유를 추가했다. 이 은유는 우리가 '마음의 눈'에 대해서 말할 때, 그리고 예컨대 죽음과 반대되는 것을 근거로 우리가 죽음을 겪기 전에, 죽음을 생각할 수 있을 때 사용된다. 인간의 의식은 최종적으로 예컨대 선과 악을 '본능적으로'

생각할 수 있으며, 또는 수중에 없는 어떤 것을 결핍의 의미로 인식함으로써 부족한 것을 알 수 있다.[305]

하지만 스토아주의적 입장은 의식의 방식에 대한 물음을 통일적으로 다루지는 않는 것 같다. 왜냐하면 인용된 디오게네스 레르티우스의 단편에서 '변화를 통해 인식된 것은 어떤 것에서 다른 것으로 단순히 이행되는 과정이라는 의미에서 이해되는 것이 아니라, 스토아주의자들이 '비물질적인 것'이라고 부르는 것으로서 이해되기 때문이다. 이는 사유된 사태 자체 또는 시간과 더불어 있으며 비어 있는 것으로 일종의 사유물(여기에는 단지 사유적인 존재만이 속한다)을 나타내는 공간을 의미하는 '락타'(Lakta)와 같은 것이다.[306] 여기서 우리는 '초월적인 것들'로 표지될 수 있는 개념들과 만나게 된다. 왜냐하면 감각적인 경험의 세계를 완전히 넘어섬으로써 이 개념들이 획득되기 때문이다. 이러한 방식으로 스토아주의에 이르러서야 인간의 사유와 개념들에 대한 다양한 양태들의 발전이 이루어졌다. 반면에 에피쿠로스 철학은 이와는 아주 동떨어져 보인다.[307]

이러한 그리스어권에서의 발전에 있어서 확실한 의미를 지닌 결과는 인간의 의식이라는 개념을 확고한 크기로, 객관적인 (감각적 또는 지성적) 실재 너머의 고유한 영역의 하나로 확정하는 것이다. 어떤 것은 의식의 크기에만 적합하거나 의식 밖에 있거나 아니면, 어떤 개념이거나 실제적인 어떤 것이다. 이 어떤 것은 용어적으로도 '에피노이아'와 '자립체'(hypostasis)*와는 대별되는 것으로 표현된다. 이는

---

* 원래 hypostasis는 신플라톤주의, 특히 창시자인 플로티누스가 질료(물질)과는 구분되는 세 가지 영적인 실재인 하나, 정신, 영혼을 가리키는 말이다. 그리스도교에서 이 개념은 라틴어 persona로 번역되어 삼위일체의 '위격'을 의미하게 된다.

중세적 사유에서 관념적 존재자(ens rationis)와 자연적 존재자(ens naturae) 또는 실제 존재자(ens reale) 간의 통상적인 구분에 상응한다. 이러한 의미에서 포세이도니오스의 현상적 실존은 분명히 전자인 관념적 존재자에 해당되지 결코 후자에 해당되는 것은 아니다. 이에 대해서는 아비첸나와 로저 베이컨의 무지개 이론, 그리고 괴테의 사유에 이르는 중세의 색채 이론을 떠올릴 수 있겠다.* 포세이도니오스에 의하면 감각적인 것의 영역에서 무지개의 예(例)에서처럼 변형적인 현상들의 현상적인 실존은 어떤 사물이 실제적으로 존재하고 있는 것과는 구분된다.308 그러나 의식에 의존적인 존재와 의식에 의존하지 않는 존재 간의 대립은 기상학(Meteorologie)의 특별한 문제에서만 적용되는 것은 아니다. 이 점은 재차 포세이도니오스 또는 마찬가지로 스토아 철학에서도 발생했다. 스토아 철학은 객관적인 실재와 인간의 의식 간의 대립을 용어적으로 '자립체'와 '에피노이아'로서 처음으로 확정했다.309 이러한 대립은 고대 후기의 이교도 철학이 더 발전되면서 중요한 요소가 되었다.

이러한 용어론도 수용했으며, 에피노이아라는 개념을 용어적으로 누스(Nus)와는 달리 유한한 인간의 의식에 대해서 사용한 플로티누스의 《수(數)에 대한 작품》(Enn. VI 6)은 '에피노이아'와 '우시아'

---

* 아리스토텔레스는 감각과 경험으로부터 복잡한 자연 현상에서 질서 있고 보편적인 형상을 찾을 수 있다고 생각하였다. 이 이론을 이어받아 아비첸나는 시각 경험으로부터 이미지를 추출하고 두뇌에서 보편적인 형상으로 인지한다고 주장하였다. 로저 베이컨은 무지개 이론에서 빛이 물에 의해 분산되는 현상, 곧 구름 속의 물방울이 구슬 모양의 거울로 작용하기 때문에, 상이 휘어져서 색조가 생긴다고 주장했다. 괴테는 색이 프리즘에 의해 단순히 분해되어 나타나는 것이 아니라 밝음과 어두움 경계 사이의 역동적인 긴장 관계에 의해 나타난다고 주장했다.

(Ousia) 간의 이러한 대립에 대한 스토아적 표상을 비판했기 때문에 보존되었다. 비록 우리가 플로티누스의 자립체 이론에 대해서 일반적으로 말한다고 하더라도, 에피노이아에 대해서 이렇게 파악한 대립적 개념은 고려해야 할 것이다. 그러나 이 점은 널리 퍼진 선입견에 해당하는 것으로서, 아마도 되리(H. Dörrie)의 영향력 있는 연구310를 통해서 확정되었고 뒷받침되었다. 이 연구에 의하면, 일자(一者), 정신, 영혼이라는 세 가지 자립체에 대한 논의는 — 이 논의는 플로티누스 자신의 언어 사용에는 상응하지 않는다. — 어떤 차별적인 등급을 필연적으로 내포한다. 그 때문에 튐멜(H. G. Thümmel)은 이렇게 연결하는 것을 정당하게 비판했고, 신플라톤주의적 자립체 개념의 배후에는 오리게네스가 있다는 것을 보여 주었다.311 이렇게 배후에 오리게네스가 있다는 것을 누가 알았겠느냐마는, 이 점은 전적으로 확실해 보인다. 이 시대에 자립체라는 개념이 사용된다면, 항상 에피노이아라는 대립 개념과 더불어 스토아적인 개념쌍도 함께 있게 된다. 이로부터 자립체는 사실 튐멜이 말한 것처럼, 에피노이아라는 대립 개념 없이 불렀다 하더라도, 인간의 의식에 의존하는 존재와는 달리 '자립적인 존재' 또는 후에 '자존체'(Subsistenz)라고 불리는 것으로 나타난다.312 아프로디시아스의 알렉산더로부터 포르피리오스와 후의 아리스토텔레스 주석자들에게 있어서 이러한 분리는 보편자들의 존재론적 지위에 대한 논의에 있어서도 정신들이 분리되는 분기(分岐)라는 특성을 지닌다.313 아프로디시아스의 알렉산더, 프로클로스, 고대 후기의 다른 저자들이 보여 주듯이, 수학적인 존재는 이러한 구분 없이는 결코 이해될 수 없다.314 요약하자면, 의식과 현실, 사유된 것과 실제적인 것, 개념과 사물의 구분은 보편적인 철학적 의미로부터

이루어진다. 왜냐하면 이러한 철학적 의미는 가장 첨예한 문제가 생겼을 경우에 그 가치를 드러내기 때문이다.315

더욱이 고대의 가장 후기에 이러한 구분은 이전에는 미처 생각지 못했지만, 곧바로 스콜라주의의 차원으로까지 이어지는 문제점을 야기했다. 예컨대 암모니우스 사카스(Ammonius Saccas) 학파를 추종하는 세대에 속하는 다비드(David)에게 있어서 이 학파에서 행했던 '에피노이아'와 '한갓된 에피노이아' 간의 일반적인 구분은 다시 한번 중요하게 다루어졌다. 그렇다면 이 둘은 무엇을 의미하는가? 다비드에 의하면 본성에서 서로 연관되는 것은 어떤 물체의 색깔처럼 우리의 생각을 통해 분리된다고 말한다. 이것이 우리의 에피노이아이다. 따라서 추상의 형태를 통해서 산출된 것은 '에피노이아' 안에 있다고 말할 수 있겠다. 반면에 염소의 얼굴을 가진 사슴과 같이 두 부분이 본성으로 주어졌지만 자의적으로 상상을 통해 합성되어 실제로는 존재하지 않는 것은 우리의 '한갓된 에피노이아'에만 존재한다.316 하지만 이것만으로는 충분하지 않다. 다비드는 이러한 관점이 아리스토텔레스적인 것과 상응한다는 것에 대해서 보도한다. 따라서 이에 따라 전혀 존재하지 않는 존재자는 그 어떤 현실적인 실존을 갖지 않지만, 염소의 얼굴을 가진 사슴처럼, 의식 안의 개념으로 존재할 수 있다. 반면에 플라톤적 관점에 의하면, 본래 존재하지 않는 것은 사유된 실존도, 현실적인 실존도 지닐 수 없다.317 쉽게 볼 수 있는 것처럼, 이미 인간 의식에 대한 고대의 설명들은, 이 의식의 가능성이 지닌 한계와 더불어 사유 가능한 것과 현실 가능한 것, 그리고 최종적으로는 이러한 가능성의 부정과 맞닥뜨리는 물음으로 이끈다. 이는 중세에 아벨라르두스와 특히 스코투스주의와 수아레스(Suárez)에게서, 그리고 예수회 전통에서 각각 고유한 방식으로 그 해결책을 찾았던 양태 논리적인* 문제들이다.

그리스도교 철학은 에피노이아에 대한 논의에 연루되었고, 용어적인 문제이기도 한 스토아주의자들에 대한 발견을 전면에 드러내어 고유한 것으로 만들었다. 이것이 사유된 것의 존재론적인 지위에 관련되는지 또는 (명칭의 부여에서 기술에 이르기까지) 사유를 통해 외적인 현실을 극복하는 것에 관련되는지 또는 인간 인식 전반의 가능성에 관련되는지 하는 것에 대해서 그리스도교 철학은 에피노이아라는 개념을 통해서 확장 발전시켰다. 우선 이 점은 좁은 의미에서 신학적인 문제와의 관련성에서 가장 분명하게 표현된다. 오리게네스와 오리게네스 학파(맹인 디디무스), 아타나시우스와 카파도키아 학파는, 특히 신적 위격 간에 오직 개념적인 차이(에피노이아)만을 인정한, 4세기의 사벨리우스주의자들과 단성론자들의 이론을 비판했다. 하지만 더 정확하게 말하자면 우리 의식의 차이에는 실재의 특정한 형태들(휘포스타시스[자립체, 위격])도 해당된다. 이렇게 에피노이아와 휘포스타시스 간의 스토아적인 본래적 대립은 그리스도교 삼위일체론에서 그 가치를 발휘했다. 그 때문에 우리는 이미 오리게네스에게서 자리를 잡았던 '세 휘포스타시스'(세 자립체)라는 정식이 신적인 세 위격의 존재론적인 지위에 대한 논쟁들의 결과라는 점으로부터 출발할 수 있겠다.318 이와 유사하게 에피노이아라는 개념은 신적 속성에 대한 이론, 또는 마찬가지로 오리게네스가 의미심장한 원동력을 부여했

---

* 여기서 양태는 '의미된 대상'보다 '의미의 양태', 다시 말해서 한 개념에 대한 여러 가지 의미상의 차이를 말한다. 이러한 의미의 양태 외에도 일반적으로 인식의 양태, 존재의 양태(각 사물의 일반적인 특성들)도 고려된다.

던 그리스도론에서도 중요하다. 에피노이아와 휘포스타시아에 대한 스토아적 구분의 도움으로 이렇게 실제적이며 역사적인 위격인 예수가 어떻게 '세상의 빛', '진리' 또는 '문'과 같은 많은 이름으로 불릴 수 있는가 하는 점이 설명될 수 있다. 이와 유사한 점은 세 번째 신적 위격 또는 하나의 신적 본질 자체에도 적용된다.[319] 그때마다 표지된 실제 위격 안에서 어떤 것은 많은 이름들과 부합된다. 이 이름들은 많은, 인간 의식의 한계를 통해 제한된 하나의 실제 세계의 측면들이다. 오리게네스는 그리스도를 부르는 명칭론에서 본질적이고 자립체적 존재의 존재 영역과 인간의 의식 또는 사유된 존재(cum et sine fundamento in re) 간의 스토아적 구분을 그리스도교 철학에서의 근본적인 구분으로 도입했다.[320]

한편 카파도키아 교부들, 특히 바실리우스와 그의 친동생인 니사의 그레고리우스는, 철학적으로 무장된 아리안족의 대변자인 에우노미우스와의 논쟁을 통해 언어철학을 위한 이론을 발전시키고, 이와 더불어 소위 인간 의식에 대한 고대 이론의 단초도 성취함으로써, 오리게네스가 에피노이아에 대한 스토아적 이론의 수용을 통해서 그리스도교 철학 내에서 시작했던 것을 완성시켰다. 더 정확히 말하자면, 이들은 문화를 만들고 독창적이며 방법적으로 앞서가는 유한한 이성의 요소와 유한한 것들의 영역에 대한 능력을 강조함으로써, 에피노이아라는 개념을 그리스도교 철학 내에서 회복시켰다. 이로써 이들은 아리우스주의뿐만 아니라 아타나시우스에게 있어서도 속속들이 감지되는, 인간 의식을 저평가하는 것을 획기적으로 의미심장하게 저지했다. 신아리우스주의자들*과의 교의적인 싸움은 문학적인 논쟁에서 언급되었다. 이러한 논쟁은 지엽적인 특징만을 나타내지 않을뿐더러,

옛 아리우스주의와의 논쟁을 단순히 다시 끄집어내는 것만도 아니었다. 4세기의 가장 의미심장한 저자들이 이 논쟁에 연루되었다는 사실이 이러한 점을 나타내 준다. 게다가 이 논쟁은 언어철학처럼 철학적으로도 의미 있는 새로운 기획들을 파헤쳤다.321 359년에 만들어진 안티오키아의 아에시오스가 쓴 《신타그마치온Syntagmation》과 나란히, 특히 아에시오스의 제자인 에우노미우스의 저작들이 논쟁의 대상이었다. 이 저작들은 바실리우스, 니사의 그레고리우스, 몹수에스티아의 테오도루스, 요한 크리소스토무스 등과 같은 대가들의 대답에 대해서 도전하고 있다. 이러한 논쟁의 발단은, 바실리우스가 저서 《논박Anatreptikos》 또는 《에우노미우스를 거슬러Contra Eunomium》에서 비판적으로 답변했던, 360년에 쓰여진 것으로 추정되는 에우노미우스의 《변론Apologie》이었다. 에우노미우스는 니사의 그레고리우스가 자신의 기념비적인 작품인 《에우노미우스를 거슬러Contra Eunomium》(381~383년)에서 반응한 것에 대해서 대응하기 위해, 자신의 《변론에 대한 변론Apologia apologiae》을 우선 377년에서 381년까지 조금씩 세 권의 책으로 내 놓았다. 에우노미우스는 최종적으로 383년에 《신앙 고백》을 완성했다. 이 작품을 니사의 그레고리우스는 같은 해에 《에우노미우스의 신앙 고백에 대한 논박Refutatio confessionis Eunomii》에서 다시 비판했다.322

한편에서는 에우노미우스와 다른 한편에서는 바실리우스와 니사의 그레고리우스가 펼치는 서로 간의 논쟁은 본래적이며 최종적으로

---

* 그리스도의 신성을 부인한 아리우스의 주장을 계승해서 그리스도는 성부와 동일한 본질을 지닌 것이 아니라 단지 성부의 본질과 유사하다고 주장한 이단.

특히 에피노이아의 문제에 관한 것이었다. 바실리우스는 "도대체 에피노이아는 무엇이란 말인가?"라는 결정적인 물음을 던진다. 이 물음은 인간의 이성과, 다시 말해서 유한한 의식과 그 내적인 결과들, 개념들과 관련될 뿐만 아니라, 4세기 동안 마음을 졸이게 한, 언어철학적으로 대답하기 어려운 점을 간파해서 묻는 물음이었다. 이에 대한 에우노미우스의 대답은 더 이상 바랄 것이 전혀 없는 명료한 것이었다: "인간의 사유를 통해 발설된 것은 자신의 존재를 오직 이름과 견해의 표명에서만 나타나며, 자연스럽게 목소리의 울림과 함께 사라진다."323 여기서는 에우노미우스가 에피노이아를 어떻게 보았는가 하는 점을 분명하게 알 수 있다. 그러니까 에피노이아는 그것을 발설함으로써 '공허한 말'(flatus vocis), 곧 어떤 외적인 표지가 덧없이 사라지는 형태 외에 어떤 것도 아니라는 것이다. 에피노이아는 어떤 것의 본질 개념을 위해 구성되는 것이 아니다. 에피노이아가 산출하는 것은 (어의〔語意〕에 있어서) 의미가 없으며, 허위이며, 기만적인 것이고, 상상적인 것이며, 사물들에 대한 참된 인식과는 관련이 없다. 이러한 관점으로 본다면, 인간 의식의 산물은 그 자체로 진리를 전도시키는 것이다. 유한한 이성이 발설하는 모든 것은, 뜻이 없는 이름(Skindapsos) 또는 문법적이기는 하지만 어떤 의미도 없는 단순한 소리(Blityri), 그리고 스토아학파로부터 유래하는 것으로, 소위 '말은 어떤 것도 표지하지 않는다.'(voces non significativae)는 대표적인 예가 보여 주듯이 단지 의미 없는 표현이다. 달리 말하자면, 유한한 이성이 발설하는 모든 것은 '거인처럼 거대한'(Klossal)이라는 말처럼 인위적으로 확대시키거나 피그미라는 개념처럼 축소시키는 것에 토대를 두거나, 또는 우리가 다면적인 것(Polykephalen)을 생각할 때처럼 추가된 어떤 것으로

소급하거나, 합성 동물처럼 조합된 것으로 소급하게 된다.324 이러한 예들의 목록이 스토아주의 또는 에피쿠로스주의의 작품 내용과 유사함에도 불구하고, 에우노미우스에게 있어서 에피노이아의 기능이 철학 학파들과는 다른 방식이라는 것이 드러나지 않는 것은 아니다. 스토아주의자들이 에피노이아를 창조적인 잠재력으로, 각각의 인식 행위에 있어서 구성적으로 관여하는 유한한 의식으로 특징지으려고 했다면, 에우노미우스에게 있어서 에피노이아는 공허한 것, 상상적인 것, 공상적인 것, 그러니까 한갓 우연히 생각된 것의 원조가 된다. 에우노미우스는, 니사의 그레고리우스가 보기에도, 에피노이아를 항상 한갓된 상상과만 연결시킨다.325 인간의 이성을 무력화시키려는 철학사적인 배경을 아는 것은 쉽지 않다. 우리는 신플라톤주의와의 연관점들을 알아보았다. 사실 플로티누스는 스토아적인 의미의 에피노이아를 날카롭게 비판하였다. 그러나 그 외에 술어와 사유는 신플라톤주의와 딱히 큰 연관이 없다.326 그럼에도 불구하고 혹시 에피쿠로스적인 것이 배경이 되는 것이 아닌가? 바실리우스와 니사의 그레고리우스에게 있어서도 매우 중요한 개념인 '표현되는 요소의 의미'에 대한 스토아적 이론이 에우노미우스에 의해 함축적으로 거부되었다는 사실은, 이름이 사물의 개별적인 실제적 본질을 직접적으로 표지하기 때문에,327 어떤 암시가 될 수 있다. 더욱이 니사의 그레고리우스도 에피쿠로스주의의 에피노이아에 대한 에우노미우스의 이론을 의심했다.328

바실리우스와 니사의 그레고리우스는 인간 의식을 창조적이고 언어적 재능을 지니며 의미 구성적이고 방법적으로 훈련된 이성으로 간주함으로써, 이러한 아리우스적인 일반적 비판을 통해 손상된 인간

의식의 존엄성을 회복시키려고 시도했다. 바실리우스는 에우노미우스를 비판한 자신의 저작에서 에피노이아에 대한 논의가 시작되자마자, 이 개념이 분리시키는 심각한 단절에 대해 주의를 촉구한다.329 에우노미우스가 주장하듯이, 에피노이아가 단지 빈껍데기, 곧 '공허한 말'일 뿐이라면, 우리는 에피노이아를 차라리 '무의미'라고 불러야 할 것이며, 에피노이아를 의미를 찾는 형태로 파악할 수 없을 것이다. 하지만 에피노이아가 어떤 것을 표지하는 의미론적인 기능을 갖는 것을 인정한다면, 스토아 철학에 조예가 깊은 교부는, 표지하는 자와 표지되는 것이 서로 구분되며, 표지된 것은 표지된 우연한 대상과 동일한 것이 아니라, 존재론적으로 어떤 고유한 수준을 나타낸다고 생각했다. 하지만 에우노미우스도 말했듯이, 에피노이아를 통해서 표지된, 언어의 껍데기에 불과한 잘못된 것과 공허한 것이 사라진다는 것은 도대체 어떻게 생각될 수 있어야 하는가? 이런 경우에 정말로 이렇게 항상 잘못된 것이라고 하더라도, 이렇게 잘못된 것은 발설되는 말의 울림이 사라진 후에도 의식 안에서 사유된 것(νόημα)으로서 남아 있을 것이다. 말하자면 에피노이아는 의식의 행위일 뿐만 아니라 의식의 내적인 결과, 곧 노에마(Noema, 사유된 것)도 나타낼 수 있다.330 달리 말해서 에피노이아가 표지하는 기능을 갖는다면, 항상 말하는 화자의 수준은 영혼 안에서 사유된 어떤 것이 나타내는 의미의 수준과는 구분되어야 한다. 바실리우스뿐만 아니라 니사의 그레고리우스의 주요 관심사도 어떤 말의 의미 수준을 관철시키는 데 있다. 두 사람에게 있어서 세마이노메논(σημαινόμενον, 물리적 실체가 아닌 내용의 의미) 또는 엠파시스(ἔμφασις, 강조)라는 스토아적 표현으로 나타내는 의미는 에피노이아를 통해 구성된 것이다. 이렇게 구성된 것은 결코 다른 것과 교환될 수 없으며, 인식된 어떤 것에게 비로소 고유한 규정성을 부여한다.331 말하자면 의미의 영역에서만 명백성이 존재한다. 의미들에 있어서 혼동이 있을 수 있다면, 사물들에 대한 표지, 특히 동일한 사물을 다양한 이름으로 부르는 것은 자신의 권리를 상실할 것이다.332 그러나 에우노미우스가 실제로 그렇게 하듯이, 만일 에피노이아가 배타적으로 발음 소리에서 자신의 존재를 갖는 의미 없는 표지로 이해된다면, 개념들은 의미 없이 표현된 것과 더 이상 구분될 수 없을 것이다. 에피노이아에 대한 에우노미우스의 서술은 바실리우스가 보기에 너무 간단하게 이해된 것이다. 에우노미우스는 에피노이아를 배타적으로 한갓된 허구적인 것, 공허한 것, 상상적인 것의 원흉으로 파악한다. 이러한 이해는 인간 의식의 참된 역할을 정당하게 평가하는 것이 아니다. 이러한 이해는 모든 인식에 있어서 인간 이성의 긍정적으로 구성되는 기능을 완전히 오해하는 것이다. 그 때문에 바실리우스에 의하면, 유한한 의식의 개념들은 오히려 감각에 제한되어 만들어진 보편적인 개념들에 대한 섬세하고 정확한 확증으로 간주될 수 있다. 예컨대 밀이라는 개념은 그때마다 자신의 다양한 고유성에 따라서 어떤 때는 '씨앗'으로, 어떤 때는 '열매' 또는 '양식'으로 이해될 수 있다.333 바실리우스가 자신의 동생처럼 이와 같은 예를 통해서 분명하게 하고자 하는 것은 관점의 연결이며, 그러한 한에서 인간 사유의 한계이다. 항상 인간에 의해 사유되는 것은 특정한 시각으로부터, 다시 말해 특정하게 표지된 것의 관점에서 또는 특정한 의미에서 파악된다.334

이러한 의미에서 (진리, 문, 포도나무 등과 같이) 이미 오리게네스가 끊임없이 연구했던 그리스도의 수많은 에피노이아는 어떤 실재의 그때마다 상이한 측면 또는 의미를 나타낸다.335 에우노미우스를 반대한 니사의 그레고리우스의 비판서는 인간 이성을 모함하는 데 대한 유일한 항의이다. 그레고리우스가 이의를 제기하듯이, 이렇게 에피노이아를 저평가하는 것은 인간의 삶에서 인간적인 것을 파악할 모든 가능성을 우리에게서 빼앗는 것이다. 니사의 그레고리우스가 사랑의 노래에서 유한한 이성, 기하학, 수학, 논리학, 자연학의 성과에 대해 묻듯이, 도대체 기계의 발명은 어디에서 유래하며, 존재론과 철학적 신학의 두 형태 안에 있는 형이상학과 같은 어떤 것은 어디서 유래하는 것인가? 거기다 후에 농업 기술과 항해술과 같이 소위 기계적인 기술은 어떻게 된 것인가? 바다는 어떻게 인간에게 접근될 수 있었는가? 야생에 살던 짐승들은 어떻게 길들여졌는가? 인간의 삶에 기여하는 데 있어서 이 모든 것이 에피노이아를 통해 고안되지 않았는가? 그레고리우스는 이러한 방식으로 인간의 이성을 문화를 이룬 설립자로 나타냄으로써, 한편으로는 문화 성립 이론에 대한 그리스 전통을 계승하며, 다른 한편으로는 이를 통해 계몽 시대에 가장 많이 읽힌 전형으로, 심지어 고대 후기의 계몽주의자로 부상된다. 왜냐하면 이와 같은 찬양가가 있는 《에우노미우스를 거슬러》의 두 번째 권(XII권으로 인용된다.)은 르네상스와 계몽주의 시대에 이 작품 전체에 대해서 알려지고 수용되었던 유일한 내용이었기 때문이다.336 문화를 설립하는 기능이라는 의미에서, 그레고리우스는 에피노이아 개념을 아리스토텔레스와 유사한 연관성을 가질 때에만, 알려지지 않은 것에 독창적으로 접근해 가는 것으로 정의했다. 이러한 접근은 직관적으로 파악된 첫 번째 사유로부터 나아가며, 이로부터 따라오는 사유는 첫 번째 사유와 연결된다.337 이러한 연관에서 사용된 '에포도스 에우레티케'

(ἔφοδος εὑρετική, 이해될 수 있는 방식)라는 표현은 《토피카Topica》에 나오는 발명의 길(via inventionis)이라는 아리스토텔레스적 방법으로 또는 후기에 저술된 구절에서 분명하게 드러나는 방식으로, 일반적으로는 아리스토텔레스의 삼단논법의 방식으로 나타난다. 이를 통해 항상 상세하게 나타나듯이, 그레고리우스의 에피노이아에 대한 사랑의 노래는 아리스토텔레스적으로 이해된 인간 이성을 찬양한다는 것이 분명해진다. 이 점은 그레고리우스가 신에 대한 인식의 문제와 관련해서 이 이성의 개념을 무자비한 비판에 내맡기는 것보다 더 주목할 만하다. 그럼에도 불구하고 그레고리우스가 에피노이아를 최고로 좋은 것으로 간주하기 때문에, 에피노이아는 교부 시대에 일반적으로 높은 가치의 척도로 여겨졌던 어떤 요소에 기반을 두게 된다. 다시 말해서 에피노이아는 삶에 기여하는 이성이기도 하다. "삶을 편리하게 하고 삶에 도움을 주는 데 있어서 그 시대가 고안한 모든 것은 오직 에피노이아를 통해 발명된 것이다."[338] 예술과 기술적인 훈련들은 이러한 의미에서 삶을 용이하게 하는 데 도움을 준다. 또한 삶은 신의 선물로도 불릴 수 있는 의학도 발명했다. 왜냐하면 "정신은 신의 작품"이기 때문이다. 이렇게 ― 에우노미우스가 이를 지치지 않고 강조하듯이 ― 동일한 정신이 인간적인 형태 안에서, 에피노이아뿐만 아니라 기만적인 것, 잘못된 것도 만들어 내더라도, 그레고리우스에 의하면 이러한 암시는 철저히 '우리 시대'의 관점에서도 기여하게 된다. 왜냐하면 다른 학문들처럼 에피노이아도 진리에 기여하기 위해서 사용될 뿐만 아니라 기만과 잘못을 만들어 내는 데도 사용될 수 있다는 것을 "우리도 주장하기" 때문이다. 그럼에도 불구하고 에피노이아는 본래 좋은 목적을 위해 신이 인간의 본성에 빌려준 것이다. 에피

노이아에 있어서 이러한 점은 자유의 경우와 유사하다. 자유는 좋은 목적을 위해 주어졌지만 그럼에도 불구하고 항상 오용될 수 있다.339

이러한 사유 과정에 있어서 눈에 띄는 구절은 에우노미우스와 그레고리우스의 노선이 분명하게 갈라지는 부분이다. 그레고리우스는 에우노미우스를 굴복시키기 위해서 명시적으로 그의 근본적 사유를 수용한다. 그러니까 에우노미우스는 근본적으로 인간이 존재하기 전에, 신이 사물들에게 이름을 부여함으로써 신은 언어의 창시자라고 생각한 것이다. 이 점은 그레고리우스에게 있어서 에우노미우스의 견해가 지닌 불합리한 함축성을 보여 주기에 충분한 토대가 되었다. 이 견해에 따르면 신은 분명히 인간의 모습을 한 것으로 생각되어서 추론적인 개념성을 사용하며, 목소리와 음성으로 개별적인 개념들을 만든다. 그러나 이 견해가 옳다면, 신의 말씀은 인간의 언어와 마찬가지로 발설하기 위해 기관지, 혀, 치아, 입술과 같은 특정한 감각적인 부분을 사용해야 했을 것이다. 심지어 목소리의 기관에 대한 스토아적 이론을 끌어들였던 그레고리우스의 냉소적인 사유 전개에 따르면, 두 뺨은 로고스의 작업에 있어서 조력자이다.340 이로써 신이 언어를 정립했다는 에우노미우스의 주장에 그레고리우스가 이의를 제기하는 것은, 신의 신체적인 표상을 생각하는 것은 신적 본질이 정신적이라는 근본적인 전제를 인정하지 않는 것을 필연적으로 함축한다는 것을 주장하는 것이라는 점이다. 그 때문에 그레고리우스에 의하면, 음성으로 발설되는 언어가 발음되는 말을 통해서 마음속의 생각을 밖으로 내뱉는 육체적 존재에 본성적으로 고유한 점이라는 것에 대해서는 추호의 의심도 있을 수 없다.341

말하고 듣는 물리적 관계에 대해서도 유사한 것이 적용된다. 이에 대해서 그레고리우스는 순수하게 현상적인 관찰을 하고 있다. 그다지 멀리 떨어져 있지 않은 사람들에게 듣게 하기 위해서 우리는 목소리를 사용한다. 소리를 듣는 사람들이 멀리 떨어져 있다면, 우리는 우리의 의견을 글로 써서 전달한다. 그 자리에 있는 사람에게 목소리를 높이거나 떨어져 있는 거리에 따라서 목소리를 멀리 보낸다. 때로 우리는 가까이 있는 사람에게는 윙크하는 것만으로 ― 중세에 몇 가지 이론에 따르면 천사의 말없는 언어가 있었다. ― 의미를 전달할 수 있다. 이는 우리가 말없이 어떤 의지의 결정을 표명하는 것과 관계되며, 우리는 눈을 움직이거나 손짓을 통해서 우리의 호의나 불쾌함을 알린다. 요약하자면, 이미 육체를 지닌 인간의 실존이 옆에 있는 사람들에게 마음속에 숨겨진 변화를 목소리, 말, 문자 없이 전달할 수 있다면, 에우노미우스가 말하는 비물질적이고 건들일 수 없는 최상위의 첫 번째 본질은 ― 게다가 이에 대해서 에우노미우스가 목소리를 통해 사라진다고 말하는 ― 자신을 전달하기 위해서 명사적인 말에만 의지해야 하는가? 에우노미우스처럼 신의 들음에 대해서 말하는 사람도 신의 본질에 적합하지 않은 감각적인 관계를 불가피하게 전제하게 된다. 그것은 어떤 목소리가 항상 공기와 같이 어떤 매개를 통해서만 듣는 사람에게 도달하기 때문만이 아니라, 특히 감각에 있어서 그때마다 고유하고 교환될 수 없는 대상 영역에 있어서 다섯 감각이 분리되는 것은 인간 의식의 유한성에 대한 특별한 표현이기 때문이다. 반면에, 신적인 의식은 전적인 봄, 전적인 들음, 전적인 인식으로 존재하며, 스토아적인 혼합 이론에서 나온 표현으로 하자면 '전체를 통한 총체'이다. 이러한 지성적인 혼합은 자신 안에서 구별되기는 하지만 간격이 없으며, 전적으로 서로 연결되는 통일성을 이룬다. 이러

한 통일성은 의지의 동일성을 통해서 보장된다.342

　이와 같은 근거들과 다른 근거들로부터, 신이 언어의 원천이며, '교육자이자 교사'로서 첫 번째 인간들에게 직접적으로 가르쳤다는 에우노미우스적 표상을 포기해야 한다면, 그렇다면 언어가 어떻게 이 세상에서 생겨나게 되었는가 하는 물음이 던져진다. 그레고리우스에 의하면 이러한 물음에 답할 수 있기 위해서는 우선 언어의 기능이 해명되어야 한다는 것이다. 상술된 논증이 보여 주듯이, 신 자신은 자신을 전달할 수 있기 위해서 말과 표지를 필요로 하지 않는다. 오히려 개별적인 말(言語)의 발명은 인간이 사물들의 표지를 필요로 한다는 점으로부터 이루어졌다. 그 때문에 언어는 오로지 "우리 자신에 의해 고안된 것이다."(ἐπενοήθη, CE II, 237, GNO I, p.295,27) 신은 사물들의 창조자이지, 언어의 창조자인 것은 아니다. 신은 인간의 이성 자체에 언어의 창조를 위임했다.343 인간의 창조에 대한 논의는 필연적으로 항상 이와 같이 언어에 있어서 타고난 이성을 부여한다는 것도 의미한다. 인간이 언어 없이, 이성 없이, 문화 없이 존재했을 시대는 생각될 수 없다. 반면에 에우노미우스는, 신이 첫 번째 인간들에게 사물들의 이름을 가르치지 않았다면, 이들은 "이성이 없고 언어가 없는 상태에서 함께 살았을 것이다."는 논제를 대변했다.344 에우노미우스에 의하면, 이와 같이 이름을 가르친 것은 이후로 신이 인간의 본성에 심어 놓은 법으로, 사물들로부터 이름들 자체가 유추된다는 것을 의미한다. 에우노미우스에게 있어서 이름과 개념들은 이러한 의미에서 '본성적'이다.345 이 점은 그레고리우스에게 있어서 사유 과정의 본래적인 고민이었다. 에우노미우스가 옳다면, 모든 사람은 이와 동일한 언어를 말해야 했을 것이다. 그러나 언어는 본성에 해당되는 것일 수 없다. 그레고리우스에 의하면 오히려 언어는 자유의 표현이다.346 신은 생물을 '위로부터' 특정한 표지를 통해 만든 것도 아니며, 그렇다고 아담에게 이름을 부여할 자유를 부여한 것도 아니다. 인식된 것을 이렇게 또는 저렇게 부르는 이러한 자유는 인간의 본성에 놓여 있다. '의식'(에피노이아)이라고 부르려고 할 때, 그레고리우스는 교환될 수 있는 이름에 대해 고민한 것은 아니다.347 하지만 그레고리우스에게 있어서 — 빌헬름 훔볼트의 멋진 표현으로 하자면, 하지만 이는 그레고리우스가 의도하는 의미에서 — "인간의 의식과 인간의 언어가 서로 분리될 수 없다."면, 이는 에피노이아에 있어서도 해당된다. 말하자면 에피노이아는 자유에 근거를 두거나, 그레고리우스의 고유한 표현으로 하자면, "에피노이아는 우리의 추론적인 이성의 능력이며, 말하는 자의 결정(Prohairesis)에 의존하는 것으로, 그 자체로 존립하는 것이 아니라 대화 상대자의 자극에 근거해서 존재한다."348

우리는 4세기의 위대한 한 대가의 놀라운 문장 속에서 일어나는 것을 머릿속으로 생생하게 그려야 한다. 여기서 우리가 이처럼 에피노이아를 자유의 영역으로 나타낼 수 있다면, 처음으로 분명하게 (expressis verbis) 인간의 언어, 사유, 의식이 표현된다. 더욱이 이성은 모든 인간이 지니고 있다. 그레고리우스는 이를 명시적으로 말한다: 이성적인 것은 모든 인간에게 있기 때문에, 민족의 차이에 따라서 그때마다 이름의 다양성, 다시 말해서 언어의 다양성도 고려되어야 한다.349 언어의 다양성과 인간의 의식을 통해서 구성된 말의 다양한 의미는 원천어에서 떨어져 나온 것이 아니라, 신으로부터 선사된 자유의 표현이다. 보르스트(A. Borst)는 자신의 훌륭한 작품에서 인간의 언어와 의식에 대한 이러한 이해를 정당하게 '혁명적'이라고 불렀다. 서방에서는 브레시아의 필라스트리우스에 의해서도 나란히 발전된 언어의 다양성이라는 본성적인 필연성에 대한 그레고리우스의 논제는 비록 다소 늦은 시기지만 단테를 제외하고는 적지 않은 사람들에게 재수용되었다.350 하지만 그레고리우스의 혁명적인 논제에 대한 영향은 중세에 제한되지 않는다. 바로 《에우노미우스를 거슬러》의 II 권이 마무페르티우스, 쥐스밀쉬, 헤르더, 훔볼트 등과 같은 유명한 저자들이 연루된 근대 언어철학의 결정적인 논쟁에 기여했다면, 누구라도 놀라지 않겠는가?351 계몽주의는 잘못된 선입견과의 싸움에서 니사의 그레고리우스를 동맹자로 간주했다. 계몽주의는 그레고리우스를 심지어 그리스도교의 첫 번째 계몽주의자의 대열에 올려놓았다. 계몽주의가 보기에 그레고리우스는 언어철학의 영역에 자율적인 이성의 작업을 옹호했던 것이다. 하지만 계몽주의자들은 니사의 그레고리우스의 에피노이아에 대한 찬가를 한쪽 측면에 치우쳐서 차별적으로 언급할 때는 어려움을 느꼈다. 다른 이들은 이 에피노이아가, 다시 말해서 유한하고 특정한 방법에 따라 연구하며 호기심 많은 인간의 이성이 사물들 외에도 신적인 본질도 해명할 수 있다는 이론에 대한 독특한 비판에 기반을 두었다.352 인간 이성의 과도한 요구에 대한 이러한 비판은 아타나시우스의 근본적 사유를 수용한다. 아타나시우스는 이러한 의미에서 이미 단순한 믿음을 '이것저것 알고 싶어 하고 호기심 많은' 이성과 대비시켰으며, "인간 이성을 넘어서서 인간 이성으로 하려는 것"을 어리석음이라고 불렀다.353 그러나 이 점은 또 다른 장을 열게 된다.

VIII. 기억 또는 잃어버린 자아에 대한 추구

　　자기 자신을 자각할 수 있다는 것은 인간의 의식에 있어서 고유한 점이다. 그리스도교 철학은 이를 기억이라고 부른다. 오리게네스는 내적 인간의 대한 자신의 결정적인 규정에서 기억 능력이 내면성의 본질적인 요소라고 명시적으로 말하고 있다. 이와 함께 그는 처음으로 플라톤을 통해 나타났으며 아리스토텔레스와 신플라톤주의자들을 통해 발전된 고대 철학의 이념에 관심을 가졌다.[354] 이로부터 그리스도교 철학은 처음으로 고유하게 이후에 '기억'이라고 부를 수 있는 것을 개념화했다. 헤겔은 지금까지 간과되었던 역사적인 발전에 대한 자신의 섬세한 육감으로 기억이라는 개념의 이러한 움직임을 의식하였다. 우선 헤겔이 말하듯이, 플라톤에 있어서 기억은 그에 따라서 다른 시간에 이미 가졌던 상상이 재생산되는 '미숙한 표현'이다. 하지만 헤겔에 의하면 기억은 여전히 또 다른, 그러니까 어원학으로부터 시사된 의미를 지니고 있다: "'자기 안으로 들어가다', '자신을 내면적으로 만들다'는 것은 이 용어가 깊이 사유된 의미이다." 이러한 의미에서 보편적인 것을 인식하는 것은 기억으로서, 자신 안으로 들어가는 것 외에 다름이 아니다. 이렇게 해서 먼저 외적으로 보이는 것은 내적인 것이 되고, "우리가 우리 자신 안으로 들어가서, 우리의 내적인 것을 의식으로 끌고 들어감"으로써 보편적인 것이 된다.355 여기서 헤겔이 신중하게 구별하는 것은, 비록 이것이 내적으로 밀접하게 연결되어 있다고 하더라도, 플라톤적인 상기(想起) 또는 기억에서 그리스도교적인, 다시 말해 아우구스티누스적인 의미의 기억(memoria)으로 가는 길이다. 이는 앎을 내면화하는 길이다.

이 길의 시작에 플라톤의 상기 이론이 놓여 있다. 이러한 구분에 대한 고전적인 범위는 대화록 《필레보스*Philebos*》에서 행해진다. 이에 따르면, 기억은 지각된 것을 (무의식적으로) 보존하는 것이며, 상기는 기억을 의식적으로 재개하는 것이다(《필레보스》, 34 a/b). 상기에 대한 이러한 형식적인 규정은 결코 대화록 《파이돈*Phaidon*》에서 경험 이전에 선재하는 어떤 것이 있다는 것을 발견하는 것과 모순되지 않는다. 왜냐하면 여기서 플라톤은 현실에서 각각의 인식이 존재자의 완전하고 보편적인 원형에 대한 원천적인 앎을 새롭게 이해하는 것을 보여 주기 때문이다. 이와 같은 새로운 이해는 그러한 것으로 다가오는 특징으로서 인간의 인식 중 하나를 보여 줌으로써 근거 지어진다. 말하자면 인간의 경험적 인식은 인식된 것의 불완전성과 함께 인식된다. 예컨대 똑같은 나무토막들을 보는 사람은 본래 이 나무토막들이 그저 비슷할 뿐이지 완전히 똑같지는 않다는 것도 안다. 플라톤에 의하면 이렇게 우리는 불충분한 방식으로 모든 것을 동일하게, 좋게, 존재하는 것으로 인식한다. 그러나 감각적으로 주어진 것을 불완전하게 인식하는 것은 그때마다 완전한 것, 다시 말해서 완전히 동일한 것, 완전히 좋은 것, 완전하게 존재하는 것 등에 대한 '선지식'을 미리 가지고 있지 않다면, 결코 가능하지 않다. 그때마다 완전한 것에 대한 이러한 지식은 경험적 지식에서 유래할 수 없다. 왜냐하면 경험적 지식은 바로 그때마다 대상의 불완전성을 발견하기 때문이다. 이로써 존재자의 완전한 원형에 대한 앎은 모든 경험에 앞선 앎이며, 이러한 의미에서 이는 이데아에 대한 선험적인 지식을 말한다. 플라톤은 이데아에 대한 이러한 앎을 우리의 영혼 안에 이미 항상 내재하는 '존재자의 진리'로 나타낸다. 이와 같은 진리는 상기에 대한 고유한 대상이다(《메논Menon》, 86b).

아울러 상기한다는 것은 망각을 몰아내는 것이다. 망각(λήθη)의 개념에는 은폐의 개념이 숨어 있다. 따라서 진리는 비은폐성이다. 하이데거가 명민하고도 분명하게 파이돈 주석에 해당되는 고대 후기의 텍스트 없이 '진리'와 '비은폐성'에 대한 어원상의 연관성으로 확산시킨 것을 플라톤주의도 실제로 발견한 것이었다: 상기는 망각을 몰아내는 것으로서 진리를 발견하는 것이다.[356] 이는 망각이 부정적인 어떤 것으로서 발견되었다는 것을 전제한다. 사실 알렉산드리아의 필론은 이미 이를 '영혼의 병'이라고 불렀다.[357] 망각될 수도 있는 그러한 존재만이 상기될 수 있다. 그 때문에 상기는 정의에 따라서도 망각을 통해 상실된 기억을 떠올리는 것으로 이해되어야 한다.[358] 그렇다면 상기는 인간학적 특성이란 말인가? 신플라톤주의에서는 이에 대한 의견들이 분분했다.[359] 그러나 기억은 이러한 고전적인 고대 후기의 파이돈 주석에 의하면 "정신이 고수하는 것", 인식된 것을 견고하게 하는 것, 영원한 것처럼 존재자를 확고하게 하는 것 또는 불멸성이 생명을 확고하게 하는 것이다.[360] 여기서는 눈에 띄게 기억이 '정신'을 통해 연결된다. 심지어 알렉산드리아의 올림피오도루스는 기억은 처음으로 정신에 속하게 되며 항존적으로 정신 자신의 곁에 있음으로

나타낸다.361

    이 이론은 본래 신플라톤주의적인 입장과 분명히 달라진 점을 보여 준다. 왜냐하면 플로티누스는 기억을 신 또는 정신의 속성으로 보는 것을 명시적으로 거부했기 때문이다. 자기의식과 자기반성처럼 기억도 비록 대상에 대한 최고의 것을 지니고 있어야 한다고 하더라도, 스스로 최고의 것은 아니며 한 번이라도 정신에 속할 수 있는 것도 아니다.362 플로티누스에게 있어서 기억은 오로지 영혼의 일이다. 영혼에 대한 두 가지 중요한 작품과 연결되는 《지각과 기억에 대하여》(IV 6)라는 작품은 모든 인식을 내면화시키려는 첫 번째 작품이다. 기억을 영혼 안에서의 각인이나 흔적의 결과로 이해하는 아리스토텔레스적이고 스토아적인 이론에 대해 혹독하게 비판하면서 플로티누스는 자신의 고유한, 거대한 지각 이론을 전개했다. 이 지각 이론은, 지각 과정과 기억 과정이 영혼 안에 현존하는 잠재적인 능력을 실현하는 것을 서술하는 논제에서 절정에 달한다. 감각적인 것 그 자체는 이 능력을 통해서야 비로소 나타나게 된다. 기억은 정신적인 '수련'이며, 그것을 통해서 사물들이 현재화되는 일종의 '강화'이다(IV 6,3). 망각이 극복되는 한에서, 기억은 상기로도 불릴 수 있게 된다. 상기하는 것은 플라톤주의에서는 분명히 실제로 매일 행해지는 정신적인 수련 중 하나였다. 어쨌든 얌블리쿠스*는 피타고라스주의자들이 아침마다 눈을 뜨기 전에 규칙적으로 전날에 일어난 사건들을 생생하게 그려 내고, 그 사건들이 어떤 무엇을, 어떤 순서로 말하고, 어떤 순서

---

*   얌블리쿠스(Iamblichus, 245~325년)는 신플라톤주의의 창시자인 플로티누스와 이를 집대성한 프로클로스의 가운데 시대를 살았던 인물로서 주술적 영지를 강조함으로써 신플라톤주의를 종교화시킨 인물이다.

에 속하는지를 재구성하거나 질서 지었다는 것을 전한다.363 상기를 통해서 영혼은 자기 자신과, 자신의 고유한 본질과, 그 본질에 속하는 것과 관계를 맺는다.364 여기서 기억한다는 것은 영혼이 자기 자신 안으로 들어가는 것을 의미한다. 플로티누스는 이러한 의미에서 영혼의 기억을 "영혼이 선천적으로 자신 안에 지니고 있는 것"을 실현시키는 것으로 이해했고, 이것을 명시적으로 옛 사람들, 곧 자신의 철학적 스승들의 기억 또는 상기와 구분했다. 왜냐하면 내면화됨으로서 기억은 시간이 없는 행위이기 때문이다(IV 3,25). 이러한 종류의 기억이 망각도 자신 안에 내포한다는 것을 플로티누스는 별로 중요하지 않다고 생각했다. 이는 우연한 것, 열정, 다수의 세계를 통한 영향을 망각하는 것이다. 그 때문에 선한 영혼은 잘 잊어버린다고 말할 수 있다(IV 3,32). 이러한 현상은 인간의 영혼이 자기 스스로는 슬프거나 기쁘게 되지 않지만, 슬픔이나 기쁨처럼 마음의 상태에 대해 기억할 수 있는 것으로 설명될 수 있다.

주지하다시피 이와 같은 신플라톤주의의 관점에 아우구스티누스의 기억에 대한 관념이 연결된다. 왜냐하면 자신의 유명한 기억에 대한 논고인 《고백록 Confessiones》 10권에서 아우구스티누스는 이 점을 기억의 특별한 추상 능력으로 강조한다. 열망, 기쁨, 공포, 슬픔이라는 영혼의 네 가지 알려진 근본 감정은 지각된 것으로서 사라질지 모르지만, 이러한 감정 자체를 느끼지 않고도, 개념적으로는 실현될 수 있다. 더 나아가서 기억이 이러한 감정들에 의지하지 않는다는 점은 기쁨의 감정을 지닌 영혼이 슬픔을 느낀 감정을 기억할 수 있게 되는 점과 연결된다(Conf. X, 14,21, p.165f). 그러나 감정들 또는 감정들의 개념들만이 기억의 내용이 아니라, 감각적인 사물들의 표상들, 특히

'사물들 자체', 다시 말해서 관념의 형태로 영혼의 선험적인 앎을 구성하는 자유로운 예술의 대상들도 기억의 내용이다. 아우구스티누스는 기억이라는 개념의 의미를 한갓된 상상으로 제한하려는 것을 명시적으로 거부했다.365 이러한 방식으로 선험적인 이데아에 대한 앎, 후험적인 경험적 지식, 추상된 것, 상상된 것, 정신적인 생산물, 그리고 최종적으로는 의식된 것과 의식되지 않은 것도 기억 속에서 하나가 된다. 아우구스티누스는 자신이 후에 《삼위일체론*De Trinitate*》에서야 비로소 명시적으로 구분한 바를 이미 《고백록》에서 구상한 것이다. 이는 직접적이고 잠재적인 자기 인식과 실제적인 자기 인식처럼, 직접적으로 정신과 연결된 잠재적인 자기 기억과 자기 기억의 명시적이고 현실적인 형태로 구분되는 것이다. 마르셀 프루스트에게 있어서 무의지적 기억과의 특정한 관계에 있는 것과 유사한 잠재적인 자기 기억은 비록 왜곡되고 희미하기는 하지만, 자신이 경험한 고유한 과거 사건과의 근원적인 관계를 나타내 준다. 비록 이 과거가 지나간 것으로 나타나는 것이 아니라, 발견된 현재로 나타나더라도 말이다.366 그 때문에 아우구스티누스의 기억 개념은 상기, 원칙적 습성, 회상, 상상, 무의식, 사유가 합쳐진 개념이다.

    그러나 이 기억은 다양한 내용을 위해 단순히 자리를 맡고 있는 것은 아니다. 아우구스티누스는 이 기억을 오히려 사유(cogito)의 기관(Organ)으로 이해한다. 이 기관을 통해서 흩어진 것은 다시 합쳐지고, 비로소 이 기관이 고유하게 의식된다. 이러한 의미에서 기억한다는 것은 항상 흩어진 것을 모으고, 하나, 곧 사유로 집중하는 것이다.367 전적으로 아우구스티누스적 의미에서 헤겔도 다음과 같이 말한다. "내면성의 최종적인 정상은 사유이다."368 아우구스티누스는 기억의 충만함과 풍요로움, 무한성과 광활함을《고백록》10권에서 서슴없이 노래한다. 그리고 여기서 기억의 '무한한 장(場)' 또는 '동굴' 또는 '만(灣)' 또는 '작은 방'으로 표현되는 그 안에서 '셀 수 없는 것들'이 발견되며, 이는 인간의 자아 외에 다름이 아니다. "이게 바로 내 영혼, 곧 나 자신입니다."(Et hoc ego ipse sum: Conf. X, 17,26, p.168,3; X, 16,25, p.167f.)*

하지만 아우구스티누스는 내가 누구인가 하는 것을 바로《고백록》10권에서 설명하려고 한다. 아우구스티누스는 고백의 형태로 신과 인간 앞에서 이 점을 드러낸다. 여기서 고백은 그때마다 다른 기능을 한다. '인간 의식의 심연'을 아는(Conf. X, 2,2, p.155,1f.) 신 앞에서는 죄와 찬미의 고백이다. 반면에 인간 앞에서의 고백은 알려지지 않은 것을 드러내는 것이다. 인간은 고백을 통해서 "내가 내면에서 무엇인지"를 체험하려고 한다(Conf. X, 3,4, p.156,32). 아우구스티누스에 의하면 고백 그 자체는 "내가 과거에 어떠했는지가 아니라 지금 내가 어떤지"를 나타낸다(Conf. X, 4,6, p.157,20f). 따라서 기억을 펼치는 것은 과거의 의식의 상태를 가시적으로 만드는 것이 아니라, 현재적이며 내면적인 상태, 그러니까 그 상태의 고유함이 과거에 존재했던 바로 있는 그런 상태를 드러낸다. 무엇보다도 아우구스티누스가 "넓고 무한한 내면적인 것"(penetrale)으로도 부르는 기억은 깊이를 알 수 없는 어떤 것이다. 왜냐하면 "나는 스스로 내가 누구인지 완전

---

* 여기서는 앞 구절과 연관해서 볼 필요가 있다: "Deus meus, profunda et infinita multiplicitas; et hoc animus est, et hoc ego ipse sum."(주님, 기억의 힘은 위대하나이다. 무섭기까지 한 그 현묘, 무한한 다양성! 이게 바로 내 영혼, 곧 나 자신입니다.)

히 알 수 없기" 때문이다.369 기억은 내적 인간이요, 신비적 인간 (homo absconditus)이다. 20세기에 헬무트 플레스너(H. Plessner)가 강력하게 의식적으로 밀어붙이는 것을 아우구스티누스는 그리스도교 철학 내에서 선구적으로 선취했다. 이것은 인간의 깊이를 알 수 없음에 대한 이론이다.370

아우구스티누스는 기억에 대한 담론에서 두 번이나 내적인 인간에 대한 플라톤적-바오로적인 개념을 연관시키고 있다. 내적 인간, 내적인 자아는 기억의 주체이자, 동시에 기억의 객체이기도 하다. 기억은 자아가 자신을 자각함으로써 성취된다. 자아는 자신을 가졌지만, 자신을 잃어버렸다. 그 때문에 자신을 재발견하기 위해 자아는 자신을 찾는다. 이미 플라톤주의에서 찾음과 발견함의 현상은 상기에 대한 확실한 증거였다.371 아우구스티누스는 우리가 사건을 찾을 수 있기 위해서 그 사건에 대해 알아야 한다는 근본 사유를 수용한다. 그런 다음 우리가 그 사건을 기억한다면, 그 사건을 찾을 수 있게 된다(Conf. X, 18,27, p.169). 잃어버린 참된 자아를 찾으면서, 자신을 기억하는 주체는 정신이 자기 자신을 기억할 수 있는 한에서, 사물들의 상(像)과 영혼의 감정 외에도 자기 자신도 만나게 된다. 이러한 기억을 통해서 주체는 — 기억의 '능력'은 본래 자신이 찾는 바가 아니기 때문에 — 자신의 참된 자아를 여전히 찾지 못했다는 것을 경험하게 된다(Conf. X, 25,36, p.174; X 40,65, p.190f). 하지만 동시에 주체는 자신이 이렇게 본래 찾은 것이 자기 자신 안에만 있을 뿐이지, 결코 자신 밖에서 찾을 수 없다는 것을 알게 된다. 왜냐하면 주체인 내적 인간으로서 의식은 외부 세계와의 비교를 통해 "내면에 있는 것이 더 낫다."는 것을 인식함으로써, 신을 결코 외부에서 찾는 것이 아니라 항상 내면에서만 찾을 수 있기 때문이다.* 더욱이 내면에서 찾은 것은 철저히 자신 안에서 차별화된 지각의 형태를 통해 수용될 수 있다. 왜냐하면 아우구스티누스가 기억에 대한 논고에서 두 번이나 개념적으로 관련 지우는 내적 인간은 — 아우구스티누스가 암브로시우스를 통해서 전해 받은 것으로 오리게네스가 가르친 — 어떤 능력을 지니기 때문이다. 이 능력은 외부의 오감과의 유비에서 사유된 다섯 개의 정신적인 감각을 통해 감각적인 조건 없이 신적 존재의 다양한 측면을 지각할 수 있다(Conf. X, 6,8, p.158f.; X 6,9, p.159f.). 더욱이 영적인 삶의 형태에서는 분명히 모든 사람들이 찾는 어떤 것이 있다. 더 나아가서 영적인 삶은 "진리에 대한 기쁨"이다. 그러나 모든 이들은 진리를 원하지만, 진리를 원하기만 할 수 있다. 왜냐하면 "진리에 대한 그 어떤 인식도 진리를 기억하는 것이기" 때문이다(Conf. X, 23,33, p.173,19).

하지만 모든 사유의 자명한 전제로서 진리를 의식하기 위해서는 주체의 '자기 초월'(transibo)을 필요로 한다. 더욱이 본래적인 근거에서 이렇게 기억하면서 자신을 넘어서 나아간다는 것은 내적 인간의 기억이 모든 동물의 기억의 형태를 뛰어넘는다는 것을 의미한다(Conf. X, 17,26, p.168f.). 아우구스티누스는 이렇게 의식을 담지하는 '기억의 근원'인 신적인 진리를 알려준다. 내적 인간은 사유의 가능성에 대한 조건을 재차 숙고함으로써 이러한 근원을 자각하게 된다. 《고백록》 10권은 이러한 관점에서 전면에서는 《삼위일체론》에서 의식 철학적인 입장으로 숙고하는 것**을 보여 줄 뿐만 아니라, 아울러

---

*   "Homo interior cognovit haec 〔……〕 ego interior cognovit haec."

《참된 종교*De vera religione*》에서 내적 인간의 자기 초월이라는 필연적인 사유가 신적 진리라는 관점에서 "그대가 그 진리 자체가 아니라"는 '고백'으로 이끈다.372

** 여기서는 특히 시간이 독립적인 것이 아니라 의식에 의존한다는 것을 말한다. 아우구스티누스에 의하면 시간은 인간 정신의 산물로서 의식의 내면에서 구성된다.

IX. 내적 언어

더 나아가서 고대 철학은 유한한 이성뿐만 아니라 신적 이성의 모든 능력들 중의 첫 번째 능력, 곧 사유에 대한 특별한 의식을 발전시켰다. 이미 플라톤은 사유를 영혼의 자기 자신과의 내적인 대화로 표현했다. 사유의 이러한 과정은 필연적으로 고대 철학에서 그 합성된 형태로는 로고스, 곧 명제라 불리고, 그 단순한 형태로는 노에마(개념)라 불리는 내적인 결과에 이른다. 아리스토텔레스는 자신의 《해석론De interpretatione》 서두의 잘 알려진 명제론에서 외적인 담화와 내적인 담화를 구분하는 것으로 시작한다. 발설된 말이 내적인 말을 표지할 때, 이 발설된 말은 바로 아리스토텔레스가 '정념'(Pathama)과 더불어, 존재론적으로 영혼의 우유성을 나타내는 그런 의미를 지닌다. 그는 외적인 말과 내적인 말의 연결은 '상징'으로 나타내는 반면에, 내적인 말은 '유비'(homoioma)로 파악한다. 이와 같은 점은 《해석론》의 해석 역사에서 의미 있는 존재론적 고찰로 이끌었다.373

스토아주의자들은 그 외에 남아 있는 문제들을 해결했다. 이들은 용어론적으로 '내재하는 로고스'(logos endiathetos)와 '외적으로 표현된 로고스'(logos prophorikos)를 구분했고, 이러한 구분은 철학에서 일반적인 개념이 되었다.374 스토아주의의 이론에 따르면 내적인 말을 통해서 인간은 까마귀, 산까치, 앵무새처럼 소리를 내는 발성을 만들어 낼 수 있지만 이성을 결여한 동물과는 구분된다.375 따라서 본래 말을 한다는 것은 의미 있는 소리를 만들어 내는 것이다. 이렇게 의미 있는 소리는 이를 지배하는 영혼의 부분(Hegemonikon)에 의해 발음하는 기관인 목구멍과 혀 등의 도움으로 생성되며, 사유된 작업, 그러니까 사유된 것을 감각적으로 나타나게 하는 것이다.376 달리 말하자면 의사로서 최초의 인간학자 중 한 명인 멜레티우스가 설명하듯이, 외적으로 표현된 말은 음성의 도움으로 생각을 표현함으로써 마음의 숨겨진 생각을 나타내는 기능을 갖는다.377 하지만 이에 따라서 내적인 말은 내가 실제로 나임인 것, 다시 말해서 실제로 '나로'(mein) 존재하는 것을 그 자체로 취한다. 그 때문에 내적인 말은 후대에서는 명시적으로 '나의 것, 곧 의견'(Meinung)이라고 불리게 되었다.378

그리스도교 철학은 이와 같은 고대의 근본적 사유, 특히 스토아적 형태의 사유를 더 넓은 지평에서 받아들이도록 하였으며 이를 더욱 확장시켰다. 그러니까 이러한 사유가 인간학적인 연관뿐만 아니라 신학적인 연관에서도 이레네우스로부터 그리스 교부들에게, 테르툴리아누스로부터 라틴 교부들에게 수용되었으며 의미 있게 확장되었다.379 네메시우스의 《인간의 본성에 대하여 De natura hominis》로 대표되는 1세기의 그리스도교 인간학은 이러한 의미에서 내적인 로고스를 영혼의 활동으로, 영혼의 자기 자신과의 대화로 이해했다. 이 대화는 외부로 발성되는 것이 아니며, 그러한 한에서 침묵과 꿈에 기반한다. 바로 이러한 의미에서 인간은, 비록 태어났을 때는 말을 할 수 없고, 또 아플 때도 목소리를 낼 수 없으며, 이와 유사한 상황에서 목소리를 잃어버릴 수도 있지만, 선천적으로 이성을 지닌 존재이다.380 스토아 철학뿐만 아니라 그리스도교 철학도 전적으로 알고 있었듯이, 내적인 말은 본래적 의미의 말이다.381 이미 그리스도교 철학에서는 아주 이른 시기에 신적 정신과 인간 정신, 그리고 그 행위와 사유 간의 구조적인 상응성을 알고 있었다. 히폴리투스는 이미 모든 것들의 이데아를 함유하는 신적 로고스의 산출을 명시적으로 외부로 표명되는 음성의 산출로서 뿐만 아니라, 우주의 내적 사유로서, 내적인 로고스로서 파악했다.382

물론 후에 이와 같은 스토아적 서술 방식의 적용은 그리스도교의 삼위일체론의 맥락에 있어서 불쾌한 것으로 여겨진 것 같다. 어쨌든 우리는 아타나시우스에게서 다음과 같은 문장을 발견하게 된다: "신의 아들이 내적인 말씀 또는 외적인 말씀이라고 누가 말한다면, 그는 어리석다."383 니사의 그레고리우스도 삼위일체론과 관련해서 스토아적 서술 방식을 명시적으로 회피했다. 왜냐하면 이러한 서술 방식은 마치 로고스가 삼위일체 안에서 자립적인 존재, 자립체(위격)로 이해되지 않는 것처럼 겉모습만을 부각시키기 때문이다.384 그리스도교적인 저술에서 이러한 방향 전환의 배후에는 가능한 방식으로 포르피리오스*라는 그리스도교 적대자에 대한 공격이 숨어 있다. 그는 스토아적 구분을 분리로 간주했고, 이로부터 신적 로고스의 존재에 반대하는 논증을 구상했다.385 말하자면 그리스도교는 이러한 비판을 통해 신적인 말과 인간의 말의 유비를 더 분명히 보여 줄 것을

---

* 포르피리오스(Porphyrios, 233~304년)는 얌블리쿠스와 더불어 신플라톤주의를 발전시킨 인물로서, 철학의 주요 과제를 영혼의 구원을 위한 실천적인 노력을 통해 육체로부터 영혼의 해방과 정화를 달성함으로써 신과 합일하는 데 있다고 보았다.

요청받음으로써, 동시에 양자의 구조적인 동일성과 본질적인 차이를 의식할 수 있게 되었다. 아타나시우스의 입장에 따르면, 언어 이론처럼 삼위일체론도 정신의 본질을 이론적으로 전개하는 것으로 이해될 수 있다. 말하자면 이러한 전개는 정신의 '작업'으로 나타나는 것이다. 그 때문에 정신은 말에서 형태를 갖추게 된다. 정신은 이렇게 말에서 나타난다. 하지만 말은 정신을 자신 안에 구현된 것으로 보여준다. 정신은 내적으로 머무는 로고스이지만, 로고스는 '돌출되는' 정신이다. 인간의 말처럼 신의 말은 정신에 있어서 해석자와 그 말을 전달하는 자의 그때마다의 방식에 따라 존재한다.386 그러나 인간의 말은 그것이 내적이든 외적이든, 인간 자신은 아니며, 그렇다고 스스로 존립하는 것도 아니며, 오히려 인간 내면의 움직임일 뿐이라는 것은 분명하다.387 그 때문에 바실리우스가 《요한 복음서》의 첫 문장을 해석하면서 진술한 것처럼, 내적인 말과 외적인 말의 구분은 오로지 인간 로고스가 무상하고 덧없이 지나가서 사라진다는 것을 표현할 뿐이다.388 반면에 신적인 말은 유한한 의식을 통해 산출된 것이 아니라, 실체(휘포스타시스)의 양태(modus)로만 생각될 수 있다. 신의 말은 그 자체로는 신이다. "하지만 인간 안에서는 항상 내적이고 외적으로 실존하는 말이 인간으로 불릴 수 없으며, 오히려 그 인간의 말이라고(만) 불릴 수 있다."389 이렇게 신적인 로고스와 인간적인 로고스의 근본적인 구분이 이루어지지만, 동시에 양자는 정신 철학적으로 동일한 기능을 충족시킨다. 특별히 니사의 그레고리우스가 강조하듯이, 내적인 말로서 로고스는 그것이 유래하는 '기원'이 동일한 본성인 정신이다. 이로써 내적인 말은 정신으로부터 유래하는 말로서 원천인 정신과는 다르며 정신 자신이 아니다. 하지만 다른 한편으로 내적인

말은 본성에 따라서는 이 말과 하나인 정신의 존재를 드러낸다.390
하지만 어느 누구도 스토아-플라톤적인 요소와 초기 그리스도교의 충돌을 수용한 아우구스티누스보다 내적인 말의 본질을 더 깊이 그리고 더 근원적으로 숙고하지 못했다. 전통에서 가르치듯이, 말이 항상 자신의 원천인 정신으로부터만 존재하는 것으로 생각될 수 있다면, 말에는 본질적으로 관계의 규정이 귀속되어야 한다. 말하자면 말은 자신과의 관계를 통해서 발설되는 정신인 셈이다.391 이렇게 해서 말의 정신적인 형태와 감각적인 형태는 구분되어야 한다. 이 점은 인간의 말뿐만 아니라 신의 말에도 적용된다. 왜냐하면 신적인 말이 육신을 '취해서' 감각적으로 나타난 것처럼, 내면에서 사유된 우리의 말도 우리가 말을 발설할 때, 음성적인 형태를 '취해서' 감각적인 것이 되기 때문이다. 마찬가지로 내적인 말의 산출은 신의 아들을 낳는 사유의 행위에 상응한다. "그러니까 당신이 말하는 말을 당신은 마음속에 간직하고 있으며, 이 말은 당신에게 있어서 존재하며 (말의) 개념 자체는 정신이다. (왜냐하면 당신의 영혼이 정신이듯, 당신이 개념으로 지닌 말도 정신이기 때문이다. 그러니까 말은 아직 음성적인 형태를 취하지 않았기 때문에, 말의 철자를 통해서 분해되지 않고 마음의 개념 안에, 영혼의 거울에 남아 있다.) 이와 마찬가지로 신은 말을 산출한다. 다시 말해서 자신의 아들을 낳는다."392 물론 인간의 말이 음성적인 형태를 통해서라야 비로소 말의 특성을 내포하게 되는 것은 아니다. 오히려 말은 듣는 사람의 귀에 어떤 특정한 의미를 전달하는 어떤 것을 의미함으로써 말로 존재한다. 특정한 의미 없는 음성은 말이 아니다. 따라서 각각의 음성이 말이 아니라, 각각의 말이 어떤 음성인 셈이다. 말하자면 말함이 생각된 것을 감각적으로 표현한 것인 한에 있어서, 말은 필연적으로 음성 보다 선재한다. 아우구스티누스는 이러한 말을 '내적인 말' 또는 '마음속에 개념화된 말'로 부른다. 후에 클레르보의 베르나르두스의 친구인 티에리의 빌헬름은 전적으로 아우구스티누스의 의미에서 이 말을 내적인 인간 안에 있는 말이라고 불렀다.393 음성을 발설하는 말함이 어떤 인간의 말함과 관계될 때, 그것은 필연적으로 항상 내적인 말의 개념을 전제한다.《설교Sermo》 288은 고전적인 본문으로서, 아우구스티누스는 일시적으로 어떤 것을 의미하는 내적인 말과 그에 뒤따르는, 의미를 수반하는 외적인 음성 형태의 구분을 제시한다.394

이와 같이 내적인 말에 대한 이론을 고전적으로 종합한 것을 넘어서서 아우구스티누스가 깨달은 것은 근본적인 의미를 지닌 언어에 대한 이해였다. 그것은 내적인 말의 상호주관적인 특성이다. 아우구스티누스는 그 이전에 어느 누구도 한 적이 없는 자신의 언어철학적인 숙고에서 말하는 사람 옆에서 그 말을 듣는 사람도 주체로서 함께 연결했다. 그 때문에 말과 소리의 대립은 (아우구스티누스) 자신의 사유에서 중요한 역할을 한다. 말은 그 말의 소리를 듣는 사람에게는 말하는 사람에 의해 이미 생각된 것, 그러니까 정신적으로 실현된 것이다.395 하지만 이렇게 내적으로 생각된 것이 밖으로 발설될 때에는 자기 동일적으로 보전되어 항상 '우리에게'(발설하는 사람에게) 남아 있다. 그러므로 말을 음성적으로 발설하는 것은 말을 어떤 소리로 변화시키는 것으로만 이해될 수는 없다. 내적인 말은 오히려 소리의 형태도 취함으로써, 더욱이 말하는 사람에 의해 듣는 사람의 귀로 침투해 들어갈 수 있는 그러한 소리를 의도한다. 따라서 마음에서 태어난 말은 어떤 의미에서 마음에 '남아 있다.' 그것은 말이 듣는 사람에게 도달하는 그러한 소리로 나오게 하기 위해서이다. 누군가에게 말이 수신되어 지각될 수 있기 위해서는 '주의'가 요구된다. 그러니까 라틴어를 쓰는 사람일 경우에, "당신은 라틴어로 말하려고 할 것이고, 당신이 그리스 사람이라면, 당신은 그리스어로 생각할 것이며, 당신이 카르타고 사람이라면, 당신이 카르타고어로 말할 수 있는가에 주의를 기울일 것이다. 듣는 사람이 여럿이기 때문에 당신은 내면에서 파악된 말을 산출하기 위해서 여러 가지 언어를 사용하게 된다."396

내적인 말은 '남아 있는 말'이다. 다시 말해서 신플라톤주의 용어로 말하자면, 심지어 말의 이중적 의미에서도 동일하게 고수하고 있는 말이다. 스토아학파의 언어 이론에 따르면, 소리는 진동하는 공기를 통해 말하는 사람으로부터 듣는 사람에게 전달되는 한에 있어서, 소리가 일시적인 임시성이라는 특성을 갖는다면, 내적인 말은 말하는 사람 안에 '남아 있어서' 말하는 사람을 떠나지 않는다. 그러나 동시에 내적인 말이 소리를 통해서 간직된 의미를 만들어 내기 때문에, 내적인 말은 듣는 사람 안에서 동일한 말로 존재한다. 더욱이 아우구스티누스는 내적인 말을 지성적 또는 비가시적인 말이라고 부른다.397 이 말은 말하는 사람과 듣는 사람 사이에서 같은 것으로 동일하게 남아 있는 것이며 변화되지 않는 의미를 지닌다. 반면에 소리는 이곳에서 저곳으로 가 버리는 말의 매체이다.398 하지만 언어의 이와 같은 외적인 면, 곧 소리 또는 음성은 다른 사람이 나의 말로부터 경험하게 되는 첫 번째 말이기도 하다. 내적인 말이 경과된다는 관점에서 이와 같은 점이 더 명확해져야 한다. 나의 말이 마주치는 것에서, 사실 사태의 참된 개념으로서 나의 내면에서 나로부터 산출된 말은 그와 상응하는 의미를 담지하는 음성보다 선행한다. 하지만 듣는 사람은 내가 발설하는 외적인 말을 우선적으로 지각하고 말을 지각한 후에야 듣는 사람은 내 마음속에 있었던 말을 알게 된다.399 이런 식으로 내적으로 사유된 것으로부터 보자면 말의 어떤 표지는 귀로 주어질 뿐만 아니라, 눈에도, 그러니까 '눈짓'과 같은 제스처에도 주어진다.400

아우구스티누스의 이러한 생각은, 중세 시대에 천사의 말이나 침묵하는 수도자들의 문제와 관련될 때, 여러 번에 걸쳐서 관심을 받았다. 뿐만 아니라 피히테도 순수한 영적 존재들이 어떻게 서로 통교할 수 있는가를 물었다. 아우구스티누스가 본래 자신의 서술어 이론을 통해 분명하게 말하려고 한 것은 대립적인 이해의 과정을 해명하는 것이었다. 여기서 내적인 말은 대립적인 이해가 가능하기 위한 조건으로 나타난다. 내적인 말은 우리 안에서 참된 것이다. 사물에 대한 참된 인식의 경우에 내적인 말은 인식하는 사람과 인식되는 사건에 의해 동시에 만들어지는 사태의 개념이다.401 인식된 사건에서 보자면, 내적인 말은 항상 상이한 감각적 인상들을 종합하며 이것들을 하나로 나타낸다.402 18세기에 야코비(Fr. H. Jacobi)는 말을 "우리 본성에서 대단히 우월한 것"으로 보았다. 말하자면 "우리는 사물들로부터 (우리에게) 그 다양한 면을 구분하면서 나타내는 인상들을 수용할 능력이 있기 때문에 내적인 말, 곧 개념을 받아들인다. 이로써 우리는 입에서 나오는 소리를 통해 내적인 말에서 외적인 존재를 만들어 내며, 그 외적인 존재에 잠깐 동안 영혼을 불어넣는다."403

하지만 내적인 말은 단순히 외부로부터 받아들인 것의 한갓된 총합은 아니다. 내적인 말은 선험적인 요소들도 자신 안에서 하나로 만든다. 더 정확히 말하자면, 현재의 생각(cogitatio)이 기억 속에 숨겨진 지식의 보고들로부터 사건에 대한 신뢰할 만한 어떤 모상을 만든 다면, 내적인 말은 '참된 사건에 대한 참된 말'로서 성립된다.[404] 이렇게 정신의 가장 내면에서 만들어진 말은 사건에 대한 정신적 상(像)을 말해 주며, 특정한 언어에 속하는 것이 아니라, 역사 속의 모든 언어 이전에 선재(先在)한다.[405] 정신의 가장 내면에서 만들어진 말은 정신이 아는 진리이다. 다시 말해서 이 말은 정신이 가장 먼저 표현하고 표명하는 그러한 것이다. 이 말이 숨겨지고 무의식적인 선험적인 말(notitia)이든, 의식적이고 현실적인 인식(cogitatio)이든 말이다. 아우구스티누스가 자신의 중요한 작품인 《삼위일체론》 — 이 작품은 인간 의식의 구조에 대한 이론도 포함하고 있다. — 에서 본래 말하고자 하는 것은, 정신이 항상 자기 자신을 이렇게 외적으로 표명하는 것은 자신과 함께 정신적인 존재가 하나의 참된 말에서 표현하는 것만큼을 뜻하는 것으로 귀결된다는 것이다. 그렇다면 고대 회의주의에게 해당되는 것처럼, 우리가 비록 감각적인 기만에 빠지더라도, — 아우구스티누스는 이에 대한 유명한 예를 《삼위일체론》에서 들고 있는데, 후에 데카르트가 이를 전수받았다. — 우리에게는 그것을 통해 우리가 살아 있다는 것을 알게 되는 '내적인 앎'이 있다. 이러한 방식으로 무지, 착오, 기만, 회의, 속임의 모든 형태에는 무지, 착오 등과 같은 것을 넘어서는 원천적인 참된 앎이 근거되어 있다. 그러나 앎이 있는 곳에는 어떤 말도 있다. 그 때문에 내적인 말은 이미 항상 본래부터 참된 것에 대해 의식한 결과이다.[406] 아우구스티누스는 '누구나' 내적인 말에서 '처음에 신에게 있었던' 말과의 유사성도 알 수 있다고 강조한다. 아우구스티누스는 전적으로 계시 진리나 그와 같은 것에 대한 소명 의식 없이도 사물들의 본질을 규명하려는 작업을 수행했으며, 참된 모든 것의 가장 내적인 근거인 그리스도를 알았다.407 이 점은 동시에 대화록 《교사론De magistro》의 주제이기도 하다. 이 작품에서 외적인 말을 통해서는 결코 가르침, 곧 참된 것에 대한 앎이 유발될 수 없다고 말한다. 오히려 고유한 의미에서 진리는 오직 내적인 말에만 속한다. 내적인 말은 사태 자체를 직접적인 방식으로 신적인 진리의 빛에서 내적 인간에게 드러내 준다.408

내적인 말에 대한 고대 후기의 이론은 스토아적인 형태든지 교부적인 형태든지 간에 언어철학의 전통 전체에 대한 근본적인 의미를 담고 있다. 중세 철학이 (특히 소위 사변 문법의 테두리에서) 자신의 언어철학적인 구상들을 직접적으로 고대 후기 이론과 연결할 수 있었고 현대 언어철학이 중세 언어 철학 없이는 결코 이해될 수 없다는 것을 염두에 둔다면, 내적인 말에 대한 이론에서 역사적인 기반을 결코 도외시할 수 없다. 이렇게 정신적인 언어의 의도를 관통하는 연속성에도 불구하고 여기서는 내적인 말의 존재론적인 상태가 변화된다는 것을 가리키고 있다. 이러한 변화는 중세 철학 내에서 성취되었고 오늘날까지 영향을 끼쳤다. 예컨대 요한 필로포누스*는 고대 말기에 전적으로 아리스토텔레스적인 의미에서 내적인 말을 영혼의 질로 규정할 뿐만 아니라 존재론적으로 범주적인 우유성으로 규정한 반면에,409 중세에 많은 저자들은 이와 같은 아리스토텔레스적인 이론과는 거리를 두었다. 토마스 아퀴나스, 페트루스 아우레올리, 스코투스

---

* 필로포누스(Ioannes Philoponus, 490~570년경)는 신플라톤주의자이면서 그리스도교로 개종했다. 아리스토텔레스와 프로클로스를 논박하면서, '무로부터의 창조'를 옹호하고 세계와 물질은 시간 속에서 시작됨을 주장했다. 하지만 그는 단성론(單性論, 그리스도의 인성이 신성에 흡수되어 하나의 본성만이 남았다는 주장)을 주장해서 교회에서 이단시되었다.

학파와 같은 토마스주의자들, 그리고 초기 오캄과 다른 많은 이들은 철저히 아우구스티누스와 연관된 의미에서, 내적인 말을 인식하는 자 안에 있는 인식된 것으로 존재할 뿐 아니라 '객관적인 존재'라는 존재 방식을 갖는 그러한 것으로 규정했다.410 그러나 어떤 사건이 정신 안에 있는 객관적인 존재라는 것은, 오캄의 분명한 확신에 따르면, '외적인 범주적 부수성', 그러니까 이 존재는 아리스토텔레스의 범주 범위 밖에 있는 것이다. 이는 아리스토텔레스적 형이상학이 본래 무엇인가 하는 것을 보다 더 많이 보여 준다. 다시 말해서 이 형이상학은 그 범주들이 정신적인 것의 존재에 대해서는 충분하지 않은 '사물의 형이상학'이라는 것이다. 그 때문에 아우구스티누스가 등장해야 했다.

X. 믿음과 신뢰

　　내적인 말은 사유 과정의 내적인 결과이다. 우리는 흔히 사유를 믿음과 대립시킨다. 하지만 믿음이 사유의 필수적인 요소라는 것은 교부 철학 전체의 주제였다. 우리가 믿음을 지성적이고 실존적인 의미로 부르며, 또한 우리가 신뢰로 표지하는 것은 고대 철학에서 선호했던 대상은 아니었다. 신뢰라는 주제는 내적 인간이라는 개념의 장에 속한다. 이에 대해서는 결정적인 증거들이 있다. 바오로는 《에페소 신자들에게 보낸 서간》에서 이교인들에게 간청했는데, 그들이 그리스도에 대한 믿음을 통해 내적 인간으로 머물기를 바라고 있었다(에페 3장). 믿음과 신뢰는 내적 인간이 하는 일이며, 오리게네스가 말하듯이, 인간을 본래적으로 구성하고 인도하는 영혼의 부분, 곧 지휘부(Hegemonikon)가 하는 일이다.[411] 그 때문에 믿음과 신뢰는 그리스도교 철학이 대상으로 하는 영역에 속한다.[412]

　　이미 플라톤은 내적 인간을 자신의 철학의 주요 대상으로 다루긴 했지만, 선분(線分)의 비유에 따르면 믿음은 단순히 하위에 있는 감각기관의 기능을 갖고 있다. 이 감각기관의 고유한 대상은 가상의 세계 또는 스텐젤(J. Stenzel)이 말했듯이, 믿어지지만 검증되지 않은 가정의 영역이다.413 이렇게 본래의 플라톤적 의미 중 어떤 것은 아리스토텔레스를 수용하는 국면에서도 감지될 수 있다. 이와 같은 수용에 있어서 믿음은 귀납적인 인식의 토대에 적용된 가정으로서 확신, 또는 자유로운 상상과는 구분되는 판단을 의미한다.414 물론 이 점은 다른 측면에서도 적용된다: 단순한 지각이나 귀납법에 근거하는 믿음은 어떤 증명이 아니며, 수사학에서는 증명을 대신하는 것으로 보인다.415 그렇다면 아리스토텔레스적이고 스토아적인 철학은 믿음이 어떤 것인지를 규정해 준 것이다. 이 규정은 중세에 이르기까지 한 세기 동안 정당한 것으로 여겨져 왔다. 이 규정에 따르면 믿음은 규정의 한 방식이다. 어떤 것을 믿는다는 것은 믿음에 규정을 부여한다는 것을 의미한다. 동물들은 어떤 것을 표상적으로 그려낼 수 있는 능력을 지니고 있을 수 있지만, 어떤 것을 믿거나 그에 대해 견해를 가지는 능력은 지니고 있지 않다.416

믿음과 견해는 오로지 인간에게만 속하는 능력들로써, 이 능력들은 인간의 자유에 근거해 있다. 스토아주의자들은 어떤 사태에 대한 긍정이나 단념을 자유의 본질적인 면으로 보았다. 그리스도교는 믿음의 규정을 긍정의 한 형태로 받아들임으로써, 믿음을 직접적으로 자유의 일로서도, 또는 좀 더 평범하게 표현하자면, 실천적인 어떤 행위로 특징지었다. 더 정확히 말해서, 알렉산드리아의 클레멘스에 의하면, 공허한 어떤 것으로서, 그리고 조야한 것으로서 그리스인들에게 거부된 믿음은 오히려 의지의 일이며, 의도적으로 예견된 것이고, 그 자체로서는 모든 행위의 원리이자 이성이 규정하는 의지의 움직임에 대한 토대이다.417 더 나아간 연관점이 보여 주듯이, 이는 특정한 마니교적인 노선들에 반대해서 말한 것이다. 이 노선들은 신앙을, 특정한 본성들을 초월적으로 선택하는 것과 연결 짓는다. 다시 말해서 그리스도교의 의지론과 자유론은 더 나아가서 마니교의 자연 이론가들에 대한 비판으로 입증된다.418 믿음은 그리스도교 측면에서 보자면 이미 아주 이른 시기에 이론적인 인식, 특히 이론적인 증명에 대해 내세우는 입장으로부터 이해되었다. 바실리우스에 의하면, 믿음은 신학적인 담론에 있어서는 앞서 있어야 한다. 왜냐하면 믿음은 논리학의 방법들을 넘어서서, 그리고 수학적인 필연성 없이 순응하면서 영혼을 자유로운 동의로 이끌기 때문이다.419 그리스도교에 따르면 이러한 의미에서 믿음은 진리의 순수한 충만함에 대한 긍정이다. 여기서 진리는 물리적인 필연성에 제한되지 않고 그 어떤 이성적인 숙고를 통해서도 흔들리지 않는다. 바실리우스가 추가로 말하듯이, 분리되지 않고 순수하다는 것이 바로 믿음의 고유성이다.420

이러한 관념에 반대하여 믿음이 비합리적일 수 있다는 비난은 전적으로 부당할 것이다. 왜냐하면 각각의 개별적인 학문도 첫 번째 원리들로부터 시작하기 때문이다. 개별 학문은 이 원리들을 다른 학문들로부터 신뢰와 믿음으로 수용하거나 다른 어떤 방법으로 그러한 신뢰와 믿음에 도달한다. 하지만 개별 학문은 이러한 원리들을 그 어떤 경우에도 스스로 증명할 수 없다. 따라서 기하학이나 의학 같은 학문이 학문의 근본적인 원리들을 긍정하면서 증명이나 연구 없이 수용하고 자신의 분야에 해당하는 원리들을 추구하듯이, 신에 대한 철학적 담론도 믿음(예컨대 신의 실존에 대한 믿음)에서 성취된 긍정을 추구한다.421 이로써 믿음은 인식의 과정에서 확고한 자리를 차지하게 된다. 반면에 단순한 지각은 그 자체로 받아들여져서 아직 그 어떤 인식도 나타내지 못하며, 증명되지 않고 증명될 수 없는 원리들도 아직 어떤 학문의 지식을 구성하지 못하며, 오히려 인식의 노정에 있어서 단지 '단계들'에 불과하다. 이처럼 알렉산드리아의 클레멘스에 의하면 이미 믿음은 '수용'이라는 의미에서, 다시 말해서 긍정이라는 특정한 형태의 의미에서 인식의 중요한 단계로 드러나야 한다. 이로써 이 인식은 믿음에 반대되는 것으로 이용되어서는 안 된다.[422]

그리스도교의 믿음 개념이 비합리적이라는 비난은 명백하게 이미 매우 이른 시기에 배제되었다. 그리스도교를 첫 번째로 거세게 반대했던 켈소스는 바로 그들의 비이성적인 믿음 때문에 그리스도교를 (태양의 신인) 미트라 신을 숭배하는 자들과 (풍요의 신인) 사바지오스 신의 추종자들과 연결시켰다. 이 숭배자들과 추종자들은 헤카테 여신과 데몬들의 현신을 믿었다. 켈소스는 한 그리스도교 공동체에 대해서 보도하는데, 여기서 그리스도인들은 자신들의 믿음에서 대해서 그 어떤 해명도 하려고 하지 않으며 원칙을 지킨다. 그러니까 이들은 검증을 하는 것이 아니라 믿는다.[423] 알렉산드리아의 클레멘스도 그리스도교 내부 공동체를 언급한다. 이 공동체는 모든 철학, 모든 변증법, 자연학을 이론으로서 거부하고, 오로지 '순수한 믿음'만을 인정했다.[424] 에우세비우스에 의하면 더욱이 이런 공동체는 아리스토텔레스적으로 이해된 필연적 논증을 부각시킴으로써 그리스도교를 이성적 근거들과 혼합되지 않은 단순한 믿음과 검증되지 않은 동의에 근거를 두는 것으로 정의했다.[425] 주지하다시피 이미 이른 시기에 그리스도교에서는 맹신주의의 첫 번째 형태로 볼 수 있는 움직임이 있었다. 그리스도교의 주요 반대자들은 그리스도교 신앙이 '비이성적'이라고 비판했고, 진리가 없는 단순함의 형태만을 드러내는 '공허한 믿음'의 태도를 비판했으며, 특히 '검증'을 회피하는 사람이 가지고 있는 생각을 비판했는데, 아무래도 이러한 비판들은 그리스도교 내의 맹신주의적 움직임을 겨냥한 것 같다.426 그러나 믿어진 것에 대해서 철학적인 매개를 통해 해명해야 하는, 그리스도교에 대한 클레멘스와 오리게네스의 견해도 순수한 맹신주의에 대한 비판으로 보인다. 이렇게 해서 그리스도교가 단지 배우지 못한 사람들을 위한 종교만이 아니어야 한다면, 여전히 강력하게 그리스 철학과 관련할 수밖에 없다는 통찰이 확산되었다. 그 때문에 알렉산드리아의 클레멘스가 권유하듯이, 단순한 그리스도교인들의 정서는 더 이상 "아이들이 허수아비를 무서워하듯이, 철학을 두려워하는 것"은 아니어야 했다.427

오리게네스가 켈소스에게 답한 것은 적지 않게 이성적인 믿음에 대한 관념이었다. 이러한 관념은 그리스-동방 세계뿐만 아니라 라틴-서방 세계에서도 수 세기 동안 유효했다.428 이러한 방식으로 믿음의 명예가 회복된다. 이러한 명예 회복은 동시에 인간 삶의 현실에 적합한 것이기도 하다. 왜냐하면 '삶에서 실제로 벌어지는 사건들'을 외면해 버릴 수 있다고 한다면, 켈소스가 그리스도교의 믿음은 비이성적인 반면에, 플라톤주의자들은 이성적이라는 주장도 옳았을 것이기 때문이다. 그렇다면 그리스도교도 플라톤의 지식 개념의 의미에서 엄격히 '근거를 제시하는 능력'의 노정을 가는 셈이다. 하지만 철학 학파들은 자신의 고유한 단초를 한 번도 스스로 관철시키지 못했다. 그렇다면 ─ 오리게네스가 자신의 학문적인 반대자를 거슬러 물음을 던지듯이 ─ 스토아주의자들이 그렇게 믿듯이, 반복해서 발생하는 화재와 홍수에 대해서도 어떤 구체적인 이성적 근거들이 유효하게 적용될 수 있다는 말인가?429 믿음 대신에 보편적인 학문적 논리 정연성에 대한 플라톤주의자인 켈소스의 요구는 단지 모든 철학 학파들의 부족한 점을 확장해서 보여 준다. 다시 말해서 모든 철학 학파는 인간의 삶이 철학의 토대라는 것을 망각했다. 오리게네스에 의하면 우리는 단지 삶의 결핍과 인간 본성의 나약함에 대해서만 생각할 필요가 있다. 그것은 삶이 성공적이어야 한다면, 종종 어떤 것을 믿으면서 감내해야 한다는 것을 이해하기 위해서이다. 오리게네스는 이성보다 앞서는 믿음의 이러한 요소를, 전체 삶을 형성하며, 이러한 의미에서 보편적인 원칙으로 유효하게 만들었다. 이 원칙은 학문적인 인식을 비로소 가능하게 한다.

더욱이 믿음은 삶에 속한다.430 그 때문에 모든 것이 자신의 진리 내용에 대해 검증되는 것이 아니라, 믿으면서 감내하는 것이라면, 삶 자체는 이성적인 어떤 것이다. 논증에서 보여 주듯이, 오리게네스 (C. Cels. I, 10)는 '믿어야 한다.'고 말한다. 이로써 믿음은 선(先)이성적인 요소로서 필연적으로 이성적인 것 자체에 속한다. 이는 그리스 철학에 의해 받아들여진 이성적 합리성이라는 이상을 인간 삶의 현실에 삽입한 그리스도교 철학의 요청이다. 그렇기 때문에 인간의 삶은 믿음과 신뢰 없이는 스스로를 평가할 수 없고 우연적인 사건들을 해결할 수 없으며, 불확실한 것들과 허용되지 않은 것들을 해결할 수 없다. 이교도 철학은 명백히 이런 점을 간과했다. 그러나 오리게네스는 비이성적인 요소에 대해서 비판적으로 말한다. 여기서 비이성적인 요소는 전통적인 철학적 이성적 합리성 자체에 깃들어 있으며 이성적 합리성 자체도 지금까지 의식하지 못했다. 다시 말해서 다양한 철학 학파들이 서로 끊임없는 논쟁 중에 있다는 것은 간과될 수 없다. 그 어떤 논증이 다른 생각을 갖도록 이 학파들의 한 회원을 변화시킬 수 없더라도 말이다. 스토아주의자들이나 플라톤주의자들은 항상 그렇게 논쟁 중에 있었고, 여전히 끝나지 않는 논쟁 중에 있다. 그러나 플라톤주의자들이나 스토아주의자들은 이성적인 숙고를 근거로, 또는 논증들을 신중하게 검토함으로써 그렇게 한 것이 아니라, 비이성적인 움직임을 근거로, '믿음'을 근거로, 자신이 더 나은 학파라는 점을 보여 주었다.

19세기에 들어서 대체로, 적어도 튀빙겐 학파에서는 이러한 교부들의 단초적 사유를 이성적 믿음의 이론을 증명하는 것으로 보았다. 이 이성적 믿음의 이론은 야코비가 처음으로 철학적 논의 속으로 광범위하게 들여왔다. 특히 튀빙겐에서 드레이, 히르셔, 묄러 등으로부터 일반적으로 배운 제자인 쉬타우덴마이어는 오리게네스의 작품에서 직접적인 이성적 직관에 대한 야코비의 논제를 발견했다. "그것을 통해 스토아주의자들에 대한 예를 들어 공격해서 나머지 학파들을 거부하는 그러한 다수를 움직이는 원인은 근거와 반대 근거에 대한 신중한 검증에 따라 파악될 추론이 아니라, 원인은 전적으로 직접적인 것에, 그에 대해서 우선적으로도 확실함의 직접성으로서 그 어떤 근거도 갖지 않는, 그 자체로 확실한 것에 있다. 이는 오리게네스의 언어로 표현하자면 '불합리한 어떤 것'이다."431 그레고리우스 타우마투르구스(Gregorius Thaumaturgus)는 오리게네스를 찬사하면서 사물들의 이러한 측면을 증명했다. "이러한 방식으로 우리가 만나는, 많이 배우고 연구에 있어서 뛰어난 그리스인들은 철학을 했다(philosophieren). 특정한 갈망을 통해 동기가 부여됨으로써 모든 사람이 우연히 맞닥뜨리는 것을, 그(오리게네스)는 오직 참된 것이라고 설명했다. 하지만 다른 철학자들로부터 유래하는 나머지 모든 것은 기만과 빈말로 간주했다. 그러나 학파와 입장을 바꾸라는 강압이나 설득에 굴복하지 않기 위해서, 각자가 다른 사람에 대해서 나름대로의 직관으로 자신의 입장을 정하듯이, 그 자신은 자신의 고유한 입장을 이성으로는 거의 정립할 수 없었다. 그는 내가 진리를 말하려고 할 때, 자신의 철학적인 입장으로부터 그때마다의 이론에 대한 불합리한 원동력과 자신의 추정적인 진리에 대한 다름 아닌 기준 외에는, …… 검증될 수 없는 우연 외에는, 그는 다른 그 어떤 동기도 없었다. 그를 처음으로 만나는 사람마다 이 점을 사랑하며, 그는 이런 점에 사로잡힌 나머지, 다른 사람에게 자신이 집중하는 것을 더 이상 선사해 줄 수 없다."432 따라서 필연적인 논증이라는 이상을 목표로 하는 사유도 오리게네스에 의하면 필연적인 선(先)이성적인 원동력에 근거한다. 오리게네스 학파에 있어서는 후에 믿음은 본성적으로, 비록 아직 신앙인이 아니더라도 모든 사람 안에 내재한 성향으로 여겨졌다.433

그리스도교는 믿음이 필수 불가결하고 불가피하며, 동시에 믿음의 '유익함'을 안다. "우리는 믿음을 대부분의 사람들에게, 그리고 모든 것을 떠나서 어떤 이론의 검증을 따를 수 없는 사람들에게, 심지어 이성적인 통찰이 없는 신앙인들에게도 유익한 것으로 간주한다. 어떤 이들(이는 이교도 철학자들을 의미한다.)은 여기에 동의하지 않지만, 실천에서는 같은 것을 행한다."434 아우구스티누스는 이러한 생각을 《믿음의 유익에 대하여De utilitate credendi》에서 개진했다. 이 작품에서 그는 켈소스를 반대한 오리게네스와 유사하게 그리스도교 신앙의 비합리성에 대한 마니교도들의 비판을 논박하고자 했다. 종교적 믿음이라는 개념은, 믿음이 인간의 보편적인 삶에서 확고한 기반을 마련해 준다는 것을 생생하게 보여 줄 때, 단순히 비이성적이라는 평판을 상실한다. 믿음 없는 삶은 공동체적 삶으로서 성공적일 수 없다.

부모와 자식과 같은 수많은 관계에 있어서, 또는 우정에 있어서 학문적인 지식은 그와 같은 관계 자체를 파괴하지 않고서는 믿음의 자리에 결코 발을 들여놓을 수 없다.

아우구스티누스는 오리게네스와 유사한 방식으로 믿음뿐만 아니라 종교적인 신앙의 내적인 이성적 능력을 밝히려고 했다.435 오리게네스는 믿음을 공통 관념(koinai ennoiai)의 지위로, 그러니까 첫 번째의, 자명한, 스스로는 증명될 수 없는 원리들의 지위로 격상시켰다.436 삼단 논법의 인식에 있어서 가장 보편적이고 자명하며 직접적인 원리들 — 엄격한 의미에서 이러한 원리들 없이는 그때마다 그 자체는 인식될 수 없다. — 이 각각의 결론에 전제되어야 하듯이, 믿음은 인식함에 선행한다. 하지만 믿는 모든 내용도 통찰될 수 있다. 따라서 그리스도인들의 목표는 '단순한 믿음'으로서 그리스도교적 가르침에 대한 통찰로 '상승하는' 것이어야 한다.437 후대의 어떤 것도, 예컨대 토마스 아퀴나스에게 있어서 강생과 삼위일체 등은 오직 신학적 지식만이 접근 가능한 신비이지만, 여기서는 본성적인 이성이 원칙적으로 이 신비를 아는 것으로부터 벗어나지 않는다는 점이 이 시대의 특징적인 것 중의 하나이다. 중세에 마이스터 에크하르트와 또 다른 저자들은 철학적 지식이 바로 이러한 신비를 다룰 수 있다고 보았을 때, — 이는 오늘날 아무것도 의심하지 않는 중세 학자들이 어떤 특별한 혁신으로 이해하는 것이다. — 이들은 학문적으로 교부들의 근본 입장으로 되돌아간 것이다. 바로 오리게네스의 예에서 분명하게 알 수 있는 것처럼, 믿음을 회복시킴으로써 '믿음의 지성화'가 동반되어 나타나게 된다.

그러나 수십 년 전만 해도 양상은 이와 달랐다. 철학 교육을 받은 안티오키아의 주교 테오필루스는 이미 180년경에 모든 삶의 세계에서 진력하고 이 세계를 다루는 데 있어서 믿음이 두드러진 역할을 한다는 것을 보여 주었다. "그렇다면 당신은 모든 것에 있어서 믿음이 선행한다는 것을 알지 않는가? 농부가 이전에 씨앗을 땅에 맡기지 않았다면, 그가 어떻게 결실을 낼 수 있었겠는가? 누가 먼저 배와 항해사에게 자신을 맡기지 않았다면, 어떻게 바다를 항해할 수 있었겠는가? 환자가 이전에 의사에게 자신을 맡기지 않았다면, 어떻게 병에서 회복될 수 있었겠는가? 누가 먼저 교사에게 자신을 맡기고 교사의 가르침에 정진하지 않았다면, 어떻게 기술적인 지식 또는 학문을 습득할 수 있었겠는가?"438 이와 유사한 방식으로 에우세비우스도 제자와 스승의 관계를 유발하는 것, 플라톤 학파에 속한 어떤 사람 또는 스토아주의자 또는 견유학파에 속하는 이가 그때마다 다른 학파에 속하는 사람으로 움직이게 하는 것, 직업의 선택과 삶의 형태의 선택을 규정하는 것이 믿음 외에 다름 아니라는 것을 보여 주었다.439 여기서는 믿음이 명백히 지성적인 또는 심지어 순수하게 이론적인 인식의 과정에는 아직 편입되지 않는다. 오히려 테오필루스는 생활 세계에서 신뢰의 행위를 자기 헌신 또는 자기 헌정의 개념으로 대체한다. 이 개념은 바로 반지성적인 믿음 개념이 정착하게 되는 후기 신플라톤주의에서 재차 사용된다.

 하지만 그리스도교 내에서 믿음은 즉시 클레멘스와 오리게네스를 통해서 이와 같은 원천적인 의미를 단념함으로써 지성적인 과정에 통합된다. 하지만 이는 모든 시대에 해당되는 것이 아니라, 당분간 유효했다. 이러한 의미에서 이미 이른 시기에 예언자 이사야의 말이 이해되었다. "너희가 믿지 않는다면, 너희는 알지 못할 것이다." 교부학에서 수백 번 인용되었던 이 문장은 아우구스티누스가 특별히 분명하게 표명했던 것을 말하는 것으로 보인다: 믿음은 선행하며, 믿음은 당장 해당되는 것이며, 믿음은 어떤 '단계'이며, 통찰은 믿음을 뒤따라가며, 통찰은 믿음에 대한 두려움이자, 믿음에 대한 보답이다. 믿음에서 통찰로 가는 것은 정신의 '발전'을 이룬다.440 70인역에 대한 이러한 번역에 있어서 수없이 논란이 된 '헬레니즘화 과정'은 바로 고전적인 방식으로 진행되었다는 것이 증명되었다. 왜냐하면 이 문장에서 본래 성서적인 것은 상실되었기 때문이다. 이 본래의 문장은 루터의 세련된 번역("너희가 믿지 않는다면, 너희에게 남아 있는 것은 없다.")에서는 아직도 간직되어 있다.

믿음을 구약 성경적인 의미에서 본다면, 어떤 근거에 확고하게 자리 잡고 있다는, 그러니까 신의 말씀이라는 토대에 신뢰하는 자신의 입장이 있다는 이러한 반론은 제대로 고려되어야 한다. 명백히 그리스 교부들에게 있어서는 '믿음'(πίστις)이라는 말의 의미와 그밖에 '이해하다'(ἐπίστασθαι)는 말의 의미도 어떤 것 안에 확고하게 자리 잡고 있다는 점을 항상 함께 내포하고 있었다. 알렉산드리아의 클레멘스는 이와 같은 성서적 의미를 심지어 믿음과 이해하다는 말의 어원으로부터 연역하고자 했다. 왜냐하면 이 두 용어에는 어떤 것 안에 자리를 차지함 또는 서 있음(ἵστασθαί στάσις)이라는 의미가 들어 있기 때문이다. 그 때문에 라칭거는 다음과 같이 시인할 수밖에 없었다: "그것이 믿음의 내용으로서 히브리적인 것에서 진술되듯이, 서 있다는 것은 철저히 이해하는 것과 관련을 맺고 있다."441 그리고 그리스인들도 그렇게 느꼈다는 점이 추가될 수 있겠다. 어쨌든 이런 의미에서 그리스도인들은 그리스어 사용권에 속해 있었다.442

그러나 이 점은 그리스도인들에게만 해당되는 것이 아니다. 철학사가들에게 있어서 신플라톤주의적인 믿음의 개념에도 이와 같은 근본적 의미를 보여 준다는 사실은 놀랍다. 포르피리오스가 믿음을 신을 인식하는 데 있어서 네 가지 요소들 중(믿음, 진리, 희망, 사랑) 첫 번째 요소로 언급한 이래로, 이러한 이론은 신플라톤주의에서 광범위하게 발견되었다.443 프로클로스*에게 있어서 이러한 개념의 의미는 가장 분명하게 드러난다. 진리는 자기 현시(manifestatio sui)로서 존재자의 인식을 나타내며, 이러한 의미에서 추론하는 것을 나타내고, 이에 상응해서 사랑은 원천으로 되돌아감 또는 복귀(ἐπιστροφή)를 나타낸다. 반면에 믿음은 좋음 안에 내적으로 존립함, 곧 "머무름"(μονή)을 의미한다. 신플라톤주의적인 의미에서 믿음은 최종적인 좋음 안에서 자체로 근거되는 앎이며 확고한 토대 위에 자리 잡는 것이다.444 이는 항상 주체와 대상이 구분되어 있는 지성적인 모든 인식의 저편에서 하나 자체와 하나가 되는 것과 동일하다. 그 때문에 '나에 앞서 서' 있는 것에서 근거된 것이라는 의미에서의 믿음을 지성적인 믿음과 연결시키는 것 또한 전적으로 합당하다. 이 지성적인 믿음은 공통관념(koinai ennoiai), 다시 말해서 학문의 증명될 수 없는 첫 번째 원리들과는 대립된다. 원리들을 파악하는 것은 포괄적인 지성적 인식의 부분이기 때문에, 이러한 방식으로는 믿음이 지성적 인식의 한갓된 계기로 전락되어 버릴 것이다. 비록 믿음이 지성적 인식을 훨씬 능가

---

* 프로클로스(Proclos, 412~485년)는 플로티누스와 얌블리쿠스를 이어서 신플라톤주의의 가장 뛰어난 사상가로서 아카데미아의 수장을 역임했고, 철학적 사변주의와 종교적 신비주의를 종합했다. 프로클로스를 전후로 아테네에서 신플라톤주의와 그리스도교 간에 비판적인 논쟁이 오고갔다.

하더라도 말이다. 신플라톤주의적 입장에서 볼 때, 믿음은 하나 됨 자체 외에 다름이 아니다.445

마지막 플라톤주의자인 심플리키오스*는 이러한 의미에서 그리스도교적이고 신플라톤주의적인 믿음의 의미를 논쟁적인 의도에서 명시적으로 구분했다. 그에 의하면, 그리스도교적인 믿음은 모든 논증의 형태와는 동떨어져서 심지어 가장 터무니없는 진리들을 비합리적으로 고수한다(여기서 심플리키오스는 맹신적인 믿음의 개념에 대한 앞서 언급된 비판을 반복한다). 반면에 신플라톤주의적으로 이해된 믿음은 그것을 통해서 인간이 '논증적 결론'에 따라서 '확고'하고 '반박될 수 없이' 인식된 것에서 '근거되고' 인식된 것과 일치되는 인식의 단계이다.446 신플라톤주의적으로 보자면, 믿음은 원리의 인식과, 그러니까 인식 전체와 관련되지 않는다. 그러나 믿음은 모든 이성적인 존재와 신들에게도 적합한 그러한 활동을 표지한다. 믿음은 나보다 앞선 것에 대한 자기 헌신, 자신을 내어 맡김, 안식처로 정박하는 "닻", 신뢰, 하나 됨, 삶을 연결시킴, 모든 것이 말할 수 없는 것에 근거를 두게 하는 신비적 침묵이다.447 이는 《국가》에서 다루어진 플라톤적인 믿음의 개념을 뛰어넘을 뿐만 아니라, 아울러 그리스도교적이고 지성적인 믿음의 개념도 뛰어 넘는 신플라톤주의적인 믿음의 개념인데 곧, 의식으로서 실제로 모든 인식에 연관되는 모든 지성적인 신뢰는 특별한 종류의 이른바 원천적 신뢰(Urvertrauen)에 근거되며, 심지어 자신을 근거 지음 자체는 자기 헌신, 천부적인 이성적 실

---

* 심플리키오스(Simplikios, 490~560년)는 프로클로스의 사상을 이어받았으며, 플라톤과 아리스토텔레스를 조화시키려고 노력했다.

존의 가장 내면적인 것이다.

이와 같은 믿음의 개념은 위(僞)디오니시우스 아레오파기타*를 통해서 그리스도교 사상으로 전수되었다.[448] 이와 같은 신플라톤주의적인 요소가 그리스도교적으로 인격적으로 이해된 믿음의 개념에서 어느 정도까지 관계되는가 하는 것에 대해서는 더 나아간 연구가 필요하다. 하지만 우선 지성적인 이해는 그리스도교의 영역에서 관철되었던 것 같다. 어쨌든 테오도레트(Theodoret)에 의하면 믿음은 여전히 인식에 있어서 필수적으로 선재하는 요소이며, 영혼의 눈이다. 육체적인 눈이 볼 수 있기 위해서 빛을 필요로 하듯이, 정신은 믿음을 필요로 한다. 믿음은 정신에게 신적인 대상들을 보여 주며, 확고한 신념을 보증한다.[449] 이러한 관련성에서 인식을 주제로 삼는다면, 이는 믿음과는 반대 개념으로서 전체적으로 한 학파의 철학적인 인식 개념을 의미하게 된다. 이렇게 해서 오리게네스는 전체적으로 플라톤적인 변증법의 의미에서 철학적으로 관철되는 바를 생각했다. 왜냐하면 그리스도교의 가르침은 전체적으로 '물음과 답을 통해' 최고의 이론적 대상을 보여 줄 수 있는 최고의 학문에 따라 파악될 수 있기 때문이다.[450] 그리스도교의 믿음을 이성적인 믿음으로 입증하는 것은 오리게네스와 12세기에 이르기까지 모든 그리스도교 저자들의 목표였다. 믿음과 이성, 믿음과 지식 또는 믿음과 증명은 대립적이기는 하지만,

---

* 위(僞)디오니시우스(Pseudo-Dionysius Areopagita, 500년 전후)는 '가짜 디오니시우스'로서 본래 디오니시우스는 바오로 사도에 의해 그리스도인이 된 인물(사도 17,34)로 여겨져서 바오로의 권위에 힘입어 교회에 큰 영향을 주었다. 신플라톤주의, 특히 프로클로스의 사상을 그리스도교적으로 해석했다. 에리우게나의 라틴어 번역본인 《디오니시우스 전집 Corpus Dionysianum》은 스콜라주의와 신비주의에 지대한 영향을 미쳤다.

서로를 배제하지 않는다. 신의 자녀들 중에 어떤 이들은 단순하지만 아주 정확하지는 않은 이성으로, 다른 이들은 학문적인 합리성으로 신적인 빛에 동의했다.451

이러한 의미에서 아타나시우스의 《안토니우스의 생애Antoniusvita》에서도 믿음과 증명은 대립되어 있다. 증명하는 사유 이전에 믿음의 인식론적인 선재성에 대해서 안토니우스가 근거 짓는 것은, 여기서 주제로 삼아서 고려되어야 할 내적인 인간에 대한 이론과의 연관 하에 근본적인 의미에 대한 것이다. 믿음은 추론적이고 삼단논법적인 사유에 비해서 정확할 뿐만 아니라, 무엇보다도 그에 대한 어떤 증명이 주어질 수 있는 것의 주체적인 근거를 나타낸다. 믿음은 '영혼의 상태', 소위 내적인 인간의 수련이다. 반면에 삼단논법적인 증명은 외부로부터 그 사태에 옮겨진 지식, 그러니까 안토니우스가 강조하듯이, 필연적으로 내용을 파악하는 것에까지는 이르지 못하는, 외부에서 만들어진 것을 나타낸다. "우리가 믿음을 근거로 인식하는 것을 당신들은 이성적 논증들을 통해서 성취하려고 한다. 그래서 당신들은 종종 우리가 생각한다고 말하지 않는 것이다. 그 때문에 믿음의 능력은 당신들의 궤변적인 삼단논법보다 더 낫고 확고하다."452 여기서 말하는 것은 오리게네스를 통해서 근거된 보편적인 견해를 다시 반영하고 있다. 다시 말해서 믿음은 스토아적 의미에서 이해된, 어떤 내용에 대한 동의로서 모든 인식에서 필수 불가결한 근거이다. 이 근거는 이성적인 침투에 대해서는 개방되어 있다. 심지어 바실리우스는 우리가 이러한 근거를 단순히 검증되지 않은 것으로 받아들이는 것은 아니라고 말한다.453 믿음에 뒤따라오는 이성적인 통찰이 필수적이라는 관점에서 볼 때, 분명히 다양한 견해들이 있다.

이런 의미에서 알렉산드리아의 클레멘스는 이미 아버지 신과 아들 신처럼 믿음과 인식이 함께 속한다고 말했다. 이는 믿음과 인식이 교환적으로 서로를 조건 지우며 그때마다 다른 것 없이는 아무것도 아니라는 것을 의미한다.[454] 그리고 다른 구절에서 클레멘스는 인식이 믿음의 완성이며 인간을 인간으로서 완성하는 것이라고 말한다.[455] 테오도레트는 이 점을 한 표상을 통해 구체적으로 설명한다. "나무에 있어서 뿌리가, 신체에 있어서 눈이, 외투에 있어서 실이 그러한 관계에 있는 것처럼, 영혼에 있어서는 진리의 인식과 확고한 믿음이 그러한 관계에 있다."[456] 마찬가지로 믿어진 것을 이성적으로 검증하는 데 있어서는 개념과 증명에, 다시 말해서 오류가 있을 수 있는 유한하고 인간적인 이성의 실행과 관계된다. 그 때문에 의심이 있는 경우에 믿음의 단순성은 합성된 삼단논법적인 증명과는 대립된다.[457] 이와 같이 증명과 대립되는 믿음에 대한 그리스도교적 품위는 결코 고대의 지식 이해와 대립되는 것이 아니라 오히려 이런 이해와 전적으로 상응한다. 왜냐하면 아리스토텔레스적 전통에서는 삼단논법 자체가 믿음의 요소들을 포함한다는 사실이 항상 의식되어 남아 있었기 때문이다.[458] 첫 번째 원리들에 대한 믿음은 전통적으로 결론을 통해서 삼단논법으로 의식된 것과는 달리 인식론적으로 상위에 있는 것으로서 평가된다.[459]

그리스도교적으로 이해된 믿음은 인식론적인 것과 유사한 상태를 지닌다. 그러니까 이 믿음은 단순한 최고의 확실성의 형태이다. 이 확실성은 추론적으로 습득된, 합성된 명제의 지식에 대한 모든 형태보다 더 강력하다. 문제는 모든 경우에 있어서 인식을 능가하는 선재성이 믿음에 귀속되는가 하는 것이다. 아우구스티누스는 교부 시대의 많은 저자들의 의견에 찬성하면서 다음과 같이 말한다. 믿음은 한편으로는 그때마다 인식보다 선행하지만, 다른 한편으로는 인간의 이성 능력도, 이 이성 능력이 누구에게, 왜, 무엇이 믿어질 수 있는가 하는 답을 주는 한에서, 일어난 행위에 대한 믿음 이전에 이미 있어야 한다. 이와 유사하게 바실리우스도 이 문제에 대해서 차별적으로 답변했다. 일반적으로 이는 개별적인 학문 영역인 문법과 같은 영역에서 믿음이 인식에 선행한다는 것을 의미한다. 예컨대 어떤 언어를 배우는 데 있어서 그 말의 고유한 의미가 파악될 수 있기 전에, 어떤 특징과 철자를 고유하게 발음하는 것을 수용하는 것이 전제된다. 하지만 신 인식의 문제에 있어서는 특별히 다른 방식으로 관계된다. 여기서는 분명히 창조에 대한 고찰에서 귀결될 수 있는, 하느님의 현존에 대한 인식이 신에 대한 믿음에 선행한다.460 오리게네스는 믿음의 내용에 해당되는 것이 그리스도교의 믿음에서 멀리 떨어져 있는 것으로 보이는, 윤리적으로 자명한 명제들과 차이가 나지 않는다고 보았다.461 이로부터 그리스도교 철학자들의 그 특수한 대상들에 대한 보편적인 입장이 인식될 수 있다. 말하자면 이들은 모든 것을 본성적인 이성의 내용과 일치시켰다. 더 나아가서 이들은 모든 것에 대해서 본성적인 이성의 진리로 해결했다. 반면에 그리스도교 반대자들의 비판에서 알 수 있듯이, 자연의 법칙을 거슬러서 기적을 일으킬 수 있는 신적인 전능에 대한 가르침으로서, 삼위일체론, 강생, 부활, 창조론, 종말론 등은 그리스도교의 특수성에 속한다.462

XI. 의도와 지향

그리스도교 철학은 내적 인간을 자신의 주요 대상으로 삼음으로써, 동시에 획기적인 규모로 이루어지는 인간상의 결정적인 변화를 초래했다. 이는 변화시키는 원리로서 내적 인간의 형성과 발전에 토대가 되는 내적인 요소에 대해서 아주 특별한 방식으로 유효하다. 이 요소는 의지와 더불어 필연적으로 이 의지와 연결되는 자유를 말한다. 이미 일찍이 '그리스도교 철학의 인도자'로 불렸던 오리게네스463는 이러한 의미에서 명시적으로 인간의 이중적인 성장을 구분했다. 이는 육체적인 성장과 더불어 그 조건이 자신의 자유의 가능성에 근거되어 있는 내적 인간의 성장이다.464 더욱이 오리게네스는 그리스도교의 이름으로 새로운 자유론을 주장하기도 했다. 이 자유론에 의하면 의지에 우선적으로 구성적인 기능이 인간 행위와 연관되어 있다.

더 나아가서 의지에는 삶을 인도하는 권한이 부여되었다. 아리스토텔레스에게 있어서 의도(prohairesis)는 여전히 분명하게 '자연' 또는 인간 본성에 기여하는 데서 성립된다. 반면에 오리게네스에게 있어서 의도는 규정하는 원리로서 본성 또는 자연에 배치된다. 이제 스토아 철학은 이 의도를 이미 철학의 무대에서 부차적인 역할을 하는 것으로부터 격상시켜 인간 인격성의 정수로 파악하고 철학적 관심의 중심에 놓았다.465 그리스도교 철학은 — 이와 연관해서 우리는 그리스의 전통을 부각시켜야 한다. — 인간 자유의 중심적인 역할을 강조했다. 더 나아가서 그리스도교 철학은 이러한 관점에서 플라톤, 아리스토텔레스, 아울러 스토아주의자들과 마니교도들에 의해서도 표방된 전통적인 본질 철학의 한계를 드러내 주었다. 말하자면 오리게네스가 처음으로 명시했듯이, 자유는 본질에 의존하는 것이 아니라 자유가 본질 자체를 규정한다. 교부들의 사유가 보여 주는 현대성은 이 경우처럼 직접적으로 알 수 있는 것이 드물다.466

더욱이 오리게네스, 니사의 그레고리우스, 바실리우스는 자유에 신학적인 근거도 마련했다. 왜냐하면 오리게네스가 '산출되지 않은 자유'라고 부르는 그리스도교의 신은 좋음, 곧 선(善)을 현실로 만들지만, 그것은 자유가 유지된다는 전제하에서만 그렇다. 따라서 자유 자체는 무조건적이고 참된 선으로 간주된다.467 그 때문에 신은 인간에게 자유롭고 자율적인 의지를 부여했다. 인간은 이 의지로 자유로운 자기 결정에서 선이나 악에 대해서 결정할 수 있다.468 니사의 그레고리우스는 독특한 방식으로 본질을 규정하는 자유에 대한 오리게네스의 근본적 사유를 표현했다. 그에 의하면, "말하자면 우리가 의도하려고 하고 우리의 의지를 통해 우리가 의도하려는 모델에 따라서 우리 자신을 형성하는 그런 사람으로서 우리 자신을 내보임으로써, 우리는 우리 자신의 아버지이다."469 이러한 점은, 가이스(J. Gaith)가 니사의 그레고리우스의 자유론에 대한 자신의 유명한 해석에서 표현했듯이, 사실 사르트르와 같은 고대 그리스도교의 실존주의자의 목소리를 듣는 것을 의미할 수 있다. 비록 이러한 의미 해석에서 더 나아가지 않으려고 하더라도, 어쨌든 그리스도교 철학은, 더 정확하게는 오리게네스를 따르는 그리스 교부들의 철학과 연관해서 처음으로 심지어 본성 또는 본질과 대립된 의지의 고유성에 대한 의식을 부활시켰다.470 의지 또는 자유가 본래 우리 자신인 셈이다. 그레고리우스는 이 점을 우리에게 말하려고 했다. 또는 달 토소(G. dal Toso)가 그레고리우스의 본문에 대해 유연한 해석으로 표현하듯이, "의지는 우리가 누구인지를 결정한다."471

여기서 우리는 위대한 두 그리스도교 철학자의 이와 같은 언술이 결코 일시적이지 않다는 것을 알아야 한다. 인간의 자유에 대한 이러한 통찰은 그리스어권의 그리스도교, 그러니까 카파도키아 교부들과 안티오키아 교부들에게서도 확장된다. 요한 크리소스토무스는 자유를 본질보다 더 중요한 것으로 봄으로써, 자유를 부각시켰다. 왜냐하면 인간은 본질, 그러니까 본성보다 더 자유로서 존재하기 때문이다.472 여기서 본성과 자유는 처음으로 화해될 수 없는 대립의 입장으로 들어서게 된다. 이러한 의미에서 예컨대 악마도 본질적인 것으로 어떤 의지를 나타내는 것으로 보았다.473 놀라운 방식으로 본성과 자유가 동시적인 인간 자신에게 이러한 차이는 유효하다.474 이와 같은 대립적 정립은 가장 일반적인 경우에 마니교와는 반대되는 방향으로 나아갔다. 왜냐하면 마니교도들은 확고한 본성들, 숨겨진 '구조적 상태', 사물적인 원리들에 대한 이론가들이기 때문이다. 오리게네스와 니사의 그레고리우스에 있어서는 반마니교적 성향이 분명하게 드러나지만, 당연히 아우구스티누스에게 있어서도 그의 철학은 전기뿐만 아니라 후기에서도 본성과 의지에 대한 이러한 대립의 정립을 표명한다.475 후에 스코투스 에리우게나에서처럼 여기서 본성은 철저히 본질의 확장된 의미에서 이해될 수 있다. 이로써 정신적인 본질도 어떤 본성을 지닌다. 이러한 의미에서 영혼은 그것을 통해서 그가 인간으로 존재하는 인간의 보편적인 본성이다. 그러나 개별 인간들의 차이는 의지에서 드러난다. 다시 말해서 이러한 차이는 그의 자유에 근거한다.[476] 우리는 사람 자체를 사랑하거나 미워하는 것이 아니라, 특정한 이런 사람 저런 사람을 사랑하거나 미워한다. 왜냐하면 그는 그 자신이 있는 그대로 존재하기 때문이다. 하지만 이와 같은 구체적인 규정성은 그 자신의 모습을 만드는 의지를 통해서 이루어진다.[477] 이 자유 관념에 대한 역사적 의미를 예측할 수 있기 위해서 피코 델라 미란돌라(Pico della Mirandola)의 유명한 작품인《인간의 존엄성에 관한 연설Oratio de hominis dignitate》을 살펴보는 것으로 충분하다. 이 작품은 이미 근세가 시작할 즈음에 성급하게 칭송을 받았다. 이 작품에서는 본질과 대립되는 자유의 우위성에 대한 그리스 교부들의 근본적 사유를 고유한 형태로 획득했고, 우리 시대의 철학에 이르기까지 영향을 미쳤다.[478]

변화되지 않는 본질이 아니라 변화될 수 있는 의지가 인간의 개별성을 구성하며, 요한 크리소스토무스의 입을 빌리자면, 의지가 지옥이나 천국에 이르게 하는 것이며, 따라서 책임을 져야 하는 것일 때 오직 자유를 결정하는 의지만이 선과 악의 고유한 장소로 여겨질 수 있다. 그리스도교 철학은 앞서 짧게 살펴보았던 자유 개념의 의미에서 볼 때, 행위의 윤리적 가치 혹은 무가치가 사실에, 그러니까 행위의 외부에 있는 것이 아니라 의지, 지향 또는 의도에 있다는 이론을 발전시켰다. 이 이론은 스토아 철학이 제기한 것으로 소급될 뿐만 아니라, 동시에 오로지 지향에서만, 또는 지향의 깊은 내면으로서 궁정에서만 적합한 윤리성 또는 비윤리성에 대한 아벨라르두스의 위대한 논제를 선취하는 것이다. 이미 세네카에 있어서는, 어떤 윤리적인 의지가 그 이면에 들어 있지 않다면, 그 어떤 행위도 윤리적으로 말할 수 없다는 것이 분명하다.[479] 선행을 할 경우에 무엇이 주어지는가가 고려되는 것이 아니라, 어떤 의향이 있는가가 고려된다.[480]

그리스도교는 이와 같은 사유를 받아들였다. 오리게네스에 의하면 신은, 인간이 많이 베풀지만 사실은 내키지 않은 마음으로 내어주는 것보다는 이보다 더 완전한 의향을 가지고 적게 되돌려 받은 것을 더 높게 평가한다.[481] 더욱이 신은 행위자의 의향, 동기, 동인을 굽어 살필 수 있는 유일한 분이다.[482] 신만이 어떤 행위의 그때마다의 공로를 그 의향에 따라 올바르게 평가할 수 있다.[483] 왜냐하면 의향은 공로를 본래적으로 잘 만드는 것이기 때문이다.[484] 스토아주의자인 에픽테토스에 의하면, 선 또는 악은 전적으로 의지에 따라서만 이루어진다. 다시 말하자면 선 또는 악은 윤리적인 의미에서 생각될 수 있다.[485] 이는 그리스도교의 관점에서 볼 때, 원칙적으로 이와 다른 것이 아니다. 덕과 악덕은 본성과 함께 주어진 성향 중의 하나가 아니라, 의지에서, 더 정확하게는 의지의 의향에서 근거된다.[486] 오리게네스는 심지어 스토아주의자들을 소환해서, 행위에서 윤리적인 것 또는 비윤리적인 것은 '오로지' 의지에만, 다시 말해서 의향에만 근거되어 있다고 말한다.[487] 의지에 놓여 있는 것은 인간에게 죄로 책임을 지울 수 있다. 인간은 오로지 이러한 죄에 대해서만 벌을 받을 수 있다. 맹인 디디무스는 이러한 관점에서 의지의 결정에 근거를 두고 있으며 본래적인 의미에서 윤리적인 인간의 잘못들을 이전 세대를 통해서 야기되는 잘못들과 구분했다. 후자는 제의적인 정화를 필요로 하

는 반면에, 전자는 오직 벌만을 받을 필요가 있다.[488]

죄에 대한 의지의 특별한 관계를 독일어로 '지향'(Vorsatz)이라고 부른다. 후에 헤겔은 의도(Absicht)와 지향 간의 미세한 차이를 유효하게 만들었다. 헤겔은 의도를 사실의 보편성이 함께 의식되는 지식으로 규정했다. 예컨대 방화(放火)의 경우에 단순히 나무 한 조각에 불을 붙이는 것만이 아니라 집을 불태워 파괴하는 것까지 의식된다. 그리고 살인에 있어서는 단지 신체 한 부분이 훼손되는 것뿐만이 아니라 생명을 훼손하는 것까지 의식된다. 반면에 지향에서는 그 사실이 나의 행위이다.[489] 하지만 고대 철학은 의도와 지향을 이런 식으로 구분하지 않았다. 그럼에도 불구하고 고대 철학은 지향이라는 고전적인 개념을 각인시켰다. 스토아 철학에서 지향은 인간의 기본적인 욕구 중의 하나이다. 여기서 지향은 '준비'나 '충동'처럼 명시적으로 드러나는 의지보다 앞선다. 스토아 철학의 형식적인 규정에 따르면 지향은 '성취를 암시하는 것'이다.[490] 이러한 의미에서 스토아 철학은 의향을 가진 것을 환경에 의해 조건 지어진 것과 구분했다.[491]

요한 크리소스토무스는 스토아 철학의 개념 이해를 수용했다. 그의 해석에 의하면, 플라톤적인 죽음의 묵상에 대한 그리스도교적 보충적 의미로서 '매일의 죽음'이라는 바오로 사도의 말은 종말에 대한 지향과 준비로 이해될 수 있다. 아브라함은 이사악을 바치려던 것을 방해받았지만 이것도 희생이었다. 왜냐하면 신은 그 사건을 외적인 과정의 결과로부터가 아니라 "선택하는 사람의 지향으로부터 판단했기" 때문이다.[492] 그리스도교는 지향의 개념을 '근거 지음'이라는 개념으로, 애매하지만 유사한 것으로 수용함으로써, 행위를 근거 짓는 것으로 이해했다. 이러한 의미에서 바실리우스에 의하면 육체적으로 제한된 행위들은 시간에 종속되어 혹사당하며 제때의 순간과 많은 보조적인 것을 필요로 한다. 반면에 '이성의 움직임'은 시간에서 자유롭다. 이와 같은 이성의 움직임은 쉽고 용이하게 성취될 수 있고 항상 자신의 기회의 순간(Kairos)을 가진다. 인간은 아주 빠르게 자신의 생각으로 자기 마음속의 내밀한 작업 공간에서 죄의 왕국으로 옮겨갈 수 있다. 예컨대 인간은 상상의 도움으로 어떤 여인과의 만남을 생각하고 어떤 증인도 없는 마음속에서 옳지 못한 욕구를 그릴 수 있다. 인간의 마음을 아시는 그분이 온갖 비밀스러운 어둠을 걷어 낼 때까지 말이다. 그 때문에 이는 온갖 법을 위반하는 것에 앞서서 마음을 보존하는 것에 관계된다. 내면의 영역에서의 위험성은 특히 크다. 가시적이고 육체적인 행위는 많은 것을 통해서 중단될 수 있는 반면에, 자신의 지향을 통해서 죄를 짓는 사람은 생각이 빨리 진행되기 때문에 자신이 행위를 시작하기도 전에 이미 죄를 짓게 된다.[493] 동일한 의미로 맹인 디디무스는 신의 말을 자신의 마음에 받아들이라고 경고한다. 이는 의도와 지향을 신의 의미로 만들어서 생각 속의 부도덕한 행위뿐만 아니라 그러한 비윤리적인 갈망까지 피할 수 있기 위해서이다. 왜냐하면 신은 말과 행위만이 아니라 지향까지도 시험하는 분이시기 때문이다.[494]

의도의 본래적인 중심, 가장 내적인 의지 행위 자체는 '동의'에서 성립된다. 그 때문에 스토아주의자들은 의도를 자유의 본래적인 장소와 성취로도 여겼으며, 인간이 최종적으로 그에 대해서 책임을 질 수 있는 것으로 여겼다. 칸(Ch. H. Kahn)의 의견에 따르자면, 아우구스티누스에게 있어서 처음으로 그런 것이 아니라, 스토아주의자들에게 있어서 이미, 의도(Prohairesis)는 인간의 본래적인 자아, 내적인 인간, 그의 가장 자유로운 행위가 동의인 인격적 동일성으로서 나의 본질을 이룬다.[495] 그리스도교는 동의를 이론적인 모든 인식의 실천적 요소로, 그러니까 한갓된 '나의 것'에서 확고하지만 아직 어둠에 싸여 있는 '믿음'을 거쳐서 명징성과 확실성을 갖춘 '앎'으로 파악함으로써, 이와 같은 사유의 발전 또한 함께 성취했다(이 책의 X장 '믿음과 신뢰'를 보라). 이로써 고대 철학에 있어서는 내적인 동의가 결코 외부로부터 강요될 수 없기 때문에, 이러한 동의가 모든 인식에 있어서 자유의 본래적인 보루라는 것을 나타내기는 하지만, 동시에 자의적인 행위로도 생각될 수 있다는 것이 항상 의식되었다. 이 점은 아마도 그리스도교 작품에서보다 아리스토텔레스의 《영혼론 De anima》에 대한 고대 후기의 주석에서 더 분명하게 표현되었다. 테미스티우스 또는 심플리키오스 같은 주석자들에 의하면, 환상 또는 상상의 행위와 의견, 믿음, 지식과 같은 모든 판단의 형태, 곧 인식 간에는 근본적인 차이가 있다. 왜냐하면 내가 상상하는 것과, 그것을 내가 어떻게 상상하는가 하는 것은 전적으로 나에게(ἐφ' ἡμῖν) 달려 있기 때문이다. 가능한 것뿐만 아니라, 염소-사슴과 머리가 다섯이고 발이 열두 개인 괴물 스킬라(Scylla)처럼 전혀 불가능한 것도 나는 상상할 수 있다. 하지만 2곱하기 2는 4 또는 5라고 확정하는 것은 내 마음대로 되는 것은 아니다. "우리가 의도하든지 그렇지 않든지" '2곱하기 2는 4'라는 명제에 우리는 동의해야 한다. 인간이 두 발을 가진 존재가 아니라든지, 불이 차다든지 하는 것들을 우리는 말할 수는 있지만, 본래적으로 그렇게 의미하거나 받아들일 수 없다. "내적인 동의 또는 거부에 대해서는 우리가 주인이 아니다."[496]

진리와 관계되는 곳에서 우리는 자유와 대립되지 않는 필연성에 관련되어 있다. 우리는 단지 진리에 동의만 할 수 있다. 하지만 상상의 영역에서는 진리와 관계되지 않는다. 그 때문에 상상은 동의를 박탈한다. 이러한 방식으로 고대 철학과 더불어 그리스도교는 동의를 이론적인 진리들에 대한 실천적인 관계로 이해했다. 그러나 이뿐만이 아니다. 동의는 어떤 행위에 대해서 구성적인 결정이기도 하다. 이런 의미에서 아프로디시아스의 알렉산더는 자유에 토대를 두고 있는, 본래 실천적인 동의를, 우리가 감각적인 인상이나 상상에 직접적으로 그리고 무의식적으로 하게 되는 다른 종류의 동의와 구분했다.497 시리아의 에프렘은 이러한 의미에서 동의를 본래적으로 판단될 수 있는, 다시 말해서 윤리적으로 평가할 수 있는 의지의 '일'이라고 표현했다. 의지의 일은 행위의 본질을 형성한다.498 다른 측면에서 볼 때 완전한 나쁨, 그러니까 진정한 나쁨은 의도에 있어서나 외적인 행위에 있어서나 잘못으로 이루어진다. 따라서 누가 행위에 있어서 반쯤 주춤하고서 행위를 이끌어 내지 못한다면, 윤리적인 악도 절반으로 줄게 된다.499

아우구스티누스는 이와 같은 스토아적-그리스도교적 근본 사유를 라틴 중세로 도입했다. 그의 이론에 따르면 죄는 이미 욕정의 흔적에서도, 그렇다고 어떤 것에 대한 욕심에서 이루어지는 것이 아니라, 정확히 악에 대한 동의에서 이루어진다.500 이는 천 년의 그리스도교 역사를 통해서 확산되었고, 아울러서 아벨라르두스의 윤리학에서도 도입된 전형적인 예를 통해서 구체적으로 설명된다. 이 예는 어떤 사람이 한 여인에 대해서 품는 정욕에 관한 것이다. 그 여인에 대해서 끌리는 마음이나 매혹적인 모습, 욕정 자체가 윤리적인 잘못을 만들어 내는 것이 아니라, 욕정에 대한 동의가 그렇게 만든다.501 아우구스티누스는 이와 같은 관련성에서 죄의 삼중적인 단계에 대한 이론(마음의 동요인 Suggestio, 이러한 동요를 선택하는 Delectatio, 자유의지를 통해 동의하는 Consensio)을 발전시켰는데, 이는 큰 영향력을 끼쳤다. 아벨라르두스는 이 중 어떤 것을 첨예화시킴으로써, 즉각적으로 이단이라는 의혹을 사기도 했다.[502] 동의는 격정의 감정 너머의, 이성의 내적인 긍정이다.[503] 그 때문에 요한 크리소스토무스가 이미 말했듯이, 구체적인 숙고에 대한 동의는 행위의 성취로 여겨져야 한다.[504] 또한 우리는 동의가 내적 인간의 고유한 행위라는 것도 말할 수 있을 것이다.

XII. 후회 또는 참회와 부끄러움

　　내적 인간의 삶은 참회의 삶이다. 지상의 삶에는 확실한 행복이 없지 않을 뿐만 아니라, 윤리적인 판단도 불변하는 것이 아니다. 인간은 자신의 윤리적인 결정에서 틀릴 수 있다. 그리고 인간은 윤리적 선을 분명하게 인식할 수 있음에도 불구하고 더 적은 선을 선호할 수 있다. 요약하자면 인간은 굽은 통나무에서 잘려져 나왔기 때문에 결코 곧게 만들 수 없는 것과 같다. 그리스도교는 인간의 조건(condition humaine)에 대한 이러한 측면에 대해서 특별한 감수성을 발전시켰다. 여기서 본래적으로 굽은 삶의 여정을 곧게 만드는 가능성에 대한 의식이 비로소 생기게 된다. 예부터 이러한 의식은 참회라고 불렸다.
　　고대의 비그리스도교적인 사유는 참회에 대해 그 어떤 무조건적이고 긍정적인 개념도 발전시키지 않았다. 이미 데모크리토스와 다른 철학자들, 특히 플라톤과 아리스토텔레스도 비윤리적인 상황에 직면하여 참회를 통하여 삶을 구원하는 것으로 보았지만, 자유롭지 않은 행위를 가능한 한 급하게 교정한다는 의미에서만 참회를 이해했다. 하지만 참회는 고대 그리스 사상가들의 눈에 그 자체로 가치를 지닌 것은 아니었다. 이 점은 좋은 사람을 묘사한 데서 드러난다. 아리스토텔레스에 의하면 현명한 사람은 후회 없이 살아야 한다.505 후에 스피노자가 받아들인 스토아적 논제에 의하면, 현명한 사람 자신은 그 어떤 후회(참회)도 알지 못한다.506 이는 단순히 잘 알려진 고대의 사유 방향의 고집스런 관념이 아니라, 근본적인 토대가 되는 자유 개념과 밀접하게 연관된 것이다. 그 때문에 후회는 스토아적 현자들에게 있어서는 그 어떤 긍정적인 가능성도 없었다. 왜냐하면 후회는 어떤 것이 현재 일어난 것보다 더 나은 방식으로 일어날 수 있었다는 것을 전제로 하고, 미리 정해진 것을 방해한 어떤 것이 그 사람의 상상적인 선취 능력을 벗어났다는 것을 전제로 하기 때문이다.507 비그리스도교적인 고대의 관점에 보자면, 이러한 방식으로 후회가 인간 문화의 요소들 중의 첫 번째 반열에 들지 않았다는 것이 여러 번 진술되었고 이는 의심의 여지가 없다.508

그러나 그리스도교는 후회의 (그리고 용서의) 문화에 대한 소심한 요소들을 수용해서, 철저히 고대 철학의 의미에서 완성시켰다. 우리가 테르툴리아누스, 시리아의 에프렘, 요한 크리소스토무스와 다른 많은 저자들로부터 알고 있는 《참회에 대하여》라는 많은 작품 제목 또는 설교 제목만이 이러한 점을 반영한 것은 아니었다. 암브로시우스는, 자신이 이와 같은 주제에 대해서 충분히 다룰 수는 없었지만 이미 두 권의 책을 썼다고 보도했다.509 바실리우스에게 있어서는 이보다 더 나아가서, "당신 자신에 대해서 주의를 돌리시오."라는 주제를 다룬 유명한 소규모의 강론에서 그가 자신에 대한 주의라는 철학과 연관해서 참회의 문제도 제기했다는 것을 볼 수 있다. 여기서 참회는 윤리적인 과오에 따른 정신적인 훈련으로 나타나며, 이 과오는 고백에서, 눈물에서, 긴장된 상태에서의 깨어 있음과 단식에서 표현된다. "당신이 영혼의 건강과 질병을 알 수 있도록, 오직 당신 자신에 대해서만 주의를 돌리시오."라는 문장이 이를 나타낸다. 마찬가지로 참회는 자기 자신에 대해 주의를 돌리는 형태이다. 이러한 주의를 통해서 과오(ἁμαρτία)는 영혼의 병으로 인식된다.[510] 바실리우스는 참회를, 그것을 통해 영혼이 윤리적인 죄로서 영혼의 잘못에 대해 직접적으로 의식하는 자기의식의 한 형태로 부르기도 한다.[511] 오래된 스토아적 의미에 따르면 참회는 윤리적인 잘못에 대한 고통 또는 개탄이다.[512] 여기서의 의미는 철저하게 여전히 현재 진행형이다. 맹인 디디무스가 말하듯이, 참회는 자신의 삶에 대한 실천적인 회고로서, 자신의 과거로부터 방향 전환으로서 이해되어야 한다. 여기서 자신의 과오를 진심으로 부끄러워하고 개탄하게 된다.[513] 교부들에 의하면 이와 같은 자기와의 거리 두기에서 참회가 성립된다고 말한다. "이는 참된 참회로서, 죄와 거리를 두고 죄를 혐오하는 것이다."[514] 자기와의 거리 두기라는 의미에서 참회는 그런 다음에 죄를 근절시키도록 만들기도 한다. 참회는 정신이 악에서 선으로 향할 뿐만 아니라 과거의 모든 악에서 자유롭게 만들 수 있는 모든 선의 원천으로 향하는 이와 같은 움직임을 통해서 근본적인 변화, 다시 말해서 독일어나 다른 언어에서 더욱더 잘 표현되는 그리스어 '메타노이아'(metanoia), 곧 회개를 체험하고 겪음으로써 가능하다.[515] 참회에서는 넘어졌던 사람이 다시 일어서게 된다. 후회하는 마음을 품은 사람은 과거에 대해서 종지부를 찍고, 죄에서 죽은 후에 새로운 시작을 시도한다. 디디무스는 이를 소위 인간학적으로 지속되는 것이라고 표현했다. 죄를 관통하여 윤리적으로 죽은 사람은 참회를 통해서 다시 살아난다. 그리스도교는 이전에 그 어떤 철학도 의식하지 못했던 인간 실존에 대한 이

러한 근본 체험을 간직했다.516

　더욱이 맹인 디디무스는 참회 이론에 대한 철학적 전제들을 지속적으로 언급했다. 그에게 있어서 자유가 전제되는 곳에서만 참회에 대해서 말해질 수 있다는 것은 분명하다. 그 때문에 디디무스는 선과 악이라는 확고한 본성 또는 본질에서 출발하는 마니교도들에 대항해서 특별히 참회 개념에 대한 자유 철학적인 함축적인 면들을 발견했다. 디디무스는 오리게네스의 자유론에서의 근본적 사유를 수용했는데,517 여기서 선과 악은 영지주의에서 주장하는 것처럼 본질적 범주나 본성적 범주가 아니라, 자유의 범주로서 파악될 때에만, 전적으로 참회에 대한 어떤 가능성이 생각될 수 있다. 영지주의의 견해대로라면, 본질적으로 선한 사람이 어떻게 그때마다 방향전환을 하려고 하며, 다른 측면에서 본질적으로 악한 사람도 어떻게 참회에 대한 요구에 응할 수 있는가? 라는 의문은 해소되지 않는다.518 이렇게 본다면, 그리스도교 철학이 인간의 참회를 처음으로 인간 자유에 대한 이론과 관련된 맥락에 정립했다는 것은 의심의 여지가 없다. 이 점은 또한 최초의 가장 의미심장한 그리스도교적 인간학 연구자들 중의 한 명인 네메시우스가 웃음과 유사하게, 참회를 (엄밀하게, 포르피리오스에 의해 표방된 말의 의미에서) 인간의 고유성으로 이해한 데에 대한 근거이기도 하다.519

　인간학적인 시각으로 보자면 '부끄러움'이라는 현상은 참회와 매우 유사하다. 하지만 현대의 인간학이 비로소 이러한 연관성을 인식한 것은 아니었다.520 요한 크리소스토무스에 따르면, 이러한 연관성은 본래적으로 주어진 것이 왜곡된 것에 근거하고 있다는 것을 보여준다. 인간의 본성에서 본래 부끄러움이 죄에 따라오는 것이고, 인간을 자유롭게 하는 참회가 밖을 향해 열려 있고 숨김없는 솔직함과 결부되어 있었지만, 이러한 끈은 악마가 농간을 부린 이래로, 끊어져 버리고 전도되어 버렸다. 그 때문에 이제 잘못된 자유는 죄와, 그리고 부끄러움은 후회와 잘못된 동맹을 맺는 결과를 초래하게 되었다.521 부끄러움과 자유의 대립은 이미 플라톤의 대화 《고르기아스》 (487d)에서 토대가 마련되었다. 여기서는 부끄러움의 개념이 희곡적이고 철학적으로 큰 의미를 지닌다.522 비록 여기서 자유의 개념이 경멸적인 의미를 지니더라도 말이다.

이러한 대립적 의미가 그리스도교로 수용되었다. 4세기의 위대한 플라톤주의자인 니사의 그레고리우스에 의하면, 죄, 그리고 죄와 연결된 부끄러움을 통해서 본래 신으로부터 인간에게 부여된 자유가 은폐되고 묻히게 되었다. 이로써 인간은 윤리적인 잘못에서 자기 소외라는 특별한 것을 체험하게 된다. 자기 소외로부터 본래적인 자유와 거듭 동화되는 참회만이 그를 자유롭게 할 수 있다.523 부끄러움과 참회의 가능성에 대한 근거와 조건으로서 자유는 이미 일찍이 그리스도교 철학에서는 다양하게 변형된 주도적인 사유이다. 전적으로 이는 니사의 그레고리우스와 요한 크리소스토무스에게 있어서 토대로 구축된 관념이라는 의미에서, 클레르보의 베르나르두스와 밀접한 친분이 있는 티에리의 빌헬름도 부끄러울 때 얼굴에 나타나는 붉은 빛이 본래 숨겨진 선(善)의 표징일 뿐 아니라 그 토대가 되는 자유의 표징이라고 말할 수 있었다.524 막스 쉘러는 이미 앞서 인용한 책에서 인간만이 부끄러워할 수 있다고 말하며, 우리는 여기다 부끄러움이 자유라는 인간에게 고유한 형태에 근거한다고 추가할 수 있겠다.

하지만 부끄러움이라는 현상에 대한 긍정적인 평가는 그리스 문화에서 그야말로 광범위하게 이루어졌다. 윌리엄스는 유명한 책에서 그리스의 부끄러움의 문화에 대해서 말했다. 이러한 인상이 맞다면, 부끄러움이라는 개념의 해석도 편파적이다. 윌리엄스는 그리스적 부끄러움을 인간 영혼의 이상화된 관찰자의, 어떤 '일반화된 타자'의 시선으로 이해했다. 하지만 이러한 표상은 오히려 부끄러움에 대한 현대적인 논의로 보인다. 예를 들어 사르트르는 부끄러움을 떼어 내어 그리스 세계로 다시 투영했는데, 이는 마치 부끄러움이 그리스 또는 그리스도교 철학의 모든 작품에서 추론될 수 있는 것처럼 다룬 것이다. 여기서 이상화된, 심지어 신적인 관찰자의 시점에서 부끄러움이 사유되었다는 것은 이론의 여지가 없다. 에픽테토스는 인간이 신 자신을 자기 안에 지니고 있음에도 불구하고 이미 신의 상 앞에서 윤리적인 부끄러움을 느끼는 곳에서, 이러한 윤리적인 부끄러움을 어떻게 벗어날 수 있는지를 물었다.525 이와 상응해서 시리아의 에프렘도 신, 천사, 인간의 면전에서 '큰 부끄러움'을 언급할 수 있었다.526 하지만 이러한 표상은 고대 사유에 있어서 대표적인 것도 아니고, 그렇다고 윌리엄스(B. Williams)*가 상상적으로 관찰한 것으로 이해한 것을 표현하는 것도 아니다. 부끄러움은 반드시 사회적인 기대를 표현하는 것이 아니다. 그것은 반드시 매개된 어떤 것이 아니라, 직접적으로 인간의 본성과 함께 주어진 것으로서도, 심지어 법과 나란히 규범의 근원으로서도 파악될 수 있다. 이러한 의미에서 세네카의 비극 《트로아데스*Troades*》에 나오는 구절(334), "법이 금지하지 않은 것을 풍속은 금지한다."(Quod non vetat lex, hoc vetat fieri pudor)는 말을 이해할

---

* 미국의 동화 작가로 어린이가 그린 것처럼 매우 단순한 그림이 특징이다.

수 있다.

그러나 플라톤과 아리스토텔레스에게 있어서 이성적 영혼의 부분이 지니는 양태적인 탁월함은 우리 안에 있는 신에 대한 스토아적 이론의 배경을 나타낸다. 그런데 이러한 탁월함도 랍(Chr. Rapp)이 윌리엄스의 저서에 대한 서평에서 가정하듯이, 이상화된 관찰자 이론과 연결되지는 않는다.527 이렇게 부끄러움이라는 고대의 개념은 결코 필수적으로 다른 사람이 보는, 그러니까 다른 사람에 의해 지각된 것 또는 그때마다 나오는 상관없는 관찰자가 보는 다른 표상을 함축하는 것은 아니다. 오히려 부끄러움이라는 개념은 그것이 행위에 연루된, 특정한 방식으로 자신을 보는 주체 자신이라는 것을 나타낸다. 부끄러움을 느끼는 것은 항상 자신을 부끄러워하는 것이다. 이러한 의미에서 피타고라스는 이미 자신을 부끄러워하는 것을 가장 중요한 윤리적인 행위로 간주했다. 다른 측면에서 볼 때 부끄러움이 차선책이라는 것이 알려진다.528 이에 상응하게 일곱 현자들*의 문장들 중의 하나는 이미 부끄러움을 피하라는 권고이다. 부끄러움을 통해서 인간은 자기 행위의 수치스러움을 의식하게 된다.

독일어에서도 그렇지만 부끄러움은 어원상 '수치'(羞恥)와 연관된다. 그리스어를 사용하는 철학자들도 부끄러움(αἰσχύνη)이 수치스러움(αἰσχρόν)에 대한 의식이라는 것을 알았다.529 중기 플라톤주의자인 알비누스에 의하면 부끄러움은 이러한 의미에서 수치스러움에 대한 방어적 태도이며 수치스러움에서 물러나는 것이다.530 플루타르코스

---

* 그리스 고전기를 대표하는 7인의 현자를 가리킨다. 일반적으로 밀레토스의 탈레스, 아테네의 솔론, 프리에네의 비아스, 미틸레네의 피타코스, 스파르타의 킬론, 린도스의 클레오불로스, 코린토스의 페리안드로스를 꼽는다.

가 자신의 과장된 부끄러움에 대해서 쓴 저서에서 말하듯이, 부끄러움이 없는 사람은 수치스러움에 대해서 감지하지 못한다.531 아리스토텔레스와 더불어 정확히 말하자면, 인간은 자신이 행한 나쁜 행위 때문에 부끄러워한다. 하지만 그것이 자신에게 수치스러운 것으로 나타나는 한에 그러하다.532 자기 자신을 부끄러워하는 것은 자신의 고유한 악행을 의식한다는 것을 의미한다.533 스토아주의자들은 부끄러움을 일종의 두려움으로, 더 나아가 치욕(ἀδοξία)에 대한 두려움으로 규정함으로써 이러한 사유를 받아들였다.534

그리스도교는 부끄러움에 대한 이러한 근본 규정을 철저히 수용했을 뿐만 아니라, 이를 넘어서서 자신의 고유한 '수치' 행위로 되돌아가는 순간을 명백히 드러내었는데, 이러한 순간은 관계없는 관찰자의 순간이 아니라 자신의 삶을 변화시키려는 실천적인 의식의 순간이다.535 부끄러움은 양심의 행위이다.536 이 행위를 통해서 의식의 변화가 성취된다. 부끄러움에서 자신의 고유한 행위는 죄로 의식된다.537 그 때문에 부끄러움은 타인을 통한 교정이 아니라, 자기 교정의 형태로 규정된다.538 그러한 한에서 부끄러움은 선에 대한 첫 발걸음으로서, 이와 더불어 윤리적인 것 전반의 토대로서 이해되어야 한다.539 부끄러움을 윤리적인 것의 토대로 평가함으로써 그리스도교 저자들은 후기 신플라톤주의자들과 조우했다. 부끄러움을 자기 자신 앞에서 '수치스러움에 대한 두려움'이라고 말한 히에로클레스는 자신을 부끄러워하는 것을 모든 덕의 첫 번째 원천으로 파악했다. 그리고 소위 플라톤이 설립한 아카데미아의 마지막 학자인 심플리키오스는 자신의 에픽테토스 주석에서 "자신의 고유한 의지로 범한 과오를 의식한 사람은" 부끄러워한다고 말한다.540

수치스러워한다는 것은 자신을 기꺼이 보려고 할 수 없는 것이다. 그 때문에 이 수치는 숨겨질 수밖에 없다. 부끄러움의 개념에는 본질적으로 숨기려고 하거나 비밀스럽게 하려는 어떤 것이 들어 있다. 인도 게르만어에 상응하는 뿌리를 가진 독일어 단어 '샴'(Scham)은 현저하게 '덮어씌우다', '감추다'는 의미가 들어 있다. 리투아니아어 '쿠베티스'(kuvetis), 곧 '자신을 부끄러워함'은 인도 게르만어 뿌리인 스케우(skeu), 곧 '덮어씌우다'와 연관되어 있다. 부끄러움이라는 말의 어원이 암시하는 것을 그리스 철학, 그리고 특히 그리스도교 철학도 그 의미를 구성하는 것으로서 자각했다. 이 점은 이미 부끄러움에 대한 스토아적 정의에서 나온 것으로, '경외감'과는 달리, 자신을 숨기려고 하는 것이다.541 그렇기 때문에 부끄러움은 흡사 보이지 않는 것을 가리는 영혼의 옷과 같다.542

그리스도교는 이러한 관념을 포착하여 관철시킴으로써 강화했다. 더 나아가서 그리스도교는 이 관념을 내적 인간에 대한 이론과 연관시켰다. 이렇게 해서 부끄러움은 내적 인간의 얼굴을 숨기는 것이다.543 말하자면 부끄러움 때문에 영혼은 옷으로 자신을 감싸게 된다. 그래서 부끄러움 자체는 은폐의 형태이다.544 그리스도교 철학이 특별히 분명하게 표명하듯이, 자신을 부끄러워하는 것은 자신을 숨기려고 하는 것이다.545 부끄러움이라는 옷을 통해서 인간은 심지어 자신을 공개하고 내보이는 것과 결별하게 된다. 다른 한편 자신을 숨기는 것은 주체성을 표현하는 것이다.546 숨기는 것은 의식이 수치스러움을 둘러싸거나 그렇게 준비를 하는 고유한 방식이다. 따라서 인간은 자기 자신에 의해 범해진 수치스러운 행위를 숨기려고 시도하는데, 자기 자신 앞에서도 그렇게 한다. 하지만 인간은 이를 통해서 행위의 수치스러움을 비로소 의식하게 된다. 그리스도교 저자들에 의하면 부끄러움은 이러한 목적을 위해서, 그러니까 의식적으로 되기 위해, 그리고 윤리적인 나쁨을 방어하기 위해 신에 의해 인간에게, 인간 자신의 본성 안으로, 더 자세하게 말하자면, 인간 자신의 첫 번째 본성 안으로 주입되었다.547

그리스도교에 의하면 부끄러움은 자신을 은폐하면서 인간의 조건에 대해 의식하게 되는 것이다. 아담과 하와는 벌거벗었지만, 본래는 부끄러워하지 않았다. 죄로 인해서 비로소 부끄러움과 어떤 것을 공공연하게 만들기도 하는 은폐, 그리고 자유, 하지만 부러진 자유도 생겼다.548 니사의 그레고리우스에 의하면 본래적인 자유는 주인이 없는 상태로, 그래서 자율적인 상태로 되어 가는 것인데, 이 자유는 부끄러움을 통해서 함께 숨겨지게 되었다.549 하지만 동시에 숨겨진 것은 드러나게 된다. 왜냐하면 숨겨진 것은 선과 악에 대한, 정의와 불의를 안다는 표지이기 때문이다.550 부끄러움에서 영혼은 말하자면 자신의 얼굴을 베일로 가린다. 그것은 결코 더 이상 보지 않기 위해서가 아니라, 잘못들의 영역에서 분명하게 빠져나오기 위해서이다.551

더 나아가서 덮어씌움과 숨김은 아직 더 포괄적인 의미를 지니고 있다. 구체적인 잘못 때문에 생기는 부끄러움은 인간이 세상에서 자신의 실존에 대해서, 다시 말해서 자신의 육체적인 실존에 대해서 부끄러워하기 때문에만 가능하다. "말하자면 영혼은 육체를 감싸는 것이다."(c'est l'âme, qui enveloppe le corps)는 니체가 인용한 귀용(Guyon)의 문장은 부끄러움에서 발생한 인간의 직접적인 존재와 자신에 대한 이와 같은 거리 둠을 표현한다. 부끄러움은 본래 주어진 직접적인 실존의 통일성이 굴절된 것이다. 예컨대 동물은 감각적인 육체성과 본능적으로 일치되어 있기 때문에 동물에게는 부끄러움이 없다. 헤겔은 다음과 같이 말한다. "말하자면 부끄러움에서 인간의 본성적이고 감각적인 존재와의 분리가 이루어진다. 그 때문에 이러한 분리가 이루어지지 않은 동물은 부끄러움이 없다." 하지만 부끄러움이라는 감정이 자신의 육체성과의 내적인 거리를 의미한다면, 부끄러움에는 그것을 통해서 인간이 물리적으로 은폐해서 자신을 지키려는 옷의 윤리적 원천도 근거되어 있다.[552] 요약하자면, 부끄러움에서 자신을 은폐하는 요소는 인간이 자신과, 그리고 자신의 육체와의 고유한 내적인 거리를 나타낸다. 이러한 거리는 늦어도 헤겔 이후로 자유라고 불리게 된다.

XIII. 내적 인간에게 가장 내적인 것: 양심

내적 인간은 항상 시험대에 있다. 어쨌든 끊임없이 자기 자신에 대한 시험을 통해 인간을 들여다보는 것은 많은 고대 철학 학파들의 이상에 부합했다. 이 시험은 양심을 통해 이루어졌다. 양심은 내적인 인간을 시험하는 시금석이며, 인간 자신과 다르지 않다. 아우구스티누스는 양심이 내적 인간의 배 부분*에 해당된다고 말한다.553 고대 철학 학파들과 더불어 그리스도교가 이와 같은 인간의 가장 내적인 시금석을 도입함으로써 말하고자 했던 것은 자명하다: 이곳은 어떤 잘못도, 어떤 은폐도, 어떤 속임수도, 어떤 불합리함도 있을 수 없는 '자리', 영역이다. 이곳에는 오직 깨끗한 명징성만이 있으며, 이곳은 거리낌 없이 분명하게 드러나는 장소이기에, 이곳은 진리, 단순성, 순수성이라고 할 것이다.554

양심에서는 오류도 있지만, 이 경우에 있어서 그 자체로는 어쩔

---

* 원문에서는 배(Bauch)라고 했으나, 해당 각주의 아우구스티누스 표현으로는 심장 또는 마음(cor)이라는 라틴어를 사용한다. 독일어의 '배'라는 용어는 감정과 직관의 본래 자리를 가리키는 의미로도 사용된다. 따라서 본문에서 배는 마음의 의미로 볼 수 있겠다.

수 없는 것이기도 하다. 다시 말해서 양심의 법정에 대해서는 어떤 반대도 있을 수 없다. 양심에 대한 이와 같은 중요한 의미와 더불어 내적 인간에 대한 의미는 현대 법치 국가가 양심의 자유를 보장하는 한에서, 법치 국가에 적합하다. 하지만 이처럼 현대의 헌법에서 보장되는 자유가 ― 많은 경우에 있어서 헌법에 근거를 두고서 보장되는 개별적인 자유에 상응하여 입증되는 것처럼 ― 양심에 대한 수백 년간의 철학적 논의의 결과라는 것을 명심해야 한다. 이 경우 내적 법정에 대한 칸트의 상(像) 또는 영원한 세계에서 유래하는 신탁에 대한 피히테의 견해 또는 자신과의 가장 내적인 침잠에 대한 헤겔의 아름다운 정식,* 더 나아가 자신의 고유한 존재 가능성에 대한 현존재의 호소라는 하이데거의 논제처럼, 양심에 대한 대부분의 근대적 표상들이 고대의 사유에서 명백히 증명될 수 있다고 말해야 한다. 이러한 표상들은 플라톤 또는 아리스토텔레스의 사유뿐만 아니라, 스토아주의, 신피타고라스주의자들, 교부들의 사유, 그리고 공통적으로 고대 후기 철학에도 뿌리박고 있다.555 스토아학파와 그리스도교가 ― 참회와 우리가 앞으로 보게 될 용서라는 주제에 있어서 와는 달리 ― 이 주제에 있어서는 함께 뜻을 모았다는 것은 의심의 여지가 있을 수 없다. 그뿐만 아니라 이들은 공동으로 자신의 진리 안에서 양심을 통해 자신과 마주보는 내적 인간의 문화에 대한 토대를 구축했다.

고대 철학에는 양심에 대한 고유한 이론이 없었다. 철학 자체가 추상적 이론이라는 의미가 아니라 그것이 정신적인 수련으로 이해될

---

* 칸트가 말하는 내적 법정, 피히테의 영원한 세계의 신탁은 인간의 양심을 의미한다.

수 있다면, 그러한 수련의 가장 내적인 요소를 서술하는 양심의 행위도 그만큼 그렇게 정신적인 수련으로 이해될 수 있다는 것이다. 철학, 특히 고대 철학은 자기 자신에 대한 집중이며, 그 자신에 대한 염려이고 자기 자신에 대한 주의, 보호, 수호이며, 자아에 대한 관심을 보여 준다. 그리스도교도 이와 다르게 생각하지 않았다.556 그리스도교는 심지어 양심을 마음을 쓰는 신중함의 대상으로 나타냈다.557 그러나 양심은 이와 같은 자기 집중의 범위에서는 자기 검증의 요소이다. 이러한 의미에서 스토아주의자들과 에피쿠로스주의자들은 매일 저녁에 양심을 성찰함으로써 일상적인 자기 검증을 하기를 권했다. 유명한 《황금 시편Goldenen Gedichts》 중에 나오는 구절처럼, 신피타고라스주의자들도 이 점에 있어서 철학적 의무를 보았다. 이 구절은 다음과 같다: "피곤에 지친 눈으로 잠에 빠지지 말게 하라. 오히려 당신은 하루에 세 번 다음과 같은 것을 꼼꼼히 성찰하라. '잘못한 것이 무엇이었는가? 나는 무엇을 수행했는가? 끝내지 못한 의무는 없는가?' 처음에 시작할 때, 모든 것을 시험해 보고, 당신이 악을 행했을 때, 스스로를 꾸짖어라. 하지만 선을 행했다면, 기뻐하라."558

《황금 시편》의 고대 후기 주석자인 히에로클레스는 이 구절을 매일 밤 양심 성찰을 하면서 영혼의 내적인 법정에 세우는 기회로 이용했다. 이 내적 법정에서는 매일 저지른 과오에 대해서 판사로서도 생각될 수 있는 "가장 공정하게 신뢰할 수 있는" 권위가 요청되는데, 그것은 양심으로서 인간이 그에 대해서 가장 많이 부끄러워하는 건강한 이성이다.559 인간이 그 안에서 확실한 방식으로 피고이자 판사인 내적인 법정으로서 양심에 대한 표상은 고대 철학에서 보편적이었다. 알렉산드리아의 필론과 세네카는 이러한 표상을 문학적으로 받아들였고, 칸트에 이르기까지 온 세계가 이들의 생각을 따랐다. 필론이 서술하듯이, 인간에게 양심은 청렴하고 그릇됨이 없는 시금석(ἔλεγχος)으로서 영혼 안에 자리 잡고 있다. 영혼은 자기 자신의 고소인인 동시에 판사로서, 경우에 따라서는 증인으로서 등장하며, 동시에 자기 자신의 본질도 나타낸다.560 에우세비우스는 예수의 제자들을 칭찬한다. 왜냐하면 이들은 '자신들의 영혼의 깊이'에 도달해서 양심을 건드림으로써 청중들에게 양심으로 자신들이 말하는 것을 이해시켰기 때문이다. 이로써 이들은 자신들의 비밀스러운 생각을 더 이상 숨기지 않고 드러내려고 했기에 자기 자신의 '시험관'이 되었다.561 양심을 성찰하는 것은 고대 철학에서 자기 자신에게 집중하는 첨예화된 형태였고, 자기 검증이며 참되게 철학하는 필수 불가결한 요소였다. 세네카는 정신적인 수련이라는 의미에서 자기 자신을 매일 살피는 이와 같은 극도의 윤리적인 노력에 대해서 피타고라스주의자들을 증거로 댄다. "영혼은 …… 매일 책임을 져야 한다. 섹스티우스(Sextius)는 이를 다음과 같이 의무적으로 행했다: 하루의 마지막에 그가 잠자리에 들기 전에 다음과 같이 물었다. '당신은 오늘 당신의 약한 점을 치유했는가? 당신은 어떤 잘못에 맞섰는가? 당신은 어떤 점에서 더 나아졌는가?' 분노는 멈추게 되고, 자신이 매일 판사 앞에 선다는 것을 아는 사람은 신중하게 된다. 그렇다면 하루 전체를 철저히 검증하는 이러한 습관보다 더 아름다운 것이 어디 있겠는가? 이와 같은 자기 검증 후에 따르는 잠은 어떻겠는가? 그 잠은 아주 고요하고 깊고 자유로울 것이다. 그의 영혼은 칭찬받을 만하거나 나무람을 받을 것이고, 영혼 자신의 관찰자로서 판사는 비밀스러운 인식에서 자신의 고유한 특성을 극복하게 된다. 나는 이러한 능력을 필요로 하며,

매일 내 자신에 대해서 책임을 진다. 만일 빛이 내 얼굴에서 멀어지고 이미 나에게 신뢰하는 것에 익숙해 버린 내 부인이 입을 다문다면, 나는 하루 전체를 살펴보고, 나의 행위와 말을 평가해 볼 것이다. 나는 내 자신에게 어떤 것도 숨기지 않았고, 어떤 것도 모른 척하지 않았다."562

하지만 어떻게 내가 전적으로 내 자신을 내 앞에 세우고서 해명을 요구할 수 있으며, 어떻게 내 자신이 고소인이자 동시에 피고인이며, 증인이자 판사가 될 수 있겠는가? 고대 철학은 이 점을 인간 안에 있는 신적 요소를 가정함으로써, 키케로가 말하듯이 '신의 일부'를 통해서, 지키는 자와 지시하는 자가 하나인 중간자 데몬(Dämon)을 통해, '참된' 인간과 영혼 간의 차이를 통해, 칸트가 후에 가르치듯이 실체적 자아와 현상적 자아 간의 차이를 통해 설명했다.563 그리스도교는 이와 같은 양심의 표상을 남김없이 수용했다. 예를 들어 아우구스티누스에게서 우리는 정신적 수련이라는 의미에서의 요청을 읽을 수 있다: 우리 각자는 "자신 안으로 들어가서 자신의 정신의 법정으로 올라가서는 자신의 양심 앞에 자신을 세우고 자신의 잘못을 고백하게 만들어야 한다."564 이 점은 특히 오리게네스에게 해당되는데, 그는 어떻게 인간이 자기 자신을 판사로 등장시키고 동시에 고소인이자 피고인이 될 수 있는가 하는 문제를 영혼의 네 번째 부분으로서 지배자의 탁월한 역할 이론을 통해 해결하고자 시도했다.565 달리 말하자면, 맹인 디디무스가 말하듯이, 정신은 영혼과 결합되어 있지만, 동시에 영혼과 구별되는 숨겨진 사유로 파악됨으로써, 이러한 문제를 해결하고자 했다.566 이 구절에서 이와 같은 대상에 대한 초기 그리스도교의 의미심장한 가르침 — 이 가르침은 영혼의 섬광(scintilla animae)*에 대한 신비 전통을 거치며, 다른 한편으로 근대까지 영향을 미쳤다. - 을 전개시키지 않고도, 종합적으로 양심은 영혼과는 다른 것으로 여겨지기는 하지만, 실제로는 고유한 자아를 나타낸다고 말할 수 있다. 이렇게 - 하이데거와 더불어 말하자면 - 양심이 우리에게 고유하게 존재할 수 있다는 것을 일깨울 때, 또는 양심이 심지어 우리의 의지에 반하여 자신을 알릴 때, 겉으로 보기에 우리에게 의존하지 않는 것처럼 보이는 것도 설명될 수 있다. 왜냐하면 바실리우스가 강조하듯이, "각자는 자신이 비록 의도하지 않더라도, 내면에서 양심을 고소인으로 갖고 있기" 때문이다.[567] 어느 상황에서, 그리고 어떤 상황에서, 그러니까 침대에 누워 있든 책상에 앉아 있든, 시장에 있든 집에 있든, 각자는 밤이나 낮이나 항상 자신을 '고약한 고소인'으로 동반한다. 이 고소인은 청렴하고 자비가 없지만, 숨도 쉴 수 없이 목을 옥죄는 것이 아니라, 끊임없이 타오르는 불처럼 내면에서 압박한다. 이로써 이 고소인은 자기 자신에 대해서 판단을 내려야 한다. 이로부터 요한 크리소스토무스는 그를 자기 자신을 통해서 유죄 판결을 내리는 자라고 부른다.[568]

그리스도교 저자들에 따라서 볼 때 양심을 연구하는 것은 전적으로 근본적인 철학 개념을 위해 헌신하는 것이다. 이러한 철학 개념에 의하면 고유한 그리스도교 철학자, 그러니까 수도자는 자신의 의식에 집중하는 것을 전적으로 자기 자신에게로 향하게 한다. 여기서 세심한 자기 관찰은 양심을 연구하는 것을 의미한다.[569] 저녁에 행하

---

* 마이스터 에크하르트와 같은 신비주의자들이 사용하는 중요한 개념으로서 신과 찰나적으로 일치를 이루는 체험을 말한다.

는 자기 검증의 대상은 윤리적인 검증이라는 의미에서 외적인 행위와 말일 뿐만 아니라, 하루 동안의 생각이기도 하다. 그 때문에 에프렘은 이집트 수도자들에게 모든 행위와 생각에서 양심을 증인으로 의식하라고 충고한다.[570] 하지만 양심의 연구에서는 추상적으로 오직 어떤 하루만의 개별적인 행위와 악행이 마치 그 외의 삶에서 잘려진 것처럼 나타나는 것이 아니라, 삶 전체가 비주제적으로 순간적으로 또는, 요한 크리소스토무스가 표현하듯이, 전체 삶이 신의 증언 아래서 숙고된다.[571] 양심은 잠자리에 들기 전에 하루 동안 범한 잘못들을 쓴 일기장과 같다.[572] 이와 같은 비유에 이미 이교 철학 학파들은 양심의 연구를 글로도 기록하는 세련된 습관들을 반영했다. 이러한 습관은 아타나시우스의 《안토니우스의 생애 *Vita Antonii*》에도 수용되었다. 물론 양심의 연구를 글로 기록하는 것은 "마치 영혼의 내적인 움직임을 다른 사람들에게 전달하려고 하는 것처럼" 이 움직임을 목전에서 보려는 목적을 가지고 있다.[573] 아타나시우스의 이러한 소견은 그리스 도교가 스토아주의자들과 에피쿠로스주의자들처럼, 인간 삶의 '가정된 상황'에 대해 의식적이었다는 확장된 증거만은 아니다.[574] 이러한 소견은 아울러 양심의 연구라는 정신적 행위를 통해서 자아의 안정성에 도달하려고 했다는 것을 분명하게 만든다. 이와 같은 정신적 행위에서 자아는 자기 자신 앞에서 자신과 동일하지만 자신과는 다르게 고백을 하게 된다. 하지만 좋은 양심은 아마도 상상이 밤마다의 양심의 연구에 대해서 뭐라고 소곤거릴 수 있듯이, 단지 잠을 자기 위한 부드러운 베개쯤으로 다른 기능을 가지고 있다.

사실 좋은 양심은 영혼의 참된 축제이다. 아우구스티누스는 심지어 좋은 양심을 내적인 낙원이라고 불렀다.[575] 여기서 암시만 되고 명시적으로 드러날 수는 없지만, 크리소스토무스는 그리스도교적인 의미에서 축제에 대한 새로운 이론을 양심에 대한 사유와 연결시켰다. 축제가 그리스적인 의미에서 대개 종교적으로 한정되어 외적으로, 특정한 날과 시기에 고정된 잔치로 이해되었다면, 크리소스토무스에게 있어서 축제는, 필론이 이러한 사유를 준비했던 것처럼 보인 이후로, 내적 인간을 위한 의미로 파악했다. 말하자면 이는 축제를 삶의 성취로서, 영혼의 잔치로, 자기 자신을 긍정하는 좋은 양심으로 이해했다는 것을 의미한다. 하지만 이러한 잔치는 그에 앞서 주어진 시간과 연결된 것은 아니다. 본래적인 의미에서 축제는 인간 영혼에 의해 시간적으로 상호 숙고된 축제이다. 요한 크리소스토무스는 매일을 영혼을 위한 축제의 날로 여김으로써, 축제를 명시적으로 잔치의 그리스도교적 형태로 나타냈다. 이는 영혼이 매일 자신의 윤리적인 자아의식을 갱신하고 좋은 양심을 만들어 줄 수 있음으로써 이루어진다. 말하자면 좋은 양심을 통해서 영혼은 자기 자신에 대해 긍정하게 된다.576 이렇게 자기 자신에 대한 내적 인간의 동의는 그리스도교적으로 축제로 이해된다. 이 점으로부터 축제의 중심은 '세상에 대한 동의'라는 피퍼(J. Piepers)의 유명한 규정이 나온다. 이 규정은 아리스토텔레스-토마스적인 철학을 통해 한정된 축제라는 현상에 대한 한쪽 측면의 관점이다.577

양심이 어떤 종류의 지식인가 하는 것을 요한 크리소스토무스는 가장 명백하게 해명했다. 양심은 선과 악에 대한 앎이다. 이 앎은 인간에게, 곧 '우리 각자에게' 처음부터 자연법의 형태로, 그리스도교 철학의 용어로 말하자면, 십계명의 형태로 함께 주어졌기 때문에, 각자에게 불가피하게 현존한다.578 이는 신으로부터 인간에게 선사된 자유이다. 이로써 인간은 선과 악을 구분하는 것을 알고 자발적으로 이러한 앎의 형태를 얻게 된다. 요한 크리소스토무스는 명시적으로 '끊임없이 깨어 있으며', 청렴하고 엄격한, 양심을 판단하는 시금석에 대한 인간의 전권을 신적인 은총의 일로 표지했다.579 늦어도 여기서는 오리게네스의 자유론에 토대를 두는 요한 크리소스토무스의 양심에 대한 이론의 배경이 가시적으로 드러난다.580 크리소스토무스에 의하면 분명히 이는 일종의 선험적인 지식에 관련된다. 우리는 예컨대 부도덕한 행위가 나쁜 것이며 (스스로) 자신을 자제하는 것이 좋은 것이라는 것을 (따로) 배울 필요가 없는데, 왜냐하면 그것은 "오히려 우리는 이러한 것을 처음부터 알고 있기" 때문이다. 우리가 십계명을 이미 처음부터 알고 있다는 것을 체득하기 위해, 십계명이 주어졌을 때, 신적인 계명의 수여자는 현저하게 명령형으로만 계명을 선포했으며(예를 들어, '살인하면 안 된다.'), '살인은 나쁜 짓이기 때문에'와 같은 다른 설명을 추가하지 않았다. 크리소스토무스는 말하자면 우리 안의 양심을 이미 함께 고려했으며, 그러한 한에서 양심은 "선취되었고", "이미 알고 있고 이해하고 있는 것으로서" 우리와 더불어 말하는 것이다.581 더욱이 아주 사소하게 보이는 것도 이러한 윤리적인 앎에 대한 명백한 간접적 증거이다. 다시 말해서 우리가 덕의 의미에서 행위 하지 않거나 비윤리적인 어떤 것을 행하더라도, 우리는 덕이 칭찬받을 만한 것이며, 윤리적으로 나쁜 것은 비난할 만한 것이라는 것을 알고 있다. 윤리적인 것과 비윤리적인 것의 성질에 대한 이러한 앎은 단지 우리 양심과 의지가 처음부터 본성적으로 가까이 있고 덕과 직접적인 신뢰 관계에 있을 뿐만 아니라, 원래 나쁜 것에 대해 적대적이라는 것을 설명할 수 있을 뿐이다.582

양심은 그 자체로 무엇이 선하고 악한지에 대한 선험적인 앎으로서, 국가, 인종, 언어에 상관없이 모든 인간 안에 들어 있다. 그렇다면 전 세계에 퍼져 있는 살인과 결혼 등에 대한 법들은 어떻게 설명될 수 있는가? 이 법들은 원천적으로 선험적인 앎을 독학의 방식으로 전개시킨 것이다. 이에 대해서 크리소스토무스는 이 선험적인 앎이 예술에 대한 지식의 경우와 유사하게 인간에게 원천적이며 인간으로서 그의 마음속에 들어 있다면, 특히 그리스인들과 비교된다고 주장했다.*583 이와 더불어 양심은 윤리적인 자율성의 원천이기도 하다. 왜냐하면 원천적이고 본성적으로 주어진 법의 전개는 ─ 심지어 사도 바오로의 말에 따르자면 ─ 자기 입법의 한 형태이기 때문이다.584 더 나아가서 크리소스토무스는 원천적으로 인간에게 주어진 양심에서 인간의 윤리적인 자립의 근거까지 보았다. 이 자립에서 인간은 선을 선택하고 악을 혐오할 수 있는 것이다.585 동일한 의미에서 오리게네스 학파의 디디무스는 인간을 절대적으로 자유로운 존재라고 불렀다. 왜냐하면 인간은 "자유롭고 자율적인 의지를 가지고 있기" 때문이다.586 스스로 배우는 양심의 자율성에 대한 이러한 요소는 바로 요한 크리소스토무스에게 있어서 창조와 더불어 모든 선의 원천에 대한 더 나아간 간접적 증거이다. 우리 위에 뒤덮인 하늘과 우리 안의 윤리법에 대한 유명한 칸트의 이념**이 이미 스토아 철학에서

---

* 고대 그리스 사람들에게 있어서는 인간 내면에 있는 '다이몬'이라는 신적 존재가 양심의 목소리와 같은 역할을 했다.
** 다음은 칸트의 묘비에 새겨져 있는 말이다. "생각하면 할수록 놀라움과 경건함을 주는 두 가지가 있으니, 하나는 내 위에서 항상 반짝이는 별을 보여 주는 하늘이며, 다른 하나는 나를 항상 지켜 주는 마음속의 도덕률이다."

신에 대한 인식의 두 가지 가능성으로서 준비되었다면, 이 이념은 여기서는 대표적인 주요 논제의 의미에서 추가될 수 있는 것처럼, 요한 크리소스토무스에게서 수용되었고, 니사의 그레고리우스에게서 성취되었다. 왜냐하면 니사의 그레고리우스는 내적 인간, 곧 양심을 거쳐서 신 인식으로의 길을 선호했고, 이로써 고유하게 그리스도교적 염원을 표현했다. 그는 동시에 다른 길, 곧 이론적인 신 인식에 대한 의혹을 가시적인 세계를 통해 매개해서 알림으로써 그렇게 했다.[587]

XIV. "사랑의 가장 아름다운 꽃": 용서

그리스도교뿐만 아니라 그리스도교가 아니었던 고대에서, 인간이라는 이 지상의 실존은 비록 개별적인 경우에 잘못을 우연적으로 야기하더라도 필연적으로 항상 다시금 잘못을 저지른다는 점에서 출발했다. 죄의 상태에서 인간은 자유로운 존재로 살 가능성은 없다. 인간은 필연적으로 잘못을 저지른다. 그리스의 비극 작품에서부터 플라톤 철학을 거쳐서 카시오도루스의 죄에 물든 영혼에 대한 비판에 이르기까지, 아주 상이한 출처에서 기인한 본문들은 이와 같은 의식에 대한 논의를 표현했다. 변화하는 도정에 있는 이 세상에서 영혼의 타락에 대한 설명을 통해서, 낙원으로부터 추방당하는 신화를 통해서 보는 것처럼, 인간 실존을 지배하는 이와 같은 죄의 필연성이 항상 그러한 것처럼, 잘못, 죄, 탓은 그늘진 산의 골짜기처럼 인간의 조건에 속한다.

하지만 잘못을 저지르는 삐뚤어짐이나 자유의 악용은 필연적으로 마지막 말은 아니다. 자유 자체에 있어서는 죄로 인해 삐뚤어진 것을 바로잡고, 아마도 이것을 상쇄하기까지 할 가능성이 남아 있다. 무질서로 타락한 것에 다시 질서를 부여하는 한 형태는 형벌이다. 이러한 의미에서 플라톤은 《고르기아스》에서 좋음, 곧 선(善)을 실제로 의도하려고 하지만 잘못을 저지르는 사람은 누구나 자기 교정이라는 의미에서 형벌을 받아야 한다고 말한다.

그리고 세상에서 죄를 통해서 성립된 악을 해결하는 다른 형태는 용서이다. 하지만 용서의 가치에 대한, 심지어 용서의 본질에 대한 의식이 항상 존재한 것은 아니었다. 그렇기 때문에 용서는 수면 위로 드러났을 때에야 비로소 발견되었다고 말할 수밖에 없다. 그리스 사람들은 자신들의 시와 철학을 통해서, 수사학과 역사 서술, 의학과 전기(傳記)를 통해서 용서라는 현상에 대한 의식이 생기는 데에 혁혁한 공헌을 했다. 이들은 이러한 의식을 발견하기는 했지만, 이하에서 보게 되겠지만, 그리스도교가 비로소 이러한 발견의 완성을 성취했다. 이미 일곱 현자 중의 한 사람인 피타코스는 귀족의 윤리학 범위에서 용서를 보복, 곧 형벌과는 대비되는 높은 가치로 보았다.588 관용은 사실 많은 경우에 자신의 명예를 염두에 둔 사람에게는 무자비한 형벌보다는 더 선호될 수 있었다. 용서의 우위성에 대한 피타코스의 생각이 그리스 문화에서 어떻게 적용되어서 변화되었는가 하는 점은 여기서는 다루지 않을 것이다.

메츨러(K. Metzler)의 학문적 작업은 용서 개념에 대한 다양한 측면들을 섬세한 세부 사항까지 추적했으며, 그러한 한에서 외잉-한호프(L. Oeing-Hanhoffs)의 논제를 수정했다. 이 논제는 그리스의 용서(συγγνώμη) 개념이 용서하는 행위의 동기와 함께 인식하는 것과 다르지 않다는 점으로부터 출발한다.589 반면에 이와 같은 역사적 연구는 가이저(K. Gaiser)의 용서의 문제에 대한 연구와는 상충된다. 가이저에 의하면 그리스의 용서 개념은 개별 경우의 예에서 볼 수 있는 것처럼, 용서하는 행위에 대한 조건들, 특히 무지 또는 비자발성 또는 감정의 규정을 통찰하는 것을 의미한다. 따라서 그리스적인 의미에서 용서의 개념은 "인간적으로 연약한 타인의 태도와 의도를 통찰하는 인식이며, 이로부터 타인에 동의하며 공감하면서 이해하는, 그의 탓을 제거함"으로 규정될 수 있다.590 아리스토텔레스적인 용서로 눈길을 돌린다면, 이러한 규정은 확실하게 증명된다.

반면에 메츨러가 주장하듯이, 플라톤과 스토아적인 이해에 따라서 본다면, 용서는 형벌을 정말로 대신할 수 있는 것이 아니라, 의도하지 않은 옳지 못한 행위를 범할 수 있는 경우에, 일종의 미봉책으로서 풍자와 기피의 대상이었다. 프로클로스도 용서의 대상을 잘 몰라서 하거나 자발적이지 않은 것으로 봄으로써, 고전적인 그리스 철학의 이와 같은 입장을 대표한다.591 특히 스토아주의자들은 용서를 영혼의 나약함으로서 거부했다. 그렇기 때문에 현명한 사람은 용서하지 않는다. 왜냐하면 용서는 잘못을 저지른 자가 자발적으로 잘못을 저지르지 않았지만, 그럼에도 불구하고 모든 사람들은 자신의 고유한 열등감에서 잘못을 저질렀다고 믿는 것과 같은 것을 의미하기 때문이다. 따라서 결정적으로 잘못을 한 사람들에게 용서를 베풀지 않아야 한다는 결론이 나온다.592 다른 구절에서는 더 명백하게 스토아주의자들의 입장이 드러나는데, 여기서 이들은 자비롭지 않으며, 어느 누구도 용서하지 않는다. 왜냐하면 이들은 법에 의해 부과되는 형벌을 포기하지 않았기 때문이다. 다시 말해서 관용과 동정과 스스로 공정함(Epikie)은 형벌의 부과에 반하는 영혼의 나약함이다.593 세네카도 현명한 사람은 용서하지 않아야 한다고 강조한다(*De clementia*, 2,7). 요약하자면, 그리스 철학에는 참회 또는 후회의 경우와 유사하게, 용서의 현상에 대해 그 어떤 긍정적인 관련성도 없다. 외잉-한호프는 이 점을 분명하게 알았고, 이 점을 사물에 대한 그리스도교적 관점과 올바르게 대비시켰다. 하지만 메츨러가 이와 같은 고집스러운 해석과 대립해서 제시하는 것도 옳다. 메츨러에 의하면 그리스인들은 행위 동기에 대해 통찰함으로써 용서할 뿐만 아니라, 용서가 '좋은 것'으로 여겨졌기 때문에 용서하기도 했다.594 그러나 다른 측면에서 볼 때, 용서는 우리 인간의 필수적인 요소로 간주되는 덕이 아니다. 용서는 자발적인 것이 아니며, 본성적이며, 감정적인 것이다. 용서는 그리스적인 의미에서 타인의 나약함에 대해서 '용서할 만한' 인간의 나약함을 말한다. 그렇기 때문에 플라톤이 《법률Nomoi》에서 말하듯이, 신들은 용서할 수 없다.

그리스 철학이 왜 용서라는 현상을 긍정적으로 평가할 수 없었는가? 라고 묻는다면, 그리스 철학에서는 윤리적인 죄에 대한 어떤 개념도 발전시키지 않았다는 점인데, 과연 용서라는 개념과 관련이 없는지를 숙고해 보아야 한다. 헬레니즘 정신에서 볼 때 ― 아마도 여느 때와 다름이 없는 방식이 아닌 ― 죄가 나타내는 현상을 우리가 잘 알아보도록 해 준 문화라는 것은 잘 알려진 사실이다. 무지와 무지를 야기하는 원인이 구분될 수 없을 정도로 서로 엉켜 버릴 수 있듯이, 기만과 책임감은 이와 같이 깨끗하지 않은 은밀한 동맹으로 결합됨으로써 비참한 죄가 된다.

더 나아가서 법적인 죄는 '탓'(culpa)과 '고의'(dolus) 간의 차이점으로 구성되며, 이 점은 사실상 탁월하게 호머와 헤시오도스의 서사시, 고대의 서정시뿐만 아니라 아이스킬로스, 소포클레스, 에우리피데스의 비극 작품들, 그리고 플라톤과 아리스토텔레스, 스토아주의자들의 철학에도 나타난다.595 그러나 윤리적인 죄에 대해서 이들은 알지 못했다. 이 점은 재차 그리스 철학이 의지에 대한 어떤 고유한 이론도 발전시키지 않았다는 점과 연관된다.

하지만 윤리적인 것의 개념은 바로 의지에 부합하는 것을 의미하며, 이러한 의지 부합성은 오랜 전통에 있어서 특히 본성적인 것과는 구분되었다.596 이 점은 그리스도교의 업적에 속하며, 여기서 처음으로 자유는 의지와 부합된다는 의미에서 본성과는 구분되며, 더 나아가서 고유한 의지론이 발전되었다. 그 때문에 교부들에게 있어서 윤리적인 죄가 고유한 성질을 지닌다는 것을 의식함으로써 — 철저히 자유 의지적으로 — 의지적으로 잘못을 범했다는 것을 깨닫게 되었을 때, 이는 우연이 아니기도 했다. 예컨대 아우구스티누스가 전적으로, 오리게네스가 통상적으로 마니교를 반대하여 자유와 본성을 대립시켰다는 의미에서, 본성과 결부되고 죄와 결부된 것도 개념적으로 엄격하게 분리하려고 했다는 점에 대해서 인식될 수 있다.597 그리스 지역의 그리스도교에서도 유사한 점이 규명될 수 있다. 예컨대, 내적 인간에 대한 위대한 심리학자인 요한 크리소스토무스에 따르면, 예수 그리스도에게 위임되어 있긴 하지만, 윤리적인 측면에 볼 때 인간은 천사가 될 수도, 짐승처럼 될 수도 있다는 것이다. 이러한 윤리적인 측면은 오리게네스 이래로 플라톤적인 영혼의 방황 이론(윤회론)에 대한 그리스도교적인 재해석이다. 요한 크리소스토무스는 플라톤이 《국가》에서 말하는 것처럼, 심지어 인간은 다양한 형태로 묘사되는 괴물과 같이 된다는 것도 알았다. 하지만 요한 크리소스토무스는 이와 같은 변질의 과정에 있어서 죄를 사죄하는 것을 본성으로 여기지는 않았다. 왜냐하면 이러한 타락은 의지와 의향의 일이기 때문이다.598 그러나 그리스도교 철학은 윤리적인 잘못을 의지에 귀속시킴으로써, 윤리적인 죄의 현상이 우선적으로 그 자체로도 의식된다. 왜냐하면 윤리적인 잘못을 무지의 형태로 환원시키려는 플라톤적-아리스토텔레스적 지성주의에서는 그러한 의식됨은 논외로 취급되기 때문이다. 그 때문에 그리스도교 측면에서는 이와 같은 류의 지성주의에 대항해서도, 인식이 아니라, 의지가 선함 또는 악함에 대한 근거라고 주장했다.599

또 다른 분명한 길이 있는데, 이 길은 중세 시대에 겐트의 하인리히와 프란치스코 회원들에 이르기까지 — 이들은 명시적으로 플라톤과 아리스토텔레스를 반대했다. — 지성에 비해서 의지의 독립성을 강조했다. 이로써 의지는 이성의 분명한 판단에 대해서까지 반대하여 어떤 것을 하려고 할 수 있다. 그리스의 지성주의에 대한 이러한 근본적인 비판은 그리스도교 철학의 의지에 대한 이론과 윤리적인 죄의 현상에 대한 민감성을 통해 가능할 수 있었다. 이러한 발전은 용서라는 주제에 있어서 완전히 결정적인 의미를 지니게 된다. 왜냐하면 용서는 이제 그리스도교에서는 본질적으로 윤리적인 죄를 사면하는 것이기 때문이다. 특히 이러한 통찰은 외잉-한호프뿐만 아니라 메츨러도 가정하듯이, 근대의 그리스도교에서 비로소 처음으로 발견된 것이 아니라, 교부 시대에 그리스 교부들과 라틴 교부들을 통틀어서 그리스적인 발상을 근원적으로 종결시킨 사유에서 발견되었다. 그리스 철학자들에게서는 용서의 대상을 통해서 야기되는 것으로 변두리 주제에 지나지 않았던 것이, 그리스도교에서는 내적 인간의 이론과 연관해서 중심에 서게 되었다. 왜냐하면 용서는 죄가 파괴한 것을 다시 복구시킴으로써, 그리스도교에서는 용서가 내적 인간의 회복으로 이해되기 때문이다.600 용서는 자기 자신과 자신의 수치스러운 행위에 대해서 '인간의 내적인 거리 둠으로서'의 참회를 통해 시작된 것을 완성한다. 그 때문에 용서는 "참회의 열매"라고 불린다.601 후에 고백자 막시무스(580~662년)가 인간을 괴롭히는 죄로부터의 자유라는 의미에서 이 열매를 '감정의 동요가 없는 상태'(apathia, 희: apatheia, 부동심)*로 이해했을 때, 이는 확실히 고대 철학의 독특한 필치와 상응한다.602

하지만 그렇다면 여기서 용서의 정신은 그리스도교적으로 이해된 것인가? 용서가 단지 죄로부터 자유로울 뿐이란 말인가? 아우구스티누스는 다음과 같이 우리를 상기시킨다: 참회가 있는 곳에 죄가 있을 수밖에 없고, 거기서 본성과 결부된 것은 본래는 후회될 수 없다. 따라서 본성과 결부된 것은 의지에 의한, 다시 말해서 윤리적인 죄일 수밖에 없다. 이 죄는 용서를 통해서 근절된다.603 시리아의 에프렘 같은 다른 그리스도교적 저자들은 자신들에게 자발적인 죄와 자발적이지 않은 죄들이 감추어져 있다는 이유 때문에 (그리스적 입장에 대한 함축적인 비판과 함께) 기도한다.604 하지만 그리스 교부들 중 누구도 요한 크리소스토무스처럼 세련되게 용서를 인간 삶의 풍요로움으로 철학한 인물도 없다. 네메시우스는 자신의 인간학에서 용서를 인간적인 것(humanum)으로서, 인간의 고유한 점으로 나타냈을 뿐만 아니라, 크리소스토무스는 특히 인간의 삶이 자신의 최고 형태에 있어서, 다시 말해서 그리스도교 철학으로서 용서는 스스로 신을 모

---

* 영혼이 악으로 쉽게 기울지 않는 평화로운 상태로, 피조물에서 기인하는 개념적인 이미지에 영향을 받지 않으며, 그것에 의해 고통을 겪지 않는 상태

방하는 것 외에 다른 것이 아니라고 강조했다. 크리소스토무스에 의하면 용서에 있어서 우리는 신을 특별한 방식으로 모방한다. 신이 우리를 용서하기 때문에, 우리는 서로를 용서해야 한다.605 이 정신에서 장 폴(Jean Paul)도 다음과 같이 말한다. "인간은 자신이 용서를 청하거나 자신을 용서할 때보다 아름다운 적은 없다." 이미 알렉산드리아의 클레멘스도 시도했듯이,606 크리소스토무스는 내적 인간이 용서를 통해서 회복되는 한에서, 용서도 정신적인 수련으로 이해되어야 한다고 상기시킨다. 우리가 올바로 알아듣는다면, 크리소스토무스가 말한 모든 것은 '내적 인간을 형성하는 것'을 목표로 삼는다.607 그 때문에 재차 다시 죄를 짓는 그때가 바로, 신이 있는 곳으로 가서, 신에게 용서를 청할 때이다. 왜냐하면 "여기서 안식처는 변론서를 요구하는 법정이 아니라 죄의 용서를 들어주는 곳이기" 때문이다.608

다른 측면에서 볼 때, 항상 다시 용서하는 것도 정신 수련이라는 의미에서는 의미심장하다. 왜냐하면 용서가 쌓이면 용서하는 사람도 잘못 자체에 대해서 예민하게 만들기 때문이다.609 용서에서 고유하게 발생하는 것은 자기 자신에게 의식을 끊임없이 집중시킨다. 이러한 점은 고대와 고대 후기의 사유를 지배했던 철학 개념과의 연관에서 바라보아야 한다. 아우구스티누스는 이러한 연관성을 보았던 인물이다. 용서에 대한 라틴어 표현인 '이그노쉐레'(ignoscere)는 이와 같은 연결을 이미 암시하고 있다. 왜냐하면 '이그노쉐레'는 문자적으로 이해하자면 인지하지 못한, 등한시한, 그것에 대해서 간과하게 된 어떤 방식을 표지한다. 이렇게 해서 의식의 집중이라는 형태로서 용서의 개념에 놓여 있는 내적인 변증법이 귀결된다. 다시 말해서 용서를 통해서 깨어서 집중하는 의식은 자신에게 집중시켜서 엉뚱한 어떤 것에

주의를 기울이는 것이 아니라, 정신을 그와는 다른 어떤 것으로 향하게 해야 한다는 것을 발견하게 된다.610 하지만 용서는 아량 넓은 관대함이라는 이러한 요소만을 갖는 것은 아니다. 요한 크리소스토무스는 용서를 통해 본래적으로 도달하는 것을 화해(καταλλαγη)라는 개념으로 표지한다. 그러니까 인간은 신과 함께 화해한 공동체를 만드는 자신의 동료들을 용서함으로써, 이를 실천적으로 스스로 자기 뜻대로 할 수 있다. 왜냐하면 인간이 자신의 동료를 용서하고, 따라서 신은 그 사람도 용서하기 때문이다.611 이렇게 용서는 필연적으로 항상 상호간의 주체적인 행위이다. 나는 용서를 청할 수 있지만, 나는 내 자신을 용서할 수는 없다. 크리소스토무스는 우리 안의 판사인 양심이 이러한 기능을 충족시킬 수 없다는 것을 분명하게 말한다.612 항상 다른 사람만이, 최종적으로는 윤리적인 선(善)의 총체인 신만이 우리를 용서해 줄 수 있다.

한편 용서는 잊어버리는 것이다. 어느 누구도 크리소스토무스만큼 이 점을 분명하게 인식한 사람은 없었다. 신이 자신의 죄를 용서해 준 사람은, 그러니까 자신의 영혼을 구원하는 것이 정말로 신에게 달려 있다면, 자신의 잘못을 여전히 "똑바로 응시해야 할 것이며", 이와 함께 특히 스토아 사상에서 알려진 것으로, 자신의 자기 정체성에 대한 의식을 강화하고, 심지어 이 의식에 자유와 정의의 감정을 부여해야 한다.613 크리소스토무스가 용서와 망각의 차이로 뜻한 것은 명백히 우리 자신과의 관계에 해당된다. 본래 유일하게 죄를 용서해 줄 수 있는 신에 의해 우리의 죄를 용서받는 것은 우리의 고유한 과거와 화해하는 것이기도 하다. 용서의 행위를 통해서 우리는 마치 죄, 그러니까 분리하는 것이 없었던 것처럼, 타인에게 받아들여진다는 것을 알게 된다. 그 사이에 용서된 죄에 대한 기억은 그 죄를 재차 실제적인 것으로 만들지 못하며 오히려 우리의 고유한 인생사를 구성하게 된다. 기억된 것으로 죄는 우리에게 속한다. 우리는 이렇게 기억된 죄로 존재한다. 용서는 이러한 기억을 지워 없애려고 하지 않는다.

그리스도교를 통해서 변화된 용서의 형태는 용서에 대한 변화된 본질적 이해를 말하는 것은 아니어서, 그리스적인 의미에서 사유된 의식을 단번에 해명해 줄 수는 없다. 본래 의로움에 대한 그리스적인 이념은 뿌리가 깊다. 이러한 이념에 따르면 죄는 속죄의 형태를 통해서 해소되어야 한다. 이는 신과 인간에 대한 그리스도교적 논제가 윤리적인 죄에 대해서 가능한 용서를 받아들일 수 있는 것과 유사하다. 4세기에 켈소스와 그리스도교 양자 모두에게 날카로운 비판가였던 포르피리오스와 더불어 배교자 율리아누스는 신의 상(像)뿐만 아니라 인간의 상(像)을 근본적으로 변화시킨 용서와 죄의 사함에 대한 분노를 예수의 입을 빌어 조소적으로 다음과 같이 표현했다. "유혹자, 살인자, 성전 모독자, 범죄자가 의기양양하게 다가온다. 내가 너희를 이 물에 씻김으로써, 나는 너희를 즉시 정화할 것이다. 그리고 재차 자신의 죄의 행위로 돌아가는 사람은 단지 가슴과 머리를 치는 것이 요구될 뿐이다. 나는 동시에 그의 무죄함을 다시 선언할 것이다."614 200년 후에도 여전히 마지막 신플라톤주의자 중 한 명인 심플리키오스는 용서하는 신에 대한 이와 같은 그리스도교적 표상을 비판했다. 그는 '오늘날 몇몇 사람들'이라고 말하는데, 이는 그리스도교인들만을 의미할 수 있으며, 죄를 사해 주고 용서해 주는 것을 신적인 자비의 필연적인 표지로 간주했다. 하지만 이러한 생각은 불가피하게 해결하기 어려운 점으로 귀결되는데, 그것은 불의를 행한 사람과의 관계뿐만 아니라 그 불의를 감수해야 하는 사람과의 관계에서도 그러하다. 여기서는 플라톤적인 근본 사유에 대해서 기억하는 것만으로 충분하다. 심플리키오스는 그리스도교적인 용서의 이념을 불합리한 것으로 여기려고 함으로써, 범죄자가 그 어떤 벌로도 속죄하지 않았더라면 더 커졌을 죄는 악이고 병이며, 영혼의 치욕으로 보았다. 이렇게 본다면 신 자신은 용서를 통해서 악이 창궐하게 하는 데에 어느 정도 기여한 것이 된다.

    요약하자면, 용서하는 신에 대한 그리스도교의 이념은 신과 인간을 동일시하는 미숙한 '신인동형론'(神人同形論)을 드러낸다는 것이다. 본래 인간처럼 그때그때마다의 행복을 위해 변덕을 부리는 신을 묘사하는 이 신인동형론은 결코 신에게 고유한 변하지 않는 지복(至福)과는 일치하지 않는다는 것이다. 우리가 죄를 지을 때 신은 우리를 외면하거나 화를 내지 않을 뿐더러, 우리가 저지른 행위에 대해서 회개할 때도 우리에게 돌아서는 것도 아니다. 오히려 우리는 우리 자신으로서, 윤리적인 타락을 통해 우리 자신으로부터 멀어지게 된다.[615] 플라톤이 세운 아카데미아 말기에 신플라톤주의의 이러한 비판은 이 장에서 출발했던 논제를 증명하고 있다. 그리스도교 철학은 그리스 철학의 영역으로부터 덜 긍정적인 반감을 느꼈으며, '용서의 철학'을 수립했다. 이 용서의 철학에 의하면, 윤리적인 죄의 용서는 인간 실존의 근본 요소로서 생각되어야 하며, 더 나아가서 《법률》에서의 플라톤의 말과는 반대로, 신의 술어로서도 생각되어야 한다. 하지만 본래 그리스적인 사유가 그리스도교를 통해서 이렇게 성취된 것은 분명히 옛 것이 새로운 것에서 재차 발견될 수 없을 정도로 출발점에서 멀리 떨어지게 되는 결과를 초래했다.

XV. 원죄, 죽음, 그리고 재탄생

　　현대인에게 그리스도교 철학에서 가장 낯설게 나타나는 것은, 심지어는 그리스도교가 현대인을 소외시킬 수 있는 것은 그리스도교가 처음부터 인간의 현존재에 무거운 짐을 지우는 또 다른 류의 죄에 대해서 말한 사실이다. 아우구스티누스 이래로 이 죄는 '원죄'로 불렸다. 그 때문에 그리스도교를 비판하는 이들은 아우구스티누스를 여러 번에 걸쳐서 원죄론의 무거운 부담을 후세에 남긴 주요 책임자로 여겼다. 그러는 사이에 아우구스티누스가 그랬다는 것이 드러났고, 특히 후기의 아우구스티누스는 논쟁의 여지가 있는 자신의 원죄론을 통해서 이미 그리스도교 전체의 신빙성에 박혀 있는 뿌리를 건드렸다. 사실 아담의 죄와 이 죄가 전체 인류에게 전가되는 방식에 대한 결실 없는 끝없는 논의들은 아우구스티누스 자신과 중세 철학과 신학의 모든 학파들에게서 볼 수 있으며, 이러한 논의들은 그리스도교 철학의 고유한 관심사에 오히려 피해를 주었고 철저한 비판에 서슴없이 재료를 넘겨주었다. 하지만 항상 얻는 것보다 잃는 것이 더 많은, 위험에 처하게 하는 치명적인 비판은 어떤 현상에 대해서 참으로 정당화되기는 어렵다. 그 때문에 그리스도교 철학에서 원죄론에 대한 본래적 관심사에 대해 비판적이고 반성적 숙고를 감행하는 것은 이 원죄론을 자구적으로가 아니라 승화시킨다는 의미에서 볼 때 더 적합하다. 이러한 관심사는 부인할 수 없으며 지울 수 없는 인간 안의 악에 대한 성향을 설명하려는 것이었다. 이미 오리게네스는, 그리스도 외에는 어느 누구도 악의 간섭을 받지 않은 사람은 없었는데, 신앙의 선조들, 예언자들, 사도들도 예외는 아니었다고 말한다. 죄에 대한 경향은 본래부터 모든 인간에게 고유한 것이다.616 오리게네스는 다음과 같이 말한다. "우리 모두가 인간으로서 본성적으로 죄로 기울어지는 경향이 있다는 것은 분명해 보인다."617 오리게네스의 스승인 알렉산드리아의 클레멘스도 이미 죄를, 모든 인간에게 타고난 것이며 공동적인 어떤 것이라고 말했다. 이는 신을 통한 우리 구원의 필연성을 유추하기 위해서였다. 비록 신이 항상 오직 우리의 고유한 자유로운 자기 결정을 통해서만 구원하려고 한다는 영지주의자들에게 반대하여 어느 정도 동시에 추가해서 말하기는 하지만 말이다.618 이와 같이 초기 그리스 교부들이 특히 영지주의자에 반대하여 확정한 것은, 인간이 아담의 죄를 통해서 죄인이 된 것이 아니라는 의식이다. 왜냐하면 인간은 항상 자기 자신을 통해서만, 자신의 고유한 자유로운 행위를 통해서만 자기 자신이 될 수 있기 때문이다.

 하지만 이 점은 우리가 '본래 그렇게 존재하는' 것처럼, 원죄를 통해서 아직 좀 더 면밀하게 살펴볼 수 있는 방식으로는 한계가 있다는 것을 보여 준다. 인간의 존재는 본래 처음부터 세대를 거쳐서 전해지는 악과의 연관성에 연루되어 있다. 다른 이들과는 달리 니사의 그레고리우스는 다음과 같이 표현한다: "이렇게 악은 원조들의 죄를 통해 우리 본성의 본질적 구성 요소인 것처럼 되어 버렸다. …… 그러나 모든 동물류에 있어서는 세대의 단절되지 않은 연속성을 통해서 본질적인 속성이 항상 끊임없이 유지됨으로써, 다음 세대가 이전 세대로부터 전적으로 동일한 본성을 물려받는다. 이와 마찬가지로 인간도 동일한 특성에 의해서 다른 인간으로부터 다시 존립하게 된다. …… 이에 따라서 인간이 태어날 때, 소위 죄를 지니고 태어날 때, 그러니까 죄가 그 인간과 함께 생명 속으로 들어갈 때, 죄는 그 인간과 함께 전개되며 그 사람의 죽음의 시간에 이르러서야 비로소 끝나게 된다."[619]

그러나 동시에 — 특히 카파도키아 교부들에게 있어서는 — 인간이 처음부터, 그리고 본래 자유롭고 자기 결정적으로 창조되었다고 의식하게 됨으로써, 죄에 저항할 수 있으며, 함축적으로 '본래의 자유'로 되돌아갈 수 있다는 점이 말해진다.[620] 따라서 인간은 처음부터 자신의 이전 역사를 통해서 조건 지어져 있으며, 악으로 향하는 경향이 있지만, 동시에 이로부터 자유롭기도 하다. 아우구스티누스는 원죄에 대한 그리스적 이념을 적대자인 마니교도들과의 논쟁을 통해서 수용한 동시에, 펠라지우스와의 논쟁을 통해 인간의 조건에 있어서 전형적으로 구성적인 의미를 지니는 어떤 것을 의식하게 되었다. (켈레스티우스를 반대하는 것을 목적으로 쓴 것으로) 414/415년 처음으로 펠라지우스를 반대한 작품인 《죄인의 응보와 용서*De peccatorum meritis et remissione*》보다 이미 15년 훨씬 이전에 쓰여진 《심플리키오스에 찬성하여*Ad Simplicianum*》(397년)에서 아우구스티누스는 원죄에 대해서 더 이상 이전처럼 물려받는 짐이거나 나쁜 습관으로 말해지는 않으며, 오히려 원죄를 유전된 죄로 정의하며, 각 개인의 인격적인 잘못보다 선행하는 잘못으로 벌을 받게 되는 것으로 보았다. 이렇게 해서 인간 전체의 관점에서 '단죄된 집단'(massa damnata)이 말해질 수 있게 된다.

그러나 펠라지우스와의 논쟁에서 특별히 분명해지는 것은, 원죄에 대한 논쟁이 인간의 의지와 더불어 내적인 인간의 상태와 마주치는 기회라는 사실이다. 죄나 잘못(peccatum)이 주제가 된다면, 의지에 대해서도 말해야 한다. 아우구스티누스가 "의지 없이는 결코 죄를 지을 수 없다."(nunquam nisi in voluntate esse peccatum)라는 《자유 의지론De libero arbitrio》의 유명한 문장으로 펠라지우스파를 방어할 수 있기 위해서 자신의 저술들을 재정리하고 보완한 《재고록Retractationes》에서 얼마나 많은 노력을 했는지 잘 알려져 있다. 하지만 유전된 죄가 개인적으로 범한 죄로 인해서 소급되지 않는다는 것을 어떻게 이해해야 하는가? 펠라지우스가 이 논쟁에서 그렇게 부를 수 있다면, 그는 분명히 주의주의(主意主義)를 표방하고 있다. 이에 따르면 인간은 오로지 자기 자신에게만 죄가 있으며, 신은 결코 죄를 물을 수 없다. 왜냐하면 신은 정의로우며, 자신이 행하지 않았고 그 사람에게는 완전히 낯선 어떤 죄 때문에 한 인간을 벌하는 비이성적인 것을 하려고 할 수 없기 때문이다. 그 때문에 '아담 안에서' 죄를 짓는 것은 바오로가 로마서에서 말하듯이, 오직 그 죄를 모방하는 관계만을 의미할 수 있다. 그러니까 '아담 안에서'라는 표현은 '아담처럼'이라는 말을 의미한다. 여기서 펠라지우스가 염두에 두고 있는 것은 시초에 성립된 의지에 대한, 습관과 삶과 유리된 자유에 대한 표상이다.

반면에 아우구스티누스는 인간의 자유에 대한 특징에 집중했다. 리쾨르(Paul Ricoeur)는 이 특징을 이 주제에 대한 최고의 반성 중의 하나에서 찾아내었다: "아담의 신화는 동시에 악의 신비 가득한 측면도 드러낸다. 그것은 — 펠라지우스가 올바로 보았듯이, — 우리 각자가 이 세상에 악을 들여오기 시작한다는 것이다. 하지만 또한 우리 각자는 거기에, 그러니까 자신 안에, 자신 밖에, 자신 앞에 있는 어떤 것으로서 악을 발견한다는 것이다. 책임감을 일깨우는 각각의 의식에 있어서, 악은 이미 현존한다. (아담의) 신화가 악의 원천을 멀리 떨어진 조상에게 전가시킴으로써, 이 원천은 모든 인간의 처지를 드러내 준다. 다시 말해서 신화가 설명하는 것은 이미 일어났다. 나는 악을 시작하지 않지만, 나는 그것을 계승했을 뿐이지만, 나는 악에 연루되게 되었다. 악은 과거가 있으며, 그것은 나의 과거가 된다."621 이것이 그리스도교 철학에서 원죄론에 대한 본래적인 핵심이다. 니사의 그레고리우스가 말하길, 인간은 '악의 창조자'(Demiurg)이다. 하지만 이는 '무로부터의 창조'(creatio ex nihilo)와 관련된 것은 아니라는 것을 부연해야 한다. 오히려 인간은 이미 연루된 것과 연결되어야 한다. 개별 인간의 의지는, 그가 전면에 나서서 시작할 수 없지만, 처음부터 선행된 것에 연루되는 바를 타인에 의해 넘겨받을 수밖에 없는 그런 것이다. 우리는 다음과 같이도 말할 수 있다: 우리는 선조에게 이러저러한 것을 빚지고 있다. 따라서 이는 개인적인 죄와는 다르지만 개별적인 각 인격과 가장 깊은 내면에서 만나게 되는 일종의 죄와 연관된다. 그리스도교 철학은 이러한 의미에서 술어적으로 엄격하게 개인적으로 야기된 죄인 '쿨파'(culpa)를 죄에 대한 책무인 '레아투스'(reatus)와 항상 구분했다. 아우구스티누스 자신은 이미 '죄에 연루된 책임이 있는 상태'(reatus eius implicatos)에 대해서 말하고 있다. 칸트도 '레아투스'를 소위 말해서 '선천적인 죄'로 규정한다. "왜냐하면 선천적인 죄는 오직 항상 인간에게서 자유를 사용하는 것이 발설되자마자 감지될 수 있지만, 그럼에도 불구하고 자유로부터 기인할 수밖에 없으며, 이로부터 인간에게 책임을 지울 수 있기 때문이다."(《종교에 대한 저작Religionsschrift》) 이 죄는 존재론적인 필연성, 불가피성과 흡사하다. 이러한 죄가 중세 철학에서 '자발적인 것'(voluntarium, 의지적인 것)으로 일컬어짐으로써, 이 죄는 유한한 자유의 본질적인 특징을 명료하게 드러냈다. 유한한 자유는 항상 물려받은 것의 흔적과 같은 도장이며, 이전 세대로부터의 짐이며, 최초 세대가 아닌 자들의 죄이다. 개별적인 인간의 삶이 과거와의 연관성과 죄로 연루되는 것은 유한한 자유의 '현 상태'(status quo)이다.

세례는 이로부터 자유로워지게 만든다. 세례는 시작 행위로서 새로운 삶을 가능하게 한다. 그리스도교 철학의 표상에 따르면 세례는 예수의 고통, 죽음, 부활에 대한 기억일 뿐만 아니라, 더 나아가서 그리스도와 닮는 것이다.[622] 특히 신비 교육에서는 세례 과정과 세례의 두 가지 구성적인 요소가 바오로 사도의 《로마서》 6장과 관련해서 설명되었다. 이에 따르면 세례 대상자가 물속에 잠기는 것은 물속에서 죽게 되는 것을, 그러니까 죄에 대해서 죽는 것을 의미한다. 반면에 물에서 나오는 것은 예수님의 부활을 상징한다.[623] 세례는 성사로서 재탄생의 표지이자 성취이다. 하지만 재탄생은 내적 인간의 삶의 시작이자 갱신이다.[624] 키릴루스의 어법에 따르면, 인간의 육체는 부모를 통해 낳아진다. 반면에 영혼은 믿음을 통해서 재탄생된다.[625] 재탄생은 죽음과 회생이라는 두 가지 요소로 이루어진다. '외적' 인간이 — 아우구스티누스가 말하듯이 — 요람에서 '죽음으로 향하는 과정'(cursus ad mortem)까지 함께 주어진 물리적인 존재로서 죽기 위해서 태어나는 반면에, 탄생과 죽음은 역순으로 내적 인간의 존재에 대한 구성적인 요소들이다. 말하자면 내적 인간은 태어나기 위해서 죽는다. 정신적인 재탄생에서 죽음은 탄생보다 앞서 있다.626 그리스도교 철학은 이러한 죽음을 신비로운 죽음이라 부르며, 탄생을 재탄생이라 부른다. 그 때문에 히에로니무스는 "우리는 그리스도인으로서 태어난 것이 아니라 다시 태어났다."고 말한다.627

또한 여기서 그리스도교는 고대 철학이 앞서 사유했던 바를 성취했다. 플라톤은 대화록 《파이돈*Phaidon*》에서 육체적인 죽음을 영혼과 육체의 분리로 정의했다. 이러한 분리는 철학적인 인간을 놀라게 하거나 경악하게 할 수 없다. 왜냐하면 철학 자체는 '죽음의 연습' 외에 다른 것이 아니기 때문이다. 그리스도교 철학은 이러한 플라톤적인 근본적 사유를 받아들였다. 이레네우스는 '죽음에 대한 묵상'(meditatio mortis)을 그리스도인의 삶의 의미로서 명시적으로 나타냈다.628 그리고 카시오도루스와 이시도루스도 이 점을 그리스도인들에게 고유하게 속하는 철학으로 간주했다.629 바오로 사도는 매일의 죽음이라는 개념으로 플라톤의 표상을 나타내었으며, 심지어 이러한 표상을 능가했다.630 암브로시우스 이래로 사용된 '신비로운 죽음'이라는 개념은 죄의 소멸과 신 안에서 되살아남을 나타낸다. 이 개념 안에서 플라톤적인 사유는 거의 마지막까지 함께 생각된다. 암브로시우스에 의하면 인간은 신비로운 죽음을 세례성사 안에서 성취한다. 이는 이미 지상의 삶에서 성취될 수 있는 '행복한 죽음'이다. 이 죽음을 통해서 외적 인간은 의미가 없게 되고, 내적 인간은 자신의 새로움을 체험하게 된다.631 후에 그리스도교 철학은 니사의 그레고리우스의 이름으로 고대 후기의 파이돈 주석과 더불어 물리적인 죽음과는 구분되는 이와 같은 철학적 죽음을 술어적으로 엄격하게 '의지적으로 행하는 죽음'으로 불렀다. 왜냐하면 의지만이 이 죽음의 길에서 자신의 삶을 받아들이기 때문이다.632 플라톤주의자들처럼 그리스도교는 영혼이 육체에서 분리되는 데서 이루어지고 인간의 능력에 놓여 있는 철학적 죽음과, 양자를 결합해야 할 의무도 있는 영혼에서 육체가 분리되는 물리적 죽음을 구분했다.633 그리스도교 철학은 의지를 새롭게 하는 것을 '재탄생'이라고 불렀다. 요한 크리소스토무스는 그리스도교에서 새롭게 해석한 용어 '재생'(ἀναγέννησις)을, 고대 철학에서 유래하는 것으로 특별히 우주론적이고 생물학적인 연관성에서 사용하였으며, 처음으로 신약 성경(티토 3,5)에서 개별 인간의 재탄생이라는 의미에서 이해했지만 죽은 이들의 부활도 나타낼 수 있는 '거듭나고 새로워짐'(palingenesie)이라는 개념과 같은 것을 의미한다는 것을 보여 주었다.634 이 두 개념은 근본적으로 새로워지는 것을 나타낸다. 예컨대 완전히 부서져서 못쓰게 된 집은 누구라도 청소를 해서 잔해를 치우려고 하는 것이 아니라 그 집의 토대까지 완전히 철거하려고 할 것이다. 이처럼 재탄생도 정신의 근본적인 새로움을 의미한다.635

재탄생은 그리스도교 철학의 이해에 따르면 삶의 근본적인 변화이다.636 나지안주스의 그레고리우스는 다음과 같이 말한다. "우리는 (지금) 있는 그대로 머물러 있으려고 하는 것이 아니라, (과거에) 있었던 바로 되려고 한다."637 이러한 의미에서 칸트는 윤리적 특성이 생성되는 것을 신의 '재탄생'으로 표지했다. 이 정신의 재탄생은 한갓된 개혁을 통해서가 아니라 오직 '의향의 혁명'을 통해서만 이루어질 수 있다.638 막스 쉘러가 《그리스도교 철학의 정신》에서 말하듯이, 재탄생은 의향의 변화를 나타낸다. 이 의향의 변화에서 "우리의 윤리적 행위의 최종적 뿌리, 그러니까 정신적인 인격의 중심은 자기 자신을

…… 자신의 최종적인 질료적 지향 속으로 태워서 새롭게 만들어 내는 것으로 보인다."639 그리스도인으로 존재한다는 것은 내적 인간의 일이다. 교회에 소속되는 것이나 교회적인 품위가 누군가를 그리스도인이 되게 할 수 없다.640 고대 후기의 그리스도교 철학은 내적 인간의 이와 같은 새로워짐을, 그때마다 고유한 부수적 의미도 지녔지만 다른 동일한 의미를 지닌 '빛을 비춤' 또는 '세례', '신의 자녀 됨' 등과 같은 많은 개념들을 사용해서 표현했다.641 알렉산드리아의 클레멘스는 '가르침'과 '빛을 비춤'이 비그리스도교 철학자들에게서도 재탄생으로 불린다는 것을 보여 주었다.642 여기서 그리스도교 철학의 가장 내면적인 영역에서, 그리스도교 저자들은 고대 철학으로부터 나온 그 근본이념들의 기원을 가리킨다는 것을 결코 놓치지 않았다. 그리고 이들은 자기 자신들을 그 성취자로 이해했다.

재탄생에 대한 이론의 특별한 변형은 그리스도교 철학 내부에서 오리게네스를 통해서 널리 알려졌다. 인간의 마음 안에서의 신의 탄생에 대한 사유는 사실 라너가 자신의 고전적인 진술에서 말하듯이, 마이스터 에크하르트에 이르기까지, 더욱이 근세에 이르기까지 모든 이에게 영향을 줌으로써, 수세기 동안 살아남았다.643 오리게네스는 전적으로 삶의 형태로서 이해된 철학 개념이라는 의미에서 그리스도의 탄생이라는 외적인 사건을 내적 인간과 연관시켰고, 그 의미에 대해서 물었다. 마이스터 에크하르트도 알았던 오리게네스의 유명한 질문은 다음과 같다. "그리스도가 거룩한 여인에게서 태어났지만 나의 내면에서 태어나지 않는다면 무슨 소용이 있겠는가?"644 이러한 탄생이 인간을 내면에서 실제적으로 만들어야 한다면, 이 탄생은 한 번만 일어날 수 없으며, 오리게네스가 말하듯이 모든 윤리적 행위에서 반복되어야 한다. 이 탄생은 진정한 의미에서(par excellence) 철학적 연습이다. 이 연습을 통해서 내적 인간은 발전된다. 마이스터 에크하르트나 중세 신비주의만 신의 탄생에 대한 이와 같은 윤리적 평가를 대변한 것은 아니다. 야코비도 전적으로 이러한 의미에서 말한다. "따라서 인간은 이러한 힘으로부터 나온 행위를 실행해야 하며, 덕과 그 개념들을 습득해야 한다. 참된 신에 대한 가르침이 그에게 도달할 수 있기 전에 말이다. 그래서 인간이 한갓 거짓 신이 아니라 살아 있는 신을 가져야 한다면, 신이 인간 자신 안에 태어나야 한다고 나는 반복해서 말한다. 신은 인간적으로 인간으로 태어나야 한다. 그렇지 않으면 인간은 신에게 어떤 의미도 없을 것이기 때문이다."[645]

재탄생에 대한 사유는 인간의 철학적 이해를 위한 근본적인 의미에 대한 것이다. 어느 누구도 이 점을 헤겔처럼 철학에서 그렇게 명백하게 알지 못했다. 헤겔은 이중적인 탄생에 대한 교부들의 사유를 수용했다.[646] "인간은 두 번 태어나야 한다. 한번은 본성적으로, 그 다음에는 정신적으로." 헤겔은 이와 같은 교부적인 사유로부터 의미심장한 결론을 이끌어 낸다. 그 결론은 인간의 정신이 결코 직접적인 것이 아니라 항상 오직 다시 태어난다는 것이다.[647] 이러한 재탄생은 헤겔에게 있어서 교부들에게 있어서처럼 진리에 대한 믿음의 가르침, 이론, 빛을 비춤이다. 헤겔은 명시적으로 다음과 같이 말한다. "본성적인 무지뿐만 아니라 본성적인 오류로부터 나오는 정신의 이러한 재탄생은 가르침을 통해서 일어나며, 정신의 증언을 통해 귀결되는 객관적인 진리의, 내용의 믿음을 통해 일어난다."[648] 이는 인간의 자유의 특징에 대해서 의미심장한 결과를 야기한다. 이러한 관점에서 볼 때 명백히, 인간이 본성적으로 자유롭다는 루소의 표상은 옳지 않을 수 있다. 이 표상은 인간이 본성적으로 악하다고 말하는 것처럼 반쪽짜리이다. 헤겔에 의하면 인간은 자유롭게 되는 데 있어서 본성적으로 자유롭다. 그러나 자유는 항상 매개되어서만 실제적이다. 그 때문에 재탄생은 인간의 두 번째 본성이다. 이와 같은 의미에서 자신의 《법철학》의 의미심장한 구절에서는 다음과 같이 말하고 있다. "교육학은 인간을 윤리적으로 만드는 기술이다. 교육학은 인간을 본성적으로 바라보며, 인간이 자신의 첫 번째 본성을 두 번째 본성으로 변화시키는, 다시 태어나게 하는 길을 제시한다. 이렇게 정신적인 것은 인간 안에서 습관이 된다."[649]

XVI. 정신적인 봄(에폽티)*: 내적 인간의 형이상학

그리스도교를 통한 그리스 철학의 완성은 가능한 방식으로 제일 먼저 그리스도교적 사유와 연결되는 분야인 곧 형이상학의 영역에서 눈에 띄게 드러난다. 형이상학은 아리스토텔레스 이래로 모든 철학적인 수련의 가장 이론적인 것에 해당된다. 형이상학은 아리스토텔레스에게 있어서 복합적인 방식으로 서로 제한되는 존재론과 철학적 신학이 하나로 된 것이다. 형이상학의 대상은 존재자 자체이며, 존재자에게 필수적인 방식으로 속하는, 중세 시대에 초월자들로 불렸던 규정들이며, 변화될 수 없는 존재인 신이다. 고대의 철학적 신학에 대한 논고인 아리스토텔레스의 《형이상학》 람다(Λ)권은 존재론을 뚜렷이 드러낸 논고로 알려져 있다. 여기서 아리스토텔레스는 감각적인 실체의 분석을 통해서 영원하고 모든 것을 움직이지만 스스로는 변화하지 않는 존재에 대한 구상으로 이끌고 있다.650

---

* Epoptie: 최상의 거룩함 또는 진리를 알아보는 것을 의미하는 플라톤적 개념에서 유래한다. 플라톤은 《향연》에서 아름다움의 이데아를 바라보려는 영혼의 상승을 '에폽티'로 기술하고 있다. 이로부터 에폽티는 신적인 봄과 신비적인 것에 대한 통찰 또는 직관적인 인식을 의미하게 된다.

그리스도교 형이상학은 오랫동안 그리스적 존재론을 특수하게 변형시킨 것으로 파악되었다. 질송은 이 형이상학에 '탈출기 형이상학'(Exodusmetaphysik)이라는 유명한 이름을 부여했다. 그것은 특수한 그리스도교적 명제인 "신은 존재이다."라는 명제가 탈출기(3,14)에 나오는 "나는 존재하는 자이다."의 해석에서 발전되었기 때문이다. 하지만 질송이 분명히 알지 못한 것은 이 명제도 이미 중기 플라톤주의의 이론이었다는 것이다. 그는 본래 이 점을 알 수 있었어야 했다. 왜냐하면 드 포겔(C. J. de Vogel)이 질송에 대한 비판에서 내세우는 것은, 이른바 특수한 그리스도교적 명제가 자구적으로 이미 플루타르코스의 《델포이에 있는 아폴로 신전 앞에 있는 엡실론에 대하여 De E apud Delphos》에서 이미 발견될 수 있다는 것이다. 에우세비우스도 이와 같은 병행구를 제시함으로써, 이미 이 점을 의식했다.651 소위 '탈출기 형이상학'은 그리스의 존재 이해를 수용한 것을 그리스도교 본문 안에 보존할 수 있었다. 하지만 결코 이 형이상학을 통해서 그리스도교의 특수성이 제시될 수 있는 것은 아니다. 그 때문에 이미 1969년에 바이어발테스(W. Beierwaltes)는 다음과 같이 올바르게 이해했다. "소위 탈출기 형이상학은 진짜 '그리스도교 철학'을 제시하려고 했지만, 이는 생각될 수 있는 가장 부적합한 대상이다."652

그러나 여전히 가늠하기 어려운 것은 그리스도교 저자들 자신들도 그리스의 존재론에 대한 수용을 결코 형이상학의 형태로 파악하지 않았다는 사실이다. 오히려 그리스도교 저자들의 자기 이해에 따르면, 형이상학이 본래 무엇인가 하는 것은 종종 아리스토텔레스의 형이상학 개념과는 반대로 충분히 발전되었다는 것이다. 아리스토텔레스의 형이상학은, 보편적인 존재론적인 구조들이 자연물들의 형이상학적 분석을 통해서 드러나는 한에서, 외적인 사물들의 형이상학이다. 반면에 그리스도교적인 이해에 따른 형이상학은 이론적인 보편적 존재론 또는 추상적인 신론이 아니라 '내적 인간의 형이상학'이다. 형이상학의 두 가지 근본 유형에 대한 이러한 구분은 이미 딜타이의 통찰에 힘입고 있다. 딜타이는 자신의 초기 작업에서 플라톤적이고 아리스토텔레스적인 이론을 실체적인 형상들의 형이상학으로 또는 우주 형이상학으로 또는 이성적 학문이라는 의미에서의 형이상학으로 종합했다. 반면에 딜타이는 의지의 형이상학으로 부르는 내면적인 것의 형이상학을 이와는 구분했다.653 딜타이는 분명하게, 동시에 역사적으로는 잘못된 문장에서 이러한 대립을 아주 냉혹하게 서술했다. "내면에서, 내면적으로 됨에서 객관적인 세계의 인식뿐만 아니라 모든 인식에 대한 확고한 점이 놓여 있다. 다시 말해서 이러한 사유는 그 자체로 소크라테스의 지평 밖에 놓여 있다."654

그러나 딜타이는 역사적으로 오류를 범했다. 왜냐하면 소크라테스 또는 플라톤은 내면적인 것의 이념, 심지어 내적 인간의 개념을 처음으로 끌어들였기 때문이다. 그럼에도 불구하고 두 사람의 두 '종류의 형이상학'을 대립시키는 것은 아리스토텔레스적인 기원에서 유래하는 자연물의 형이상학으로부터 고대 후기의 내면성의 형이상학으로의 전환에 대한 올바른 직감을 보여 주는 것이다. 후자의 형이상학은 자기 스스로를 전자에 대한 대안으로 이해했기 때문에 더욱 그러하다. 딜타이는 내면적인 것의 형이상학의 주요 대변자로서 한편으로는 플로티누스를 언급했는데, 그에 의하면 플로티누스는 '영혼의 삶에 대한 완전한 형이상학'을 발전시켰다는 것이다. 딜타이는 다른 한편으로는 교부들과 모든 이들에 앞서서 아우구스티누스를 언급하는데, 아우구스티누스는 내적인 체험의 분석으로부터 출발했다고 보았다.655 비록 딜타이는 이와 같은 형이상학의 형태를 학문적인 것으로 여기지는 않았지만, — 왜냐하면 내적 체험의 요소들은 보편적으로 유효한 서술을 할 수 없기 때문이다. — 그럼에도 불구하고, 이러한 요소들에 근거가 되는 내적인 체험은 이 체험과 이 체험의 이해가 '정신적이고 역사적인 세계에 주어지는' 두 가지 근본 사건인 한에서, 이후에 정신과학의 이론에 대해서 항상 중요한 요소로 남아 있게 된다.656

내적인 체험에 근거를 두는 앎으로서 형이상학은 그리스도교적 맥락에서 새로운 이름을 가지게 된다. 그것은 정신적인 봄을 의미하는 '에폽테이아'(Epopteia)이다. 이 용어는 오리게네스의 그리스어 작품을 라틴어로 번역한 루피누스(Rufinus)에 따르면, 꿰뚫어 봄을 의미하는 '인스펙티바'(inspectiva)이다. 플라톤주의가 전체적으로 그러한 것처럼, 철학을 신비적인 것의 전수로 여기는 중기 플라톤주의에서 '본다는 것'은 이 과정의 특정한 단계를 나타내며, 최종적으로는 플라톤이 말하는 참된 존재, 곧 가지적인 것 또는 이데아들의 세계가 그 대상인 철학적인 수련도 나타낸다.657 알렉산드리아의 클레멘스는 플루타르코스의 사유를 취하면서, 이 철학적인 수련을 명시적으로 아리스토텔레스의 형이상학과 — 내용적으로가 아니라 수련에 있어서 이론적으로 — 동일시했다.658 바실리우스에게 있어서 에폽티, 곧 정신적인 봄은 이교 철학 분야의 논리학, 윤리학, 자연철학과는 구분된다.659 에폽티, 곧 정신적인 봄의 의미에서 형이상학은 이후에는 항상 신적인 것을 바라보는 것이다. 이 바라봄은 '자유롭고' '방해받지 않는' 영혼의 눈을 통해서, 또는 순수한 정신을 통해서 인간에게 가능하다.660 하지만 에폽티, 곧 정신적인 봄은 동시에 새롭게 바라보는 방식도 암시한다. 천체의 균형 잡힌 운동을 살펴보는 것은 더 이상 철학적 바라봄에 대한 전형으로서 기여하지 않는다. 오히려 정신적인 봄이 내적인 봄이며, 내면적인 봄이 꿰뚫어 보는 것이다.661 따라서 정신적인 봄으로서 에폽티는 형이상학의 한 형태이며, 감각적인 것의 영역을 능가하는 철학적 수련이다. 이 수련은 정신적인 봄이 인간의 내면으로 자신을 돌아서게 만듦으로써 행해진다. 이렇게 정신적인 봄은 그 자체로 자연철학의 반대편에 자리 잡고 있다.662

알렉산드리아의 클레멘스가 단순히 암시한 바를, 오리게네스는 '참된 철학'에 대한 학문론의 범위 내에서 자신의 《아가서 주석》 서문에서 '정신적인 봄'을 고전적이고 체계적인 형태로 전개했다. 이 형태는 중세 전성기에 이르기까지 — 부분적으로는 문자 그대로 — 수용되었다.663 현대의 연구가 보여 주듯이, 이 서문은 그리스도교적으로 영감 받은 많은 학문론의 토대일 뿐만 아니라, 그 자체로 고대 서사시의 서곡 양식으로, 그리고 특정한 체계로 구성되었다. 더 나아가서 이 서문은 고대 후기 이교도의 서곡 문학에 대한 본보기로 기여했다.664 솔로몬은 — 전적으로 중기 플라톤주의와 신플라톤적인 앎의 단계라는 의미에서 — 독자들이 우선 윤리적인 면에서 진보할 수 있도록, 금언의 책인 《잠언》을 서두에 배치함으로써 최초로 '신적인 철학'을 가르쳤다. 이는 그가 설교의 책인 《코헬렛》에서 자연 철학의 수련을 알기 전이었지만, 《코헬렛》을 통해서 감각적인 사물들의 근거와 본성을 알았으며, 세계의 무력함과 무성(無性)도 알았다는 것을 의미한다. 이와 같은 류의 정화와 사물들의 구분을 통해서 영혼은 "순수하고 정신적인 사랑 안에서 신비적인 대상들과 신성을 바라보는 것으로" 상승할 준비를 하게 된다. 마찬가지로 이 점은 《아가》의 내용을 구성한다. 오리게네스는 이를 정신적인 봄, 곧 '에폽티'로 이해했다. 오리게네스 작품의 라틴어 번역자인 루피누스는 이 용어를 꿰뚫어 봄, 곧 '인스펙티바'(inspectiva)로 번역하고 그리스도교 철학의 형이상학이라고 불렀다.665

그리스도교 형이상학의 형식적인 규정은 카시오도루스와 세비야의 이시도루스가 중세로 전달했다. 이러한 규정은 순수한 정신의 힘으로 가시적인 세계를 초월하는 것이며 신적인 것을 바라보는 것이다.666 그리스도교 형이상학은 내용적으로 추상적인 존재론 또는 이데아론과는 거리가 멀다. 오히려 그리스도교 형이상학의 대상은 신부와 신랑 간의 사랑의 드라마, 다시 말해서 인간의 영혼과 신의 '공동체'이다.667 마찬가지로 이 공동체도 평범하고 사물적으로 정향된 이성의 눈에는 신비이다. 그 때문에 형이상학의 이러한 형태의 대상은 '신비적인 것'으로도 불릴 수 있다.668 이는 동시에 형이상학의 한 형태로서 신비주의의 탄생 시점이기도 하다. 신비주의는 내적 인간의 형이상학 외에 다른 것이 아니다. 특히 독일어권의 중세 연구에서 보여 주는 것처럼, 물론 철학과 신학 간의 개념적인 분리는 19세기에 이르러서야 비로소 이루어지지만, 마이스터 에크하르트의 관점에서 볼 때, 신비주의와 철학 간에는 어떤 인위적인 차이가 나타난다. 그렇다면 이러한 차이의 배후에 있는 교부들과 신플라톤주의의 사유 세계가 분명하게 드러나며, 이러한 사유 세계에서 신비주의는 철학의 최고 단계를 보여 준다.

형이상학은 고대 후기 철학에서 정신적인 봄, 곧 에폽티의 의미에서 그리스도교적 형태뿐만 아니라 이교도적 형태에 있어서도 '신비 인도'(Mystagogie)라고 불린 것은 우연이 아니라 전적으로 결정적인 의미를 지닌다. 이 점은 그리스도교 형이상학의 완전한 형태를 서술하는 니사의 그레고리우스의《아가서 주석》에서 가장 분명하게 추론된다.《아가》의 형이상학은 신비 인도의 한 형태로서, 이 신비 인도는 영혼에게 '완전한 것으로의 상승'을 보여 주며, 신적 신비를 가르쳐준다.669 하지만 신비 인도는 단순히 신 인식을 위한 이론적인 입문이 아니다. 니사의 그레고리우스는 오히려 신비 인도라는 의미에서 형이상학이라는 개념과 아리스토텔레스 형이상학의 보편적인 요구에 대한 비판을 연결시켰다. 표면적으로 볼 때 이러한 비판은 방법적으로 선행하며 모든 것을 포괄하는 이론 이성에 대한 아리스토텔레스적인 표상을 반대하는 것으로 향한다. 여기서 이론 이성은 주어진 대상뿐만 아니라, '초이성적인 것', 그러니까 언어와 밀접하게 결부된 이성 너머에 있는 것도 해명하려고 하며, 본질에 따라서 규정하려고 한다. 하지만 아리스토텔레스적인 이성에 대한 구상을 이론적으로 요구하는 데 대한 이러한 비판은 사물들의 숨겨진 본질과 비감각적인 최고의 실체를 인식하려는 아리스토텔레스 형이상학의 요구와의 포괄적인 논쟁과 연관된다. 말하자면 니사의 그레고리우스는 이론적인 본질 규정에 대한 가능성을 전적으로 의문시한 것이다. 뿐만 아니라 그와 같은 형이상학적 인식의 의미와 이용은 결코 인식될 수 없다. 실제로 인간은 자신의 생활 세계에서 사물들을 인식한다. 예컨대 어떤 요소들이 인간에게 어떤 방식으로든 이용될 수 있거나 삶에 도움을 주는 한에 있어서 그 요소들을 아는 것이다. "그러나 사물들의 본질을 규정하는 것은 배우지 않았을 뿐만 아니라 그것들을 인식하지 못하는데 그 어떤 손해도 알지 못한다."

바로 그 때문에 그레고리우스에 의하면 사물들의 본질 규정은 그리스도교의 삶의 철학의 토대인 성경에서는 그 어떤 역할도 하지 못한다. 이러한 의미에서 예를 들어 교부들과 예언자들은 그들이 언급하는 (하늘, 땅, 바다, 시간, 영원과 같은) 사물들의 본질을 규정하는 것에 관심을 갖지 않았다. 심지어 이들은 사물들의 본질 규정을 의식적으로 등한시했다.670 말하자면 사물들의 본질을 추구하는 것은 삶과 유리된 이론적인 호기심을 드러내는 것이다. 그레고리우스의 눈에 아리스토텔레스의 형이상학은 세상의 모든 것과 각각을 자기 자신을 위해서 탐구하려고 하며, 말할 수 없고 도달할 수 없는 신적인 본성도 일종의 본성의 가르침에 따라서 다루는 이론적인 호기심의 형태였다. 반면에 사실 신적인 존재는 사물적이고 객체적인 모든 것을 살피는 온갖 이론적인 호기심에서 벗어나기 때문에, '사유의 동요'라고 불린다.671 따라서 '신비 인도'는 이론적인 호기심과는 전적으로 다른 종류이다. 신비 인도는 자신의 본질에서 볼 때 신적인 존재에 대해서 실천적으로 가까워지는 것, 곧 그것을 통해서 인간이 완전히 변화되어서 신과 닮음을 성취하는 형이상학의 형태이다.672 이미 항상 중세 전성기에 이르기까지 그리스도교 형이상학의 원형으로 여겨졌던 《요한 복음서》의 저자는 "우리를 신적인 신비로 인도하는 가장 뛰어난 분"으로 일컬어진다.673

'에폽티' 또는 '인스펙티바' 또는 '신비 인도'라는 제목 하에서 형이상학은 그리스도교 첫 세기를 넘어서 중세 전성기까지 아주 특별한 과정을 겪어 왔다. 이러한 이력의 역사 자체는 지금까지 현재하는 것으로서 보편적으로 의식되지도 않았고, 그렇다고 연구에 의해 실제로 표면 위로 떠오른 것도 아니었다. 그러나 이러한 형이상학의 시대를 간과함으로써 본래 상실한 것은 이러한 유형의 형이상학이 지닌 고유한 특성에 대한 의식이다. 아리스토텔레스적으로 각인된 형이상학은 외적 자연물에 대한 형이상학적 분석을 통해서 내재적이며 초월적인 형이상학적 원리들뿐만 아니라, 신(神)을 모든 변화하는 것의 부동의 원동자로 근거 짓는다. 반면에 에폽티라는 의미에서의 형이상학은 변화된 주체 또는 변화된 영혼의 형이상학이며, 그러한 한에서 실천적인 형이상학이다. 이러한 류의 신 인식의 실천적 특징을 그레고리우스는 예로서 순수한 삶을 통한 신과의 '하나 됨'을 말하며, 이러한 하나 됨을 이론적인 신 인식과의 대립으로 이해함으로써 암시한다.674 이와 유사한 점이 위(僞)디오니시우스에게서도 발견된다. 그의 이론에 의하면 '신학', 곧 형이상학은 이론적일 뿐만 아니라 실천적인 요소를 자신 안에 내포한다. 이 신학은 말할 수 있는 것을 말할 수 없는 것과 연결하며, 말해진 것의 진리를 통해서 설득하려고 시도한다. 하지만 이 신학은 '직접적인 신비 인도를 통해서' 신(神) 안의 의식을 '다루고' '근거 짓는다.'675 그러나 주체의 형이상학을 서술하는 이 신비 인도의 고유한 대상은 '내적 인간'이다.676 왜냐하면 내적 인간을 통해서 신적인 것에 대한 접근이 가능하기 때문이다. 특히 오리게네스가 분명하게 드러낸 것처럼, 내적 인간은 본래 인간 자신의 가장 내면적인 것, 으뜸가는 것, 영혼의 근저(밑바닥)를 의미한다. 여기서 영혼의 근저는 직관적 또는 추론적 사유, 상상 능력 또는 기억 능력과 같이 다양한 능력들을 가지고 있으며 이러한 능력들을 규정한다.677 이러한 의미에서 헤라클레이데스*(기원전 4세기)와의 대화는

---

* 헤라클레이데스(Heracleides): 지구 자전을 주장했으며, 우주론을 통해서 인간의

내적 인간에 대한 대화이다. 지성적이고 의지적인 능력과 더불어 영혼의 능력들뿐만 아니라 양심도 다양한 것을 나타낸다고 하더라도, 이 모든 능력들은 양심에서 실천적 자기의식과 결부되어 있다. 이와 함께 양심은 한 내적 인간을 통일적으로 구성하는 하나의 영혼이다.[678]

더 나아가서 인간의 가장 내면적인 것으로서 으뜸가는 것이 부각될 수 있다. 왜냐하면 이 으뜸가는 것은 특별한 방식으로 신의 신비에 대해서 감수적이며 덕들의, 앎의, 신적 모상을 새롭게 하는 본래적인 '자리'이기 때문이다.[679] 인간은 신의 모상으로서 헤아릴 수 없는 불가해한 어떤 것을 지니고 있다. 이렇게 불가해한 것을 아우구스티누스는 "마음"이라고도 부른다. 마음의 인간은 내적 인간을 의미하며, 이는 숨겨진 인간(homo absconditus)이다.[680] 우리가 놀라운 설교와 강론에 신세를 지고 있는 이집트 수도자였던 마카리우스(Macarius, 1300~1391년)에 의하면 참된 그리스도교는 의로움의 어떤 외적인 행위에서 성립되는 것이 아니라, 내적 인간 안에서 보증되는 사물들의 진리를 파악하는 데서 성립된다.[681] 결코 외적인 것만이 완전한 진리일 수 없다. 외적인 것은 오히려 외적인 것만 또는 내적인 것만 참된 것으로 정립하는 추상적인 이성을 드러낸다. 그 때문에 암브로시우스는 순수함의 내적인 태도가 육체적인 순결에서 드러나듯이, 내적 인간의 거의 모든 행위는 외적인 행위에서도 그 모습이 발견된다고 말한다.[682] 이와 유사하게 바실리우스가 일반적으로 표현하려는 것처럼, 내적인 것은 외적인 것과 일치된다.[683] 이는 인간이

내면을 설명했다.

이 세계의 사물들을 특별한 빛 안에서 본다는 것을 전제한다.

그리스도교 철학은 이렇게 영혼에게 특별히 의식되는 것을 '깨어 있음'이라는 은유를 통해서 표현했다. 오리게네스에 의하면 외적 인간의 경우와 마찬가지로 내적 인간에게서도 '잠'과 '깨어남'의 상황이 있다. 거룩한 삶은 의식적인 방식으로 세계의 모든 사물들을 지각함으로써 드러난다.684 거룩한 삶 안에서 내적 인간만이 비가시적이며 장소 없는 신적인 것에 가까워진다는 것은 이러한 점에 근거한다.685 이렇게 신적인 것에 가까워지는 것은 자기 자신에게 집중하는 노정에서 발생한다. 집중이라는 개념은 고대 후기 철학을 둘러싼 다른 개념들과 더불어(깨어 있음, 깨어남, 잠 등) 가장 중요한 의식 이론적인 개념들 중의 하나로 발전한다. 이는 때로 철학 자체와 동일시되며, 다음 세기에서도 집중에 대한 현대적 현상학*에 이르기까지 의식 철학의 척도로 남아 있다.686 바실리우스는 자신의 작지만 의미 있는 저서인 《너 자신에게 집중하라*Attende tibi ipsi*》에서 정신적인 연습으로서 철학의 중요한 모든 동기에 대해서 말하며, 곧바로 이 노정에서 신 인식의 가능성을 가리킨다. 아리스토텔레스주의자들이 자주 말하듯이, 신의 흔적은 세계가 놓여 있는 상태가 아니라, 오히려 신은 가지적인 소우주인 인간, '너 자신 안에' 숨겨져 있다. 그 때문에 너는 "네가 너 자신에게 주목할 때"에만 신을 찾게 된다. 이러한 방식으로 주의 깊게 너 자신을 지각하는 것만이 신을 인식하기 위한 충분한 안내 역할을 하게 된다.687 따라서 자기 인식은 신 인식의 매개 역할을 한

---

* 현상학에서는 이 집중을 '주의 집중'이라고 부른다. 이 주의 집중은 외부에 존재하는 대상에 대한 시선을 객관적인 대상 세계 때문에 은폐되어 의식되지 않는 의식 작용이나 체험으로 돌리는 것을 의미한다.

다. 신으로 가는 길은 필연적으로 자기 자신을 지나가야 한다. 이러한 의미에서 인간 정신의 상승은 자기 자신으로 이끌며, 자아를 통해서 신으로 가도록 매개한다.688

하지만 이 사유 과정에서 기억해야 할 것은, 여기서는 실천적인 자아 인식과 신 인식의 형태가 관계된다는 사실이다. 이론적인 삶은 실제로 ― 알렉산드리아의 클레멘스와 같은 그리스도교 사상가들이 규정하듯이 ― 그것이 정말로 자신에 대한 염려를 서술하는 한에 있어서, 실천의 최고의 형태이다. 그러나 자기 염려는 신을 공경하는 것, 윤리, 에폽티와 합치된다.689 하지만 인간의 정신은 자신의 생활 세계에서 주어진 여건 속에서 결코 자신의 참된 자아를 인식할 수 없다. 그는 자신에로 되돌아올 수 있기 위해서 자기 자신에서야 비로소 이런 인식 작업을 할 수 밖에 없다. 그는 이미 항상 외적인 세계에 빠져 있기 때문이다. 바실리우스와 니사의 그레고리우스는 거의 그리스도교적 플라톤주의 이름으로, 인간이 자기 자신을 소외시키는 다수성의 세계로 '분산된다.'고 말한다. 그 때문에 그는 외적인 세계에서 자기 자신 안으로 돌아서야 하며, 플라톤의 《파이돈》에서 이미 의미하듯이, 전적으로 자신에 있어서, 그리고 이러한 의미에서 자유로울 수 있기 위해서, 마음을 모아서, 그러니까 자신에게 집중해야 한다.690 자기 집중은 흩어짐, 다수에로 '의식의 분산됨'과는 반대이다. 이러한 분산은 이미 신플라톤주의에서 집중과는 대립 개념으로 이해되었다. 그러한 한에서 자기 집중은 주의를 두는 것의 한 형태이기도 하다.691 '자기로 모아들임'이라는 의미에서 이러한 자기 집중에 대한 전제는 특히 '거리 두기'의 연습이다. 거리 두기는 그리스어에서 '에울라베이아'(εὐλάβεια)*로 표현되는데, 이 용어는 일반적으로 독일어에서는

'신중함'(Vorsicht)으로 번역되지만, 이 신중함은 독일어 단어 '주의 깊음'(Behutsamkeit)이 표현하는 것을 철저히 의미하기도 한다. 다른 사람, 그리고 자기 자신과의 교제에서 주의 깊음은 수도자의, 다시 말해서 참된 철학자의 일이라고, 시리아의 에프렘은 말한다.692 신중하고 자신에 집중하며 철학하는 수도자는 주의 깊게 다른 사람과 관계를 맺는다. 그들에게 어떤 해도 끼치지 않으면서 말이다.693 자기 자신에 대해서 주의 깊다는 것은 모든 나쁜 것으로부터 자신을 멀리 하는 것을 의미한다. 이러한 방식으로 '주의 깊음'은 내적인 자유와 평온한 상태를 만들어 낸다.694

이미 오리게네스가 그랬던 것처럼, 니사의 그레고리우스는 성경에서 솔로몬의 세 권의 책인 《잠언》, 《코헬렛》, 《아가》를 세 가지 철학적 수련이라는 의미에서 윤리학, 자연철학, 형이상학으로 이해하였다. 그리스도교 윤리학이 《잠언》의 형태로 구체적인 행위 지침을 구체화하고, 《코헬렛》의 자연학은 감각적인 것의 무성(無性)을 지적함으로써 감각적인 것과의 관계에 대한 마음가짐을 정화시킨다. 반면에 《아가》의 형이상학은 영혼을 신적 신비의 내면으로 이끈다. 그 때문에 《아가》 자체는 그에 대한 주석이 보여 주듯이, 신비 인도로 이해된 형이상학이다.695 이 형이상학은 인간을 자기 자신에게로 데리고 감으로써, 신적 신비로 인도한다. 이렇게 해서 인간은 신의 눈으로 세상을 볼 수 있다. 이러한 의미에서 니사의 그레고리우스는 "자신의 갈망을 자신 안으로 향하게 하는" 사람을 '형이상학자'라고 부른다. 신에 대해서 이론적인 지식을 갖는 사람이 행복한 것이 아니라, '자

---

* 신의 현존이 실현되는 것에 주의를 기울여서 신을 요청한다는 의미

신 안에서 신을 갖는' 사람이 행복하다.696 신이 더 이상 세계를 초월하는 데미우르고스(세계의 창조자, 조물주)나 부동의 원동자가 아니라 인간 자신의 가장 내적인 원리로 생각될 수 있다는 것은 내적 인간의 형이상학의 새로운 복음이다. 《참된 종교De vera religione》에 나오는 아우구스티누스의 "너 자신에게로 돌아서라. 진리는 인간 내면에 머무른다."(In te ipsum redi; in interiore homine habitat veritas)는 유명한 문장은 이러한 진리가 대중적으로 된 형식이다.

파스칼은 17세기에 이 형식을 효과적으로 관철시켰다. 파스칼은 '철학자들의 신'과 '그리스도인들의 신'인 아브라함, 이사악, 야곱의 신을 대비시켰다. 아리스토텔레스, 데카르트, 에피쿠로스의 신(神)인 철학자들의 신은 유다인들의 신이기도 하다. 반면에 그리스도인들의 신은 전적으로 교부들의 의미에서 내면성의 신이다. 파스칼은 이 신에 대해서 말한다. "아브라함의 신, 이사악의 신, 야곱의 신, 그리스도인들의 신은 사랑과 위로의 신이다. 몸소 소유하는 인간들의 영혼과 마음을 채워 주시는 신이다. 인간들에게 그들 자신의 비참함과 신의 그지없는 자애를 내적으로 감지하게 해 주는 신이다. 그들의 영혼 밑바닥에서 그들과 함께 하고 그들에게 겸손과 기쁨과 신뢰와 사랑을 채워 주며, 그들로 하여금 신(神) 외에는 어떤 것도 가지지 못하도록 하는 신이다."697

신의 거처가 주체 안에 있다는 확신은 그리스도교에서 만든 것이 아니라, 재차 스토아적 사유를 수용했다는 것을 말해 준다.698 하지만 이 확신은 신적인 것이 '어디에 있는가'에 대한 언술이 아니라, '무엇이 형이상학인가' 하는 다른 종류의 이해를 암시해 준다. 신이 인간 안에 있다면, 최상의 인간 존재는 신과 닮아 가는 것에 있다. 그레고리우스에 의하면 형이상학이 '신과 동화됨'(ὁμοίωσις θεῷ)으로 이해되는 한에서, 형이상학은 바로 이 점을 가장 먼저 수행할 수 있다. 이와 더불어 형이상학은 정신의 수련이다. 신과 닮아 가는 것은 자기 변화 또는 영혼의 '변모'(Umgestaltung)를 통해서 성취된다. 수 세기 동안 이러한 류의 형이상학이 담지하고 있는 것으로 남아 있던 변모라는 개념은 아리스토텔레스적인 유형과 본질적인 차이를 드러낸다.699 왜냐하면 이 개념은 그레고리우스도 명시적으로 표현한 인식 주체의 변화와 변형이라는 생각을 함축하기 때문이다.700 아리스토텔레스적 형이상학에서는 모든 것이 형이상학의 대상으로 전환되는 반면에, 주체는 완전히 관찰 밖으로 밀려난다. 그러나 여기서 우리는 주체의 형이상학과 연관해서 보고 있다. 주체의 형이상학의 기능은 주체 안에 있는 신적인 것을 의식하고 유효하게 만드는 것이다. 이러한 의식의 전환에서 중세에 이르기까지 항상 다시금 주제화된 주체의, 곧 인간 영혼의 자기 변형이 이루어진다. 내적 인간이 매일 새로워진다고 하는 바오로 사도의 말을 통해 의미되는 영혼의 변모는 아우구스티누스의 알려진 사유에 의하면 '숨겨진 인간'(homo absconditus)의 고유한 일이다.701

이로써 형이상학의 목적은 추상적인 진리를 고찰하는 것이 아니라, 최종적으로 영혼의 자기 초월이다. 이러한 의미에서 니사의 그레고리우스는 영혼이 "자기 자신보다 더 높게 된다."고 말한다.702 영혼의 자기 초월이라는 이러한 능력을 그레고리우스는 다른 많은 그리스도교 저자들과 비그리스도교 저자들과 함께 정신의 엑스타시(황홀경), 자기 망각, 자기 자신에 대한 무지 또는 소외, 정신의 도취 또는 내적 인간의 잠이라고 불렀다. 더욱이 영혼의 자기 초월은 실천적인 형이상학의 고유한 중심을 형성하는 것의 전제로서 영혼의 자기 변화 또는 '변모'(metamorposis, 변신, 환골탈태)로 간주되어야 한다.703 빅토리누스 학파*에 있어서도 '영혼의 황홀경'(excessus mentis)이라는 개념을 통해 이 점을 나타내며, 중세의 신비주의자들과 근대의 헤겔과 다른 저자들에게 있어서도 주체의 형이상학에 대한 근본적 사유를 발견하게 된다. 신적인 것에 대한 인식은 더 이상 주어진 최고의 대상에 대한 한갓된 고찰에서 이루어지는 것이 아니라, '신이 되는 것'에서 이루어진다. 그레고리우스는, 영혼의 파괴될 수 없는 아름다움의 비유와 그 스스로 원천적인 참된 신성의 모상을 바라보고 "그것이 있는 바로 되려고" 모방함으로써, 명시적으로 영혼은 신적으로 "된다"고 말한다.704 이러한 방식으로 철학을 통한 '변형' 또는 '삶의 변화'가 말해질 수 있다.705 그레고리우스는 영혼의 변화 또는 변모에 대한 이와 같은 근본 사유의 철학적 구상을 오리게네스로부터 자극받았다.706 왜냐하면 오리게네스에게 있어서 정신의 의지적인 자기 형성이라는 논제는 그 자신의 전체 철학의 토대이기 때문이다. 그는 철학을 특정한 마니교적인 입장들의 잘못된 존재론과 단번에 대조했지만, 사실 고대 그리스의 존재론에 대한 비판도 전체적으로 서술했다. 더욱이 이는 바로 오리게네스가 특별한 방식으로 가능하게 만드는 변모에 대한 사유이다. 이는 정신의 자기 초월, 자신을 능가함, 생각했던 것보다 더 크게 됨과 같은 것을 의미하며, 이로써 ― 플로티누스적인 의미에서 ― 처음으로 그리스도교의 범위에서 내적 인간의 형이상학

---

* 신플라톤주의자였다가 그리스도교로 개종한 로마의 마리우스 빅토리누스(Marius Victorinus)로부터 유래하며 그가 라틴어로 번역한 플로티누스의 작품은 아우구스티누스에게도 큰 영향을 주었다.

의 다양한 형태들에 대해서 구상하는 토대를 드러내는 것이다.707

하지만 영혼의 변모는 분명히 특히 스토아주의에서 일반적인 실천적 수련에 속한다는 것을 염두에 두어야 한다. 왜냐하면 세네카가 보도하듯이, 키오스의 아리스톤*은 무엇이 선이고 악인지에 대한 예처럼 특정한 철학적 배움의 대상을 가장 강력하고 가장 내적으로 습득하는 것을 그에 상응하는 내적인 변화에서 보았기 때문이다.708 《아가》의 형이상학으로서 신비 인도도 주체의 수련에 의한 변모 형태이다. 니사의 그레고리우스와 위(僞)디오니시우스가 '신비 이론'에 대해서 말할 때, 이들은 말하자면 주체가 접촉하지 못하는 객관적 진리들을 바라보는 (아리스토텔레스적인 의미의) 추상적 고찰을 의미한 것이 아니라, 주체가 신과, 고찰의 대상과 하나가 되는 형태를 의미했다. 이러한 사유도 역시 학파를 형성했다. 이제부터 특히 아가서 주석에 대한 라틴 전통에서는 '관상'이라는 개념이 결코 추상적 이론을 표지하는 것이 아니라, 항상 (집중, 자기 염려 등과 같은) 정신의 다양한 수련을 통해서 매개된 종류의 관상을 표지한다. 이러한 종류의 관상은 12세기에 암브로시우스에게 있어서 《아가》와 관련된 모든 구절을 모아서 완성시킨 티에리의 빌헬름의 언어로 말하자면 '정동적인 관상'이다. 하지만 '정동적'(情動的)이라는 용어는 중세의 언어 규칙에 따르면 '실천적인'이라는 말을 의미하기 때문에, 형이상학의 이러한 형태는 실천적 형이상학으로도 불릴 수 있다.709 이렇게 실천적인 것에 도달하기 위해서 영혼은 항상 '경계하고' 있어야 하며, 부단한

---

* 초기 스토아 철학자로 철학을 실천으로 간주해서 윤리학만을 철학으로 남기려 했다.

'깨어 있음'이 필요하다. 왜냐하면 의식은 깨어 있는 상태 외에 다른 것이 아니기 때문이다. 위(僞)안셀무스의 작품 《인간 내면을 수호하는 것에 대하여De custodia interioris hominis》는 이와 같은 고대 후기의 개념 세계를 받아들였고 내적 인간의 경계를, '관상적인 집중'을 가능하게 하는 지키면서 깨어 있음으로 묘사했다.710

이미 오리게네스가 말했듯이, 이러한 류의 깨어 있음은 바로 내적 인간의 일이다. 내적 인간이 처하는 위험을 피하기 위해서는 고유한 내면에 대한 중단 없는 '집중'이 필요하다.711 이렇게 삶의 형태로서 이해된 형이상학이라는 의미에서 로고스는 영혼 자신에게 집중하라고 소리친다. 그것은 영혼이 내적 인간, 참된 자아를 보존하고 지키기 위해서이다.712 염려와 깨어 있음의 본래적인 대상은 내적 인간이다.713 형이상학적 행위의 경우에 최종적으로 신이 우리 안에서 다치지 않도록 하기 위해서 최대의 주의와 신중도 필요하다. 그러나 여기서 의미하는 신중은 아리스토텔레스적인 이론가의 근심 없는 시선과는 무관하다. 하이데거는 《존재와 시간Sein und Zeit》에서, 어떠한 한에서 순수한 이론이 신중한 세계 해석으로부터 극단적으로 파생된 것으로 간주되어야 하는지를 보여 주었다.* 이 점은 전적으로 교부들의 견해와, 그리고 이들을 따르는 철학에 상응한다. 신중하게 둘러본다는 것은 삶의 형태를 의미하는 철학 용어로서 바로 자기 자신에 대한 염려에 의해 촉진된 것으로 이로운 것과 해로운 것, 선한 것과 악한 것을 지각하는 것을 의미한다. 이렇게 그 원천이 스토아 철학에

---

* 예컨대 자연을 순수한 이론적인 관찰 대상으로 삼을 경우에 끊임없이 생동하는 아름다운 풍경에 대한 우리의 체험(하이데거의 표현으로는, 모든 존재자에게 우리 자신을 여는 사랑의 감정)을 죽은 것으로 만들어 버릴 수 있다.

있는 염려하는 신중함은 중세 전성기에 이르기까지 남아 있었고, 심지어 하이데거에 이르러서는 아리스토텔레스적 전통의 이론-유형과는 구분되는 형이상학의 특징적인 동기이다.714

하지만 내적 인간을 다루는 그리스도교 형이상학이 자연물에 초점을 맞추는 형이상학인 아리스토텔레스적 유형과는 항상 명백히 다르게 보일지라도, 이미 다른 주제들에서 확정된 것처럼, 그리스도교 형이상학은 고대 전통을 성취했다는 것을 나타내 준다. 이미 플라톤에 따라서 — 그리고 신플라톤주의의 해석을 따라 자체로 플라톤의 자연학을 나타내기는 하지만, 전적으로 《파르메니데스》와 엮여 있는 자신의 대화록 《티마이오스》에서 — '우리 안에 신적인 것'(90 c)이 철학의 본래적인 대상이라는 점에 대해서 굳이 상기할 필요는 없겠다. 또한 우리 안에 있는 신이 내적 인간에 대한 스토아적 이론과의 연관성에서 큰 역할을 한다는 것도 상기할 필요는 없을 것이다.715 특히 플로티누스는 아리스토텔레스의 정신 이론에 대한 비판과 일자(一者)에 대한 자신의 고유한 이론으로 형이상학의 역사에서 완전히 새로운 시대를 연 것으로 보인다. 왜냐하면 이제 형이상학은 더 이상 일자(一者), 정신, 영혼이라는 주어진 세 자립체를 이론적으로 주제화하는 것만이 아니기 때문이다. 오히려 이 세 자립체는 영혼의 자기 경험의 단계들을 나타내는 것이기도 하다. 플로티누스는 다음과 같이 말한다. "이제 본성에(주어진 정신적인 실재에) 언급된 것처럼 이 세 가지 본질적인 것들(일자, 정신, 영혼)이 있는 것처럼 상정해야 하듯이, 이것들은 우리 안에도 있다."(Enn. V 1,10,5f) 이어지는 구절은 심지어 내적 인간에 대한 플라톤적 개념과 분명히 관련된다. 이로부터 일자, 정신, 영혼에 대한 플로티누스의 이론이, 이 세 가지 본질적인 것들이 자신으로 되는 것의 형태와 단계로 이해되는 한에 있어서, 내적 인간의 새로운 형이상학을 서술한다는 것을 의심할 여지가 없다.

일자를 향한 영혼의 상승은 이와 같이 우리 안에 있는 자립체들에 대한 이론에 비추어 볼 때, 단순히 추상을 통한 이론적인 작업이 아니다. 이러한 이론 작업에서는 영혼이 특히 육체적인 것, 감각적인 것, 다수적인 것을 간과하지만, 영혼 자신은 자신이 있는 그대로 남아 있다. 오히려 영혼 스스로 이러한 작업과 관계하며, 그 자리에 있다. 그뿐만 아니라 더 나아가서 영혼은 이러한 작업을 완성하며, 영혼은 스스로 정신이 '되며', 최종적으로 일자까지 된다. 플로티누스는 자기 헌신으로서 자기 자신에 대한 사유의 이러한 넘어섬을 황홀경으로, 단순하게 됨, 깨어남으로 표지한다. 바로 이러한 표지들은 플로티누스의 형이상학도 동일한 전통에 놓여 있다는 것을 보여 주는 것으로, 이는 철학이 정신적인 수련으로 이해되는 전통이다.

이미 티루스의 막시무스*에게 있어서 내향적인 관상에 대한 전통적인 수련이 입증될 수 있다. 이와 같은 수련에서 "우리는 귀를 닫고 눈과 다른 감각들을 내면으로 향하게 한다." 그것은 하늘 저 편에서 자유가 있는 곳을 동경하는, 이성과 사랑의 두 날개를 펼치기 위해서이다. 막시무스는 다음과 같이 말한다. "다른 껍데기를 벗어 버리고, 눈으로 보는 편견에서 자유로워져라. 그러면 당신에게 머무는 것에서 당신이 동경하는 참된 대상을 직시하게 될 것이다."716 누메니우스(2세기 후반)의 신(新)피타고라스주의적 사유는 플로티누스를 표

---

* 막시무스(Maximus von Tyrus, 2세기 후반)는 중기 플라톤주의에 속하는 철학자이다.

절한 것으로 전가되는 신플라톤주의를 준비했는데, 누메니우스는 그 이전의 누구도 형이상학적 숙고가 대상이 없다는 것에 대해서 부각시키지 않았으며, 이러한 숙고를 신적인 홀로됨의 수련으로 특징지었다. 형이상학자의 상황은 높은 곳에서 바다를 바라보다가, 갑자기 유일무이한 작은 배를 발견한 사람과 유사하다. "이렇게 우리는 감각적인 사물에서 멀리 떨어져서, 오로지 선한 것과 함께하는 곳으로 들어가야 한다. 여기에는 더 이상 그 어떤 인간 존재도 없고, 다른 생물도 없으며, 크거나 작은 육체도 없으며, 오직 신적이며 발설될 수 없고 고유하게 이루 말할 수 없는 일종의 홀로 있음이 있을 뿐이다. 여기에는 선 자체가 자유와 호의 속에 안식을 누리며, 최고의 원리가 존재를 이리저리 떠다니게 놓아둔다."717 플로티누스에 따라 볼 때도 형이상학은 순수한 이론이 아니라, 정신적인 수련의 형태이다.718 아리스토텔레스적 유형의 이론적인 인식에서는 인식하는 주체가 전혀 변화되지 않고 남아 있는 반면에, 플로티누스의 형이상학에서 주체는 스스로 심원한 변화를 성취한다. 그러나 주체 자체가 변화되는 앎을 ― 아리스토텔레스적인 기준에서도 ― 우리는 실천적인 앎이라고 부른다. 그 때문에 플로티누스의 형이상학은 실천적 형이상학의 특성을 지니고 있다.

이와 같은 일자(一者)의 형이상학은 후대에 역사적으로 의미 있는 영향을 주었다. 이 역사는 신플라톤주의적인 파르메니데스 주석을 거쳐서 중세의 신비주의와 독일 고전 철학의 사유에까지 이른다. 신플라톤주의, 곧 다마시우스와 프로클로스에게서 이 형이상학은 '우리 안의 일자'에 대한 가르침으로 나타난다. 프로클로스의 《파르메니데스 주석》에서 유래하는 고전적인 문장은 단숨에 전체의 새로운, 여기서 다루어진 형이상학 전통의 관심사를, 곧 주체적인 것의 세계가 지니는 우위를 드러낸다: "우리는 우리 안에 있는 일자를 일깨워야 한다. 그것은 우리의 지위에 걸맞게 유사한 것을 통해 유사한 것을 인식할 수 있기 위해서이다. 일자를 통해서 일자를 …… 이렇게 말하는 것이 허용된다면 말이다."719 또한 여기서 우리가 나란하게 발전하는 어떤 것과 관련된다는 것을 무엇보다도 어떤 이름이 보여 준다: 니사의 그레고리우스가 그리스도교 형이상학을 '신비 인도'로 부르듯이, 신플라톤주의자인 프로클로스도 특별히 대화록 《파르메니데스》에서 표명된 플라톤의 신학을 '일자로의 신비 인도'로 표지한다.720 마리누스가 설명하듯이, 프로클로스는 아테네에 있는 시리아인들에게서 아리스토텔레스의 윤리학, 정치학, 자연학, 신학을 '작은 신비'로 연구했다. 이 작은 신비는 플라톤적인 신비 인도, 곧 '참으로 신적인 신비에 대한 에폽티'에 대한 준비로 서술된다.721

고대 후기 철학에서 새롭게 창시된 내적 인간의 형이상학이 미친 영향의 역사에서 알 수 있는 것은 ─ 이 형이상학이 '에폽티'라는 제목으로 전수되었건, '신비 인도'라는 개념으로 또는 다른 이름으로 전수되었건 간에, ─ 이 형이상학이 숱하게 핍박을 받은 나머지 연구된 것이 적다는 것이다. 그 때문에 여기서 적은 수의 논거만으로 만족할 수밖에 없다. 내적 인간의 형이상학은 라틴 서구에서도 《아가》 해석으로 자리를 잡았고, 그 교부학적 형태에서, 다시 말해서 세 권의 솔로몬의 책을 철학의 세 가지 분야로 해석함으로써 중세를 거쳐서, 또한 올리비(Olivi, Petrus Joannis)와 다른 저자들에게 있어서도, 그리고 고트프리드 아르놀드(Gottfried Arnold)가 《아가》와 같은 자신의 사랑의 시에서 또는 귀용(Guyon)이 '내적 삶'의 철학에서 오리게네스, 니사의 그레고리우스와 다른 교부들의 잘 알려진 동기들을 수용함으로써 17세기에 이르기까지 알려지게 되었다.722 다른 구절에서는 이미 중세의 신비주의, 마이스터 에크하르트, 하인리히 소이세, 요한네스 타울러의 사유, 또한 근세의 신비주의자들의 사상도 핵심적으로 내적 인간의 형이상학이며, 이러한 관점에서 고대 후기의 삶의 형태의 철학을 고유하게 발전시킨 것이라는 것이 강조되었다. '에퐙티'라는 제목 하에서는 이러한 형이상학이 르네상스의 사유에서 본질적으로 고대 후기의 원천으로 돌아가서 파악하려는 것처럼 보인다. 여기서 철학과 결코 더 이상 구분되지 않는 신학 개념은 에퐙티라는 의미에서 형이상학을 나타낸다. 피코 델라 미란돌라(Giovanni Pico della Mirandola)의 유명한 작품 — 특히 1496년에 전집의 일부로 출판된 두 번째 판이자 최종판인 — 《인간 존엄성에 관한 연설Oratio de hominis dignitate》은 명시적으로 신플라톤주의적인 에퐙티와 관련된다. 오리게네스에 의해 마련된 《아가》의 전통처럼, 피코가 신랑과 신부의 만남으로 서술하는 형이상학은 에퐙티로서 신비들의 전수를 완결한 것이다. 오리게네스와 니사의 그레고리우스에 의해 영향을 받은 것으로, 인간 본성의 카멜레온 같은 특성에 대한 주요 논제를 서술하는 피코의 논의는 이러한 점에서 그리스 교부들의 영향을 말해 준다.723

교부들의 신플라톤주의적 형태에서, 그리고 '신비 인도'라는 제목 하에서 내적 인간의 형이상학은 헤겔의 사유에도 큰 영향을 주었다. 헤겔은 항상 다시금 신비적인 것과 '신비 인도'에 대한 신플라톤주의적 구상에 관심을 가졌다. 그것은 그가 사색적 사유라고 부르는 것의 독특한 특성을 분명하게 만들기 위해서였다. 그는 심지어 '사색적 철학'이라는 표현을 프로클로스의 '뮈스타고기아'(μυσταγωγία)의

번역으로 사용했다.[724] 헤겔이 사색적 사유 또는 사색적 철학으로, 포괄적으로 의미한 것은 여기서는 설명될 수 없지만, 그가 이를 이성의 추상적인 대립들, 이와 더불어 주체적인 것과 객체적인 것의 대립을 자신 안에서 지양되는 것으로 내포하는 그런 사유로 파악하는 한에 있어서, 그는 여전히 항상 정신과 그 대상이라는 아리스토텔레스적 이원성을 극복해야 하는, 하나가 됨에 대한 신플라톤주의적 이념의 영향과 연관되어 있다.

내적 인간에 대한 그리스도교-신플라톤주의적 형이상학의 영향사를 가장 중요한 국면에 따라 추적하려고 한다면, 하이데거가 자신의 '존재의 형이상학'을 공공연히 이러한 전통에 대한 관점에서 계획했다는 점도 우리는 고려해야 한다. 하이데거의 주저인 《존재와 시간》이 담고 있는 것으로서, 염려, 염려하는 신중함, 현존재의 일상성, 현존재의 실존적인 양상들, 소문, 호기심, 애매함이 나타내는 현상들은 고대 후기와 중세의 실천적 형이상학의 전통에 대한 관련성 없이는 이해될 수 없다. 중세 신비주의의 철학적 토대에 대한 강의(1918/19)를 담고 있으며, 마지막에 《노래 중의 노래에 대한 베르나르두스의 설교들*Sermones Bernardi in Canticum Canticorum*》에 대한 논평을 덧붙인 《종교적 삶의 현상학*Phänomenologie des religiösen*》은 하이데거가 여기서 거론한 전통에 능통하다는 것을 보여 준다. 그 때문에 내적 인간의 형이상학은 그저 표면상 '한갓 역사적인 것으로' 관심을 불러일으켰지만, 이 형이상학은 실제로는 다른 이름 아래서 우리 가운데 생생하게 살아 있다.

맺는 말

　　그리스도교는 자신의 자기 이해에 따라서, 그리고 우리에게 있어서도 특히 철학의 형태를 지닌다. 이 형태는 고대의 다른 철학들처럼 동시에 종교이기도 하다. 하지만 그리스도교는 단지 여느 철학 학파들처럼 나란히 줄지어 서 있는 것이 아니라, 본래적인 고대 사유를 완성시킬 것을 요구한다. 거의 모든 그리스도교 저자들은 — 이에 대해서는 결코 의심의 여지가 없다. — 그리스도교의 가르침을 고대 철학과 거리를 두게 했지만, 그것은 항상 정도의 차이를 둔다는 의미에서만 그러했다. 하지만 19세기부터는 질적인 차이가 생겨났다. 오늘날 역사가 베이네(P. Veyne)같은 포괄적인 연구자가 그리스도교의 성립을 고대와의 역사적인 단절로 이해한다면, 이러한 논제는 그리스도교 철학의 자기 이해에 대한 것이라기보다, 오히려 현대에서 선호하는 것에 대해서 단절된 것으로부터 어떤 것을 구성하는 것이라고 말하는 것이다. 고대는 그리스도교 철학을 통해서 어느 정도 자기 자신의 정체성에 이르게 된다. 오리게네스가 많은 사안에 있어서 플라톤화시키려고 한 켈소스에 반대해서, 또는 아우구스티누스가 플라톤주의자들에 반대해서 논증했을 때, 이는 이와 같은 사유 노선에 대해서 무차별적이고 전면적으로 거부하려고 한 것은 아니다. 오히려 그리스도교는 플라톤주의를 통하여 그 자신의 정체성을 회복하고 자신의 참된 규정에 이르도록 의도한 것이다. 하지만 일반적인 (교부들의) 확신에 의하면 플라톤주의 또는 적어도 플라톤적 철학은 구약 성경의 사유로부터 영향을 받았는데, 주지하다시피 그것은 플라톤이 예레미아 또는 모세로부터 가르침을 받았기 때문이며, ― 물론 개인적으로가 아니라 작품들을 통해서이기에, 아우구스티누스는 자신의 견해를 수정했다. ― 플라톤 역시 마찬가지로 막 시작했던 신플라톤주의(누메니우스)로부터 '아테네의 모세'로 여겨졌기 때문이다. 그 때문에 그리스도교도 플라톤주의의 구상을 통해서 자신의 정체성에 이르게 되었다고 말할 수 있다. 내용적으로 볼 때, 이러한 점은 그리스도교가 플라톤주의와 스토아학파로부터 파악한 것인데, 철학하는 데 있어서 중심적 위치를 점하는 내적 인간에 대한 주제를 다루기 때문이다. 그리스도교 철학의 주요 관심사에서, 그러니까 내적 인간을 양성하는 데서 이 점은 가장 분명하게 드러난다. 내면의 세계라는 이념은 말하자면 고대 철학과 그리스도교를 결속시키는 개념이다. 여기서 그리스도교는 인간의 내면세계가 지닌 풍요로움 전체를 비로소 철학적으로 펼쳤을 뿐만 아니라, 내적 인간의 이론도 역사적으로 살아남아서 결실을 맺었던 그러한 형태로 만들었다. 첫 5~6세기의 그리스도교에게 인간의 의식에 대해서, 곧 인간의 인식적이고 의지적인 능력들에 대해서, 오늘날 윤리적인 감정들이라고 부르는 것에 대해서, 특히 인간 자기 자신 안에 있는 신적 근원에 대해서도 눈을 돌리게 만든 것은 다음에 이어지는 세기들의 정신적 삶을 고유한 방식으로 오늘날까지 규정하고 형성하게 했다. 따라서 이러한 주체성의 사유의 영향에서 완전히 벗어날 수 있는 사람은 없다고 할 수 있다.*

부록

약 어

BdK	=	Bibliothek der Kirchenväter
CAG	=	Commentaria in Aristotelem Graeca
CCL	=	Corpus Christianorum Series Latina
CCM	=	Corpus Christianorum Continuatio Mediaevalis
CSEL	=	Corpus Scriptorum Ecclesiaticorum Latinorum
FChr	=	Fontes Christiani
GCS	=	Die griechisch-christlichen Schriftsteller der ersten Jahrhunderte
GNO	=	Gregorii Nysseni Opera
HWPh	=	Historisches Wörterbuch der Philosophie
MiAg	=	Miscellanea Agnostiniana
PG	=	Patrologia Graeca
PL	=	Patrologia Latina
PTA	=	Papyrologische Texte und Abhandlungen
PTS	=	Patristische Studien und Texte
RAC	=	Reallexikon für Antike und Christentum
SC	=	Sources chrétiennes
SVF	=	Stoicorum veterum fragmenta
TRE	=	Theologische Relaenzyklopädie

색 인

1. 인물 색인

게링(P. Gehring) 90,
그레고리우스 타우마투르구스
 (Gregorius Thaumaturgus) 117,
 225
그레고리우스, 나지안주스의
 (Gregorius Nazianzenus) 16, 17, 57,
 94, 106, 110-111, 133, 148, 156, 164
그레고리우스, 니사의(Gregorius
 Nyssenus) 16, 17, 31-32, 38, 40-42,
 51-52, 54, 57, 60, 87, 94, 101, 111,
 124-128, 131, 142, 156-157, 166,
 169-171, 185-197, 210-211,
 237-238, 250, 255, 267, 280, 283,
 285-286, 296-306, 311-312
네메시우스(Nemesius) 17, 209, 249,
 274
누메니우스(Numenius) 146, 155,
 309-310, 315
니체 32, 75-76, 79-80, 90, 119, 132,
 146, 172, 255
다마시우스(Damascius) 310
다비드(David) 183
데모크리토스(Democritos) 146, 179,
 246
데카르트(R. Descartes) 25, 76, 92, 145,
 216, 303
되리(H. Dorrie) 96, 100, 182
드 포겔(C. J. de Vogel) 291
드레이(S. Drey) 104, 225
딜타이(Wilhelm Dilthey) 75, 89, 91,
 292-293

라이프니츠(Leibniz, Gottfried
 Wilhelm) 73
라자울크스(Ernst Lasaulx) 152
라칭거(J. Ratzinger) 229
락탄시우스(Lactantius) 97
락탄츠(Laktanz) 94
로이스(J. Royce) 69
루피누스(T. Rufinus) 115, 156, 159,
 293, 295
리쾨르(P. Ricoeur) 86, 282
릴케(Rainer Maria Rilke) 85
마르과르도(O. Marquard) 89
마르실리우스 피치누스(Marsilius
 Ficinus) 84, 99
마리우스 빅토리우스(Marius
 Victorinus) 99, 305
마이스터 에크하르트(Meister Eckhart)
 19, 47, 58, 99, 160-161, 176, 227,
 262, 287-288, 295, 312
마이예링(E. P. Meijering) 100
마카리우스, 이집트의 은수자(Macarius
 Aegyptius) 164, 299
막스 베버(M. Webers) 73
막스 쉘러(M. Scheler) 70, 250, 286
멘 드 비랑(Maine de Biran) 176
멜레티우스(Meletius) 209
미누키우스 펠릭스(Minucius Felix)
 138, 148
바르트(K. Barth) 70
바실리우스(Basilius) 16-17, 31, 38,
 40-41, 46, 48-50, 53, 57, 71, 94,

108, 111, 117-118, 125, 156-157,
　170, 172, 174-175, 185-190, 211,
　221, 233, 235, 237, 241, 247, 248,
　262, 293, 299-301
바아더(F. X. von Baader) 151
바이세(Weiße) 68
바이어발테스(W. Beierwaltes) 99, 291
바일(Simone Weil) 175
바티모(G. Vattimo) 72-78, 85
발레리(P. Valery) 69
베네딕투스, 누르시아의(Benedictus
　Nursinus) 113
베르그송(H. Bergson) 23, 69
베르나르두스, 클레르보의(Bernardus
　Claraevallensis) 39, 115, 176, 213,
　250, 313
베이컨(R. Bacon) 181
벤느(P. Veyne) 96
벤츠(E. Benz) 130
보나벤투라(Bonaventura) 99
보르스트(A. Borst) 196
보에티우스(Boethius) 82, 101
뷔르바(D. Wyrwa) 101
브라운(P. Brown) 104
브랑슈비크(L. Brunschvicg) 68
필라스트리우스, 브레시아의(Pilastrius
　Brixiensis) 197
브레히어(E. Brehier) 67-68, 70, 111
브렌넥케(H. Chr. Brennecke) 101
블롱델(M. Blondel) 23, 69
블루멘베르크(H. Blumenbergs) 73-74,
　80
빌헬름 훔볼트(Wilhelm von
　Humboldts) 196-197
말라르메(Mallarme) 69

샬리보이스(Chalybaus) 68
티에리의 빌헬름(Wilhelm von Thierry)
　115, 213, 250, 306
세네카(Seneca) 21, 95, 125, 150, 240,
　251, 259-260, 270, 306
섹스투스 엠피리쿠스(Sextus
　Empiricus) 179
섹스티우스(Sextius) 260
소포클레스(Sophocles) 151, 271
솔로몬(Solomon) 36, 154, 156-158,
　302, 311
솔론(Solon) 146, 252
쉬타우덴마이어(Franz Anton
　Staudenmaier) 97-98, 132, 225
슐레겔(F. Schlegel) 85
스키너(B. F. Skinner) 86
스테드(Chr. Stead) 112
스페우시포스(Speusippos) 120
심플리키우스(Simplicius) 56, 231, 243,
　253, 277-278
아르노비우스(Arnobius) 94, 97, 143
아르놀드(G. Arnold) 311
아리스토텔레스(Aristoteles) 21, 25, 32,
　36, 45, 48, 55, 59-62, 70, 76-77,
　83, 95, 101, 106, 110, 116, 123, 131,
　133, 135, 137, 142, 147, 153,
　157-159, 161-162, 178, 181-183,
　185, 191-192, 198, 201, 208,
　217-218, 220, 222, 231, 234,
　236-237, 243, 246, 252-253, 258,
　264, 270-271, 273, 290-293,
　296-298, 300, 303-304, 306-308,
　310-311, 313
아멜리우스(Amelius) 121
아벨라르두스(Abaelardus) 115, 183,

240, 244-245
아비첸나(Avicenna) 181
아우구스티누스(Augustinus) 16-17,
　19, 26, 38-39, 42-45, 47, 50, 53,
　56-60, 75-76, 80, 83, 87, 92-94,
　101-102, 112, 120, 130, 167-168,
　174-176, 199, 202-207, 212-218,
　226-227, 229, 234, 238, 242,
　244-245, 257, 261, 263, 272,
　274-275, 279, 281-284, 292-293,
　299, 303-305, 314-315
아타나시우스(Athanasius) 17, 120,
　130, 142, 184-185, 197, 210-211,
　233, 263
아테나고라스(Athenagoras) 94, 128,
　129
아폴로니우스, 티아나의(Apollonius
　Tyanensis) 147
아폴리나리스, 라오디케아의
　(Apollinaris Laodicenus) 130
아프로디시아스의 알렉산더(Alexander
　of Aphrodisias) 182, 244
안티스테네스(Antisthenes) 141, 178
알비누스(Albinus) 252
알쿠이누스(Alcuinus) 160-161
암모니우스(Ammonius Hermiae) 178
암모니우스 사카스(Ammonius Saccas)
　183
암브로시우스(Ambrosius) 17, 19, 39,
　58, 84, 94, 115, 130, 134, 159, 164,
　167, 173, 206, 247, 285, 299, 306
야코비(Fr. H. Jacobi) 215, 225, 288
얀 아스만(Jan Assmann) 79
얌블리쿠스(Iamblichos) 169, 201, 210,
　230

에라스무스(Desiderius Erasmus) 93
에머슨(R. W. Emerson) 69
에바그리우스, 폰투스의(Evagrius
　Ponticus) 29, 112-113, 156
에우노미우스(Eunomius) 40, 185-195
에우세비우스(Eusebius) 93, 102, 112,
　126, 131, 136-138, 142, 144,
　148-149, 153, 222, 228, 260, 291
에프렘, 시리아의(Ephaem Syrus) 110,
　128, 244, 247, 251, 263, 274, 302
에피쿠로스(Epikuros) 53, 83, 103, 121,
　141, 144, 180, 188, 259, 263, 303
에피파니우스(Epiphanius) 141, 144
에픽테토스(Epiktetos) 21, 148, 240,
　251, 253
엠페도클레스(Empedocles) 145-146
오디세우스(Odysseus) 148
오르페우스(Orpheus) 102, 105, 141,
　146-147
오리게네스(Origenes Alexandrinus)
　17, 20, 22, 26, 28-30, 35-36, 38-40,
　47-49, 56, 58, 60-61, 83, 87, 92-95,
　106-108, 110, 114, 117, 119-120,
　123-124, 127-128, 130, 132, 142,
　147-148, 150, 154-156, 158-161,
　165-167, 171, 173-174, 181-182,
　184-185, 190, 198, 206, 219,
　223-228, 232-233, 235-238, 240,
　249, 261, 265-266, 272, 280, 287,
　293-295, 298, 300, 302, 305, 307,
　312, 314
오캄(William of Ockham) 218
올리비(Olivi, Petrus Joannis) 159, 311
외팅어(Friedrich Christoph Oetinger)
　175

요르크 그라프(P. Yorck Graf) 89
요하힘(Joachim) 72
요한 카시아누스(Ioannes Cassianus) 113
요한 크리소스토무스(Ioannes Chrysostomus) 16-17, 49-50, 53-55, 87, 94, 103, 112, 124, 128, 137, 166, 176, 186, 238-239, 241, 245, 247, 249-250, 262-267, 272, 274-276, 286
요한네스 쿤(Johannes Kuhn) 97
울리치(Ulrici) 68
워드워스(Wordsworth) 69
유스티누스(Iustinus) 17, 32, 83, 94, 102-103, 111, 128, 130, 148
이레네우스(Irenaeus) 17, 58, 94, 125, 167, 209, 285
이시도루스(Isidorus Hispalensis) 88, 160, 285, 295
젱어(Senger) 68
지드(A. Gide) 69
질송(E. Gilson) 16, 24, 67-68, 70, 111, 291
카르포크라테스(Karpokrates) 147
카시오도루스(Cassiodorus) 88, 160, 268, 285, 295
칸(Ch. H. Kahn) 242
칸트(Immanuel Kant) 53, 70, 73, 82, 166, 169, 258, 260-261, 266, 283, 286
켈수스(Celsus) 99, 124, 132, 142
콜리지(Colerdge) 69
쿠자누스(Cusanus) 19, 99, 135
크세노크라테스(Xenokrates) 120
클레멘스, 알렉산드리아의(Clemens Alexandrianus) 17, 29, 47, 94, 101-102, 104, 107-108, 117, 136, 141, 143, 145, 155, 167, 220, 222-223, 229, 234, 275, 280, 287, 293-294, 301
클로델(P. Claudel) 69
키릴루스, 알렉산드리아의(Cyrillus) 130, 170
키케로(Cicero) 21, 82, 135, 261
키프리아누스(Cyprianus) 121
탈레스(Thales) 131, 141, 252
테르툴리아누스(Tertullianus) 17, 35, 94, 96-97, 108, 143, 150, 209, 247
테미스티우스 243
테오도레투스, 키루스의(Theodoretus Cyrensis) 112, 138-139
테오도레트(Theodoret) 48, 158, 232, 234
테오도루스, 몹수에스티아의 (Theodorus Mopsuestenus) 17, 186
테오필루스, 안티오키아의 주교 (Theophilus Antiochenus, episcopus) 144, 228
테일러(Ch. Taylor) 86
토마스 아퀴나스(Thomas Aquinas) 47, 70-71, 217-218, 227, 264
튐멜(H. G. Thummel) 182
판넨베르크(W. Panneberg) 100-101
판타이노스(pantainos) 108
페기(Ch. Peguy) 69
페넬롱(Fenelon) 176
페트라르카(Petrarca) 84
페트루스 아우레올리(Petrus Aureolus) 217
펠라지우스(Pelagius) 57, 93, 281-283

포르피리오스(Porphyrios) 20, 105,
    120, 127, 135, 146, 182, 210, 230,
    249, 277
포세이도니오스(Poseidonios) 181
포이어바흐(Ludwig Feuerbach) 70
프레데(M. Frede) 132
프로클로스(Proklos) 18, 20, 47, 182,
    201, 217, 230-232, 270, 310-312
프루스트(M. Proust) 69, 85. 203
플로티누스(Plotinus) 19-20, 40, 42-43,
    59, 62, 78, 91, 120-121, 146, 166,
    180-182, 188, 201-202, 230, 292,
    305, 308-310
피타고라스(Pythagoras) 51, 53,
    105-106, 118, 141, 144, 146-147,
    155, 168, 201, 252, 258-260, 309
피히테(J. G. Fichte) 23, 68-70, 76, 84,
    215, 258,
필론, 알렉산드리아의(Philon
    Alexandrinus) 20, 22, 87, 106, 168,
    200, 259
하도트(P. Hadot) 88, 114, 157

하도트(I. Hadot) 162
호프만(Ph. Hoffmann) 162
하르낙(Adolf von Harnack) 27, 98, 100,
    107
하이데거(M. Heidegger) 25, 62, 68, 70,
    72, 75-77, 79, 91, 111, 116, 200,
    258, 262, 307-308, 313
하인리히, 겐트의(Heinrich von Gent)
    273
헤겔(G. W. Friedrich Hegel) 23, 42,
    52, 58, 62, 68-70, 73, 78, 83-84,
    173, 175-176, 198-199, 203, 241,
    256, 258, 288-289, 305, 312-313
헤라클레스(Heracles) 133, 148
헤라클레이토스(Heraclitus of
    Ephesus) 130, 148
헤라클레이데스(Heracleides Ponticus)
    174, 298
헤시오도스(Hesiodos) 105, 271
후고, 빅토르의(Hugo von Viktor) 159
히폴리투스(Hippolytus) 128, 210

2. 도서 색인

- 《그리스도교 정신의 상실*After Christianity*》 72, 75
- 《고대 민족, 특히 그리스인들의 상징과 신화*Symbolik und Mythologie der alten Volker, besonders der Griechen*》 151
- 《고르기아스*Gorgias*》 119, 164, 250, 269
- 《고백록*Confessiones*》 202-206
- 《교사론*De magistro*》 217
- 《교회사》 148
- 《국가*Politeia*》 101, 118, 125, 164, 231, 272
- 《권고*Protreptikos*》 102
- 《그 어디에도 없는 관점》 86
- 《그리스도교 철학의 정신》 286
- 《그리스도교의 저편*Jenseits des Christentums*》 72

색인 325

- 《너 자신에게 집중하라Attende tibi ips
 i》 300
- 《노래 중의 노래에 대한 베르나르두스
 의 설교들Sermones Bernardi in
 Canticum Canticorum》 313
- 《논박Anatreptikos》 186
- 《델포이에 있는 아폴로 신전 앞에 있는
 엡실론에 대하여De E apud Delphos》
 291
- 《두이노의 비가》 85
- 《디오니시우스 전집Corpus
 Dionysianum》 232
- 《메논Menon》 200
- 《믿음의 유익에 대하여De utilitate cre-
 dendi》 226
- 《법률Nomoi》 271, 278
- 《법철학》 173, 176, 289
- 《변론Apologie》 186
- 《변론에 대한 변론Apologia apologia
 e》 186
- 《변증법에 대하여De dialectica》 160
- 《삼위일체론De Trinitate》 168, 203,
 206, 216
- 《설교Sermo》 213
- 《성찰》 76
- 《소 벤야민Benjamin minor》 115
- 《수(數)에 대한 작품》 181
- 《수행Praktik》
- 《신앙 고백》 186
- 《신타그마치온Syntagmation》 186
- 《신통기Theogonia》 105
- 《심플리키오스에 찬성하여Ad
 Simplicianum》 281
- 《아가서 주석》 154-155, 294, 296
- 《아카데미아 학파 반박》 93
- 《안토니우스의 생애Antoniusvita》 233
- 《안토니우스의 생애Vita Antonii》 263
- 《알키비아데스Alkibiades maior》 116
- 《에우노미우스를 거슬러Contra
 Eunomium》 186, 191, 197
- 《에우노미우스의 신앙 고백에 대한 논
 박Refutatio confessionis Eunomii》
 186
- 《엔네아데스》 146
- 《영혼과 부활에 대하여De anima et
 ressurrectione》 127
- 《영혼론De anima》 243
- 《완전성에 대하여De perfectione》 172
- 《요한 복음서 주석》 160
- 《우주에 대하여De universo》 160
- 《이교도 병의 치유Heilung der heidni-
 schen Krankheiten》 138
- 《이사악과 영혼에 대하여De Isaac vel
 anima》 159
- 《인간 내면을 수호하는 것에 대하여De
 custodia interioris hominis》 307
- 《인간 존엄성에 관한 연설Oratio de
 hominis dignitate》 239, 312
- 《인간의 본성에 대하여De natura hom-
 inis》 209
- 《잃어버린 시간을 찾아서》 85
- 《자아의 원천들. 현대적 정체성의 형성》
 86
- 《자유 의지론De libero arbitrio》 282
- 《자유와 존엄을 넘어서》 86
- 《재고록Retractationes》 282
- 《존재와 시간Sein und Zeit》 307, 313
- 《종교에 대한 저작Religionsschrift》
 284
- 《종교적 삶의 현상학Phanomenologie

des religiosen》 313
- 《죄인의 응보와 용서 *De peccatorum meritis et remissione*》 281
- 《지각과 기억에 대하여》 201
- 《참된 종교》 80, 93, 207, 303
- 《참회에 대하여》 247
- 《청년들에게 *Ad adolescentes*》 108
- 《타자로서의 자기 자신》
- 《테아이테토스 *Theaitetos*》 124, 131
- 《토피카 *Topica*》 192
- 《트로아데스 *Troades*》 251
- 《티마이오스》 308
- 《파르메니데스 주석》 310
- 《파르메니데스》 308, 311
- 《파이돈 *Phaidon*》 199, 285, 301
- 《필레보스 *Philebos*》 199
- 《학문론 입문》 76
- 《해석론 *De interpretatione*》 208
- 《향연》 290
- 《헤라클레이데스와의 대화 *Dialogus mit Herakleides*》 174
- 《형이상학》 290
- 《호교론 *Apologeticum*》 96
- 《황금 시편 *Goldenen Gedichts*》 259
- 《히페리온 *Hyperion*》 125

3. 개념 색인

거리 두기 301
견유학파(Kynismus) 133, 228
공통 관념(koinai ennoiai) 227, 230
관념론(Idealismus) 24, 68, 84, 140, 176-177
관념적 존재자(ens rationis) 181
김노소피스트 145-146
깨어 있음 61, 116, 300, 307
내재하는 로고스 44, 129, 208
노에마(Noema) 41, 189, 208
누스(Nus) 181
데미우르고스 61, 303
레아투스 57, 283
뢰믈링(Romlinge) 150-151
메타노이아 50, 248
뮈스타고기아 312
변모 304-305
본체적 인간 166

비은폐성 200
상기(想起) 42-43, 199-200
세계영혼 32, 131, 177
세마이노메논 189
스킬라 243
스토아 철학 21, 40, 49-50, 78, 90, 114, 181, 189, 210, 236, 239, 241, 267, 307
신비 이론 306
신비 인도(Mystagogie) 60-62, 155, 296-298, 302, 306, 311-312
신비적 인간(homo absconditus) 205
신의 벗들(Gottesfreunde) 34, 149-150
신인동형론 56, 278
신정론(神正論, Theodizee) 128
신플라톤주의 19-21
신피타고라스주의 53-259
실재론(Realismus) 74, 140

실제 존재자(ens reale) 181
어리석음 136, 197
에포도스 에우레티케 191
에포케(epoche) 77
에폽테이아(Epopteia) 36, 59, 154-156, 293
에폽티 59-61, 290, 293-297, 301, 311-312
에피노이아(epinoia) 39-42, 177-193, 196-197
에피쿠로스주의 53, 121, 188, 259, 263
엠파시스 189
영지주의 17, 51, 117-118, 147, 164, 249, 280
외적으로 표현된 로고스(logos prophorikos) 44, 208
우시아(Ousia) 182
유명론 74
윤회론 272
이신론(理神論, deism) 73
이코노그래피(도상) 102
일자(一者) 21, 62, 121, 182, 308-311
자기 초월(transibo) 43, 61, 91, 206-207, 304-305
자립체(hypostasis) 40, 180-185, 210, 308-309
자연적 존재자(ens naturae) 181
자존체(Subsistenz) 182
정념(Pathama) 208
정신요법적인 강의(psychagogischen Unterrichts) 161
정신적인 바라봄 154
초월주의 69
추론적 사고(dianoia) 177-178
카파도키아 학파 94, 111-112, 184

케노시스(자기 비움) 84
코기토(cogito) 75
쿨파 57, 283
크리스티아니스모스 140
탈헬레니즘화 27, 98-100
폭력(Gewalt) 78
현상적 인간(homo phaenomenon) 166
휘포스타시스(hypostasis) 40, 44, 184, 211

미 주

입문

1 그리스도교 철학 문제에 대해서 가장 추천할 만한 책은 다음을 참조: H. Schmidinger, *Der Streit um die christliche Philosophie in seinem Zusammenhang*, 23-48. 이 부분에서는 '그리스도교 철학'의 개념사에 대해 다루고 있다.

2 참조: Ch. H. Weisse, *Philosophische Dogmatik oder Philosophie des Christentums*, 3-14(입문 부분). 이 부분에서는 그리스도교 철학을 주어적인 용어 의미와 대상적인 용어 의미로 구분하며, 철학적 신앙 학문의 발전에 대한 이론을 소개한다.
다음도 참조: F. Köppen, *Philosophie des Christentums*.

3 참조: Stobaios, Anthol. II, 31,79,1, p. 215,8.

4 Basilius, De baptismo libri duo, PG 31, 1568.
아울러 다음도 참조: Macarius Aegyptus, *Sermones*, 64,7, Bd. 2, 218, 17.

5 참조: R. Leicht(Hg.), *Geburtsfehler? Vom Fluch und Segen des Christentums*.

6 참조: T. Kobusch, *Analogie im Reich der Freiheit?*, 251-264.
키에르케고르에 대한 강한 비판에 대해서는 다음을 참조: V. Hösle, *Kann Abraham gerettet werden? Und: kann Søren Kierkegaard gerettet werden?*, 219: "종교적인 것이 윤리적인 것과 이성적인 것을 무효화시킬 수 있다는 키에르케고르의 이론은 철회되어야 한다."

7 참조: P. Sloterdijk, *Stressfaktor Gott*, im "Tagesspiel" vom 1. 8. 2004.

8 참조: G. Vattimo, *Jenseits des Christentums*, 152.

9 G. Vattimo, *Jenseits des Christentums*, 183f.

10 참조: T. Kobusch, *Leben im 'Als-Ob'*.

11 G. Vattimo, *Jenseits des Christentums*, 160f.

12 참조: G. W. F. Hegel, *Grundlinien der Philosophie des Rechts*, § 274, Bd. 7, p. 440; *Vorlesungen über die Geschichte der Philosophie*, Bd. 19, 123, 129.

13 참조: Justin, *Apologia maior*, 5.3-4, ed. M. Marcovich, Berlin/New York, 1994, 39.

14 예를 들어 다음을 참조: E. Dassmann, *Einleitung zu Ambrosius, De Isaac vel Anima*, 15ff.

15 달리 말하자면, 친첸(C. Zintzen)은 자신의 아름다운 문장에서 다음과 같이 말한다: "친첸이 서술하듯이 플로티누스와 피치누스의 '고대의 발견'과 '현세의 발견'과 더불어, 르네상스 시대의 '내적 인간의 발견'은 사실 재발견이다."

16 참조: G. Frank/Th. Leinkauf/M. Wriedt, *Die Patristik in der frühen Neuzeit*.

17 참조: Meister Eckhart, "Von Abgeschiedenheit" (DW V, p. 419,12): "다른 인간은 내적 인간을 의미하며, 이는 인간의 내면성이다."

18 F. Schlegel, *Philosophie der Geschichte*, KA IX, 425: "이러한 것이 전혀 의심할 여지없이 일어날 것이라는 확실한 희망에서 필자는 홀로 오랫동안 준비된 철학을 공개적으로 발전시키려는 이 최초의 시도들을 시작했다. 첫 번째 시도는 의식을 대상으로 삼거나, 삶의 철학에서 내적 인간을 대상으로 삼았다. 그러나 두 번째 시도는 여기서 세계 역사를 결말짓는 이 철학에 따라서 모든 시대를 통해서 지속되는 개별 민족과 국가들의 발전에서 외적 인간을 대상으로 삼았다."
다음도 참조: *Philosophie des Lebens* 1. Vorl. KA X, 7: "따라서 철학의 대상은 내적인 정신적 생명이다......."
이 책에서 내적 인간의 개념에 대해서는 다음을 참조: 12. Vorl., ebd. 242.
다음도 참조: F. Schlegel, *Philosophie der Sprache und des Wortes*, 7. Vorl., ebd. 463.

19 G. Vattimo, *Jenseits des Christentums*, 146.

20 J. Assmann, *Die mosaische Unterscheidung*, 154-156; 다음도 참조: ders. (HG.): *Die Erfindung des inneren Menschen*.

21 참조: B. F. Skinner, *Jenseits von Freiheit und Würde*, 21f., 44, 205.

22 참조: T. Kobusch, *The Language of Angels*.

23 참조: P. Hadot, *Exercices spirituelles et philosophie antique, ferner: Qu'est-ce que la philosophie antique?*

24 내면세계의 전통적 표상에 대한 니체의 비판에 대해서는 다음을 참조: *KSA* III 593; VI 90; X 404; XIII 53.
아울러 *KSA* X 358도 참조: "형이상학이 그렇게 하는 것처럼, 외부 세계와 내면세계를 구분하는 것은 이미 의미를 판단하는 것이다."
KSA XI 161: "현상도 우리의 내면세계이다!"
KSA XIII 457: "내적 의미는 결과와 원인을 혼동한다. 영향이 생기고 난 후에,

'원인'이 투영된다. 그것은 '내적 체험'이라는 근본적 사실이다."
25 참조: P. Gehring, *Innen des Außen-Außen des Innen*. *Foucault, Derrida, Lyotard*, 48.
26 W. Dilthey, *Der Aufbau der geschichtlichen Welt in den Geisteswissenschaften*, 179; 94 참조.
27 "Brief an Johannes Eck" (15. Mai 1518), in: Erasmus, *Opus epistolarum*, Bd. 3, nr. 844, lin. 252-254.
28 특히 60~70년대의 작품들에 대한 뛰어난 일별은 다음을 참조할 것: W. Fauth, *Philosophische Tradition und geistige Begegnung mit der Antike im Schriftum der Patristik*, 69-120.
29 이에 대해서 필자는 독일어권에서 다음을 추천한다: B. Altaner/A. Stuiber, *Patrologie. Leben, Schriften und Lehre der Kirchenväter und*; *Lexikon der antiken christlichen Literatur*, hg. von S. Döpp/W. Geerlings.

I. 그리스도교 철학 : 교부적 모델

30 H. Dörrie, *Was ist "spätantiker Platonismus"? Überlegungen zur Grenzziehung zwischen Paltonismus und Christentum*, 293.
이 저자의 다음 책도 참조: *Die andere Theologie*.
31 Tertullian, *Apologeticum* 46,18, p. 206f.
32 Tertullian, *De praescriptione haereticorum* 7,9, p. 98,34.
33 참조: P. Veyne, *L'Empire gréco-romain*.
34 J. von Kuhn, *Ueber den Begriff und das Wesen der speculativen Theologie oder christlichen Philosophie*, 300f.
35 이 분야에서 가장 최고의 탁월한 연구는 다음 두 논문이다: M. Fiedrowicz, *Apologie im frühen Christentum*; *Christen und Heiden*.
36 참조: P. Wendland, *Die hellenistisch-römische Kultur in ihren Beziehungen zum Judentum und Christentum*, 94.
테르툴리아누스의 작품인 *De pallio*에 대해서는 다음을 참조: J. Geffcken, *Kynika und Verwandtes*, 58ff. 철학자들의 외투에 대한 풍자에 대해서는 같은 책, 56f. 참조.

37 F. A. Staudenmaier, *Johannes Scotus Eriugena und die Wissenschaft seiner Zeit*, 265.

38 플라톤주의와 그리스도교의 관계라는 문제를 주제로 삼는 저자들에게 있어서 이러한 점을 구분하는 것은 다음을 참조: A. M. Ritter, *Das Verhältnis von Platonismus und Christentum in der Französischen und Deutschen Patristik*, 50f.

39 한편으로는 니케아 공의회가 거리를 두려는 아리우스의 사유를 중기 플라톤주의에 국한시키려는 릭켄의 의견은 옳다.
참조: F. Ricken, *Nikaia als Krise des altchristlichen Platonismus* und ders., *Das Homoousius von Nikaia als Krisis des altchristlichen Paltonismus*. 릭켄이 아주 소극적으로 그리스도교의 탈헬레니즘화 가능성에 대해서 언급한 것은 정당하다.
참조: F. Ricken, *Zur Rezeption der platonischen Ontologie bei Eusebius von Kaisareia, Areios und Athanasios*, 126f. 반면에 그릴마이어는 칼체돈 공의회의 관점에서 탈헬레니즘화에 대해서도 언급했다.
예를 들어 다음을 참조: A. Grillmeier, *Christologische Forschungen und Perspektiven*, 532ff.
이와 유사한 다음 자료도 참조: R. M. Hübner, *Der Gott der Kirchenväter und der Gott der Bibel. Zur Frage der Hellenisierung des Christentum*, 16: "용어들은 그리스 형이상학의 것들이다. 하지만 이러한 용어들을 통해 말해지는 하느님은 성경의 하느님이다. 니케아 공의회의 '동일 본질'(homoousios)은 그리스도교의 헬레니즘화를 의미하는 것은 아니다. 오히려 이는 '탈헬레니즘화'이다." 루츠-바흐만(M. Lutz-Bachmann, *Hellenisierung des Christentum?*)은 이와 같은 탈헬레니즘화라는 논제를 최근에 다시 한번 받아들였다. 하지만 사태는 그리 단순하지 않다. 이 모든 경우에 있어서 휘포스타시스(hypostasis, 실체, 위격)와 에피노이아(epinoia, 아직 드러나지는 않았지만 의도를 지닌 생각, 품은 의도, 지혜의 영), 또는 우시아(usia, 존재, 본질)와 에피노이아 간의 대당성이 중요한 역할을 한다는 것이 간과되었고, 이와 더불어 플라톤주의의 어떤 형태와 거리를 두는 것은 아직 탈헬레니즘화를 말하는 것은 아니라는 점도 간과되었다.
아리우스와 아타나시우스의 논쟁에 스토아 철학의 문제에 대해서는 다음을 참조: Chr. Stead, *The 'Thalia' of Arius and the Testmony of Athanasius*, 32ff. und T. Kobusch, *Sein und Sprache*, 50ff. '무엇이 탈헬레니즘화와 관련되는가?' 하는 것은 두 공의회를 정식화하는 관점에서 보자면, '그리스 철학 없이 두 공의회를 이해할 수 있는가?'라고 묻는 것이라고 할 수 있다.

40 다음도 참조: J. Fontaine, *Christentum ist auch Antike*.

41 참조: W. Beierwaltes, *Platonismus im Christentum*.

42 참조: K. Kremer, *Alexandrian – Wiege der neuplatonischen Philosophie*, 42. 플리니우스(Plinius), 루키안(Lukian), 갈렌과 같은 이교도 사상가들을 통해 그리스도교가 상이한 방식으로 인식된 점에 대해서는 다음을 참조: E. R. Dodds, *Heiden*

und Christen in einem Zeitalter der Angst, 94f.

43 E. P. Meijering, Wie platonisieten Christen? 되리에 대한 비판에 대해서는 다음도 참조: W. Pannenberg, Christentum und Platonismus, 149 und H. Niehues-Pröbsting, Die antike Philosophie, 224ff.

44 판넨베르크(W. Pannenberg, Theologie und Philosophie, 23)도 그리스도교를 '참된 철학'이라고 표현하면서, "신학이 철학에게 신학과 '동등한' 독립적인 진리를 인정하지 않는다."는 요구를 인식할 수 있다고 한다. 하지만 교부들의 작품들에 따라서 보자면, 신학이 철학 자체 안에서 항상 통합적인 요소들만으로 존재한다면, 어떻게 그러한 요구가 가능한가?

45 참조: W. Pannenberg, Die Aufnahme des philosophischen Gottesbegriffs als dogmatisches Problem der frühchristlichen Theologie. 판넨베르크는 그리스도교의 헬레니즘화라는 하르낙의 논제에 '제한된 정당성'을 인정한다.
판넨베르크의 입장이 편파적이라는 비판에 대해서는 다음을 참조: U. Wickert, Apologetarum Apologeta, 365: "이러한 관점을 지니고서야, 분연히 어떤 전환을 성취해서 그리스인들의 입장에 서게 된다면, 교부들의 사유를 역사적으로 사태 자체에 따라 올바르게 판단하게 된다."
판넨베르크의 논문에 대한 논의에 대해서는 리터가 탁월하게 보도하고 있다: A. M. Ritter, Ulrich Wickert, Wolfhart Pannenberg und das Problem der "Hellenisierung des Christentum". 이 책 316에는 중요한 물음이 등장한다: "판넨베르크에 있어서 '성서적인'과 '그리스적인' 사이에 더 이상 전혀 어떤 구분도 되지 않는다면 …… 그리스도교는 어떻게 성립이 되겠는가?"

46 D. Wyrwa, Über die Begegnung des biblischen Glaubens mit dem griechischen Geist; H. C. Brennecke, Der Absolutheitsanspruch des Christentums und die religiösen Angebote der Alten Welt, 394.

47 Clemens Alexandrius, Stromata, V 9, 56, 4, p. 364, 11.

48 Clemens Alexandrius, Stromata, VI 8, 67, 1, p. 465, 21; Stromata, II 22, 131, 2-3, p. 185, 9-13.
클레멘스의 철학 개념에 대해서는 다음도 참조: H. Niehues-Pröbsting, Die antike Philosophie, 233ff. Gregor von Nyssa, De Instituto Christiano, GNO, VIII, I, p, 48, 13.
Augustinus, Contra Iulianum, IV, PL 44, 774, 72
다음도 참조: Hieronymus, Epis., 33, 3, p. 255, 5
참조: Origenes, In Canticum Canticorum, Bd. II, p. 756f.

49 참조: Augustinus, Opus imperfectum contra secundam responsionem Iuliani; PL 45, 1212/1213.
다른 표현에 대한 예증에 대해서는 다음을 참조: H. Schmidinger, "Philosophie, christliche", 887.

50 Eusebius, *Demonstratio evangelica*, III 6, 8, p. 133, 18.
   참조: Johannes Chrysostomus, *Ad populum Antiochenum homil.* 17, PG 49, 174; *In Johannem*, PG 59, 349; Gregor von Nyssa, *In Canticum Canticorum* or. IX, GNO VI, p. 264, 17; Johannes Chrysostomus, *De virginitate* 16, 23, p. 148; Eusebius Caesariensis, *Quaestiones evangelicae ad Stephanum*, quaestio 7, PG 22, 909; Origenes, *Fragmenta in Psalmos* 76, 21, 3, BD. 3, p. 109; Gregor von Nyssa, *De Vita Gregorii Thaumaturgi*, GNO X, 1, p. 13, 11.

51 이에 대해서는 다음을 참조: P. Zanker, *Die Maske des Sokrates*, 272-288, 각주 272.
   더 나아가서 다음도 참조: H. -I. Marrou, *MOUSIKOS ANHR*, 269-287; J. Kollwitz, *Christus als Lehrer und die Gesetzesübergabe an Petrus in der konstantinischen Kunst Roms*, 49-51; O. Steen, *The Proclamation of the Word*, 94-100.

52 참조: A. M. Ritter, *Klemens von Alexandria*, 123.

53 Justin, Dialogus cum Tryphone 3, 3, p. 74.

54 원시 계시로서 철학에 대한 논제에 대해서는 다음을 참조: J. C. M. van Winden, *An Early Christian Philosopher*, Leiden 1971.

55 Clemens, *Stromata* VI 8, 67, p. 465.

56 참조: Platon, *Timaios* 47b와 Simplicius, *Commentaire sur le Manuel d'Épictète*, XXX, p. 303.

57 참조: Johannes Chrysostomus, In Ioannem, PG 59, 349: "위대한 선은 철학이다. 나는 철학이라는 말로 우리 것을 말한다. 왜냐하면 우리 밖에서 말하는 것은 단지 말이고 신화이며, 이러한 신화는 철학적인 어떤 것을 지니고 있지 않기 때문이다. 신화에서는 (단지 신들의) 명예를 위해 모든 것이 일어난다. 따라서 위대한 선은 (바로) 철학이며, 여기서 철학은 우리에게 보상을 해 준다."

58 참조: R. Goulet, *Les vies de philosophes*, 193-197에서 제시하는 논문인 "Les philosophe comme épiphanie divine".

59 J. von Kuhn, *Ueber den Begriff und das Wesen der speculativen Theologie oder christlichen Philosophie*, 297.

60 Johann Sebastian von Drey, *Die Apologetik als wissenschaftliche Nachweisung der Göttlichkeit des Christentums in seiner Erscheinung*, 278.

61 P. Brown, *Die letzten Heiden*, 48.

62 예컨대 다음을 참조: Aeneas von Gaza, *Theophrastus*, p. 17, 4; Dio Chrysostomus, *Oratio*, 49, 6, p. 298; Ps. Callisthenes, *Historia Alexandri Magni* III 5, 1, p. 143, 5; Lucian, *Macrobii*, 4, 2, Bd. I, p. 74; Lucian, *Fugitivi*, 8, 18, Bd.

III, p. 209; Numunius, *Fragmenta* 1a 8; Porphyrios, *De abstinentia* IV 17, Bd. III, p. 27; Porphyrios, *In Platonis Tim. Comm.* Fr. 2, p. 19, 6.

63 참조: Hippolyt, *Refutatio omnium haeresium* I 6, p. 53, 15; Clemens Alexandrinus, *Stromata* I 15, p. 41, 22; Origenes, *Contra Celsum* I 24, p. 134; Eusebius, *Praep. Evang.* X 4, 15, Bd. 1, p. 570, 11.

64 이에 대해서는 다음을 참조: P. Hadot, *Wege zur Weisheit*, 179, 197, 275f.

65 이에 대해서는 다음을 참조: I. Pochoshajew, *Die Seele bei Plato, Plotin, Porphyr und Gregor von Nyssa*, 60-63. 여기서는 니사의 그레고리우스의 입장에서 철학 개념을 사용한 많은 전거들을 부각시킨다.

66 Gregor von Nazianz, *Adversus Eunomianos*, or. 27, 10, p. 96, 17; 다음도 참조: or. 2, 39, p. 140-142.
요한 크리소스토무스도 이와 유사하게 말했다: *In Iohannem*, PG 59, 369. 크리소스토무스는 새로운 철학을 제시하기 위해서 신, 물질, 육체, 영혼에 대한 비그리스도교적인 가르침들을 경멸한다.

67 참조: Gregor von Nazianz, *Funebris oratio in laudem Basilii Magni*(or. 43), 23, p. 172.

68 *Origenes ad Gregor Thaumaturgum* 1, 10-14, ed. H. Crouzel, SC 148, Paris 1969, 186-188. 다음도 참조: *Philocalia* 13, 1, p. 399.
다음도 참조: Clemens Alexandrinus, *Stromata* I, 20, 99, p. 63, 10; VII, 3, 20, p. 14, 21.

69 Origenes, *In Jesu Nave hom.* VII, 1, p. 327.

70 Origenes, In Exod. hom. XI, 6, p. 260, 7.

71 Origenes, *Contra Celsum* IV, 30, p. 258, 59.

72 참조: Origenes, In Genesim hom. VI, 2, p. 188, 25.

73 Origenes, In Genesim hom. XIV, 3, p. 340, 16.

74 A. v. Harnack, *Sokrates und die Alte Kirche*, 39.

75 그닐카는 정당하게 '올바로 이용하는 것'은 적합하게 이용하는 것이라는 점을 보여 준다. 왜냐하면 이는 교부들 자신에 의해 이용된, 그리스 철학과의 관계에 대한 표지이기 때문이다. Chr. Gnilka, *XPHΣIΣ: Die Methode der Kirchenväter im Umgang mit der antiken Kultur I. Der Begriff des "rechten Gebrauchs"*. 벌의 비유에 대해서는 102쪽 이하를 참조.

76 다음 책의 인용 참조: W. Jaeger, *Das frühe Christentum und die griechische*

Bildung, 60f.
바실리우스의 작품에 대한 상세한 해석에 대해서는 다음 책을 참조: E. Lamberz, *Zum Verständnis von Basileios' Schrift 'Ad adolescentes'*, 75-95.
바실리우스의 입장은 전적으로 카파도키아인들을 대변하고 있다. 이에 대해서는 다음 책을 참조: K. Weiss, *Die Erziehungslehre der drei Kappadozier*, 161-174.
바실리우스의 작품에 대한 의미심장한 영향사에 대해서는 다음을 참조: L. Schucan, *Das Nachleben von Basilius Magnus 'ad adolescentes'*.

77 Clemens Alexandrinus, *Stromata* I, 6, 36, 2, p. 24, 6.

78 참조: K. Kremer, *Alexandrien — Wiege der neuplatonischen Philosophie*.

79 이에 대해서는 특히 다음을 참조: C. Scholten, *Die alexandrinische Katechetenschule*, 22-27. 나우틴(P. Nautin, Origène, 180-197)과 반 덴 브로엑이 알렉산드리아에서 설립된 학교의 특징에 대해 가진 의구심은 충분한 근거가 있는 것처럼 보이지 않는다.

II. 그리스도교 철학 : 삶의 방식

80 참조: R. R. Ruether, *Gregory of Nazianzus Rhetor and Pholosopher*, 167-174. 다른 전거에 대해서는 다음도 참조: T. Spidlik, *Grégoire de Nazianze*, 132ff.

81 Ephraem Syrus, *Sermo asceticus perutilis*, Bd. 5, p. 174: "그는 하느님에게 있어서 참된 철학자로서 자신의 나쁜 욕망에 저항할 수 있다. 반면에 철학이라는 제목으로 치장하고, 철학으로 자만하는 사람은, 아주 멍청하고 어리석게 여겨지는 자신의 욕망을 주체하지 못한다."

82 이에 대한 예에 대해서는 다음을 참조: Clemens, *Stromata* I, 15, 72, p. 46, 21: "하지만 고대인들이 본성에 대해서 말한 모든 것은 그리스 밖의 철학자들에게서도, 부분적으로는 인도의 브라만인들에게서, 부분적으로는 시리아의 소위 유다인들에게서도 발견된다."
Ebd. V, 9, 58, p. 365, 11: "아리스토텔레스의 추종자들도 그의 저작들 중의 몇 가지는 심층적이지만, 다른 몇 가지들은 일반적으로 접근 가능하며 표층적이라고 말한다. 그러나 신비주의의 창시자들도 자신들이 철학자들이었기 때문에, 자신들의 고유한 가르침을 신화 이야기들 뒤에 숨겼다. 따라서 이들이 모든 사람들에게 이해될 수 있는 것은 아니었다."
Basilius, Epist. 135, 1, 20, Bd. 2, p. 49,20; Gregor Nyss., *Contra Eunomium* II, 196, GNO I, p. 282, 3; Gregor Nyss., *De vita Moysis* II, p. 44, 11; Gregor Nyss., *De anima et resurrectione* PG 46, 49; Gregor Nyss., *Encomium* in XL martyres II, GNO X 1, p. 160, 8.

83 참조: Origenes, Contra Celsum I, 7, 11, p. 94: "그러나 표층적인 것을 따르지만 많은 것을 강요하지 않는 확실한 가르침이 있다면, 이는 그리스도인들의 가르침이 지닌 고유성일 뿐만 아니라 철학자들에게서도 발견된다. 말하자면 이 철학자들은 부분적으로는 표층적으로 가르치고, 부분적으로는 심층적으로 가르친다. 이렇게 해서 '그분 스스로 그것을 말씀하셨다.'는 말은 피타고라스의 몇몇 제자들을 만족시켰지만, 반면에 다른 제자들은 불경하고 불순한 귀로는 듣지 못하는 것들을 은밀하게 배웠다. 이 모든 신비주의 예배들은 비록 비밀리에 행해졌더라도, 켈수스의 공격을 모면하여 그리스와 야만족들 전역에 남아 있다. 그 때문에 켈수스는 그가 한 번도 정확하게 알지 못한 그리스도교의 '신비'를 의심할 근거가 없다."

84 참조: Hieronymus, *Epist.* 70, p. 700-708.

85 A.-M. Malingrey, *Philosophia*.

86 참조: C. J. Braniß, *De notione philosophieae Christianae*, p. 11.
앞에서 언급한 그리스도교 철학에 대한 관념은 브라니스에 의하면 그 어떤 이성적인 논증을 통해서도 만회할 수 없는 일종의 신앙주의 또는 신심주의(Fidelismus)를 함축하고 있다.

87 C. Stead, *Philosophy in Christian Antiquity*, Cambridge 1994, 79, 219.

88 참조: J. S. Drey, *Die Apologetik als wissenschaftliche Nachweisung der Göttlichkeit des Christentums in seiner Erscheinung*, 6.

89 이런 식으로 이용한 수많은 전거에 대해서는 다음의 유익한 논문에서 볼 수 있다: H. Schmidinger, *Zur Geschichte des Begriffs "christliche Philosophie"*, 30f.

90 폰투스의 에바그리우스에 대해서는 다음을 참조: G. Bunge, *Praktike, Physik und Theologike als Stufen der Erkenntnis bei Evagrios Pontikos*.

91 Ps.-Basilius, *Constitutiones asceticae* 5, PG 31, 1360.

92 Gregorius Thaumaturgus, *In Origenem oratio panegyrica* XI, 141, p. 153, 46.

93 자기 인식과 자기 자신에 대한 주의(注意)에 대해서는 다음도 참조: Clemens Alexandrinus, *Stromata* II, 15, 71, 3, p. 151, 2.
다음도 참조: Augustinus, *Sermo* 107A, ed. PL Suppl. 2, 770; *Sermo* 107, PL 38, 631; Gregor d. Gr., *Moralia in Iob* XIX 12, 50, CCSL 143 A, p. 971.

94 Origenes, *In Canticum Canticorum* II, 5, 1-40, p. 354-379.

95 참조: Ambrosius, *Expositio Psalmi CXVIII*, 2, 13, p. 27, 20.

96 참조: Ambrosius, *Expositio Psalmi 118*, 2, 13, p. 27, 20.

97 하늘에서 내려오는 "nosce teipsum"에 대해서는 다음을 참조: Richard von St. Viktor, *Benjamin monor*, 78, p. 316.
살리스부리의 요한네스는 다음과 같이 말한다: Johannes von Salisbury, *Policarticus* III, 2, 36, p. 170.
다음도 참조: Richard von St. Viktor, *Epist*. *I-XI, PL 196*, 1225-1230.
이에 대해서는 다음을 참조: P. Coucello, *Connais-toi toi même. De Socrate à saint Bernard*, t. 1, 243.
리카르두스의 플라톤과 아리스토텔레스에 대한 비판에 대해서는 다음을 참조: *Benjamin minor*, 75, p. 308.

98 참조: Athanasius, *Vita Antonii*, 21, 2, 6, p. 192: "온전히 깨어 있는 채로 우리는 마음을 지키려고 한다."
Gregor von Nazianz, oratio, 39, 10, p. 168, 14; Ders., or. 40, 8; SC 358, p. 212, 12; Ephraem Syrus, *De virtute, ad novitium monachum*, 3, Bd. II, p. 94; Ders., Ad imitationem proverbiorum, Bd. I, p. 246; Ders. Interrogationes ac reponsiones proverbiorum, Bd. VI, p. 218: "그분의 표상과 비유에 따르면, 그분은 우리를 만드셨고, 각 그리스도인은 자신을 지키고 경계하며, 자신 안에 하느님의 상(像)을 존중하고, 윤리적인 작품들을 통해 자신을 거룩하게 해야 한다."
다음도 참조: Hieronymus, *Epist*. 119, 7, p. 456, 23; Hieronymus, *Epist*. 78, 38, p. 80, 7; Ambrosius, *Expositio in psalmum* CXVIII, 3, 13, p. 47, 21; Isidor Hispalensis, *Sententiarum libri tres* II, col. 627.

99 주의와 신중함에 대한 'technici'라는 용어에 대해서는 다음을 참조: T. Kobusch, *Metaphysik als Lebensform bei Gregor von Nyssa*, 480-481, und der Art "Umsicht", *HWPh*, 11(2001), 94-97.
여기서 언급된 전거와 더불어 다음도 참조: Ephraem Syrus, *In illud: Attende tibi ipsi*, 6, Bd. II, p. 160; Ebd. 162; Ders., *Sermo asceticus*, Bd. I, p. 152; Ps.-Joh. Chrisostomus, *Epist. ad monachos*, 128; Macarius, Sermones, 29, 1, 3, 5, p. 261, 15: "온전히 깨어 있음과 주의, 그리고 좋은 의미의 염려로 우리는 정신의 연구와 집중을, 더욱이 본래적으로 항상 특히 기도하는 동안 수행하는 데 힘쓰려고 한다."

100 Clemens Alexandrinus, *Stromata* VII, 1, 3, 1, p. 4, 18.

101 Basilius, *De legendis gentilium libris*, 9, 1, p. 41-61; 다음도 참조: Clemens Alexandrinus, *Stromata* III, 5, 42, 5, 3-6, 1, p. 215, 21-23

102 Gregorius Thaumaturgus, *In Origenem oratio panegyrica* XI, 140, p. 152: "참으로 다른 것과는 달리 영혼에게 고유한 것은 …… 자기 자신에 대한 염려인데, 이는 영혼이 밖으로 시선을 돌리지 않고 자신에게 낯선 것들에 호기심을 갖지 않음으로써, …… 그러니까 자기 자신의 내면으로 방향을 돌림으로써 이루어진다."
《국가》에서는 플라톤의 '호기심'(πολυπραγμοσύνη)과 ἀλλοτριοπραγία(다른 사람의 일에 참견하는, 444b)에 대한 주목이 그 배경을 이룬다. 이 용어들은 후기 플라톤주의에서도, 그리스도교적 플라톤주의에서도 받아들여졌다. 이렇게 '알로트리오파라기아'는 다음에도 언급된다: Proklos, *In rem.* II, 21, 14, p. 146, 21ff.
프로클로스에 의하면 이 용어는 영혼이 자기 자신에게로 되돌아가는 것과 대립하며, 다른 작품(Johannes Philosoponos, *In de an.* 528)에서는 정신의 본래적인 자기인식과 대립해 있다. 호기심 많은 분주함도 그리스도교에서 플라톤주의적인 의미에서 전적으로 거부되었다. 예컨대 다음을 참조: Johannes Chrysostomus, *Expositio in Psalmum* VII, PG 55, 93.
여기서 호기심 많은 분주함은 고유한 구원에 대한 염려와 대립되어 있다. 니사의 그레고리우스에게서 πολυπραγμοσύνη(호기심)의 의미에 대해서는 다음을 참조: T. Kobusch, *Metaphysik als Lebensform bei Gregor von Nyssa*, 467-471 sowie ders., *Die Grenzen der theoretischen Vernunft*, 237-242.

103 참조: Johannes Chrysostomus, *In Ephist. ad Ephesios*, PG 62, 38; Ephraem Syrus, *Precationes e sacris scripturis collectae*……, pr. 3, Bd. 6, p. 310, 9.

104 Hieronymus, *Comm. in Esaiam* VI, 14, 2/4, 12, p. 236; Ebd. XIV, 52, 7.8, 68, p. 582.

105 예컨대 다음을 참조: Johannes Cassianus, *Conlatio VIII*, 11, p. 19; Ebd. X, 10, p. 85; Ebd. XIV, 10, p. 195.
다음도 참조: Bernhard von Claivaux, *Sermones de diversis VI*, 3; Bd. VI, 1, p. 106, 24; *Sermones in vigilia nativitate Domini*, 3, 4; Bd. IV, 214, 18.

106 참조: Jamblich, Protrepticus V, p. 27, 25: "이제 특히 영혼이 지닌 것을 돌보아야 하고, 나머지 모든 것은 영혼 때문에 행해야 한다. 영혼에 대해서 육체가 하는 것 때문에 육체를 돌봄으로써, 육체에 대해서도 그렇게 염려해야 하며, 가진 것과 재산도 육체 때문에 습득해야 한다." Elias, *In Porph. Isag.*, 6, p. 15, 30: "신과 태양을 모방하는 철학자도 영혼에 대한 염려 때문에 육체를 완전히 소홀히 하는 것이 아니라, 그에 상응하는 염려를 육체에 해당하게 해야 한다."
영혼과 더불어 육체에 적합한 돌봄에 대해서는 다음을 참조: Mosonius, *Diss.*, 6, 28.
심플리키오스(Simplikios, *Commentaire sur le Manuel d'Épictète*, Praef., 120, p. 197)에 의하면 육체에 대한 염려는 우리의 참된 자아에 대한 염려는 아니다. 그리스도교적 측면에서 얌블리쿠스의 텍스트(Protr.)에서 말하는 영혼과 육체, 그리고 육체에 속하는 것이라는 플라톤적인 세 부분에 상응하는 것은 바실리우스 (Basilius, Sermones de moribus a Symeone Metapharsta collecti, De morte, sermo 11, PG 32, 1273)가 영혼, 육체, '그 외에 생명을 유지하는 것'의 관계에 대해서 말한 것이다.
영혼과 육체에 대한 염려에 대해서는 다음도 참조: Cyrill, *Commentarii in Mattaeum (in catenis)* fr. 80, 1: "영혼과 육체는 음식과 옷보다 더 가치가 있기 때문에, 더 가치가 적은 것도 덜 주의를 기울여야 하지만 가치가 충만한 것, 그러니까 영혼과 육체에 대해서는 염려해야 한다."

Ebd. fr., 81, 3: "우리는 육체뿐만 아니라 영혼에 대해서도 배려해야 한다. 육체에 대해서는 될 수 있는 대로 만족하도록, 영혼에 대해서는 육체를 통해 방해되지 않도록 하는 것이다."
다음도 참조: Johannes Chrysostomus, *Cathcheses ad illum*, 5, 1, 11, p. 200: "이제 우리가 육체에게 그에 속하는 염려가 행해지게 하며, 영혼을 죄로부터 순수하게 지킬 때, ……"
Ebd., 8, 21, 4, p. 258: "그리고 온갖 노력을 다해서 영혼에 대한 염려를 향해야 한다. …… 그리고 영혼은 우리 안에 더 중요한 것이기 때문에, 영혼 자체에 대한 염려를 받아들여야 하지만, 육체에 대한 전적인 돌봄과 걱정은 모두의 주님께 내맡겨야 한다."

107 Basilius, *Sermones: de moribus, de anima*, Sermo 23, PG 32, 1373: "당신이 가진 것, 당신 주변의 모든 것에 대해서 눈을 돌리지 말고, 오로지 당신 자신에게로 향하시오. 왜냐하면 우리 자신은 우리가 가진 것과는 다르며, 우리 주위에 있는 것과도 다르기 때문이오. 왜냐하면 우리는 그에 걸맞게 우리가 창조주의 모상으로 태어난 영혼이며 정신이기 때문이오. 반면에 우리가 가진 것은 육체와 육체를 통해 제한된 감각적인 지각들이며, 우리 주위에는 사물들, 예술품들, 그리고 삶의 그 밖의 시설이 있소."

108 참조: Theodoretus, *Graecarum affectionum curatio*, 12, 53, 1, p. 453. 알렉산드리아의 클레멘스(*Stromata* IV, 4, 17, 1, 1, p. 256, 11)도 자유로운 죽음에 대해 부적절하게 생각하는 것을 방지하기 위해 《국가》에 나오는 구절에 대해 긍정적으로 대하고 있다.

109 참조: Laktanz, *Divinae Institutiones* III, 15, 1, p. 220.

110 Origenes, *Contra Celsum* VIII, 22, 7, p. 224: "나는 다음과 같이 말할 수 있겠다. 그러니까 청중들을 말해진 것에 합당하게 살도록 만드는 상태로 옮겨 놓을 수 있는 사람들이 참된 것을 말한다."
진리가 영예를 주는 것에 대해서는 다음을 참조: Ebd. VIII, 9, 25, p. 195.

111 J. A. Möhler, *Athanasius der Große und die Kirche seiner Zeit*, 154.

112 참조: Origenes, *Contra Celsum* VI, 4, 1-8, p. 184-186.
다음도 참조: Athanasius, *Contra Gentes*, 10, 35.
테르툴리아누스(*Apologeticum*, 46, 5, p. 202)도 소크라테스가 자신의 생애 마지막에 에스쿨랍(아스클로피오스의 로마식 표기)을 위해 닭 한 마리를 잡게 했다는 《파이돈》의 보도와 관련된 것을 받아들인다. 하지만 이 일이 본래 자기 아버지, 곧 아폴론에 대한 존경으로 행해졌다는 것을 덧붙인다. 이것은 무엇보다도 소크라테스가 의도하지 않은 변명이었을 것이다. 왜냐하면 아폴론이 철학적 의미에 있어서 아카데미아 전체에 지니는 의미는 잘 알려져 있기 때문에다. 이와 유사하게 아우구스티누스는 한 설교(Sermo, *de util. Ieiunii*, 7, 9, p. 237)에서 이교도의 실천 제의를 서술했다.

플라톤주의자들에 대한 아우구스티누스의 비판에 대해서는 다음을 참조: T. Kobusch, *Das Christentum als die Religion der Wahrheit*.

113 Augustinus, *De civ.*, 8, 12, 28, p. 229와 ebd., 10, 1, 21ff., p. 272와 ebd., 8, 10, 20ff., p. 226.

114 참조: Porphyrios, *Vita Plotini*, 10, 35, p. 152.

115 Cyprian, *De bono patientiae*, PL 4, 647 C.

III. 그리스도교 : 대중을 위한 플라톤주의

116 Origenes, *Contra Celsum* I, 2, p. 82와 nota 4.

117 Origenes, *Contra Celsum* VII, 46, p. 124.

118 Ignatius, epist., 2, 10, 1, 2, p. 104: "그 때문에 우리는 그분의 제자로서 그리스도교 정신의 의미에서 사는 것을 배우려고 한다." - ebd., ep., 4, 3, 2, 1, p. 128; - Ders., ep., 2, 4, 1, 1, p. 96.

119 Johannes Chrysostomus, *In Matth. Hom.* IV, PG 57, 40.

120 Origenes, *Contra Celsum* VIII, 52, p. 288.
윤리적인 물음에 있어서 이교도 철학과 그리스도교 철학의 동일한 문제에 대해서는 다음을 참조: Dihle, *Ethik*, 745ff.

121 N. Brox, *Von der apokalyptischen Naherwartung zur christlichen Tugendlehre*, 245.

122 Gregor von Nyssa, *De creatione hominis*, GNO Suppl., p. 33, 5: "그리스도교는 무엇인가? 인간의 본성이 가능한 한에서 하느님과 닮는 것이다."

123 이에 대해서는 다음을 참조: W. Panneberg, *Theologie und Philosophie*, 52. '신과의 동화'(homoiosis theo)라는 사유의 역사에 대해서는 다음을 참조: H. Merki, *Homoiosis Theo*와 D. Roloff, *Angleichung an Gott*.

124 Basilius, *De legendis gentilium libris*, 9, 61, p. 56.

125 이에 대해서는 다음을 참조: E. Stegemann, *Paulus, Sokrates und Seneca*. 스토아 철학에 대한 접근은 그리스도교적 측면에서 여러 번 감지되었다. 예컨대 바오로와 세네카가 편지 교환을 했다는 것이 위조로 판명되었지만, 그럼에도 불구하고 전거가 될 수 있다. 이에 대해서는 다음을 참조: P. Wendland, *Die hellenistisch-römische Kultur in ihren Beziehungen zum Judentum und*

Christentum.

126 Eusebius, *Praep. Evang.* I, 5, 12, p. 22, 14. 참조: *Dem. Evang.* I, 2, 1.

127 참조: Ephraem Syrus, *Sermo de operatione perversi daimonis*, Bd. V, p. 375, 3: "왜냐하면 그리스도교는 그것이 가능한 한에서, 그리스도를 모방하는 것이기 때문이다."
Johannes Chrysostomus, *In Epistulam ad Hebraeos, Homilia*, 31, PG 63, 213: "그리스도교를 특징짓는 것이 많이 있는데, 이는 상호 간의 사랑과 평화와 같은 모든 것보다 더 하고 더 강하다." Basilius, *Epist.*, 114,1.

128 Johannes Chrysostomus, *In epist. I ad Cor.* PG 61, 110.
다음도 참조: *In epist. I ad Timotheum*, PG, 62,586.

129 Gregor von Nyssa, *De professione christiana*, GNO VIII, I, P. 136, 6: "누가 그리스도교의 정의를 통해 의미를 표현하려고 한다면, 우리는 그리스도교가 신적 본성을 모방하는 것이라고 말할 것이다."

130 Gregor von Nyssa, *De anima et resurrectione*, PG 46, 145D/148A: "누가 그러한 것을 정의를 통해 명확하게 규정하려고 한다면, 우리는 부활이 우리 본성의 원천적인 상태로 옮기는 것이라고 말할 것이다."

131 W. A. Löhr, *Basilides und seine Schule*, 213f.
이 책에서는 오리게네스가 동물의 육체에서 영혼의 변화를 거부한 것에 대해 성경 해석적인 근거들만을 언급하고 있다. 이 이론에 대한 철학적 배경에 대해서는 다음을 참조: T. Kobusch, *Die philosophische Bedeutung des Kirchenvaters Origenes*, 100f.
더 나아가서 다음을 참조: T. Kobusch, *Origenes, der Initator der christlichen Philosophie*, 39f.
플라톤의 영혼의 변화 이론에 대한 오리게네스의 새로운 해석의 개별 사항에 대해서는 다음을 참조: M. J. Edwards, *Origen Against Plato*, 97ff.
에드워즈는 이 점에서도 위조된 방식으로 오리게네스의 반플라톤주의의 형태를 인식한다.

132 이에 대해서는 다음의 근본적인 연구를 참조: C. Steel, *The Changing Self*.

133 Gregor von Nyssa, *De anima et resurrectione*, PG 46, 108A-121A. Ebd. 108D. 여기서 니사의 그레고리우스는 그리스도교와 플라톤주의에 공통적인 '되살아남'(Wiederaufleben)이라는 개념도 사용한다. 페로일(E. Peroil, *Il Platonismo e l'antropologia filosofica di Gregorio di Nissa*)은 《De resurrectione et anima》에서 육신의 부활에 대한 그리스도교 가르침이 특별히 포르피리오스의 입장과의 논쟁을 통해 어느 정도까지 제한되는지를 보여 주었다.

134 Athenagoras, *De resurrectione*, 18, 130-134, p. 88-148; 각주 25, 3, p. 146.

부활 이론에 대한 철학적 정당성을 시도한 다른 예에 대해서는 다음을 참조: M. Fiedrowicz, *Apologie vom frühen Christentum*, 270f과 M. Fiedrowicz, *Christen und Heiden*, nr. 413-416. 421 mit dem "Kommentar" 749f.

135 Justin, *Apologia Minor*, 10, 8, p. 152, 20ff.
참조: *Apologia Maior*, 4, 3/4; p. 39, 11ff.

136 Justin, *Apologia Major*, 46, 3/4, p. 97, 8ff.

137 E. Benz, *Christus und Sokrates in der alten Kirche*, 207. 다음도 참조: M. Fiedrowicz, *Christen und Heiden*, nr. 364-369: 여기서 정당하게 말하며 서술된 텍스트들은 강생을 "이성에 대해서도 분명하게" 만들려고 시도했다.(p. 452)

138 이에 대한 예에 대해서는 다음을 참조: Abaelard, *Theol. 'Schol'*. I, 123ff., p. 368ff.; I, 37, p. 333; *Theol. 'Summi Boni'* III, 66, p. 185.

139 참조: Origenes, *De principiis* I, 3, 1, p. 158-160; Augustinus, *De civ.*, 10, 23, p. 296ff.; ebd., 10, 29, p. 304ff.

140 참조: Cyrill, *Contra Iulianum* 1, 47, 14, p. 200; Eusebius, *Praep. evang.* XI, 20, 3, 1, p. 46, 16: "플라톤이 해석하려고 했던 것들이 이 세 번째 신이라는 것을 규정함으로써, 이것들은 첫 번째 신에 이르기까지, 두 번째 원인에 이르기까지, 세 번째인 세계영혼에 이르기까지 위로 인도한다."
다음도 참조: Theodoret, *Graecarum affectionum curatio* II, 85, p. 162, 4: "...... 그는 성령과 더불어 신적인 작품들을 표지하는, 생명을 선사하는 힘을 영혼이라고 부른다."
제목에서 자주 언급된 작품인 치에브리츠키(H. Ziebritzki)의 《성령과 세계영혼》은 이러한 연관성을 해명할 수 없다. 이 작품 144페이지에서는 다음과 같은 결론에 이른다: "반면에 성령에 대해서는 동시대 철학에서 그 어떤 상응하는 판단 기준이 없다." 이는 오직 오리게네스의 관점에서만 옳다.

141 참조: T. Kobusch, *Die Grenzen der theoretischen Vernunft*.

142 이에 대해서는 다음을 참조: T. Kobusch, *Metaphysik als Lebensform bei Gregor von Nyssa*, 468ff.

143 Platon, *Theaitetos*, 174a.
플라톤의 철학 개념에 있어서 이 대화의 의미 있는 간주 장면의 해석에 대해서는 다음을 참조: M. van Ackeren, *Das Wissen vom Guten. Bedeutung und Kontinuität des Tugendwissens in den Dialogen Platons*, 244ff.

144 F. A. Staudenmaier, *Johannes Scotus Erigena*, 388f.

145 M. Frede, *Celsus' Attack on the Christians*, 228.
다음도 참조: Chr. Riedweg, *Mit Stoa und Platon gegen die Christen*, 59.

146 F. Nietzsche, *Vorrede zu "Jenseits von Gut und Böse"*, KSA VI/2, 4.

147 Origenes, *Contra Cels*. VII, 58-59, p. 148-154.

148 참조: Ambrosius, *Expositio evangelii secundum Lucam*, 5, 44, 478, p. 150.
다음도 참조: Ambrosius, *De fide* I, 13, 84, 49, p. 37.
이는 베트루스 아벨라르두스가 수용했다: Petrus Abaelardus, *Theologia Christiana* III, 13, 173, p. 201. Augustinus, *Sermones novissimi*, sermo 26D(=198 auctus), 60, p. 414, 1461.

149 참조: Epiphanius, *Pandorion* III, 76, 38, p. 390, 4.
다음도 참조: Gregor von Nazianz, *De pace* (or. 23), 12, p. 304, 12.
이와 유사하게 다음도 참조: Ambrosius, *De incarnationis dominicae sacramento*, 9, 89, p. 268, 11
이에 대한 삶의 자리에 대해서는 다음을 참조: H. Hagendahl, *Piscatorie et non Aristotelice*.

150 참조: R. Asmus, *Greorius von Nazianz und der Kynismus*, 198f.

151 기곤(O. Gigon, *Die antike Kultur und das Christentum*, 111)은 그리스도교가 식자(識者)층에 의존했고 그들과 대등한 파트너가 되려고 했다고 말했다. 그러면서 그리스도교 저자들의 요구 자체를 앞세우는 것이 확실히 옳기는 하지만, 동시에 식자들만을 위해 철학하는 것이 아니라 그리스도교 철학으로 배우지 못한 사람들에게도 다가가라는 요구는 외면되었다고 말했다.

152 참조: Johannes Chrysostomus, *De Lazaro, hom.* 3, PG 48, 994.

153 Johannes Chrysostomus, *In Epist. I ad Corinthios, homil.* IV, PG 61, 33.
이후 시기에 대해서도 다음을 참조: Petrus Damiani, *Sermones* 6, 24, p. 34.

154 Hieronymus, *Homilia in Iohannem Evangelistam*, 93, p. 519.

155 Ambrosius, *De incarnationis dominicae sacramento*, 9, 89, p. 268, 11.

156 참조: Hieronymus, *Epist* 33, p. 255.

157 Hieronimus, *Tractatus de psalmo* 143, 253, p. 321.

158 Hieronimus, *In Gal*. III *Praef.*, PL 26, 428.
다음도 참조: *In Matth.*, 4, 19-20, PL 26, 34.

159 이에 대한 예는 다음을 참조: Petrus Damiani, *Epistulae* 132, Bd. III, p. 452, 8.

160 참조: Clemens Romanus, *Recognitiones* I, 62, 5, p. 43, 22; Augustinus, *De civ. Dei*, 22, 5, 20, p. 810.

161 참조: Tertullian, *Adversus Marcionem* V, p. 22.

162 Hieronimus, *De viris illistribus, praef.*, 7, p. 58.

163 참조: Hieronimus, *Epist.*, 57, 12, p. 525, 17.

164 Clemens Alexandrinus, *Stromata* VI, 18, 167, 3, 1, p. 518, 4.

165 Eusebius, *Praeparatio Evangelica* I, 4, 13, p. 18, 24; *Triakontaetericos* IV, 2, p. 202, 30.
다음도 참조: Joh. Chrysost., *In Matth.*, PG 57, 18.

166 Didymus, *Comm. in Psalmos*, 35-39, (Condex, p. 237, 14), p. 44: "그러나 자신의 좋음(선함)은 그가 어리석은 자들에게도 자신을 내려놓을 때, 어리석은 자들을 더 높은 상태로 이끌어 가려고 할 때, 그때 충만하게 된다. 예컨대 그리스도교의 교사는 '그리스인들에게도 비그리스인들에게도, 지혜로운 이들에게도 어리석은 이들에게도 다 빚을 지고'(로마 1,14) 있다. 지혜로운 자들뿐만 아니라 어리석은 자들에게도 그리스도교의 교사는 빚쟁이이다. 그러나 지혜로운 자들에게는 '성숙한 이들 가운데서도 지혜를 말한다.'(1코린 2,6 참조) 하지만 어리석은 자들에게는 지혜를 말하는 것이 아니라, 이들이 더 이상 어리석지 않다면, 이제부터 진리를 받아들이기에 자유롭기 위해서, 자신들의 부족함을 교육으로 만회하는 수련을 전제로 한다. 그리스도교 교사는 다시 한번 그리스인들에게, 그러니까 그리스인들처럼 그리스의 다듬어진 지성적인 이성을 가지고 있는 이들에게 말한다. 하지만 영혼 속에서 어리석은 자들에게 그리스도교 교사는 그들이 속한 어리석음에서, 다시 말해서 비문화적인 심정에서 자유로운 바를 이야기한다."

167 Johannes Chrysostomus, *Ad populum Antiochenum homil.*, 19, PG 49, 190.

168 Johannes Chrysostomus, *In Epist. I ad Corinthios homil.* IV, PG 61, 35.

169 Johannes Chrysostomus, *In Genesim*, 9, 28, 5, PG 53, 258.

170 Eusebius, *Demonstratio evangelica* I, 6, 56, p. 31.

171 참조: Tertullian, *Apologeticum*, 46, 9, p. 204; Justin, *Apologia Maior*, 60, 11; p. 117, 24; Athenagoras, *Apologie*, 11, p. 128.

172 Minucius Felix, *Octavius*, 16, 5, p. 13, 1.

173 참조: Eusebius, *Demonstratio evangelica* I, 6, 75, 1, p. 34, 24: "······ 우리 구원자이신 예수 그리스도, 하느님의 아들은 이 새로운 덕으로 넘치는 국가를 전 세계에 세우셔서, 남자뿐만 아니라 여자들, 부자들과 가난한 자들, 종들과 주인들도 이러한 방식으로 철학하도록 배우게 되었다."

174 Theodoretus von Cyrene, *Graecarum affectionum curatio*, 5, 70, 1. 8, 3, 1. 9, 15, 1, Bd. 1. p. 249, Bd. 2, p. 311; p. 340.

다음도 참조: Johannes Chrysostomus, *In Matthaeum, homil*. I, PG 57, 18. 설득과 폭력에 대한 플라톤적 대립에 대해서는 다음도 참조: Plotin, *Enn.* I, 2, 1: "여러 번 증명하였듯이, 우리가 덕을 통해 '동등하게 되기' 때문에, 반드시 위의 세상에서 덕이 있어야 한다. 그러나 우리는 이러한 증명을 통해서 억압하여 납득시키려는 것이 아니라, 이 증명에 설득의 힘을 부여해야 한다." 설득을 위해 폭력을 거부하는 것은 그리스도교에서도 원칙으로 받아들여졌다. 이에 대해서 이미 언급한 다음을 참조: *Epistula ad Diogenetum*, 7, 4, p. 145, 27: "…… 오히려 한 왕이 한 아들을 보내듯이, 온화하고 부드럽게 그분은 한 왕을 보낸다. 그러니까 하느님 그분이 왕을 보내신다. 그 왕을 인간에게 보내신다. 구원하는 한 분이 왕을 보내신다. 그분은 설득하는 것이지 폭력을 사용하지 않으신 다. 왜냐하면 폭력은 하느님의 고유성이 아니기 때문이다."
Clemens Alexandrinus, *Stromata* VII, 2, 6, 3, p. 6, 13: "모든 것 위에 존재하시는 그분 주님은 당신으로부터 얻으려고 할 수 있기를 바라는 그리스인들과 미개인들 한 사람 한 사람을 얻으시려 하신다. 왜냐하면 그분은 그들이 희망하는 것을 이루기 위해서, 당신이 그들 자신의 과업인 모든 것을 선택하고 충족시킴으로써, 자기 자신으로부터 구원을 얻을 수 있는 사람들을 강요하지 않으시기 때문이다." 특히 다음을 참조: Origenes, *In Ieremiam hom.*, 20, 2, p. 256, 19: "하느님은 폭군처럼 지배하는 것이 아니라 왕처럼 통치하신다. 그분이 통치하심으로써, 그 어떤 폭력도 사용하지 않으시고, 오히려 설득하시려고 한다. 그리고 사람들이 자발적으로 자신의 처지에서 자신을 내어 주도록 하신다. 이는 어떤 누구의 선도 필연적으로 성립되는 것이 아니라 자신의 자유로운 의지에 따라서 성립되도록 하기 위해서이다. 바오로도 이를 알고 있었다. ……"
Athanasius, *Historia Arianorum*, 67, 2, p. 219: "우리가 말했듯이, 신을 공경하는 데 있어서 강요하지 않고 설득하는 것은 고유한 것이기 때문이다. 왜냐하면 주님 자신도 폭력을 행사한 것이 아니라, 모든 사람들에게 그들의 자유 의지에 맡기면서 다음과 같이 말씀하셨기 때문이다. '누가 너희에 의해서 나를 따르려 할 때, 제자들 맞은편에서 '여러분도 가지 않으시렵니까?'라고 하지 않겠느냐.'"
Johannes Chrysostomus, *De Babyla contra Iulianum et gentiles*, 13, 2, p. 106: "강요와 폭력으로 잘못을 행사하는 것은 그리스도인들에게 허용되지 않으며, 오히려 설득력, 이성, 온화함으로만 인간에게 구원을 마련해 주어야 한다." 신플라톤주의자인 올림피오도르(Olympiodor, *In Platonis Gorgiam Comm.*, 41, 3, p. 208f.)에 의하면, 강요와 설득은 정치가와 교사의 차이도 뚜렷이 드러낸다.

IV. 그리스도교: 가장 오래된 철학

175 Epiphanius, *Ancoratus*, 12, 8, p. 21, 3.

176 Clemens Alexandrinus, *Stromata* I, 15, 67, 1, p. 42, 7.

177 Clemens Alexandrinus, *Protrepticus*, 70, 1, p. 53, 10ff.

178 Origenes, *Contra Celsum* I, 16, 1, p. 116.

179 Athanasius, *Contra Sabellianos*, PG 28, 96.

180 Clemens Alexandrius, *Stromata* VI, 11, 94, p. 479, 3.
이에 대해서는 다음을 참조: *Stromata* I, 1, 15, p. 11, 21ff.; I, 5, 30, p. 19, 17; I, 6, 37, p. 24, 8와 그 외.

181 Gregor Nyss., *De Vita Gregorii Thaumaturgi*, GNO X, 1, p. 9.

182 참조: David, *Prolegomena Philosophiae*, p. 48, 9: "이전에 말한 바와 같이 이제 철학이 여러 가지 단계로 수행된다는 점이 제시된다."

183 Eusebius, *Demonstratio evangelica* I, 2, 1, p. 7, 18: "그러나 또한 이미 이전에 '준비'에서, 그리스도교는 그리스 사상이나 유다교와 같지 않으며, 오히려 하느님에 대한 공경이라는 고유한 특성을 지닌다고 말했다."

184 Tertullian, De uirginibus uelandis, 1, 1, SC 424, p. 128.
피에드로비츠(M. Fiedrowicz, *Christen und Heiden*, Nr. 287-294)의 텍스트 모음과 킨치히(W. Kinzig, *Novitas christina*)도 참조.

185 참조: W. Kinzig, *Novitas christiana*, 347f.

186 그리스도교의 참신성이라는 물음에 대해서는 다음의 근본적인 연구 참조: W. Kinzig, *Novitas christiana*와 M. Fiedrowicz, *Apologie im frühen Christentum*, 219-222, 225.

187 Clemens Alexandrinus, *Stromata* VI, 5, 41-42, p. 452f.

188 Epiphanius, *Anacephalaeosis* I, Bd. I, p. 162, 3ff.; Panarion, *prooem.* I, 3, Bd. I, p. 156, 26ff.; Panarion, *haer.*, 80, 10, 3, Bd. III, p. 495, 9ff.

189 Eusebius, *Dem. ev.* I, 2, 10, p. 8, 33: "그리고 이것이 확실히 그리스도교이다. 그리스도교는 그리스 사상도 유다교도 아니며, 오히려 이들 가운데서 가장 오래된 종교이며 가장 오래된 철학이다. 그럼에도 불구하고 이 철학은 바로 최근에 지구 전 지역에 사는 모든 사람에게 전파되었다."
Eusebius, *Dem. ev.* I, 2, 9, p. 8, 30: "그것이 유다교와 그리스도교 중간에 있다는 것을 제외한다면, 더욱이 가장 오래 형성되었고 모든 이들에게 가장 오래된 질서인, 우리에게 제시된 질서는 그렇게 짧은 시간에도 불구하고 비로소 우리 구원자를 통해서 모든 민족들에게 전해졌다."
클레멘스(Clemens, *Stromata* I, 21, 101, 1, p. 64, 18)에 의하면 이미 히브리인들의 철학은 전적으로 가장 오래된 철학이다.

190 *Meditationes*, p. 3, 25.

191 참조: Clemens Alexandrinus, *Stromata* I, 15, 71, 3, p. 45, 19: "이에 따라 철학은 아주 가치 있는 좋음으로서 고대에 이방인들에게서 꽃을 피웠다. 이방인들은 빛과 같이 민족들을 비추어 주었기에, 후에는 비로소 이 철학이 그리스인들에게도 전해졌다. 이 철학은 이집트인들에게는 사제들을 후견했고, 아시리아인들에게는 칼데아인들을, 갈리아인들에게는 드루이드라는 사제들을, 박트리아(Bactria)인들에게는 사마나이오이라는 철학자들을, 켈트인들에게는 철학의 친구들을, 페르시아인들에게는 마법사들(이들은 점을 쳐서 구원자의 생일도 예언했으며, 한 별의 인도를 받아 유다 땅으로 왔다.)을, 인도인들에게는 이방인들의 철학자들 중 또 다른 종류인 귐노소피스트라는 고행자들을 후견했다. 이 고행자들로부터 다른 종류의 두 분파가 나왔다. 그중 하나는 사르만이며, 다른 하나는 브라만이었다. 사르만에는 숲에 사는 주민들(ὑλόβιοι)이 속한다. 이들은 도시에 거주하지 않고, 집도 없었다. 이들은 나무껍질로 옷을 해 입었고, 나무 열매를 양식으로 먹었고, 손으로 물을 마셨다. 이들은 소위 지금의 금욕주의자들처럼 배우자도 없으며 아이도 돌보지 않았다. 인도인들 중에는 부처의 가르침을 추종하는 자들이 있었다. 이들은 부처의 모든 것을 능가하는 거룩함 때문에 그를 신처럼 경배했다." Hieronimus, *Adversus Iovinianum* I, 42, PL 23, 285, 24.

192 이에 대한 예로는 다음을 참조: Georgius, *Chronicon*, Bd. II, p. 468, 5; Constantinus Porphyrogenitus, *De virtutibus et vitiis*, Bd. I, p. 141, 7ff.; Socrates, *Historia ecclesiastica* I, 22, p. 202-206.

193 참조: C. Schmidt, *Ein Mani-Fund in Ägypten*, 56f.

194 Hippolyt, *Refutatio omnium haeresium* I, 25, 1, p. 88: "켈트인들에게 있어서 드루이드들은 열정적으로 피타고라스 철학에 몰두했다. 피타고라스의 노예였던 자몰시스는 이러한 노력을 한 결과 트라키아의 국적을 얻었다." Ebd. I, 2, 17, p. 61, 80: "⋯⋯ 피타고라스의 종이었던 자몰시스(Zamolxis)는 켈트족의 드루이드들에게 피타고라스 철학을 가르쳤다."

195 참조: Strabo, *Geographica* IV, 4, 4, Bd. II, p. 253, 11=Poseidonius, *Fr.* 34, 4.

196 참조: Eusebius, *Contra Hieroclem*, 44, p. 198; *Praeparatio evangelica* X, 4, 12, p. 569, 20; Jamblich, *De vita Pythagorica*, 28, 151, p. 85, 6; Philostrat, *Vita Apollonii*, 1, 2, 2, p. 2.
브라만에 대해 자세한 사항은 다음을 참조: Porphyrios, *De abstinentia* IV, 17-18, Bd. III, p. 27-32.

197 Philostrat, *Vitae sophistarum*, 1 (Olearius, p. 494, 8), p. 13: "압데라 출신의 프로타고라스(Protagoras)라는 소피스트는 자신의 모국에서 데모크리토스의 제자였으며, 크세르세스(Xerxes)가 그리스를 침공하러 자신의 원정대를 이끌었을 때, 페르시아로부터 온 마법사들과 왕래했다."
Demokrtit, *Fr.* 40, 5: Hyppolyt, *Refut.* I, 13 (D. 565, W. 16): "압데라 출신의

다마시포스의 아들인 로이키포스의 제자 데모크리토스는 인도의 김노소피스트들, 이집트의 사제들과 점성가들, 바빌로니아의 마법사들과 교류했다."

198 Ps.-Justin, Cohortatio ad Graecos, 14, 2, p. 42; Theodoret, Graecarum affectionum curatio I, 50, 5, SC 57, p. 118.

199 Photius, Bibliotheca, Codex 241, 326b, Bd. V, p. 178.

200 참조: Numenius, Fr. 1a, 6; Ps.-Justin, Cohortatio ad Graecos, 20, 1, p. 50: "그러나 플라톤은 아마도 모세와 자신이 이집트에서 체험했던 다른 예언자들의 하나요 유일한 신에 대한 가르침을 받아들인 것 같다."
다음도 참조: Olympiodor, In Platonis Alcibiadem, 2, 134ff., p. 5. Theodoret, Graecarum affectionum curatio II, 114, p. 169, 17: "누메니우스는 피타고라스주의자에게 자신이 생각하는 것을 물었다. '플라톤은 아테네식으로 말하는 모세와는 무엇이 다릅니까?' 이를 통해서 누메니우스는 명백하게, 플라톤이 경건함의 정신으로 말한 모든 것을 그가 모세의 신학에서 취했다는 것을 보여 주었다."

201 Clemens von Alexandrien, Stromata I, 15, 68, 2, p. 42, 26.

202 참조: Porphyrios, In Platonis Timaeum II, fr. 28.
더 나아가서: Stobaios, Anthol. I, 3, 56, p. 66 = Porphyrius, Fr. 376 (Smith).

203 예에 대해서는 다음을 참조: Hieronimus, Adversus Iovinianum II, 14, PL 23, 317, 17; Hieronymus, Comm. in prophetas minores, In Naum III, 70, 668, p. 573; Claudianus Mamertus, Epistulae, 2; p. 204, 4.

204 H. Erbse, Theosophorum Graecorum Fragmenta.

205 참조: E. R. Dodds, Heiden und Christen in einem Zeitalter der Angst, 96f.

206 Justin, Apologia Maior, 46, 2-3, p. 97.
이에 대해서는 다음도 참조: E. Benz, Christus und Sokrates in der alten Kirche, 202f.

207 참조: Minucius Felix, Octavius, 20, 1, p. 118.

208 Origenes, Contra Celsum III, 66, p. 150, 11ff.

209 참조: Gregor von Nazianz, Epist., 32, 8-12, Bd. I, p. 41f.
후에 에픽테토스의 그리스도교화에 대해서는 특히 다음을 참조: The Encheiridion of Epictetus and its Three Christian Adaptions, ed. G. Boter, und M. Foucault, Die Sorge um sich, 302.

210 참조: Eusebius, Demonstratio evangelica IV, 15, 22, p. 177, 2: "······ 그는 신으로부터 사랑받은 선조들을 설명했는데, 그들이 성령에 참여한, 오로지 성령의 영향 때문에 모세 시대 이전에 태어난 사람들에 대해서 말했

다."

211 Eusebius, *Historia ecclesiastica* I, 4, 4, p. 18: "우리가 확실히 새로운 사람들이고 실제로 '그리스도인들'에 대한 새로운 표지가 아직 오래지 않아 모든 민족들에게 알려진다고 하더라도, 우리가 이하에서 증명하려고 하는 것과 같이, 우리의 삶과 이러한 우리의 등장이 종교적 규정들을 통해서 최근에서야 확실해진 것이 아니라, 이미 확실히 인류의 시작부터 옛날 신의 벗들에 대한 자연적인 언급을 통해서 영향을 주었다. …… 그러나 경건함, 의로움을 통해서 두드러진다. 그리고 그 밖에 덕스러운 사람을 통해서 두드러진다. 이들 중 몇 명은 홍수의 재앙 이전에, 다른 몇몇은 홍수 이후의 인물로서, 노아의 아들들과 후손들이며, 히브리의 아들들은 아브라함을 자신들의 지도자이자 시조로 칭송한다."

212 Eusebius, *Quaestiones Evangelicae ad Stephanum*, PG 22, 909.

213 참조: Eusebius, *Demonstratio evangelica* III, 3, 3, p. 109, 17: "이 …… 아브라함과 같은 신의 벗들의 (삶)과, 모두, 그러니까 수없이 많은 신국의 추종자들은 그리스인들뿐만 아니라 이방인들에게서도 찾을 수 있다."

214 *Ebd.* I, 5, 2-3, p. 20, 25ff.;
'신의 벗들'이라는 가르침에 대해서는 다음도 참조: *Praeparatio evangelica* VII, 7, 2, p. 369, 21.

215 브라운(P. Brown, *Die letzten Heiden*)의 유익한 장("Aufstieg der Gottesfruende", 87ff와 132) 참조. 반면에 바이그트(D. Weigt, *Porphyrios*, 19)는 되리(H. Dörrie)와는 반대되는 입장을 밝힌 책 서문에서, '신의 사람'이라는 표상이 "그리스도교와는 완전히 반대되는 것"이라는 점을 말하고 있다.

216 '신의 사람'이라는 모티브의 그리스도교 이전의 역사에 대해서는 포괄적인 다음의 연구 참조: D. S. du Toit, *THEIOS ANTHROPOS*.
여기서는(18ff) 빌러(L. Bieler, *ΘΕΙΟΣ ΑΝΗΡ*)의 고전적인 연구에 대한 유형적인 연구 방식에 대해서도 소개한다. '신의 사람'이라는 상은 고대 후기와 초기 그리스도교에서도 보도된다. 중세 철학에서 '거룩한 사람'(homo divinus)의 예에 대해서는 다음을 참조: L. Sturlese, *Homo divinus*.

217 Eusebius, *Historia Ecclesuastica* I, 4, 15, p. 20: "따라서 그리스도의 자손인 우리와 이전 시대에 신의 벗들이 같은 삶을 살고 동일하게 신을 공경한다는 것을 인정하는데, 더 나아가서 여전히 무엇이 우리를 가로막을 수 있겠는가? 이로써 우리는 그리스도의 가르침을 통해 요구된 신에 대한 공경이 새롭고 낯선 것이 아니라, 진실을 말하기 위해서 첫 번째이고 유일하며 참된 것이라는 것을 증명했다. 그 외에도 이에 대한 많은 것이 있다."

218 Eusebius, *Demonstratio evangelica* I, 6, 72, p. 34, 13.

219 Origenes, *Contra Celsum* VIII, 52, p. 288, 14: "그리고 윤리적 좋음과 나쁨,

의로움과 불의에 대한 원리들을 완전히 잃어버려서, 어느 누구도 이 원리들을 발견할 수 없었을 수도 있었다."
스토아학파의 배경에 대해서는 다음을 참조: M. Spanneut, *Le Stoicisme des Pères*, 280-285.

220 "anima naturaliter christiana"와 비교할 만한 단초들에 대한 테르툴리아누스의 사유에 대해서는 다음을 참조: M. Fiedrowicz, *Apologie im frühen Christentum*, 151ff.

221 "interpretatio christiana"에 대해서는 여전히 다음의 연구가 최고의 정보를 제공한다: W. Rehm, *Griechentum und Goethezeit*, 271-318; 괴테에 대해서는 289.

222 W. Rehm, ebd., 314. E. v. Lasaulx, *Studien des klassischen Altertums*, 83ff. 234. 501-507.

V. 성경도 철학이며, 부분 영역에서 세분된다

223 Eusebius, *Praeparatio evangelica* XI, 1, 1, p. 6, 13.

224 참조: H. C. Brennecke, *Der Absolutheitsanspruch des Christentums*, 395.

225 Origenes, *Comm. in Canticum Canticorum Prol.*, 3, 1, SC 375, p. 128.

226 Clemens Alexandrinus, *Stromata* I, 28, 176, 1, p. 108, 24.
오리게네스도 거의 자구적으로 다음과 말한다: Origenes, *Fragmenta in Psalmos* 76, 21, 3, ed. J. B. Pitra, *Analecta sacra spicilegio solesmensi parata*, Bd. 3, p. 109: "모세의 철학은 네 가지 형태로 나누어진다. 첫 번째는 역사적 형태이고, 두 번째는 특히 윤리적 실천에 속하는 입법적인 형태이며, 더 나아가서 세 번째는 물리적인 연구 작업인 외적인 예식들이고, 네 번째는 모든 것을 능가하는 신학적 형태이다."

227 Cyrill (von Alexandrien), *Comm. in Lucam*, PG 72, 937.

228 참조: Origenes, *Prol. Comm. in Cant. Cant.* 3, p. 128-143.

229 Evagrius Ponticus, *Practicus* 1, p. 498.
다음도 참조: Evagrius Ponticus, *Expositio in proverbia* 247, 3, p. 342: "작품의 전체적인 구조는 윤리적, 물리적, 신학적인 세 부분으로 나누어져 있다. 이 중 첫 번째는 《잠언》이고 두 번째는 《코헬렛》이며, 세 번째는 《아가》이다."

230 Didymus Caecus, *Comm. in Ecclesiasten* 1, 1-2,14 (5, 31과 6, 13), p. 8-10.

231 Gregor von Nyssa, In Canticum Caticorum or. 1, GNO VI, p. 18, 10-22,

7; ebd. 21, 14.

232 Gregor von Nyssa, *In Canticum Canticorum* or. 1, GNO VI, p. 22, 15.

233 Gregor von Nyssa, *In Ecclesiasten Homiliae* 1, 2, 20, p. 110.

234 P. Hadot, *Wege zur Weisheit oder Was lehrt uns die antike Philosophie?*, 153, 162-165, 241-246.

235 Basilius, *Homilia in principium proverbiorum*, PG 31, 388.

236 Theodoret, *Explanatio in Canticum Canticorum*, PG 81, 45.

237 Ambrosius, *De Isaac vel anima* 4, 22-30, p. 74-82;
다음도 참조: *Expositio Evangelii secundum Lucam prol.* 2-3, p. 1-3.

238 참조: Ambrosius, *Explanatio in Psalmum* XXXVI, 1, p. 70.

239 수많은 논문에서 그리스도교적 사유와 주석 방식이 이교도의 그것과 가깝다는 것을 보여 준 숄텐(C. Scholten)은 이러한 점을 '장르-삶의 자리'라는 제목에서 보여 주었다.

240 Hieronymus, *Epist. ad Paulum* 30, 1, p. 243, 3ff.

241 Meister Eckhart, *In Johannem*, n. 444, p. 380, 13-14.

242 이러한 전통에 대해서는 다음을 참조: T. Kobusch, *Metaphysik als Lebensform bei Gregor von Nyssa*, 472.
그밖에 베르나르두스(Bernhard von Clairvaux)에 대해서는 다음을 참조: T. Kobusch, *Metaphysik als geistige Übung*.
더 나아가서 다음도 참조: St. Thiery, *Excerpta de libris beati Ambrosii super Cantica Canticorum*, 6, 15와 78, 46, 210과 306.

243 Alcuin, *De dialectica*, PL 101, 952 B-C.
다음도 참조: Rhabanus Maurus, *De Universo*, PL 111, 416 B-C.
더 나아가서 다음도 참조: Remigius Autissiodorensis, *Enarrationes in Psalmos, Praefatio*, PL 131, 148 B.

244 이에 대해서는 특히 다음을 참조: C. Scholten, *Psychagogischer Unterricht bei Origenes*.

245 참조: I. Hadot, *Der fortlaufende Philosophische Kommentar*, 195-197.

246 P. Hoffmann, *Sur quelques aspects de la polémique de Simplicius contre Jean Philopon*.

VI. 세 분야의 통합적 지향점으로서 내적 인간

247 Macarius, *Sermones* 52, 1, 3, 11, Bd. 2, P. 138, 24: "왜냐하면 진리를 사랑하는 영혼은 특별히 사물들의 근원을 탐구한다. 그것은 영혼이 믿음으로 그리스도교를 표면적으로 여기는 것이 아니고 또한 올바른 행위와 일의 외적인 인상에 머무는 것이 아니라, 영혼은 성령의 힘으로 내적 인간 속에 있는 확실성을 받아들일 준비가 되어 있기 때문이다. 이것이 참된 그리스도교이다."

248 Gregor von Nazianz, *Contra Iulianum*, or. 4, 114, 15, p. 272: "우리에게는 나타나는 것과 쓰인 것과는 덜 관련되며, 우리가 힘쓰는 것은 오히려 내적 인간이다."

249 Ambrosius, *De Noe* 1, 1, p. 413,1.

250 참조: Clemens Alexandrinus, *Paedagogus* III, 1, 1ff., p. 236, 4; Eusebius, *Praepar. Evang.* XII, 46, 6, p. 136, 4. 디디무스(Didymus Caecus, *In Eccl.*, 11-12, 337, 12ff., p. 106-108)에게 있어서 영혼의 세 부분의 기능들은 '정신적인 감각'의 의미로 해석된다.

251 헥켈의 세심한 논문(T. K. Heckel, *Der innere Mensch*)은 이러한 연관성을 — 플라톤주의는 "바오로에게서 이미 존재했다."(147) — 설명한다. 마르크쉬스(Chr. Markschies)는, — 교부들에게는 철학과 신학의 구분이 알려지지 않았다는 점을 감안해서 — 오히려 플라톤주의와 그리스도교 간의 사유 간극을 말하는 것은 설득력이 없다고 보았다.

252 Chr. Markschies, *Art. "Innerer Mensch"*, 280: "ἔσω ἄνθρωπος라는 개념을 '변화된 나'(ebd. 4,16)라고 해석하는 것은 당연히 플라톤적인 철학 개념 전통에서 추론될 수는 없다. 특히 (필수적인) '매일 새로워짐'은 결코 이러한 전통에 적합하지 않다." 다음도 참조: C. Markschies, *Die Platonische Metapher von "inneren Menschen"*, p. 5,13과 18: "그것은 플라톤과 바오로 사이에 있는 세계들이다." 다른 한편 동일한 측면에서 '이교도 세계와 그리스도교 세계 간의 놀라운 유사성'에 대해서 논의하고 있다. 역설적이게도 그런 다음 '매일 새로워짐'이 아주 잘 적합한 정신적 수련으로서 철학에 대한 플라톤적 사유에 대해서 다룬다. 이에 대해서는 다음을 참조: P. Hadot, *Qu'est-ce que la philosophi antique?*, 106ff.

253 Origenes, *In Numeros Homiliae* 24, 2, p. 228,7.

254 Johannes Chrystostomus, *De Lazaro, hom.* 7, PG 48, 1034.

255 Didymus Caecus, *Comm. in Psalmos* 35-39, p. 218.

256 Gregor von Nyssa, *De creatione hominis sermo primus*, GNO Suppl., p. 13. 예에 대해서는 다음도 참조: Macarius, *Homiliae Spirituales* 33, 4, p. 206, 53

257 Gregor von Nyssa, *In Ecclesiasten* 6, 10, 19, p. 336: "인간이 영혼과 육체로 구성되었다는 의미에서 인간은 이중적이다. 그렇기 때문에 이중적인 것에 상응하여, 생명도 우리 안에서 양자의 각각에서 활동한다. 이로써 이(생명의 활동)는 우리의 육체적 생명에서는 불행할 수 있다."

258 Plotin, *Enn.* I, 1, 10.

259 Proklos, *In Tim.* 41 A, Bd. III, p. 204, 10: "그러니까 우리에게 있어서 인간은 이중적, 곧 그중 하나는 영혼의 의미에서 내적 인간이며, 다른 하나는 현상적 인간이라고 하더라도……"

260 Origenes, *In Genesim Homiliae* 1, 13, 12, p. 56.

261 이와 같은 교부들의 구분과 더 풍부한 결과들에 대해서는 다음을 참조: M. Frensch, *Weisheit in Person*, 213ff; K. Meyer-Drawe, *Entbildung – Einbildung – Bildung*, 184ff.

262 Clemens, *Stromata* II, 22, 131, 6; Origenes, *sec. Translationem Rufini De princ.* III, 6, 1, p. 280, 10.

263 참조: Gregor Nyss., *De creatione hominis* (Sermo primus) 28, 13; Philoponos, *De opificio mundi* 241, 5; Johannes Damascenus, *De virtutibus et vitiis*, PG 95,97; Honorius Augustodunensis, *Expositio in Cantica Canticorum*, PL 172, 362 D.

264 Ambrosius, *Epist.* 69, 19, 197, p. 187.

265 Augustinus, *Epist.* 238, 12, p. 541f; *De civ. Dei*, 13,24,47, p. 410; Augustinus, *Contra Faustum*, 24, 2, p. 721, 7ff.

266 Augustinus, *De Trinitate* XII, 1,1, p. 356,2.
'confinium' 지평 사유에 대한 신플라톤주의적 배경에 대해서는 다음을 참조: N. Hinske, *Art. "Horizont"*; T. Kobusch, *Studien zur Philosophie des Hierokles von Alexandrien*, 141ff.

267 참조: Damascius, *In Phaedonem*, 59,1ff, p. 53.

268 Philo, *De opificio mundi*, 135,10, p. 47,8: "그 때문에 우리는 인간이 죽을 본성과 불멸의 본성 사이의 경계에 있다고 본래적으로 말할 수 있다. 왜냐하면 인간은 이 두 본성에 필요한 만큼 참여하기 때문이다. 그리고 인간은 죽게끔, 동시에 죽지 않게끔 창조되었는데, 자신의 육체와 관련해서는 죽으며 자신의 정신의 관점에서는 죽지 않는다."
Philo, *De praemiis et poenis*, 62,1, p. 349,23: "왜냐하면 우리는 우리 안의 이성이 성숙하기 이전에, 당연히 열악함과 덕 사이의 경계에서 모든 인간을 발견하게 되며, 그 어떤 방향으로도 기울지 않기 때문이다."

Philo, *De virtutibus*, 9,5, p. 269,1: "반면에 현자는 불멸의 본성과 죽을 본성 사이의 경계에 서 있을 기회가 적다. 그는 자신의 죽음 육체 때문에 경계에 서 있을 필요가 있기는 하지만, 불멸성을 갈구하는 영혼 때문에 그렇게 할 필요가 없는 것이다."

269 참조: Nemesius, *De natura hominis*, 1, p. 2,24: "그 때문에 그는 한편으로는 육체와 생물적인 능력을 통해서 나머지 생물과 연결되지만, 다른 한편으로는 앞서 말했듯이 이성적 능력을 통해서 비육체적인 본질과 연결되는 한에 있어서, 지성적인 본질과 감각적인 본질 사이의 경계 지역에 동시에 있다." Ebd. p. 5,9. 다음을 예로 들 수 있다: Philo, ebd., p. 6,6: "그러나 히브리인들은 인간이 처음부터 죽지도 죽지 않는 것이 아니라, 두 본성의 경계에 서 있다고 주장했다. 이로써 인간은 육체적인 욕망에 굴복할 때는, 육체적인 변화에도 무릎을 꿇지만, 영혼의 아름다움을 더 좋아한다면, 불멸에 이르게 된다."

270 참조: Maximus von Tyrus, *Dialexeis*, 13,8, p. 166,137: "그러나 공중을 날면서도 땅 위를 걸어 다니는 새와 같은 이중적인 삶을 사는 생명처럼, 인간에게서도 이와 같은 삶의 형태가 인식될 수 있는데, 말하자면 인간은 자유와 필연으로부터 이중적이고 혼합적으로 존재한다."
Plotin, *Enn.* IV, 8,4: "이렇게 영혼들은 이중적인 두 가지 요소에 동시에 머물고 있다. 그러는 중에 영혼들은 저 위에 살거나, 이 아래에 살기를 강요당한다. 그러나 영혼들은 정신적인 것과 지속적으로 협력할 능력을 지니고, 주로 저 위에 살며, 여기서는 그들의 특성이나 기량을 허용하지 않는 다른 이들 가운데 산다."
Proclus, *In rem publicam*, Bd. II, p. 85,22: "하지만 이제 제3의 것이 우리를 다음으로 돌려세우는데, 그것은 우리 앞에 있는 것으로, 탁월한 것(=신들)의 통치에로, 섭리에로, 운명에로 돌려세운다. 이 제3의 것은 상승하고 하강하는 이중적인 본성을 지닌 우리에게 이르기까지 흘러내린다."
인간의 이중적 특성에 대한 신플라톤주의적 이론에 대해서는 다음도 참조: *Hierocles*, p. 95,4. 100,6과 Simplicius, *Commentaire sur le Manuel d'Epictète*, p. 336.

271 참조: C. Steel, *The Changing Self*; G. Shaw, *Theurgy and the Soul*, 98-102.

272 Macarius, *Homil. Spirituales*, 15,39,551, p. 150: "실제적인 죽음은 내적으로 마음에서 이루어지며, 감추어져 있으며, 내적 인간이 묻히게 된다."

273 참조: Gregor Nyss., *De vita Moysis* II, GNO VII/1, p.53,10: "...... 본성에 따르자면 인간은 결코 정확히 어떤 본성에 머물러 있지 않다. 그러나 욕정으로 말미암아 금수처럼 되며, 그 때문에 인간은 이중적인 특성, 그러니까 두 측면과는 반대되는 특성을 보여 준다......"
다음도 참조: Gregor Nyss., *Contra Eunomium* I, 274, GNO I, p. 106,17ff. Ebd. III/I, 121, GNO II, p. 45,1: "그러한 것은 오로지 존재에 있어서 참이다. 그러니까 존재에 있어서 본성은 덕과 악함의 경계에 있다." Ebd. III/VI, 76, GNO II, p. 213,3: "경계에 서 있는 본성을 지닌 존재들은 자유롭게 의지에 굴복하려는

쪽으로 기울어지는 양 측면을 향하는 경향을 지닌다."
Gregor Nyss., *De beatitudinibus or*. 8, GNO VII/2, p. 164,16: "왜냐하면 인간의 삶은, 선하고 고양된 희망의 노정에 의해 이끌어진 사람이 타락할 수 있듯이, 선한 것과 악한 것 사이의 경계에 놓여 있기 때문이다."
Gregor Nyss., *Oratio catechetica*, GNO III, 4, p. 49,10: "불가피한 자연의 법칙에서 육체와 영혼이 분리되는 가운데 하느님이 죽음을 저지하셨다면, 하느님은 육체와 영혼을 부활을 통해 다시 서로 결합시키신다. 그것은 죽음과 생명의 만남에서 그 자체로 경계 지점이 되기 위해서이다. 이로써 하느님은 한편으로는 자기 자신 안에 본성의 죽음의 사슬을 끊어 중지시키고, 다른 한편으로는 이러한 죽음의 해체로 분리된 (구성 요소의) 원리를 만드셨다."
Gregor Nyss., *De virginitate*, GNO VIII, p. 306,5; Gregor Nyss., *In Cant. Cant., or*. XI, GNO VI, p. 333,13: "인간의 영혼은 두 개의 본성의 경계이다. 이 중에서 하나는 형체가 없고 이성적이며 순수한 반면에, 다른 하나는 육체적이며, 물질적이고 비이성적이다. 영혼이 가능한 한 빨리 조잡하고 지상적인 삶으로의 경향으로부터 정화되고, 덕의 도움으로 영혼과 비슷하고 신적인 것으로 눈을 돌리자마자, 영혼은 존재자의 원천을 탐색하고, 존재자의 아름다움의 원천이 누구인지, 어디서 힘이 흘러나와서 어떤 (원리가) 존재자 안에서 보여지는 지혜를 나타나게 했는가를 찾는 것을 중단하지 않게 된다."

274 다니엘루는 신플라톤주의적인 병행 구절들을 보여 주는 논문("Frontière")에서 니사의 그레고리우스에게 있어서 인간의 중간적 위치라는 주제를 집중적으로 다루었다.
ἐπαμφοτερίζειν이라는 개념에 대한 신플라톤주의적 배경에 대해서는 다음 논문을 참조: J. Daniélou, "Grégoire de Nysse et le Néo-Platonisme de l'école d'Athènes".

275 Gregor Nyss., *Oratio catechetica*, GNO III, 4, p. 55,5: "…… 왜냐하면 인간은 신적인 본성을 모방하는 것으로 정향되었기 때문에, …… 인간은 자기 의지의 자유를 통해서 신적인 것과 닮은 것을 보존하지만, 필연적으로 변화될 수 있는 본성을 지닌다. 왜냐하면 변화를 근거로 자신의 존재의 시작을 지니는 인간이 절대 변화될 수 없을 것이라는 생각은 불가능하기 때문이다. 왜냐하면 비존재에서 존재로의 이행은 일종의 변화이기 때문이다. 그러나 모방하는 것이 다양성 속에 숨겨져 있지 않다면, 닮으려는 것과 전적으로 동일할 것이다. 이제 여기서는 어떤 이는 자신의 본성에 따라 변화될 수 없지만, 다른 이는 그렇지 않고 오히려 앞서 말했듯이, 존재로의 변화를 통해 존재하게 되며, 자신의 변화된 존재로서 존재에 전적으로 머물러 있을 수 없다는 점을 통해서 모상과 원상 간의 차이가 나게 된다."
'변화 가능성'이라는 이념과 개념의 스토아적인 배경에 대해서는 특히 다음을 참조: J. Daniélou, *Changement*, 97f.

276 Cyrill, *De sancta trinitate*, PG 77,1121: "감각적인 모든 존재자들이 변화될 수 있다는 것을 누가 모르겠는가."

277 Basilius, *Homiliae in Psalmos*, PG 29,464; ebd. 388도 참조: "우리는 한편으로는 앞서 말했듯이 육체적으로 변화되지만, 다른 한편으로는 우리가 부딪히는 사건들에 따라서 우리의 생각도 변화됨으로써 영혼 안에서 그리고 내적 인간에 따라서도 변화된다."

278 Gregor Nyss., *Contra Eunomium* III/II, GNO II, 65.

279 이에 대한 논문은 다음을 참조: J. Daniélou, *Changement*, 102f.

280 Origenes, *Comm. in Evang. Ioannis*, 20,21,174,6.

281 참조: Gregor Nyss., *De perfectione*, GNO VIII/1, p.213,4ff.

282 Basilius, Homiliae in Psalmos, PG 29,389.

283 Augustinus, *De Trin.* XII, 2,2, p.356f.

284 G. W. F. Hegel, *Vorlesungen über die Philosophie der Geschichte*, Werke XII, p.404.

285 Ambrosius, *De officiis*, 1,3,11,29, p.5. ; Origenes, *In Numeros Homiliae* 24, 2, p.228

286 Origenes, *Selecta in Psalmos* 102,1, PG 12,1560 A.

287 이에 대해서는 다음을 참조: K. Rahner, *Die geistlichen Sinne nach Origenes*, 115.

288 K. Rahner, a.a.O., 120. J. Dillon, *Aisthêsis Noêtê: A Doctrine of spiritual senses in Origen and in Plotinus*.

289 Basilius, *Homilia in Psalmum* 44, PG 29, 388f.

290 Augustinus, *De vera religione*, 26,49, p.218f.

291 Basilius, *Homilia XII in principium proverbiorum*, PG 31, 412f.

292 참조: Didymus Caecus, *Commentatrii In Psalmos* 22-26, 10, (93,26ff.), p.160: "왜냐하면 자신을 억제하는 것은 의지적인 움직임이기 때문이다. 따라서 첫 번째 시편에서 저자는 내적 인간에 따라서 완전해진 사람을 칭찬하고 있다. '…… 한 사람은 행복하다.'"
Ephraem Syrus, *In illud, Attende tibi ipsi* 6, Bd. II, P.158: "도대체 왜 우리는 우리의 구원과 우리가 사랑하는 사람들을 소홀히 하는가? 왜 우리는 옛 인간의 욕망을 가지고 이리 저리 떠돌며, 행위를 통해서 깨뜨려서 내면화시킬 외적 인간을 겉치레로 꾸미려고 하는가?"

293 참조: H. Bornkamm, *Äußerer und innerer Mensch bie Luther und den*

Spiritualisten, 94, 97f.

294 Augustinus, In Iohannis evangelium tractatus 32, 4,3, p.301f.

295 Johannes Chrysostomus, *In illud: Ne timueritis*......, PG 55, 499,15.

296 Origenes, *Homil. in Iob* 28 I, 4, PG 17,89D-92A: "가장 내적인 것들 옆으로 지혜가 당신을 끌어당긴다. 또는 가장 내적인 것, 그러니까 모든 다수를 능가하는 가장 내적이고 가장 은밀한 하느님의 신비들을 지혜는 당신 쪽으로 끌어당긴다." 다음도 참조: Origenes, In Genesim Homiliae 1,15, p.66,3; Augustinus, De natura et origine animae 4,14,20, p.400,4; Ebd. p.400,6; Gregorius Magnus, Moralia in Iob 14,35,23, p.724.

297 예컨대 다음을 참조: Haimo von Halberstadt, *Homiliae*, PL 118,754B

298 참조: Rabanus Maurus, *Enarr. in Epistolas Beati Pauli*, PL 111,1432C.

299 Bernhard von Clairvaux, *Sermones in ascensione Domini*, 3,8; BD. V, p.136,10.

300 Richard von St. Viktor, *De eruditione interioris hominis*; *De statu interioris hominis*.
참조: A. M. Haas, Innerer und äußerer Mensch — eine tragende Unterscheidung der mittelalterischen Seelengeschichte; K. H. *Zur Mühlen, Innerer und äußerer Mensch*.
마이스터 에크하르트에 대해서는 다음을 참조: T. Kobusch, *Mystik als Metaphysik*.

VII. 인간의 의식(에피노이아)

301 이 개념의 역사에 대해서는 다음을 참조: T. Kobusch, *Sein und Sprache*, 23ff., 33ff.

302 Ammonius, *In Porphyrii Isagogen*, p.40,6 = Fr. 50C(Caizzi): "안티스테네스가 주장하길, 글자 그대로 다음과 같이 말함으로써, 종(種)과 유(類)는 한갓 생각 속에 있다고 한다. '나는 한 마리 말을 보는 것이지, 말임(말의 보편성)을 보는 것이 아니다.' 그리고 재차 말하길 '나는 인간을 보는 것이지 인간성(인간의 보편성)을 보는 것은 아니다.'"

303 참조: Sextus Empiricus, *Adversus Mathematicos*, IX 393-402, Bd. II, p.293,10f. 이와 유사하게 다음도 참조: *Adv. Math.*, III 40-49, Bd. III, p.115,23-117,21.

304 Sextus Empiricus, *Adv. Math.*, VIII 56-60, Bd. II, p114f.=SVF II 88.

305 참조: Diogenes Laetius, *Vitaa philos.*, VII 52, p.476,6=SVF II 87.
306 이에 대해서는 다음을 참조: T. Kobusch, *Sein und Sprache*, 30ff와 362ff.
307 참조: *Vita Epicuri*(Diog. Laert. 10,32), p.30,2ff와 *Epicuri Epist. I ad Herodotum* 40, p.39.
308 참조: T. Kobusch, *Sein und Sprache*, 304-327.
309 참조: R. E. Witt, 325: "객관적인 실재와 순수하게 정신에 의존하는 존재 간의 대비는 매우 자주 현상적인 실존(κατ' ἔμφασιν)과 실제적으로 존재하고 있는 것(καθ' ὑπόστασιν)이라는 동사적 형태에서 나타난다. 이러한 반정립은 포세이도니오스에 의해 처음으로 정식화된 것으로 보인다."
310 H. Dörrie, *ΥΠΟΣΤΑΣΙΣ*.
311 H. G. Thümmel, *Logos und Hypostasis*, 383-394.
312 플로티누스의 자립체 이해의 토대로서 스토아적 대립은 다음에 아주 잘 나타나 있다: C. Ritten, *ΥΠΑΡΞΙΣ* et *ΥΠΟΣΤΑΣΙΣ ches Plotin*. 드레콜(V. H. Drecoll, *Der Begriff Hypostasis bei Origenes*)이 요한 복음서 주석 II,10에 대한 비평을 날카롭게 강조했듯이, 자립체라는 개념은 '실현'이라는 의미에서 — '우시아'와는 달리 — 역동적인 것이라는 의미도 지닌다. 그러나 이 또한 에피노이아라는 대립 개념을 염두에 둔다면, 적합하게 이해할 수 있다.
313 예컨대 다음을 참조: Alexander von Aphrodisias, *In Aristotelis Metaphysica Commentaria*, p.483,24: "왜냐하면 그들은 다음과 같이 말했기 때문이다. 그들에 의하면, 우리의 정신이 개별 인간으로부터 추상하고 존재를 부여하는 보편 인간은 개별 인간의 유비이며 개별 인간과 동일하며 사유 안에서만 존재를 지닌다. 그러나 대자적 즉자적으로 실제 존재의 양태로 있는 인간 자체는 개별 인간과 동일하지 않다."
314 Alexander von Aphrodisias, *In Aristotelis Metaphysica Commentaria*, p.52,13: "…… 수학적인 것은 많은 것들에서, 곧 이들에게 수학적인 것이 내재하는 감각적이고 개별적인 것들에서 유사성을 분명하게 만든다. 왜냐하면 수학적인 것은 즉자적, 대자적으로 존재하는 것이 아니라, 오직 사유를 통해서만 존재하기 때문이다."
315 참조: T. Kobusch, *Sein und Sprache*, 33ff.
316 David, *In Porphyrii Isagogen Commentarii*, p.119,17: "사유와 한갓된 사유를 구분하는 것에 대한 연구는 가치가 있다. 우리는 이성의 도움으로 본성과 연관된 것을 감히 나누려고 할 때, 사유와 관련을 맺게 된다. 예컨대 본성은 물체와 색깔을 함께 만들어 내기에, 색깔이 없는 그 어떤 물체도 존재하지 않는다. 이렇게 동일한 곳에 연관된 것을, 어떤 것은 눈으로 구분할 수 있는 징표인 흰 색을 띠었으며, 다른 것은 삼차원으로 이루어진 물체라고 말함으로써, 흰 색과 물체로 나눈다.

이것이 사유이다. 염소의 얼굴을 가진 사슴이나 그와 유사한 것처럼, 우리는 결코 그 어떤 방식으로도 우리의 사유에서 존재자를 형성하지 못할 때, 한갓된 사유에 대해서 말하게 된다."

317 Ebd. p.189,6: "그러나 플라톤은 절대적인 비존재자라는 개념 아래서 아리스토텔레스와는 다른 어떤 것을 이해했다는 것을 알아야 한다. 왜냐하면 플라톤은 사유 안에도 현실 안에도 실존하지 않는 것을 절대적으로 존재하지 않는 것으로 불렀기 때문이다. (심지어 플라톤은 염소의 얼굴을 가진 사슴을 절대로 존재하지 않는 것이라 부르지 않았다. 왜냐하면 이것은 사유 안에서 존재를 지니기 때문이다.) 그러나 아리스토텔레스는 염소의 얼굴을 가진 사슴이나 그와 같은 것처럼 절대적으로 존재하지 않는 것을 사유 속에 실존하기는 하지만, 현실적이지는 않은 것으로 불렀다."

318 Origenes, *Johanneskommentar* II, 75; p.65,16.
이에 대해서는 다음을 참조: R. E. Witt, *ΥΠΟΣΤΑΣΙΣ*, 335.
다음도 참조: Athanasius, *De sancta trinitate* (dial. 1,3,5), PG 28, 1144,46: "오르트: 아니오.. 오히려 휘포스타시스는 불멸하기도 하오. 불멸할 뿐만 아니라, 불사하며 정의롭고, 거룩하고 구원하며 주권과 능력을 갖고 있소. 그래서 이는 합성에 따라서가 아니라, 다양한 사유 방식에 따라서 신이라 불리는 것이오. ······ 그 때문에 우리는 성부와 성자를 두 휘포스타시스라고 부르지만, 신성, 능력, 주권, 불멸, 불사 등이라고도 부르는 것이오."
Athanasius, *Oratio quarta contra Arianos*, 2,24: "그러나 우리는 개념(의 수용-)에서 따라오는 불합리성을 기피해야 한다. 그럼에도 불구하고 개념은 참된 실체적인 말이다. 한 분 성부는 진리 안에 있는 것처럼 존재하기 때문에, 진리 안에 하나의 지혜가 있다. 그러한 한에 있어서 사벨리우스가 가르치듯이, 같은 아버지와 아들이 아니라, 아버지는 아버지고 아들은 아들이기 때문에 둘이다. 하지만 아들은 본성으로부터 아버지의 실체의 아들이며 이는 아들에게 고유한 말씀이기 때문이다." 바실리우스는 양해를 구하다시피 하면서, 다음과 같은 점을 보여 주어야 했다(Epis. 210,5, Bd. II, p.195,9). 이는 그리스도교의 올바른 가르침이라는 의미에서 다음을 추가하기 위해서이다. "ἀλλὰ χρὴ ἕκαστον πρόσωπον ἐν ὑποστάσει ἀληθινῇ ὑπάρχον ὁμολογεῖν."
Cyrill, *Thesaurus de sancta consubstantiali trinitate*, PG 75,141: "따라서 신적인 것의 본성은 단순하며 합성될 수 없고, 그 언젠가라도 사유를 통해 아버지와 아들 안에서 갈라져서 분리되지는 않을 것이다. 내가 주장하듯이, 실체에 따라서 어떤 차이가 있는 것이 아니다. 이런 차이는 그것을 통해 양자의 각 위격이 고유한 휘포스타시스 안에 있는 것으로서 들어 온 것이라 생각된다. 외부로부터 야기되었지만, 본성적인 동일성을 통해서 신성의 통일로 결합된다고 누가 기꺼이 말하려고 하는 것을 제외한다면 말이다. ······"

319 예컨대 다음을 참조: Didymus, *Comm. in Psalmos*(22-26.10), p.109,16: "한 분 영은 다양한 은사에 따라서 수많은 선(善)이다. 왜냐하면 성령을 받은 사람은 많은 좋은 것인 영의 은사를 지닌다. 이는 존재에 따라서는 하나의 선이지만,

개념적으로는 수많은 선이다. 신(神)도 존재에 따라서는 한 분 신이지만, 다양한 개념의 의미에서도 선, 불변하고, 변함없는, 원천, 빛과 같이 다른 많은 이름으로 불린다."

320 오리게네스에게 있어서 에피노이아의 더 정확한 의미와 이 주제와 전거 구절에 대해서는 다음을 참조: T. Kobusch, *Die philosophische Bedeutung des Kirchenvaters Origenes*, 95-97.

321 참조: A. M. Ritter, *Arianismus*, in: TRE 3(1978), 692-719.

322 이에 대한 진술과 더 상세한 점에 대해서는 다음의 신뢰할 만한 연구를 참조: J.-A. Röder, *Gregor von Nyssa, Contra Eunomium* I, 1-146, Einleitung, p.40-72.

323 Eunomius, *Apologie*, 8,4, p.248. 다음도 참조: Gregor Nyss., *Contra Eunomium* II, 202, GNO I, p.238,27ff.

324 참조: Eunomius bei Gregor Nyss., *Contra Eunomium* II, 179, GNO I, p.276,22ff. 예들의 목록에 대해서는 특히 다음을 참조: Sextus Empiricus, *Adversus Math.* IX, 393f., Bd. II, p.293,10와 VIII 58ff., Bd. II, p.115,24, 더 나아가서 SVF II, 87/88과 Epicurea, fr. 36(p.105).
에우노미우스가 말한 voces non significativae의 예로 그레고리우스(Gregor Nyss., *Contra Eunomium* II, 176,6f)는 스토아적 표현인 'Skindapsos'를 들며, 라이프니츠에 이르기까지 사용된 'Blityri'라는 용어에 대해서는 다음을 참조: SVF II, 149; III, 20.
그레고리우스(*In Ecclesiasten hom.*, 1,3,3, p.112)는 이렇게 의미 없는 표현들을 "에우노미우스와 마찬가지로, 자신의 존재를 오로지 말의 산출에서만 가지는, 존재하지 않는 것"이라고 말하고 있다.

325 참조: Gregor Nyss., *Contra Eunomium* II, 11, GNO I, p.229,29ff.

326 신플라톤주의 논제의 비판에 대해서는 다음을 참조: J. M. Rist, *Basil's "Neoplatonism"*.
다음도 참조: L. Abramowski, "Eunomius", 943f와 A. M. Ritter, "Eunimius", 527.

327 Eunomius, *Apologie*, 12,9, p.258.

328 Gregor Nyss., *Contra Eunomium* II, 410; GNO I, p.345,25ff.
에우노미우스의 에피노이아에 대한 에피쿠로스적 (그리고 아리우스적) 배경에 대해서는 다음도 참조: T. Kobusch, *Name und Sein*, 252-254.

329 Basilus, *Contra Eunomium* I, 6f., p.182ff.

330 다음에서 인용함: Basile de Césare Eunome suivi de Eunome, *Apologie*, Introd.,

Trad. et Notes de B. Sesboüe/G.-M. de Durand/L. Doutreleau, Tome I, SC 299, Paris 1982, 182.

331 예컨대 다음을 참조: Gregor Nyss., *Contra Eunomium* II, 24; GNO I, p.233,17: "우리는 그들에게 다음과 같이 말한다. 합성되지 않은 것과 만들어지지 않은 것의 개념의 의미는 그때마다 상이하다고. 왜냐하면 어떤 것은 토대로 놓여 있는 것을 표지하며, 다른 것은 원인으로부터 존재하지 않는 것을 표지하고, 이 양자가 어떤 하나로부터 말해진다고 하더라도, 이름의 의미들은 서로 교환될 수 없기 때문이다." 참조: Gregor, *Contra Eunomium* I, 560; GNO I, p.188,15: "이 사람이 이름들의 익숙한 의미로부터 벗어나 의미의 완전한 교환을 성취하지만, 그럼에도 그는 이 말을 불합리하게 만든다."
'익숙한 의미'에 대해서는 다음도 참조: ebd. I, 643; GNO I, p.211,16.

332 Gregor Nyss., *Contra Eunomium* II, 474; GNO I, p.364,26ff.

333 참조: Basilius, *Contra Eunomium* I, 6,51, p.186: "이렇게 말해진 것, 각각은 사유의 의미에서도 고찰되며, 발성을 통해 사라지는 것이 아니라, 사유된 것은 사유하는 자의 영혼 안에 굳게 자리를 잡는다."
다음도 참조: Gregor Nyss., *Contra Eunomium* I, 560, GNO I, p.188,13; I, 599, p.1991,1.

334 Basilius, Contra Eunomium I, 7,10, p.188.
다음도 참조: Epist. 8,8,6, p.32.

335 이에 대해서는 다음을 참조: T. Kobusch, *Name und Sein*, 248ff.와 각주 42.

336 Gregor Nyss., *Contra Eunomium* II, 182; GNO I, p.277,21.

337 Gregor Nyss., *Contra Eunomium* III, 5; GNO II, p.162,10.

338 Gregor Nyss., *Contra Eunomium* II, 183; GNO I, p.277,30.

339 Gregor Nyss., *Contra Eunomium* II, 185-192; GNO I, p.278-280.

340 Gregor Nyss., *Contra Eunomium* II, 198-203; GNO I, p.282-284.
참조: *De hominis opificio* IX; PG 44,149 Bff.
스토아적 이론에 대해서는 다음을 참조: SVF II, 836.

341 Gregor Nyss., *Contra Eunomium* II, 207; GNO I, p.285,18.
다음도 참조: II, 391; GNO I, p.340,21ff.

342 Gregor Nyss., *Contra Eunomium* II, 208-214; GNO I, p.285-288.

343 Gregor Nyss., *Contra Eunomium* II, 246; GNO I, p.298,10ff.
다음도 참조: II, 281; GNO I, p.309,13: "왜냐하면 신은 사물들의 창조자이지,

한갓된 말의 창조자가 아니다. 그래서 신 때문이 아니라 우리 때문에 사물들의 이름이 부여된다."

344 Gregor Nyss., *Contra Eunomium* II, 398; GNO I, p.342,22ff.
다음도 참조: II, 549; GNO I, p.386,30ff.

345 ἔννοια φυσική에 대한 에우노미우스의 이론에 대해서는 다음을 참조: bes. L. Abramowski, *Eunomius*, 943,946.

346 Gregor Nyss.., *Contra Eunomium* II, 546; GNO I, p.385,28: "본성의 법이 씨앗이나 뿌리에서 새잎이 나오는 것처럼 사물들에서 우리에게 어떤 표지들이 만들어지고, 대상들의 의미를 전달하는 이름 부름을 남기는 사물들을 드러내는 자유로운 의지에서 만들어지는 것이 아니라면, 우리 인간들은 서로 같은 언어로 말했을 것이다."

347 Gregor Nyss., *Contra Eunomium* II, 396; GNO I, p.342,10: "온갖 생각으로 이렇게 저렇게 부를 자유는 그것을 에피노이아 또는 다른 것으로 부르든지 간에 그것은 본성에 놓여 있다. 우리는 이에 대해 논쟁하지 않을 것이다."
다음도 참조: II 304/05; GNO I, p315,27ff.

348 Gregor Nyss., *Contra Eunomium* II, 334; GNO I, p.323,29.

349 Gregor Nyss., *Contra Eunomium* II, 246; GNO I, p.298,17.

350 참조: A. Borst I, 245f; II, 873f.

351 참조: T. Kobusch, *Name und Sein*.

352 참조: T. Kobusch, *Zeit und Grenze*.
더 나아가서 다음도 참조: *Metaphysik als Lebensform bei Gregor von Nyssa*, 467-471.

353 참조: J. A. Möhler, *Athanasius der Große und die Kirche seiner Zeit*, 120.

VIII. 기억 또는 잃어버린 자아에 대한 추구

354 이하의 논의에 있어서 필자는 다음의 항목을 고마운 마음으로 이용했다. "상기"(Anamnesis), in: HWPh, Bd. 1,263-266, von Oeing-Hanhoff와 "기억"(Erinnerung), in: HWPh, Bd. 2,636-643, von C. von Bormann.

355 참조: G. W. F. Hegel, *Vorlesungen über die Geschichte der Philosophie*, Teil 3,14.

356 참조: Plutarch, *Fragmenta*, 215g, p.135.
그리고 문자적으로는 다음을 참조: Damascius, *In Phaedonem*(versio 1), 281,

p.169.
비은폐성과 그 역사로서 진리의 개념에 대한 하이데거의 해석에 대해서는 다음을 참조: "비은폐성"(Unverborgenheit) von C. von Wolzogen in: HWPh, Bd. 11,331-334.

357 참조: Philo, *De congressu eruditionis gratis*, 39, p.80.

358 참조: Olympiodor, *In Platonis Phaedonem Commentaria*, 11,3, p.153; Elias, *Prolegomena philosophiae*, p.2,6ff., Damascius, *In Phaedonem* I, 253,1, p.153.

359 엘리아스(Elias, *Prolegomena philosophiae*, p.2,10ff.)가 보도하듯이, 프로클로스도 동물들도 상기의 능력을 지니고 있지만, 엘레아스에 의하면, 인간과 동물 간에는, 인간은 자신의 기억에 대한 의식을 지니지만 동물은 그러한 의식을 지니지 않는다는 차이가 있다. 헤르미아스(*In Phaedrum*, p.171,13f)에 의하면 동물들은 추상 능력을 갖고 있지 않을 뿐만 아니라 지성적인 것에 대한 상기도 할 수 없다.
다음도 참조: Themistius, *In Parva Naturalia comm.*, p.14,22.

360 참조: Olympiodor, *In Platonis Phaedonem Commentaria*, 11,3, p.153.
다음도 참조: Elias, *Prologomena philosophiae*, p.2,6ff.

361 참조: Olympiodor, *In Platonis Phaedonem Commentaria*, 11,4; p.153.

362 Plotin, *Enn.* IV, 3,25. IV 4,6.

363 참조: Jamblich, *De vita Pythagorica*, 29,164f., p.93,7.

364 Plotin, *Enn.* I, 6,2.

365 Augustinus, *Epist.* 7, p.13,7.

366 《삼위일체론》에 대해서는 다음을 참조: J. Brachtendorf, *Die Struktur des emnschlichen Geistes nach Augustinus*, 221ff.

367 《고백록》(*Conf.* X, 11,18, p.164,14)에서 아우구스티누스는 "cogitare"를 "cogere"의 상호작용적 형태로 생각했으며, 이는 신플라톤주의적 의미에서 흩어진 것(dispersio)을 모으는 것(colligere)으로 이해된다. 이와 유사하게 다른 구절(In Conf. X, 29,40)에서는 하나에 대한 집중(colligere in unum)과 다수로 분산되는 것이 상반된다.
신플라톤주의적인 배경에 대해서는 다음을 참조: u. S.144.

368 G. W. F. Hegel, *Vorlesungen über die Philosophie der Geschichte*, Bd. 12,521.

369 *Conf.* X, 8,14, p.162. 참조: Augustinus, *In Iohannis evangelium tractatus*, 23,11,3, p.240.

370 참조: Augustinus, *Epist.*, 147, p.327,19.

참조: H. Plessner, *Homo absconditus*, 353-366.

371 참조: Plautarch, *Fragmenta*, 215e, p.134; Damascius, *In Phaedonem* I, 279f., p.167.
다음도 참조: Johannes Philosophos, *In Aristotelis analytica posteriora*, p.14,12.

372 '기억의 근원'이라는 표현과 《고백록》 10권과 《삼위일체론》의 연관성에 대해서는 다음을 참조: J. Kreuzer, *Augustinus zur Einfürung*, 61. 66. 102ff.; C. Horn, *Augustinus*, 74ff.
다음도 참조: *De vera rel.*, 39,71/73, p.234-235.

IX. 내적 언어

373 참조: T. Kobusch, *Sein und Sprache*, 44-47, bes. 47.

374 예컨대 다음을 참조: Albinus, *Introductio in Platonem* II, p.147; Prophyrios, *De abstinentia* III, 2,1, Bd. II, p.153; Jamblich, *De vita Pythagorica*, 32,218, p.118,23; Hermas, *In Platonis Phaedrum*, p.22,11; Ammonius, *In Aristotelis de interpretatione comm.*, p.22,7ff.; Philoponos, *In Aristotelis Categorias comm.*, 6, p.90,2.

375 Sextus Empiricus, Adv. Math. VIII, 275, Bd. II, p.165,17 = SVF II, 135.

376 참조: SVF II, 894.
다음도 참조: SVF II, 167. 836; III, 17. 20. 29.

377 Meletius, *De natura hominis*, p.23,7: "발성하는 말을 통해서 영혼의 숨겨진 것을 드러내는 것은 선천적으로 이성을 지닌 생물의 본성에 있다. …… 하지만 인간의 말은 사유의 전령으로서 몇 가지를 규정한다. 그중 하나는 내적인 말이며, 다른 하나는 외적인 말이라 불린다. 내적인 말은 마음에서 말해진 것이지만, 진술과 내뱉어서 쓰는 말은 사유에서 생성된, 음성과 결합된 말이다. 그러나 음성은 그 각각을 말이라고 하는 것이 아니라, 들어서 이해할 수 있는 소리를 야기하는 말이다."

378 참조: Olympiodor, *In Aristotelis Categorias Comm.*, p.80,33: "왜냐하면 말은 이중적인 의미를 지니기 때문이다. 하나는 혀를 통해서 발성된 것으로, 종과 동일한 의미의 개념으로도 불린다. 다른 하나는 영혼의 태도로서 내적인 말로도 불리며, 의견으로도 표기된다. 이러한 관점에서 말은 의견과는 구분된다. 왜냐하면 말은 발성된 말이지만, 의견은 내적인 말이기 때문이다."

379 이와 같은 수용 활동에 대해서는 다음을 참조: Wyrwa, *Seelenverständnis bei Irenäus von Lyon*, 317ff.

380 Nemetius, *De natura hominis*, 14, p.71,5ff.

381 참조: Eusebius, *Commentaria in Psalmos*, p.509A: "음절, 동사, 이름을 통해 자신의 존재를 지니며, 혀와 소리를 통해 알려지는 우리의 말은 그 본래적인 의미에서 정말로 말이라고 불리는 것은 아니다. 이 말과는 달리 말을 만들어 내는 것 자체는 본래적 의미에서 참으로 말이라고 불릴 수 있을 것이다. 말하자면 이러한 말은 내적인 말이다. 이제 내적인 말이 우리 안에 말로 존재하듯이, 본래적인 의미에서 참된 말이라 불림으로써, 이 말이 존재와는 구분됨으로써 실제로 그리고 본질적으로 존재하게 된다."
이와 유사하게: Augustinus, *De Trinitate* XV, 11, p.486.

382 Hippolyt, *Refutatio omnium haeresium* X, 33,1, p.410,2.
다음도 참조: Theophilus, *Ad Autolycum* II, 10,2, p.53,6: "신은 자신의 내적인 말씀을 자신의 고유한 내면 안에 가지고 있으며, 자신으로부터 우주를 향해 이를 발설해 냄으로써, 이를 자신의 지혜로 만들어 낸다."

383 Athanasius, *De synodis Arimini in Italia et Seleuciae in Isauria*, 27, p.225.
다음도 참조: Marcellus, *Expositio fidei*, 1,2, p.49.
더 나아가서 다음도 참조: *Concilia Oecumenica: Conc. Universale Ephesenum anno*, 431,1,1,2, p.76,22: "이렇게 발설된 말을 나는 인간의 말로 의미한다. 우리가 서로 함께 있고 서로 의미를 전달하려고 할 때, 우리 모두는 이 말을 사용한다. 이 말은 볼 수 있는 것이 아니며, 그렇다고 손으로 만질 수 있는 것도 아니다. 이 말은 오로지 귀를 통해서만 파악할 수 있는 말이다. 그러나 내가 발설된 말을 육화된 위격적(enhypostatisch) 신의 원형적인 상으로 받아들인다면, 사람들은 내가 신을 발설된 말이라고 하는 것을 믿지 않을 것이다."

384 Gregor Nyss., *Adversus Arium et Sabellium de patre et filio*, GNO III, p.81,11ff.

385 Prophyrios, *Contra Christianos*, fr. 86, p.96f. Theophylakt., *Enarr. in Joh.*, PG 123,1141B: "전자는 복음을 모순적인 것으로 추구하며, 다음과 같이 서문을 이용한다: 그가 말하길 신의 아들이 말이라면, 그는 발설된 말이나 내적인 말도 아니다. 이제 그는 이러 저러한 말이 아니다. 따라서 그는 말도 아니다."
그리스도교 저술에서 내적인 로고스와 밖으로 발설된 로고스의 구분에 대해서는 다음을 참조: J. A. Möhler, *Athanasius der Große*, 47.195와 F. A. Staudenmaier, *Scotus Eriugena*, 243.

386 Athanasius, *De sententia Dionysii*, 23,2,3, p.63,17.
다음도 참조: Didymus, *Commentarii in Psalmos*, 333,17, p.210: "왜냐하면 마음은 정신을 나타내기 때문이다. 그러나 그 자체는 정신이다, …… 왜냐하면 정신이 산출하는 것은 아들이기 때문이다. 하지만 말은 정신의 산물이다."

387 Athanasius, *Contra Sabellios*, p.97D.

388 Basilius, *In illud: In pricipio erat verbum*, p.477A: "그러나 말에 대해서는

이중적인 개념이 있다. 하나는 소리를 통해 산출되는 말로서, 이 말은 산출된 후에는 공허한 말로 사라져 버린다. (반면에) 다른 하나는 내적으로 우리 마음에 내재하는 말이다."

389 Epiphanius, *Panarion*, 71,4,3, p.253,13. 다음도 참조: 65,3,7, p.5,28: "왜냐하면 인간의 말은 인간에게 있어서는 인간 자신이 아니기 때문이다. 이 말은 살아 있지도 않으며 자립적으로 실존하는 것도 아니다. 이 말은 오히려 살아 있으며 자립적으로 실존하는 마음의 움직임일 뿐이며 스스로 자립적으로 실존하는 것은 아니다."

390 Gregor Nyss., *Oratio catecheica*, GNO III, 4, p.11,14ff.

391 Augustinus, *De Trinitate* VII, 2, p.250.

392 Augustinus, *In Iohannis evangelium tractatus* XIV, 7, p.146.

393 Wilhelm von St. Thierry, *Aenigma fidei*, 91, p.170.

394 Augustinus, *Sermo* 288, p.1304-1306.
   참조: *Sermo* 289, p.1309.

395 Augustinus, *In Iohannis evangelium tractatus* I, 8, p.5.

396 Augustinus, *In Iohannis evang. Tract.* XIV, 7, p.145f.
   다음도 참조: *De doctr. christ.* I, 13, p.13.
   다음 구절도 유사하다: *Sermo* 288, p.1305.

397 Augustinus, *In Iohannis evang. Tract.* XXXVIII, 11,36, p.345.
   다음도 참조: *Sermo* 223, Mi. Ag. 1, p.12,32.

398 Augustinus, *In Iohannis evang. Tract.* XX, 10, p.208; I, 8, p.5; ebd.; *Tract.* XXXVII, 4, p.333

399 Augustinus, *Sermo* 288, p.1306; *Sermo* 293,9, ed. F. Dolbeau, p.490.

400 Augustinus, *De Trinitate* XV, 10, p.486.

401 Augustinus, *De Trinitate* IX, 12, p.309.

402 카르타고라는 '관념'(Phantasie)과 (가 본 일이 없는) 알렉산드리아라는 '상상'(Phantasma)을 아우구스티누스(*De Trinitate* VIII, 6,9, p.281)는 '말'(verbum)이라고 부른다.

403 Friedrich Heinrich Jacobi, *David Hume über den Glauben, oder Idealismus und Realismus*, p.70.

404 Augustinus, *De Trinitate* XV, 12, p.493.

405 Augustinus, *In Iohannis evang. tract.* XIV, 7, p.146; *Sermo* 288, p.1305; *De Trinitate* XVI, 7, p.434.
다음도 참조: *De Trinitate* XV, 10,19; XV 12,22.

406 Augustinus, *De Trinitate* XV, 14-15, p.497-500.

407 Augustinus, *De Trinitate* XV, 10, p.485f.

408 *De magistro*, 11,38-12,40, p.195-199. 대화에 대한 언어철학적인 의미에 대해서는 다음의 상세한 분석을 참조: T. Borsche, *Macht und Ohnmacht der Wörter*.

409 Philoponos, *In Aristotelis categorias comm.*, 6, p.90,2: "한편으로는 외적인 말이, 다른 한편으로는 영혼 안에서 숙고되는 내적인 말이 있기 때문에, 이를 통해서 그가 외적인 말에 대해서 말한다는 점을 알 수 있다. 왜냐하면 내적인 말은 결코 양적인 것이 아니라, 우리가 아는 것처럼 내적인 말이 영혼의 어떤 상태나 태도이며 이 상태와 태도가 질적인 것이라면, 내적인 말은 어떤 경우라도 영혼의 질이다."

410 정신적인 말과 그의 객관적인 존재라는 존재 방식에 대한 중세의 가르침에 대해서는 다음을 참조: T. Kobusch, *Sein und Sprache*, 82ff와 특히 C. Panaccio, *Le discours intétieur*.
14세기 프란치스코 회원들이 오캄의 이론을 수용한 것에 대해서는 다음을 참조: C. Panaccio, *Le Langage Mental en Discussion: 1320-1335*.
사변 문법학(Grammatica Speculativa)의 전통에 대한 근본적 사유에 대해서는 다음을 참조: T. Kobusch, *Grammatica Speculativa*.

X. 믿음과 신뢰

411 Origenes, *Fragmenta ex Comm. in epist. ad Ephesios*, 15,19, p.411: "그것(정신)은 그리스도를 받아들이는 내적 인간에 그리스도를 거주하게끔 할 수 있다. 하지만 정신은 내적 인간 안에, 그러니까 믿음을 통해 인도하는 영혼의 부분에 머문다."

412 다음의 예를 참조: Athanasius, *Expositiones in Psalmos*, p.577A: "신앙인들과 훌륭한 작업을 완수한 사람들은 주님을 자신 안에 품고 있다. 왜냐하면 그리스도가 믿음을 통해 내적 인간 안에 거주한다고 말해지기 때문이다."
다음도 참조: Didymus, *Fragmenta in Psalmos*, 655a, p.57,19.
내적 인간을 쇄신하는 매개로서 믿음에 대해서는 다음을 참조: Athanasius, *De morbo et valetudine*, p.5,4.
다음도 참조: Augustinus, *Expositio quarundam propositionum ex epistula ad Romanos*, 18, p.10,8; Augustinus, *Expositio epistulae ad Galatas*, 38, p.106,18; Augustinus, *De perfectione iustitiae hominis* III, 7, p.7,14.

413 J. Stenzel, *Platon der Erzieher*, 286. 다음도 참조: O. Utermöhlen, *Die Bedeutung der Ideenlehre*, 78ff.

414 참조: Alexander von Aphrodisias, *In Aristotelis Topicorum libros octo commentaria* I, 8, p.62,14: "이로써 그는 삼단논법이 무엇인지 말했다. 그는 귀납법에 대해서는 후에 적게 말했다. 왜냐하면 귀납법을 통해 획득된 믿음도 변증법적인 증명에 있어서는 고유한 것이기 때문이다."
다음도 참조: p.346,6: "하지만 믿음에는 가정이 상응한다. 왜냐하면 믿음은 가정이기 때문이다. 말하자면 어떤 믿음이 가정 없이 성립되는 것은 불가능하다."

415 Alexander Aphrod., *In Aristotelis metaphysica commentaria* V, 1, p.441,38. 아리스토텔레스의 수사학적 의미에서 믿음을 복권시키려는 시도에 대해서는 다음을 참조: M. H. Wörner, *"Pistis" und der argumentierende Umgang mit reputablen Meinungen*.

416 Alexander Aphrod., *De anima*, p.67,15ff.

417 Clemens Alexandrinus, *Stromata* II, 2,8,2,3, p.117,8: "그러나 그리스인들이 고약하게 말하는 믿음은, 근거되지 않은 것이며 조야한 것이라고 여겨지기 때문에, 자유로운 결정으로부터 나온 가정이며, 신에 대한 두려움을 긍정하는 것을 인정하는 것이다. …… 그래서 믿음이 그 어떤 것을 추구하는 데서 성립되는 어떤 의지라면, 이는 사유 속에서 벌어지는 열망과 관계된다. 하지만 의지는 시작한 것을 행위로 만들기 때문에, 믿음을 통해서 이미 사전에 논거가 마련됨으로써, 믿음은 시작한 것을 행위로 만드는 것으로, 이성적인 의지의 토대로 입증된다. 다수의 목적 중에서 자유로이 몇 가지를 선택한다면, 이는 통찰의 시작이다."

418 Clemens Alexandrinus, *Stromata* II, 3,10,1,1, p.118,11: "이제 바실라이데스 (Basileides)와 그 추종자들은 믿음을 천성적인 것으로 여긴다. 마찬가지로 이들은 믿음을 선택과 관련된 어떤 것으로도 여긴다. 왜냐하면 믿음은 정신적인 파악을 통한 증명 없이도 (그에 대한) 앎을 얻기 때문이다. 그러나 발렌티누스와 그의 추종자들은 신앙을 우리 순진한 사람들에게 해당되는 것으로 보지만, 이 사람들이 자기 자신들의 측면에서는 본성적으로 구원받은 이들에게 속한다고 본다. 발렌티누스(Valentinus)와 그 추종자들이 말하길, 순진한 사람들에게는 탁월한 씨앗에 대한 숙고와 상응해서, 영적인 것이 심리적인 것과는 동떨어져 있듯이, 믿음과는 아주 동떨어진 인식이 깃들어 있다. 더 나아가서 바실라이데스와 그 추종자들이 말하길, 믿음과 선택은 각 위계에서 서로 상응하며, 모든 천성에 있어서 세상에서의 믿음이 세계를 초월하는 선택의 후속된 현상으로서 동반되며, 개별적인 모든 사람들의 희망과 믿음의 선물도 상응한다. 따라서 믿음이 본성적인 특권이라면, 믿음은 더 이상 자유로운 결정(prohairesis)의 뛰어난 능력이 아니다. 그래서 믿음에 도달하지 못하는 사람에게는 정당하게 갚아야 할 그 어떤 것도 없다. 왜냐하면 그는 결백하기 때문이다. 믿음에 도달한 사람도 공로가 없기는 마찬가지다. 그렇기에 올바르게 숙고한다면, 믿음과 불신앙의 고유성과 차이는 칭찬과도 그렇다고 비난과도 관련될 수 없다. 왜냐하면 믿음과 불신앙을 야기한 원인은 전능한 분으로부터

유래하는 본성적인 필연성이기 때문이다."
419 Basilius, *Homilia in Psalmum* 115, PG 30,104B: "믿음은 신에 대해서 말하는 것보다 선행한다. 그러니까 믿음이지 증명이 아니다. 믿음은 논리적인 방법을 넘어서 영혼을 동의로 이끌며, 수학적인 필연성이 아니라 정신의 행위에 내재한다."
420 Basilius, *Regulae morales*, 80,22, PG 31,868C: "그리스도인들에게 고유한 것은 무엇인가? 그것은 사랑을 통해 실현되는 믿음이다. 믿음에 고유한 것은 무엇인가? 그것은 신에 의해 영감 받은 말들의 진리에 대한 순수한 확신이다. 삼단논법이 본성적인 필연성이나 경건함에 근거하더라도, 이러한 확신은 그 어떤 삼단논법을 통해서도 흔들리지 않는다."
다음도 참조: Basilius, De fide, p.677D: "믿음은 신의 은총을 근거로 선포된 것의 진리에 대한 확실성에 속하는 것에 대해 순수하게 긍정하는 것이다."
421 Basilius, *Homilia in Psalmum* 115, PG 30,104C: "그래서 어느 누구도 우리가 말하는 것에 대해서 동의하기 위한 비판적인 검증 없이 청자(聽者)들을 오도한다고 조롱하지 못한다. 왜냐하면 개별 학문에 있어서 원리들은 검증되지 않고서 배우는 이들에게 효과적이어야 하기 때문이다. 첫 번째 원리들에 대해서 논쟁하는 사람들이 체계적이고 질서 있게 끝까지 나아갈 수 있다는 것은 불가능하기 때문이다. 그래서 당신도 그럴듯한 철학자들에게 배울 필요가 있다. 만일 당신이 첫 번째 원리들을 수학자에게 주어지지 않는다면, 그 수학자가 그 다음에 따라 나오는 것을 완수하는 것은 불가능하다. 수(數) 이론에서 첫 번째, 그리고 기초적인 사물들을 거스른다면, 그에게는 앞으로 나아가는 길이 막힐 것이다. 하지만 유사한 방식으로 의학적인 원리들도 의사들에게 있어서 증명 불가능하다. 체계적이고 질서 있게 진행되는 각각의 시도 자체에 있어서 첫 번째 가정들에 대한 증명을 찾는 것은 불가능하며, 오히려 논리적인 분과(分科)들의 원리들을 검증하지 않고 넘겨받아야 한다. 그런 다음 근거되어 있는 것으로부터 귀결되는 것은 다음의 과정에서 더 자세히 볼 수 있다. 이렇게 신학의 비밀은 증명 없이 믿음의 동의에도 도달하게 된다. 왜냐하면 신이 존재한다는 것은 필연적으로 믿어져야 하며, 본질(무엇임)을 찾거나 그것에 대해 논쟁할 필요가 없기 때문이다."
422 Clemens Alexandrinus, *Stromata* II, 4,13,2,4, p.119,24: "그러나 감각적인 지각은 지식의 전 단계이다. 반면에 감각적으로 지각될 수 있는 사물들을 통해 자신의 길을 찾는 믿음은 추정을 앞지르며, 그릇된 것이 없는 것을 향해서 빠르게 전진하여, 최종적으로는 진리에 남아 있다. 하지만 누가 지식이 이성적 근거로 증명할 수 있다고 주장한다면, 그는 원칙들(원리들)이 증명될 수 없다는 것을 말할 수 있어야 한다. 왜냐하면 원칙들은 기술에 의해서도, 이성에 의해서도 인식될 수 없기 때문이다. 이성은 오직 다르게도 행동할 수 있을 것과만 관계되지만, 그것은 오직 운문적이지 이론적인 것은 아니기 때문이다. 따라서 모든 사물들의 시초에 도달하는 것은 믿음을 통해서만 가능하다."
다음도 참조: ebd. II, 12,54,5,4, p.142,25: "그러나 긍정들은 플라톤의 추종자들뿐만 아니라 스토아주의자들도 말하듯이, 우리의 힘 안에 놓여 있다. 모든 의견들,

판단들, 추정들과 배움 이 모든 것을 통해서 우리가 살고 항상 인류와 연결됨으로써
긍정이 있게 된다. 하지만 이러한 긍정은 믿음 외에 다른 것이 아니다."
J. Lössl, *Der Glaubensbegriff des Klemens von Alecandrien*: 뢰셀은 (오스번과는
달리) 긍정-결정 문제와 연관해서 클레멘스의 믿음에 대한 표상이 플라톤적-아리스
토텔레스적인 출처를 갖는다고 강조한다. 하지만 스토아주의자들은 — 아리스토텔
레스가 아니라 — 항상 긍정을 자유, 곧 결정의 본래적인 '장소'로 보았다.
클레멘스에게 있어서 믿음의 개념에 대해서는 다음도 참조: U. Schneider,
Theologie als Christliche Philosophie, 282ff.
인식의 단계에 대한 생각은 다음에서도 발견된다: Theodoret, *Graecarum
affectionum curatio* I, 107, p.131,14: "믿음은 어떤 것을 배우려는 모든 사람들에게
고유한 것이다. 지식의 가장 낮은 단계와 초석은 믿음이다. 왜냐하면 우리의 철학자
들도 믿음을 영혼의 의지적인 동의로 규정하지만, 지식은 이성에 의해 변화될
수 없는 태도로 규정한다."

423 참조: Origenes, *Contra Celsum* I, 9, p.98,9.

424 Clemens Alexandrinus, *Stromata* I, 9,43,1,1, p.28,18: "그러나 특별히 타고난
능력을 지닌 것으로 여겨지는 몇몇 사람들은 철학도, 변증법도 연구하지 않는
것, 그러니까 결코 한 번도 자연과학을 배우지 않고 유일하게 오로지 믿음을
요구한다는 것을 올바르다고 설명한다."
다음도 참조: G. af Hällström, FIDES SIMPLICIORUM according to Origen
of Alexandria: 헬스트룀은 오리게네스와 클레멘스의 믿음(Pistis)에 대한 전체적인
언어의 장을 정확하게 연구했고, 꼼꼼한 방식으로 지성적인 결핍을 뒤로한 채
단순한 믿음을 그리스도교의 단순한 사람들의 확신(플라톤의 독사(doxa)의 의미
로)으로 이해했다. 하지만 '단순한 믿음'이라는 표현은(참조: ebd., 26) 그리스도교
신자들의 특정한 그룹을 가리키는 일종의 슬로건이었다. 이들은 모든 철학적 지식과
이성적인 검증을 믿음의 대상으로부터 분리한다.

425 Eusebius, *Praep. evang.* I, 1,11, p.7,22: "말하자면 몇몇 사람들은 그리스도교가
자신 안에 그 어떤 이성도 숨기고 있지 않으며, 그 이름에 매진하는 사람들은
그들의 의견을 비이성적인 믿음과 검증되지 않은 동의를 통해 확정할 것을 상정한다.
그리고 이들은 명백한 증명의 방식으로는 약속의 진리에 대해서 그 어떤 증거도
제시할 수 없으며, 우리는 (그들에게) 오는 사람들에게 오로지 믿음을 존중하도록
요구한다고 말한다. 그 때문에 이들도 자신들의 검증되지 않고 규명되지 않은
믿음 때문에 '믿는 자들'이라고 불릴 것이며, 그렇게 보일 것이다. ……"

426 Origenes, *Contra Celsum* I, 9, p.100,28: Porphyrios, Contra Christianos fr.
73,1, p. 91: "비방하는 자들은 우리가 그 어떤 것도 증명을 통해서 보여 줄 수
없으며 우리에게 오는 사람들에게는 오직 믿음을 존중하도록 요구한다고 말한다.
(그들은 말하길) 그들이 비이성적인 동물과 같은 식으로 눈을 감고 용감하게 우리가
말하는 모든 것을 따른다고 하는 점에 대해서 우리가 결코 더 이상 그들을 설득할
수 없다고 한다. 그 때문에 우리는 그들의 비이성적인 믿음 때문에 그들을 '믿는

자들'로도 부를 것이다."
참조: Eusebius, *Prae. ev.* I, 3,1, p.10,9; Julian, *Contra Christianos*, p.232,17: "그러나 아브라함은 믿음을 받아들였고, 진리 없이 믿는 것은 어리석음이며 기만이라고 설명했다. 하지만 진리는 단순한 말에서 인식될 수 없다. 오히려 가시적인 표지도 말을 따라야 한다. 이 표지의 결과는 미래에 대해서 주어진 예언을 보증한다." 그리스도교의 믿음 개념에 대한 비판에 대해서는 다음을 참조: W. Nestle, *Die Haupteinwände des antiken Denkens gegen das Christentum*, 71ff.; E. R. Dodds, *Heiden und Christen*, 106.

427 Clemens Alexandrinus, *Stromatat* VI, 10,80,5, p.472,1.
참조: VI, 11,93,1, p.478,13.
다음에서도 인용된다: E. R. Dodds, *Heiden und Christen*, 95.

428 이와 같은 오리게네스의 생각에 대해서는 다음을 참조: Chr. Reemts, *Vernunftgemäßiger Glaube*, 특히 33ff.
더 나아가서 다음도 참조: M. Fiedrowicz(2000), 166ff.

429 Origenes, *Contra Celsum* I, 19,9, p.124,9.

430 렘츠(Chr. Reemts, *Vernunftgemäßer Glaube*, 27-33)는 이처럼 삶의 철학적인 믿음의 개념을 설명한다.

431 F. A. Staudenmaier, *Johannes Scotus Erigena und die Wissenschaft seiner Zeit*, 254-257, 각주 256.

432 Gregor Thaumaturgos, *Panegyrikos in Origenem* XIV, 162-163, p.163. 164.
에우세비우스도 개별적인 철학 학파들에 속하는 것에 대한 유사한 것을 간파했다. 이에 대해서는 다음을 참조: *Praep. ev.* I, 5,1, p.19,15.

433 Evagrius, *Practicus*, 81, p.670,4.

434 Origenes, *Contra Celsum* I, 10, p.102,2.

435 Augustinus, *De utilitate credendi*, 26, p.156.
이에 대한 분석은 다음을 참조: Hoffmann, ebd., 58.

436 Origenes, *Contra Celsum* III, 40, p.94,1.

437 Origenes, *Contra Celsum* III, 33, p.78,11: "그의 이름에서 일어나는 치유와 그에 맞게 지혜를 통해서 습득되는 지식과 애쓰는 사람들에게서 발견되는 이성은 단순한 신앙으로부터 상승해야 하며, 신적인 작품에 있는 의미를 그리스도에 의해 발설된 가르침에 따라 찾아낼 수 있다. ……"

438 Theophilus, *Ad Autolycum* I, 8,1, p.25,1.
이와 유사하게 믿음의 의미는 요한네스 다마쉐누스에게 있어서 일반적인 삶에서 그 가치가 인정된다: Johannes Damsscenus, *Expositio fidei*, p.84,13: "믿음

밖에서 구원되는 것은 불가능하다. 왜냐하면 모든 인간적인 것과 영적인 것은 믿음으로부터 성립되기 때문이다. 믿음 없이는 농부가 땅의 소출을 얻을 수 없고, 작은 배를 타고 있는 상인도 자신의 영혼을 거친 파도에 맡길 수 없으며, 혼인도 성립될 수 없고, 그밖에 삶의 어떤 것도 믿음 없이는 불가능하다. 믿음 안에서 우리는 모든 것에 대한 신의 능력을 통해 무에서 존재로 나왔다고 생각한다. 신적인 것과 인간적인 것 모든 것을 우리는 믿음을 통해서 올바르게 행한다. 그러나 믿음은 꼬치꼬치 캐물어서 성립되는 긍정은 아니다."

439 Eusebius, *Praep. Evang.* I, 5,6, p.20,22.

440 Ambrosius, *De interpellatione Iob et David*, 1,9,29, p.230,10; Augustinus, *Epist.*, 137, p.117,7; Augustinus, *Sermones*, 118, p.672; *Sermo*, 229 G, ed. MiAg 1, p.476; Augustinus, *Enarrationes in Psalmos*, 118,18,3, p.1724; Augustinus, *De trinitate* VIII, 5, p.277; *Ebd.* XV, 2, p.461; Augustinus, *In Iohannis evangelium Tractatus* XXII, 2, p.223.

441 참조: J. Ratzinger, *Einführung in das Christentum*, 44.

442 Clemens Alexandrinus, *Stromata* IV, 22,143,2,1, p.311,17: "따라서 '알다'(episteme)라는 말이 그 원천에 따라서 세우다(stasis)는 말로부터 그 의미를 간직한다는 것을 설명하고자 한다면, 이전에는 이쪽에 있다가 곧바로 저쪽으로 헤매며 움직이는 우리 영혼의 앎은 사물들 속으로 확고하게 자리를 잡기 때문에, 동일한 방식으로 '믿음'(pistis)이라는 말도 그 어원에 따라, 우리의 영혼이 참된 존재자 건너편에서 자리(stasis)를 잡는다고 설명해야 한다."

443 Porphyrios, *Ad Marcellam*, 24: "네 가지 근본 원리, 믿음, 진리, 사랑, 희망은 신과 만나는 것에서 최대한 적용되어야 한다. 그러니까 믿음은, 유일한 구원은 신에게로 돌아서는 것처럼, 그리고 믿음에 도달하는 사람은 가능한 한 믿음에 대한 진리를 알도록 최선을 다해 노력해야 한다. 그리고 인식한 자는 인식된 것을 기꺼이 얻지만, 인식된 것을 기꺼이 얻은 자는 삶이 지속되는 한에 있어서, 좋은 희망을 통해 영혼에 양분을 공급해야 한다. 다시 말해서 좋은 희망을 통해서 선한 사람들은 악한 사람들을 능가한다."
참조: F. A. Staudenmaier, *Johannes Scotus Eriugena und die Wissenschaft seiner Zeit*, 248: "믿지 않는 자는 알지 못하며, 이는 알렉산드리아 학파 전체의 모토였다."
이에 대해서는 다음을 참조: K. Alt, *Glaube, Wahrheit, Liebe, Hoffnung bei Porphyrios*, 43: "따라서 그는 인식의 동기에 대한 바오로의 삼중 요소를 확장한 것을 의식했다. ……"
다음의 예도 참조: Proclus, *In Parmenidem*, p.927,21: "본성적으로 좋은 소질을 통해 그는 신적인 것에 대한 믿음을 키울 것이다. 경험을 통해서 그는 모순적인 명제에 대한 확실한 진리를 얻게 될 것이다. 하지만 준비를 통해서 그는 이론에 대한 자신의 사랑을 자극할 것이다. 따라서 이와 같은 것들에서도 믿음, 진리, 사랑은 이 세 가지와 연결되어 있는 감수성에 따라서 그때마다 영혼들을 구한다."

444 참조: Proklos, *In Platonis Alcibiadem*, 51, p.23: "믿음, 진리, 사랑, 믿음은 모든 것을 단단하게 고정시키며, 선(善)에 확고하게 근거를 두고 있다. 진리는 모든 존재자 안에서의 인식을 명백하게 하며, 사랑은 모든 것을 변화시켜서 아름다움의 본성으로 이끈다."
믿음에 대한 유사한 규정은 다음에서도 발견된다: Simplikios, *In Aristotelis de caelo comm*. I, 2, p.55,19: "이들에게 있어서 믿음은 그 안에서 확고한 근거를 만들어 내며, 이 근거와 하나 됨을 충족시킨다."

445 Proclus, *Theologia Platonica* I, 25, p.110,17: "그러나 개별적인 것에서 그것을 규정하려고 할 때, 그와 같은 믿음을 감각적인 것의 영역에서 해당되는 환상과 동일시하지 않아야 한다. 왜냐하면 환상은 앎의 배후로 물러나 있으며, 사물들의 진리 배후에 있으면 있을수록, 신들에 대한 믿음은 모든 인식을 능가하며, 신들의 최고로 하나 됨을 통해서 두 번째 것은 첫 번째 것과 연결되기 때문이다. 또한 우리가 지금 말하는 믿음을 소위 보편적인 개념들과 같은 것으로 여기지도 말아야 한다. 왜냐하면 우리는 보편적인 개념들도 모든 사유 행위 전에 신뢰하며, 아울러 이러한 개념들의 인식도 부분적으로 본성적이며, 결코 신적인 하나 됨과 같은 의미를 지닐 수 없고, 믿음과 비교해서 뿐만 아니라 지성적인 단순성과 비교해서도 이러한 개념들을 아는 것은 이차적이기 때문이다."
원리들의 인식이라는 의미에서 믿음의 개념에 대해서는 다음의 예를 참조: Origenes, *Contra Celsum* III, 40, p.94.

446 Simplikios, *In Aristotelis de caelo comm*. I, 2, p.55,3: "믿음은 이중적이다. 하나는 어떤 증명도 없이 비합리적으로 몇몇 사람들이 스스로 놀랄 만한 대상들에 있어서 지니는 믿음이다. 반면에 다른 하나는 증명과 논증적인 삼단논법에 따라서 확실하고 반박될 수 없이, 그리고 사물들의 진리를 지니는 동일한 본성을 지니는 믿음이다. …… 이는 이러한 본성이 증명에 따라 충분하다면, 이 본성이 참된 인식에 대한 증명을 고취할 뿐만 아니라, 인간 지복의 목적인 인식된 것과의 일치를 고취함으로써 가능하다."

447 Proclus, *Theologia Platonica* I, 25, p.109,24: "좋음(善)과 결합하려고 하는 이들은 그 어떤 인식도, 더 이상 활동도 필요로 하지 않으며, 오히려 존재 안에서 근거 지음, 어떤 확고한 구성과 안식을 필요로 한다. …… 그러나 좋음의 의미에서 그에 앞서 있는 것에서 근거되는 각각의 개별자는 원인의 의미에서는 그 후에 있는 그러한 것을 어떻게 확정하는가? 이러한 점을 실로 말하자면, 이는 신들의 믿음이다. 이 믿음은 말할 수 없는 방식으로 모든 등급의 신들과 데몬들, 그리고 영혼들 아래 있는 복된 자들을 좋음으로 일치시킨다. 왜냐하면 우리는 인식의 방식으로, 그러니까 불완전한 방식으로 좋음을 찾는 것이 아니라, 신적인 빛에 헌신하고 눈을 감음으로써, 알지 못하고 숨겨진 존재자의 단일성(Henade)에 근거되기 때문이다. 왜냐하면 그러한 류의 믿음은 인식하는 활동을 능가한다. 이는 우리뿐만 아니라 신들 자신에게서도 그러하다. ……"
참조: ebd. I, 25, p.111,25: "일자(하나)는 모든 존재자들을 머무르게 하는 닻이며, 최고의 정도로 모든 존재자들에게 신뢰의 대상이 된다. 그 때문에 일자와의 접촉과

일자와 하나가 되는 것도 신학자들에 의하면 '믿음'이라 불린다."
Ebd., p.112,15: "그러나 그 전에 당신이 관심이 있다면, 우리는 플라톤이 싸우는 사람들을 화해시키고 큰 규모의 전쟁을 끝내는 덕을 믿음이라고 부르는 것을 상기하고 한다. 왜냐하면 믿음은 그 때문에 하나 됨, 공동체, 안식의 원인으로 나타나기 때문이다. 이미 신들 안에 더 많이 있듯이 우리 안에 그러한 능력이 있다면 말이다. 그리고 여기서 믿음에 있어서는 신적인 지혜, 신적인 정의, 신적인 앎이 주제가 되는데, 그렇다면 이와 같은 것들에게 있어서 우주 전체에서 덕이 있는 사람들을 결속시키는 믿음도 있어야 하지 않겠는가?"
Ebd., IV, 9, p.31,11: "그러나 믿음 외에 이렇게 무엇이라고 말할 수 없는 헌신함의 원인은 무엇이란 말인가? 지성적 인식과 전적으로 판단을 통해서는 헌신함이 없으며, 오히려 일치시키며 모든 지성적인 인식을 능가하는 침묵을 통해서만 헌신함이 있기에 말이다. 이 침묵은 믿음이 우리에게 고취하는 것으로써, 믿음이 말할 수 없으며 인식될 수 없는 신들의 차원에서 우주적인 영혼들뿐만 아니라 우리의 영혼들을 근거 짓는 한에서 이루어진다."

448 Dionysius Areopagita, *De divinis nominibus* VII, 4, p.199,3: "이 이성은 전체에 대한 순수하고 오류 없는 앎으로서 신적인 믿음이 그에 관계되는 단순하고 본질적인 진리이다. 이 이성은 믿는 이들을 끈기 있게 견디게 하며, 이러한 견딤은 이들을 진리 안에 고정시키며, 진리는 이들 안에 있다. 왜냐하면 믿는 이들은 오류 없는 지복에서 진리의 단순한 인식을 소유하고 있기 때문이다."

449 Theodoret, *Graecarum affectionum curatio* I, 92, p.128,11: "그러나 믿음은 인식에 선행하지만, 인식은 믿음에 따라 나온다. 자극은 인식과 연결되어 있지만, 행위는 자극에 따라 나온다. 왜냐하면 우리가 인식할 때 먼저 믿고, 그 다음에 인식해야 하며, 움직이기 시작할 때는, 움직임으로써 행위 하게 된다. 그래서 첫 번째 것을 이렇게 부르고, 두 번째 것을 저렇게 부르며, 나머지 것도 그렇게 부르는 문법 교사를 믿지 못한다면, 첫 번째 토대의 사물들을 배우는 것은 불가능하다."
Ebd. I, 116, p.133: "믿음은 선재해야 하며, 인식은 믿음을 따라갈 것이다. 왜냐하면 순수하고 깨끗한 믿음을 가진 사람들에게 주님은 인식을 보증하기 때문이다. 그러나 인식이 믿음으로 다가옴으로써 인식은 진리의 학문을 완성한다."
Theodoret, *Graecarum affectionum curatio* I, 79, p.124: "말하자면 눈이 신체에 있어서 그런 것처럼, 믿음은 생각에 있어서 그러하다. 또는 더 나아가서 눈이 가시적인 것을 보여 주는 빛을 필요로 하듯이, 정신도 신적인 것을 보여 주고 이에 대한 확고한 마음을 보증하는 믿음을 필요로 한다."
Theodoret, *Interpretatio in XIV epistulas sancti Pauli*, p.184D.

450 Origenes, *Contra Celsum* VI, 7, p.194,19; 다음도 참조: *Fragm. ex hom. in I epist. ad Corinthios*, p.233,23.

451 Origenes, *Fragmenta in evang. Ioannis (in catena)* fr. 7, p.489,16: "왜냐하면 단순하고 부정확한 사유로 빛에 동의하는 사람들은 그 빛의 이름을 믿지만, 다른 이들은 그 이름에 대한 학문적인 증명과 세분화된 사유로 접근함으로서, 그 이름을

믿고 그 이름을 부르기 때문이다."

452 Athanasius, *Vita Antonii*, 77, 1, p.331.
  유사한 비교는 아타나시우스에게 있어서도 발견된다: Athanasius, *Epistulae quattuor ad Serapionem* I, p.577A: "왜냐하면 신성은 논리적인 증명으로 전해지는 것이 아니라, 흔히 말하듯이, 믿음에서, 경건한 사유에서 조심스레 연결된다."

453 Basilius, *Epistulae*, 204,5,43, Bd. 2, p.178: "그러나 어떤 것이 의심스럽다면, 우리의 문제들에 있어서 신뢰할 만하게 도움을 주는 매개들을 통해서 물음을 던지게 된다. 또는 그것이 최선이라면, 우리에 의해 구문적인 증명이 요구된다. 하지만 어쨌든 이는 이러한 사물들을 검증하지 않고 내버려 두지는 않는 방식으로 이루어진다."

454 Clemens Alexandrinus, *Stromata* V, 1,1,3,1, p.326,8.

455 Clemens Alexandrinus, *Stromata* VII, 10,55,1,1, p.40,21: "왜냐하면 인식은 소위 인간을 인간으로서 완성하는 것이기 때문이다. 이러한 완성은 신적인 사물들에 대한 지식을 통해 의향과 삶의 방식, 그리고 의견의 개진의 관점에서 성취되고 자기 자신과 신의 말씀과 조화를 이루고 일치된다. 왜냐하면 인식을 통해서 믿음은 완성에 이르기 때문이다. 그러니까 믿는 이들은 오로지 이러한 방식으로만 완성된다."

456 Theodoret, *Graecarum affectionum curatio* XII, 5, p.419,20.

457 Basilius, *Homiliae in hexaemeron* I, 10, p.18.

458 Alexander Aphrod., *In Aristotelis Analyticorum priorum I Comm.*, p.43,6.

459 올림피오도르(Olympiodor, *In Platonis Gorgiam Comm.* 6,5,1, p.48)는 첫 번째 원리들에 대한 믿음으로부터 이 믿음이 '증명에 대한 것'이라고 말한다.
  이러한 의미에 대해서는 필로포누스도 참조: Philoponos, *In Aristotelis Analystica priora*, CAG XIII, 2, p.24,7.

460 Basilius, *Epistulae*, 235,1, Bd. 3, p.44: "인식과 믿음 중 무엇이 먼저인가? 일반적으로 학문에 있어서는 믿음이 지식에 선행한다고 말한다. 하지만 우리의 고유한 분야에 있어서 누군가는 인식이 믿음 이전에 있어야 한다고 말했을 때, 물론 우리는 인간의 이해 능력에 상응하는 인식에 이의를 제기하지 않을 것이다. 학문에 있어서 우리는 먼저 첫 번째 철자 알파가 발음되고, 그 후에 철자들이 나타내는 바와 발음을 배웠다면, 철자의 의미도 정확히 파악하게 된다. 그러나 신에 대한 믿음에서는 신이 실제로 존재한다는 점에 대한 개념이 선행한다. 하지만 우리는 이 개념을 신의 작품을 통해서 파악한다. 왜냐하면 우리가 모든 것의 창조로부터 다다르는 방식, 능력, 선(善), 비가시적인 모든 것을 생각함으로써, 신을 인식하기 때문이다. 그래서 우리는 신을 우리의 주님으로 받아들이는 것이다. 신은 세상 전체의 창조주이고, 우리는 세상의 부분에 지나지 않기 때문에, 신은 우리의 창조주

이기도 하다. 믿음은 이러한 인식에 뒤따라 나오며, 공경은 그러한 믿음에 뒤따라 나온다."

461 Origenes, *Contra Celsum* VII, 52, p.52,11.

462 참조: W. Nestle, *Die Haupteinwände des antiken Denkens gegen das Christentum*, 74ff.

XI. 의도와 지향

463 이러한 예에 대해서는 다음을 참조: Gregor von Nyssa, *De Vita Gregorii Thaumaturgi*, GNO X, 1, p.13,10.

464 Origenes, *Homiliae in Lucam*, 11, p.66,5: "왜냐하면 이중적인 성장이 있기 때문이다. 그중 하나는 인간의 자유에 영향을 끼치지 못하는 육체적인 의미에서이고, 다른 하나는 성장에 대한 원인으로서 자유로운 의지에 해당되는 정신적인 의미에서 이다."

465 참조: Ch. H. Kahn, Discovering the Will, sowie M. Forschner, *Der Begriff der Person*.

466 참조: J. Daniélou, *Origène*, 204.

467 참조: Basilius, *Quod deus non est auctor malorum*, PG 31, p.345B: "그리고 신은 억지로 강요된 것을 사랑하는 것이 아니라 덕을 바탕으로 올바르게 행해진 것을 사랑한다. 그러나 덕은 자유로운 의지에 기반을 두고 있지 강요에 기반을 두고 있는 것이 아니다. 하지만 자유 의지는 우리에게 있어서 존립하는 바에 속한다. 그러니 우리에게 있어서 존립하는 것은 자유로운 것이다."

468 Didymus, *Comm. in Zachariam* II, 351, p.600: "주인이며, 자유롭고 자기 규정적인 결정을 마음대로 하기 때문에, 인간들 스스로 벌 또는 신적 약속이 초래하는 것을 성취한다."
Didymus, *Comm. in Psalmos*, 232,20ff., p.12: "따라서 말은 의지(prohairesis)의 고유한 힘과 비의존성, 자유를 뒷받침한다. 왜냐하면 그 누구도 악인으로 창조되지도 않았고, 어느 누구도 본래부터 선하지도 않기 때문이다. ……"
다음도 참조: Ephraem Syrus, *Consilium de vita spirituali, ad monachum novitium*, c.93, Bd. II, p.249.

469 Gregor von Nyssa, *De vita Moysis* II, GNO VII, I, p.34,11ff.와 56,25ff. 다음도 참조: In *Ecclesiasten* 6, p.318.

470 이 점은 딜레(A. Dihle)가 《고대의 의지에 대한 표상》이라는 자신의 책에서 니사의 그레고리우스에 대한 장에서(134) 말한 것("독립적인 요소로서 의지가 빠져 있다.")

과는 반대해서 강조되어야 한다. 포코스야체프(I. Pochoshajew, *Die Seele bie Plato, Plotin, Porphyr und Gregor von Nyssa*, 183ff)에 있어서도 그레고리우스의 프로하이레시스(Prohairesis)의 철학사적 의미는 제대로 의식되지 않는다. 왜냐하면 오리게네스의 역할이 숙고되지 않았기 때문이다.

471 G. dal Toso, *La Nozione di prohairesis in Gregorio di Nissa*, 257. 다음도 참조: 124f. 그밖에도 달 토소의 작품은 프로하이레시스의 역동적인 특성을 명백히 제시한 니사의 그레고리우스의 자유 개념에 대한 가장 인상적이고 열정적인 작업 중 하나이다.

472 참조: Johannes Chrysostomus, *In epist. ad Colossenses*, 3,8, PG 62,352: "왜냐하면 자유는 본질보다 중요하며, 인간은 본질보다 더한 자유로 존재하기 때문이다. 왜냐하면 본질이 누군가를 지옥이나 왕국으로 데려다 주는 것이 아니라, 자유 자체가 그러하기 때문이다. 우리는 그가 보편 개념의 인간인 한에서 누군가를 사랑하거나 미워하지 못하며, 그가 (구체적인) 한 인간인 한에서 누군가를 사랑하거나 미워한다."
참조: Johannes Chrisostomus, *De Anna, sermo*, 1,3, PG 54,636: "이 점은 단순히 우리에게 전해지기만 하는 것이 아니다. 이로써 당신은 자유가 본성보다 더 강력하다는 것을 이해하게 된다. 일반적으로 자유는 본성보다 아들들과 아버지들을 더 많이 만들어 낸다."
오리게네스와 그 추종자들의 자유론의 의미에 대해서는 다음을 참조: T. Kobusch, *Die philosophische Bedeutung des Kirchenvaters Origenes*; ders., *Origenes, der Initiator der christlichen Philosophie*.

473 Didymus, *Contra Manichaeos*, PG 39,1097.

474 Ephraem Syrus, *Sermo asceticus*, Bd. I, p.136: "왜냐하면 본성과 습관은 두 부분의 전령이기 때문이다. 본성은 하인을 나타내고, 습관은 자유를 나타낸다. 그러니까 이 양자로부터 인간이 성립된다. 자유로운 의지는 건축가처럼, 우리의 본성에 좋고 나쁜 습관들을 심음으로써, 전적으로 그렇게 하려고 한다."

475 참조: Augustinus, *Contra Secundinum*, 18, p.931,17.

476 Johannes Chrysostomus, *Synopsis scripturae sacrae, synopsis siraci*, PG 56,376.
Johannes Chrysostomus, *In epit. ad Ephesios*, 4,10, PG 62,76: "그러나 한 인간은 더 이상 본성을 통해서가 아니라 자신의 자유를 통해서 다른 인간과 구분된다."
Johannes Chrysostomus, *In epis. ad Cor.*, I, 13, PG 61,110: "왜냐하면 한 영혼은 그것이 영혼인 한에 있어서 다른 영혼과 구분되는 것이 아니라, 구분함을 나타내는 자유를 통해서 구분되기 때문이다."

477 미주 472를 보라.
다음도 참조: Johannes Chrysostomus, *In epist. II ad Thessal.*, 1,2, PG 62,478.

478 미주 723을 보라.

479 Seneca, *Epist.*, 95,57, p.496.

480 Seneca, *De beneficiis* I, 6,1, p.118.

481 Origenes, *Comm. in Evang. Matt.*, 15,21,13, p.410,2: "베풂에 있어서 신은 돌려받는 것이 아니라 의지를 받아들인다. 신은 의로운 분이시고, 많은 것을 가지고 있지만, 좋은 의향이 부족한 채로 베푸는 사람보다는, 상대적으로 적은 베풂이지만 더 완전한 의향으로 베푸는 사람을 더 많이 받아들이신다."

482 Eusebius, *Comm. in Ps.*, p.285D: "왜냐하면 그분만이 어떤 의향에서 인간의 업적이 수행되는지 이해하기 때문이다. 반면에 다른 이들은 어떤 의도로, 그리고 어떤 동기로 개개의 사람들이 하려는 것을 행하는지 이해하지 못한다." Augustinus, *Enarr. in Psalmos*, 32,2,2,22, p.269.

483 Johannes Chrysostomus, *Expositiones in Psalmos*, 81,2, p.381.

484 Augustinus, *Enarr. in Psalmos*, 31,2,4, p.227.

485 Epictet, *Diss.* II, 16,1, p.170,9.

486 Johannes Chrysostomus, *In Genesim homil.*, 31,6, p.290: "우리 본성에서가 아니라 우리 의향의 자유로운 의지에서 덕이 하는 일과 악이 하는 일이 어떻게 근거되는지 당신은 보았소?"
Johannes Chrysostomus, *In Gensim (sermones)*, p.628: "왜냐하면 이러한 것으로부터도 우리는 부덕과 덕이 우리 본성의 일이 아니라 우리 자유의 일이라는 것을 배우기 때문이다. 만일 부덕과 덕이 본성의 일이라면, 각각의 경우에 부덕한 사람들은 부덕을 산출하고 선한 자들은 덕을 산출할 것이기 때문이다."

487 Origenes, *Contra Celsum* IV, 45, p.300,18 (=SVF III, 743).

488 Didymus, *Fragm. in Job*, c.10, v.14, p.1145B: "왜냐하면 어떤 이들은 잘못에 대해 우리의 자유 의지에 기인하며, 이 잘못들에 대해 벌이 합당하며, 다른 이들에는 정화가 필요한데, 이는 우리의 어렴풋하지만 알아볼 수 있는 식별 능력에서 유래하기 때문이다."

489 G. W. F. Hegel, *Grundlinien der Philosophie des Rechts*, §§ 115-119.

490 참조: Arius Didymus, *Liber de philosophorum sectis*, p.73(=SVF III, 173=Stobaeus, ecl. II, 87,14)): "실천적인 동기는 여러 가지 종류가 있다. 여기에는 지향, 자극, 대비, 계획, 선택, 결정, 의도, 의지가 있다. 그들은 말하길, 지향은 실행의 징후이고, 자극은 성향에 선재하는 성향이며, 대비는 행위에 선행하는 행위이고, 계획은 어떤 것을 손아귀에 쥐고 있는 자의 경향이며, 선택은 숙고에서 유래하는 의도이며, 결정은 선택하는 것이며, 의도는 잘 숙고된 추구이며, 의지는 자유로운 의도이다."

491 Chrysipp, *Fragmenta moralia*, SVF III, 416: "말하자면 덕이 있는 사람도 유능한 사람 또는 아이의 죽음을, 또는 국가가 약탈당하는 것을 슬퍼할 때, 그는 직접적인 방식으로도, 지향에 따라서가 아니라 환경에 따라서 그렇게 한다."

492 Johannes Chrysostomus, *In sanctum Eusthatium Antiochenum*, 2, p.601: "순교자에 대한 이러한 정의는 내가 아니라, 바오로가 '나는 매일 죽는다.'라고 말하는 데서 나온 것이다. 그대는 어떻게 매일 죽는가? 어떤 육체에게 수천 번의 죽음을 받아들이는 것이 어떻게 가능한가? 바오로는 지향을 통해, 그리고 종말에 대한 준비를 통해서 가능하다고 말한다. …… 왜냐하면 나는 가시적인 행위의 결과로부터가 아니라 선택된 것의 지향으로부터 판단하기 때문이다. 그는 말하길, 그러한 희생은……."

493 Basilus, *Homilia in illud: Attende tibi ipsi*, 1, p.24,14ff.

494 Didymus Caecus, *Fragmenta in Psalmos*, 1090, Bd. 2, p.279,16: "신의 말을 표면적으로 받아들이지 않는 사람은 이 말을 자신의 마음속에 숨긴다. 그것은 자신의 의향과 지향을 신의 말의 의미로 만들어서 신 앞에 어떤 오류도 없게 하기 위해서이다. 신은 간통을 하지 않는 것뿐만 아니라 그 어떤 비윤리적인 범죄도 하지 않은 숨겨진 것(=마음)을 본다."
Ebd., 1236, Bd. 1, p.339,19.
다음도 참조: Ephraem Syrus, *De paenitentia*, Bd. V, p.32: "왜냐하면 신은 행위를 보는 것이 아니라 지향을 보기 때문이다. 그래서 신은 성립되는 것을 보는 것이 아니라 의지를 통해 완성된 것을 본다."

495 Ch. H. Kahn, *Discovering the will*, 259.
'동의'라는 개념의 발전에 대해서는 다음을 참조: T. Kobusch, Art. *"Zustimmung"*.

496 고대 후기 철학에서 대표적인 것에 대해서는 다음을 참조: Themistius, *In Aristotelis libros de anima paraphrasis* IV, 3, p.88,35ff.

497 참조: Alexander von Aphrodisias, *De anima*, p.73,7: "동의의 한 종류는 그것이 어떤 것으로 존재하든지 존재하지 않든지 간에 단순한 대상에 관계되는 것으로, 우리의 능력에 있지 않다. (왜냐하면 이러한 동의는 감각적인 지각과 상상을 따르기 때문이다.) 하지만 다른 종류의 동의는 행위 하는 자 또는 행위 하지 않는 자에서 성립하는 것이 아니라, ─ 이러한 동의에 대해서는 이성이 원인이다. ─ 우리의 능력에 있다."

498 Ephraem Syrus, *Reprehensio sui ipsius et Confessio*, Bd. I, p.330: "형제여, 동의하는 것은 활동으로 간주되오. 왜냐하면 행위라는 존재는 자유에서 나오기 때문이오."

499 Ps.-Basilius, *Enarratio in prophetam Isaiam*, c.3, n.115: "말하자면 의향에 따라, 그리고 외적인 행위에 따라 결핍이 있다면, 나쁨은 완전하다. 반면에 죄가 자극에 있어서 어둠 속에 머물러 있다면, 그것은 반쯤만 악이다. 따라서 생각으로만

죄를 짓는 사람은 전적으로 벌에서 자유로운 것은 아니지만, 그가 악이 없는 만큼, 그만큼의 벌로부터 면제된다."

500 Augustinus, *De civ. Dei* XIX, 4, p666; Ders., *Contra Secundinum*, 14, p.926,2; Ders., *Expositio quarundam propositionum ex epist.* ad Rom., 12,9, p.8,1; Ders., *Retractationes* I, 15, p.46.

501 참조: Ps.-Justin(Theodoret), *Questiones et responsiones ad orthodoxos*, resp. 8, p.14: "어떤 여자가 창녀라는 것을 보고 아는 사람은 의향으로부터는 아직 창녀가 아니며, 인식이 욕정을 깨울 때도 창녀가 아니다. 하지만 자유로운 의지가 이 욕정에 동의할 때에 비로소, 실제적 행위나 생각을 막론하고 그는 창녀가 된다. 이렇게 선하거나 악한 인간에게서도 선이나 악에 대한 인식이 창녀를 만드는 것이 아니라, 자유로운 의지가 그에게 좋게 보이는 것에 우선적으로 마음을 가게 한다."
요한 크리소스토무스의 입장은 약간 다른데, 그는 자신의 창세기 주석(*In Genesim*, homil. 22, p.190)에서 사실적으로 간음을 저지른 것이 비로소 죄가 되는 것이 아니라고 말하기도 하지만, 이미 욕정 자체에서 의도(γνώμη)의 전도가 이루어지는 것을 보게 된다.

502 Augustinus, *De sermone Domini in monte* I, 12,35, p.38.
다음도 참조: *Anonymi Capitula haeresum Petri Abaelardi*, c.13, p.480; Wiljelm von St. Thierry, *Disputatio adv. Petrum Abaelardum*, c.12, p.282.

503 Ephraem Syrus, *De virtutibus et passionibus*, Bd. V, p.402.

504 Johannes Chrysostomus, *Contra virginum corruptores*, PG 60,744.

XII. 후회 또는 참회와 부끄러움

505 Aristoteles, *Eth. Nic.* IX, 4,1166a13-29; VII, 7,1150a21f.

506 참조: SVF III, 565.

507 Seneca, *De beneficiis* IV, 34,4, p.360.

508 이에 대해서는 다음을 참조: A. Dihle, *Die Vorstellung vom Willen in der Antike*, 106; L. Oeing-Hanhoff, *Verzeihen, Entschuldigen, Wiedergutmachen*; K. Metzler, *Der griechische Begriff des Verzeihens*, 198-201.

509 Ambrosius, *Explanatio psalmorum* XII, 37,1,1, p.136,13.

510 참조: Basilius, *Homilia in illud: Attendo tibi ipsi*, 4, p.28,17: "유사한 방식으로 우리 영혼의 의사인 로고스도 죄에 전염된 영혼을 이 작은 치료 도구로 치유한다.

이제 당신이 잘못에 상응하게 치유의 도움을 받기 위해서 당신 자신으로 주의를 돌려라. 잘못이 크고 무겁다면, 큰 고백, 쓴 눈물, 진지한 깨어 있음, 중단 없는 단식이 필요하다. 잘못이 가볍고 중하지 않다면, 참회도 이와 균형을 맞출 수 있을 것이다. 당신이 영혼의 건강과 질병을 알기 위해서 오직 당신 자신에게만 주의를 돌려라."

511 Ps.-Basilius, *Enarratio in prophetam Isaiam*, c.2, n.73, Bd. I, p.215: "하지만 검증받는 사람을 정확히 조사하는 모든 시험은 그를 엄격하게 시험에 들게 한다. 이 시험은 그에게 자기 죄의 수치스러움을 눈앞에 드러내기 위한 것이다. 이로써 시험은, 자신의 고유한 잘못을 의식하지 못한 자에게 큰 은혜가 베풀어진다. 그러한 은혜가 그를 자기의식과 참된 참회로 이끎으로써 말이다."
다음도 참조: Evagrius Ponticus, *Expositio in Proverbia Salomonis*, 113, p.210,9: "그리고 다른 측면에서 그는 '부끄러움'을 근거들이라고도 말하는데, 이 근거들은 참회와 부끄러움과 관련되며, 우리 자신의 고유한 잘못들을 의식하게 한다."

512 Arius Didymus, *Liber de philos. Sectis*, p.80; Chrysipp, *Fragmenta moralia*, SVF III, 414; Ebd., SVF III, 563 (=Stobaeus, Ecl. II, 102,20): "참회는 자기 잘못으로 행해진 것과 영혼의 비참하고 상세한 욕정에 대해서 탄식하는 것이다. 그러니까 후회에 가득 찬 상황에 놓여 있는 사람은, 이러한 것들의 원흉으로서 자기 자신에 대해서 화가 난 사람에 비하면 덜한 처지에 있다."

513 Didymus Caecus, *Fragmenta in Psalmos*, 726,12, p.86,14: "후회하고 뉘우치는 인간은 뒤로 되돌아가서, 의지로 부끄러워하며 그가 떠났던 선(善)으로 되돌아간다. 비록 그가 참회 이전에 일어났던 일을 뒤쫓아 가면서 다음과 같이 말했더라도 말이다: '옳았던 거야, 그럼 옳았던 거지.' 이는 '네가 우리에 앞서서 가더라도, 우리는 너를 지배할 것이다.'라는 것을 의미한다."

514 Ephraem Syrus, *Sermo in secundum adventum domini nostri Iesu Christi*, Bd. IV, p.40.

515 참조: Athanasius, *Quaestiones ad Antiochum ducem*, q.84, p.649A: "누가 자신의 죄를 뉘우친다면, 자신의 죄를 지우는 것은 당연하다."
Athanasius, *Questiones in scripturam sacram*, q.130, p.773A: "왜냐하면 죄는 어떤 뿌리도, 어떤 열매도 없기 때문이다. 그러나 죄가 참회의 칼로 베어진다면, 죄는 즉시 사라지고 해소된다. 왜냐하면 참회는 모든 해악들을 박멸하는 도끼이기 때문이다. 하지만 참회는 무릎을 꿇는다고 되는 것이 아니라, 악을 멀리 떼어 버리는 것이며, 지나간 죄들을 떼어 버리려고 애쓰고 눈물을 흘리며 신에게 간청하는 것이다. 그 때문에 메타노이아라고 불린다. 왜냐하면 이는 정신을 악에서 선(善)으로 변화시키기 때문이다."

516 Didymus, *Fragmenta in Psalmos*, 661a, p.55,16; Ps.-Basilius, *Enarrationes in Isaiam*, c.1, n.34, Bd. 1, p.119: "그는 한편으로 한계를 통해서 과거와 거리를 두고, 다른 한편으로 잘못 이후에 마치 참회를 통해 다시 살아난 것처럼 시작하게

된다."

517 참조: T. Kobusch, *Die philosophische Bedeutung des Kirchenvaters Origenes*; ders., *Origenes, der Initiator der christlichen Philosophie*.

518 Didymus Caecus, *Contra Manichaeos*, 15, p.1105A: "참회와 그 열매는 본질적으로 나쁜 것에도, 선(善) 다음에 오는 본성의 열악함에도 떨어지지 않는다. (그렇지 않다면) 항상 의로운 사람은 어떻게 참회를 필요로 하는가? 또는 본성적으로 나쁜 사람은 어떻게 참회라는 선(善)을 요구할 수 있는가? 본질적으로 나쁜 사람은 죄에서 돌아설 가능성이 없어지고, 선한 사람도 참회를 이용할 수 없게 되어 버린다."

519 Nemesius, *De natura hominis*, 1, p.19,9: "그리고 웃을 수 있는 것이 자신에 있어서만, 그리고 각자에게 항상 속하기 때문에, 자신의 본질에 고유한 것으로, 그가 이전에 범한 죄의 원인들에 대한 참회를 통해 해방될 수 있는 것은 은총의 영역에서도 인간에게 천성적인 전체 창조와 비교해서 그에게 속하는 인간의 고유성이다. 왜냐하면 이 또한 오로지 인간에게만, 각자에게만, 항상 자신의 내적 세계의 삶 안으로 주어졌지만 죽음 후에는 더 이상 없는 것이기 때문이다."

520 참조: M. Scheler, *Über Scham und Schamgefühl*, p.82: "전혀 다른 방향에서 ······ 참회는 ······ 부끄러움과 유사하다."

521 Johannes Chrysostomus, *Ecloga de poenitentia*, homil., 35, p.835; homil., 3, p.590.

522 참조: T. Kobusch, *Wie man leben soll: Gorgias*.

523 Gregor von Nyssa, *De anima et recurrectione*, p.101C: "······ 그리고 그가 자신에게 낯선 모든 것, 그러니까 죄와 잘못에서 자라난 부끄러움을 거부한 후에는, 자유와 자기 신뢰로 살게 된다. 그러나 이런 자유는 주인이 없는 상태와 자기 마음대로 하는 것과 가까워지는 것이다. 하지만 자유는 본래 신으로부터 우리에게 주어졌고 죄 앞에서는 부끄러움으로 은폐된다."

524 Wilhelm von St. Thierry, *Expositio super Cantica Canticorum*, 13,57, p.55.

525 Epictet, *Diss*. II, 8,14, p.139,7.

526 Ephraem Syrus, *Ad correctionem eorum qui vitiose vivunt et honores appetunt*, Bd. I, p.292.

527 참조: Chr. Rapp, *Die Moralität des antiken Menschen*, 273.

528 참조: Seneca, *Phaedra*, 140.
이와 같은 연관성에서 '차선적인 출발'이라는 플라톤적 표현에 대해서는 다음을 참조: Basilius, *Sermones de moribus a Symeone, sermo*, 7, p.1197B.

529 예에 대해서는 다음을 참조: Democritus, *Fragmenta*, 84, p.161; Philo

Alexandrinus, *De specialibus legibus* IV, 6, p.210; Ephraem Syrus, *Beatitudines capita quinquaginta quinque*, 9, Bd. II, p.253.
다음도 참조: Ambrosius, De officiis I, 18,76; p.28.

530 Albinus (Alkinoos), *Epitome*, 323,4, p.66.

531 Plutarch, *De vitioso pudore*, p.528D: "왜냐하면 부끄러움이 없는 사람은 수치스러움이란 관점에서 그 어떤 고통도 느끼지 못하기 때문이다. 하지만 그는 심지어 수치스러움이 나타난다는 관점에서 볼 때 이미 자신을 다소 수치스러운 사람으로 느끼는 것이다. 왜냐하면 과장된 부끄러움은 소심함이기 때문이다."

532 Aristoteles, *Rhetorica* II, 6, 1383b 14.

533 참조: Diphilos nach Stobaeus, *Anthol.* III, 24,1, p.601,11: "자신이 나쁜 것을 행했다는 것을 의식하더라도 항상 자기 자신을 부끄러워하지 않는 사람이 그것을 부끄러워하지 않는 다른 사람을 어떻게 부끄럽게 할 수 있겠는가?"

534 참조: Chrysipp, *Fragmenta Moralia*, SVF III, 407.

535 참조: Nemesius, *De natura hominis*, 21, p.81,20: "그러나 부끄러움은 나쁜 일을 저지른 수치스러움 때문에 두려움이 된다. …… 하지만 이를 통해 소심함은 부끄러움과 구분된다. 자신에게 수치스러운 사람은 자신이 한 것 때문에 자신을 숨기지만, 부끄러워하는 사람은 자신이 나쁜 평판으로 전락할까 봐 두려워한다." 이와 유사하게 그레고리우스도 다음과 같이 설명한다: Gregor von Nyssa, In Ecclesiasten, GNO V, 315,8. 여기서는 소심함(αἰδώς)과 부끄러움(αἰσχύνη)을 구분한다.
Eusebius, Comm. in Isaiam I, 23, p.13,18: "수치스러움 때문에 의식으로부터 자신들에게 생겨난 부끄러움은 그들 안에서 부끄러움 없고 양심 없는 의지의 변화를 일으킨다."
다음도 참조: Basilius, *Homiliae in Psalmum*, 33, p.360D: "그들은 나쁜 행위를 저질렀기 때문에, 죄의 치욕과 인상을 자신 안에서 바라본다면, 질책과 부끄러움에서 벗어날 것이다."

536 Gregor von Nazianz, *In patrem tacentem* (or.16), p.945C.

537 Origenes, *Selecta in Psalmos*, 6,9, p.1177A.
참조: ebd., 35,4, p.1312B: "부끄러움 자체는 죄인임을 의식하게 하는 칭찬받을 만한 상태이다."

538 참조: Ambrosius, *Expositio Psalmi* CXVIII, 10,41, p.228,2.
다음도 참조: Johannes Chrysostomus, *In Acta apostolorum*, homil., 10,5, p.92: "부끄러움은 타인에 의해 교정되는 것이 아니라, 반대로 교정하는 이들을 자신으로부터 멀리 떨어뜨리는 것이다."

539 Origenes, *In Ieremiam* V, 5, p.194: "왜냐하면 선의 시작은 누가 아직 부끄러워하지

않은 데 대해서 부끄러워하는 데에 있기 때문이다. …… 왜냐하면 그는 창피한 일에 대해서 느낄 수 없는 사람들이 자신들의 근심과 죄에 대해서 온전히 부끄러움을 느껴서 이를 근절시킬 수 있기 위해서, 그것을 의식하게 되도록 간청하기 때문이다." 다음도 참조: *Comm. in epist. ad Rom.*, 33,2, p.367: "누가 이전의 죄 때문에, 그리고 무의식적으로 죄를 지은 것에 대해 부끄러워한다면, 그것이 그에게 과오로 의식됨으로써 말이다. ……"
다음도 참조: Theodoret, *Interpretatio in Ezechielem*, 20,43, p.1004A.

540 참조: Hierocles, *Comm. in Aureum Pythagoreorum Carmen*, p.34,9; p.39,12f.; Simplicius, *Commentaire sur le Manuel d'Épictète* XXXVI, p.345,21.

541 참조: Chrysipp, *Fragmenta Moralia*, SVF III, 416.
그밖에 부끄러움(αἰσχύνη)과 경외감(αἰδώς)의 차이는 그리스도교 영역에서 니사의 그레고리우스에 의해 고유한 방식으로 수용되었고 새롭게 해석되었다. 그레고리우스의 집회서 주석에서(or. 3, p.186ff.) 두 용어는 부끄러움을 상이한 방식으로 강화하는 형태로 소개된다. 그 때문에 두 용어는 상이한 심리학적 현상 방식도 나타낸다.

542 참조: Apuleius, *Apologia*, 3, p.3,8.

543 참조: Didymus Caecus, *Comm. in Psalmos*, 320,1, p.156.

544 Origenes, *In Ieremiam*, 5,8, p.298: "우리는 부끄러움이 외투인 그런 옷에 대해서 말했다. 왜냐하면 우리가 '부끄러워하는 일'을 행한 한에서, 우리도 그런 옷을 입고 있는 것이다. ……"

545 참조: Johannes Chrysostomus, *Expositiones in Psalmos*, 9,7, p.132; Ebd., p.135; Didymus Caecus, *In Genesim*, 92,8, p.214.

546 참조: Ambrosius, *De paenitentia* I, 14,69,21, p.110.

547 참조: Gregor von Nyssa, *In Ecclesiasten*, 3, p.188: "왜냐하면 인간 안에 놓여 있는 부끄러움은 죄를 방어하기 위한 크고 강력한 무기처럼 보이기 때문이다. 내 생각에 (부끄러움은) 이러한 목적으로 신에 의해 인간에게 자신의 본성 안에 주어졌다. 그것은 이와 같은 영혼의 성향이 나쁨을 방어할 가능성을 우리에게 제공하기 위해서이다."
다음도 참조: Johannes Chrysostomus, *In Matthaeum*, 86/87, p.767.

548 Didymus Caecus, *Comm. in Psalmos*, 193,10, p.234: "죄 앞에서 그 어떤 부끄러움도 없다면, '아담과 하와는 벌거벗었고 부끄러움을 느끼지 않았을 것이다.' 이들에게는 그 어떤 나쁨도 없었고, 이성을 은폐할 옷도 입지 않았고, 이들의 이성은 비이성적인 욕정으로부터 숨겨져 있지 않았다. 그러나 죄를 범했고 장차 욕정에 대한 생각과 삶이 규정되었을 때, 부끄러움도 생기게 되었다. 따라서 우리가 죄를 통해서 벗어난 빛으로 나아간다면, 우리의 얼굴은 그 어떤 부끄러움도 느끼지 못할 것이며, 우리는

커다란 확신을 갖게 된다."

549 Gregor von Nyss., *De anima et resurrectione*, p.101.

550 Johannes Chrysostomus, *In Acta apostolorum, homil.*, 51,5, p.357: "그러나 불의한 것을 행하는 것이 악이 아니라 선이라면, 그 때문에 우리는 부끄러워하게 되고, 그 때문에 우리는 우리 자신을 감추게 되고, 그 때문에 우리는 분노하고, 자신을 질책하고 우리 자신에게 만족하지 못하는 것인가?"

551 Cyrill, *In Iohannem* II, 11,44, p.292,3: "우리가 죄에 빠졌을 때, 부끄러움으로 영혼의 얼굴을 가린다. …… 이제 부활의 순간에 그리스도가 우리를 지상에서 제한된 형태의 기억들로부터 해방시킬 때, 그리스도는 악의 뿌리에서 우리를 구원하고 그 어떤 방식으로 우리로부터 부끄러움의 너울을 벗긴다."
다음도 참조: Didymus Caecus, *Comm. in Psalmos*, 193,18ff., p.234.

552 G. W. Hegel, *Enzyklopädie der philosophischen Wissenschaften*, §24, p.89.
다음도 참조: Johannes Chrysostomus, *Quod regulares fenminae viris cohabitare non debeant*, 9,94, p.128: "왜냐하면 옷은 우리가 예쁘게 보이기 위해서 주어진 것이 아니라 벌거벗음을 통해서 조건 지어진 부끄러움을 숨기기 위해서 주어졌다. 하지만 이는 벌거벗은 상태보다 더 부끄러울 수 있기 위해서 입는 것은 아니다."
참조: M. Scheler, *Über Scham und Schamgefühl*, p.75: "인간은 *부끄럽기* 때문에 옷을 입는다."

XIII. 내적 인간의 가장 내적인 것: 양심

553 Augustinus, *In Iohannis evangelium tractatus* XXXII, 4, p.301; Ders., *Enarr. in Psalmos*, 45,3, p.519.

554 Johannes Chrysostomus, *In epist. II ad Corinthios, homil.*, 3, p.405: "그렇다면 양심은 우리에게 무엇을 입증하는가? 그것은 우리가 '단순성과 순수성에' 있다는 것이다. 이것은 다음을 의미한다. 여기에는 그 어떤 적대감과 기만도 없으며 그와 같은 다른 그 어떤 것도 없다. 오히려 우리는 전적인 자유, 단순성, 진리 안에 있으며, 그 어떤 오류도 없는 순수한 지향에, 그림자도 없으며, 악의도 없이, 기만에서 자유로운 정신에 있다."

555 예에 대해서는 다음을 참조: Augustinus, *Sermo*, 47,23, p.597.

556 참조: Augustinus, *Enarrationes in Psalmos*, 149,4, p.2181.

557 Laktanz, *Dinivae Institutiones* VI, 13,1, p.532,13; Cassiodor, *Expositio psalmorum*, 10,6,106, p.115.

558 신피타고라스주의자들의 소위 '황금 시편'에 대해서는 다음을 참조: Hierokles, *Kommentar zum pythagoreischen Goldenen Gedicht*.

559 Hierocles, *In Aureum Pythagoreorum Carmen Commentatius*, p.80,19-84,2.

560 Philo, *Quod deterius potiori insidiari soleat*, 23; Bd. 1, p.263; *De Iosepho*, 265, Bd. 4, p.117; *De specialibus legibus* I, 235, p.57; *De specialibus legibus* IV, 6, Bd. 5, p.210; *De opificio mundi*, 128, Bd. 1, p.44.
철학적인 양심의 표상에 대해서는 다음을 참조: R. T. Wallis, *The idea of conscience in Philo of Alexandria*와 J.-G. Blühdorn, Art "Gewissen I", 201f.

561 Eusebius, *Dem. evang.* III, 6,17.

562 Seneca, *De Ira* III, 36,1-3, p.296.

563 참조: H. Chadwick, Art. "Gewissen", 1047, 1059.

564 Augustinus, *In Iohannis evangelium tractatus* XXXIII, 5, p.308.

565 참조: H. Chadwick, Art. "Gewissen", 1081.

566 Didymus, *Fragmenta in Psalmos*, 270, p.265,20: "정신의 이름은 영혼 외에 다른 어떤 것으로도 표현되지 않는다. …… 정신만이 명백히 다른 어떤 것도 아니라, 영혼과 결합되었다. 그러나 영혼과 다른 것이라면, 영혼은 양심이라고도 불린다. 왜냐하면 인간의 양심, 그의 사유는 영혼과는 다르기 때문이다. 왜냐하면 인간은 영혼이 아니라 그의 사유이기 때문이다."
Ebd., 790a, p.118,7.

567 Basilius, *Or.*, 27, p.309A.

568 Johannes Chrysostomus, *De Lazaro*, PG 48,979.
유사한 내용에 대해서는 다음을 참조: *In Genesim, homil.*, 17, p.135.

569 Ephraem Syrus, *De abstinendo ab omni consuetudine perniciosa et de continentia*, Bd. V, p.231: "자신에 대해서 개별적으로 마음을 쓰고, 신의 뜻으로 모든 것을 행하고, 아름다운 작품들의 본으로서 모든 이에게 자신을 드러내는 것은 좋은 일이다. 하지만 당신이 어떤 것에 열중한다면, 당신의 양심은 당신이 신의 뜻으로 하는지 그렇지 않은지를 세심하게 물을 것이다."

570 Ephraem Syrus, *Sermo animae utilis*, Bd. V, p.112: "우리는 행위에 대해서 뿐만 아니라 말과 생각에 대해서도 정확한 검증을 하려고 한다. 그래서 우리는 매일 각 사람에게 어떻게 판단을 내리고, 그에게 어떤 죄를 범했으며, 어떤 순간을 필요로 했는지, 어떤 느낌이나 논증이 우리를 좋은 행위로 유발하지 못하게 했는지에 대해 정확히 시험을 치러야 한다."
다음도 참조: Johannes Chrysostomus, *Non esse ad gratiam concionandum*, 4, p.660: "우리가 우리의 양심을 불러들인다면, 우리는 양심을 통해서 말과 행위와

생각에 대한 반성문을 써야 한다. 우리는 예의 바름을 위해 무엇을 이용했고, 손해를 주기 위해 무엇을 사용했으며, 험담, 음란 또는 교만을 위해 어떤 말을 나쁘게 사용했는지, 무슨 생각으로 악덕을 위해 눈을 돌렸는지, 불이익을 피하기 위해 어떤 결정을 실행에 옮겼는지를 검증한다. 손을 통해서든, 혀를 통해서든 또는 눈 자체를 통해서든 말이다."

571 Johannes Chrysostomus, *De paenitentia homil.*, 6,5, p.322: "누구도 예외 없이 모든 것을 보시는 신 밖에 있지 않은 양심의 내면에서 죄에 대한 판단과 검증이 이루어진다. 당신이 전체 삶을 바라봄으로써, 당신의 정신 안에 죄인들에 대한 법정이 세워진다."
다음도 참조: *De decem milium talentorum debitore*, 4, p.22: "그리고 대화는 유포될 뿐만 아니라, 나에게 법정을 드러내 주며, 당신이 당신의 양심 안으로 파고 들어가는 한에서, 당신의 전체 삶의 행위를 헤아리게 된다."

572 Ephraem Syrus, *Sermo animae utilis*, Bd. V, p.113: "당신의 양심에 일기장을 만들어서 거기다 매일의 잘못들을 써라. 그래서 매일 일기장을 펴서, 당신이 행한 선 또는 악을 되새김하라."
다음도 참조: Johannes Chrysostomus, *In Psalmum*, 50,5, p.581; Johannes Damascenus, *Sacra parallela*, p.132.

573 이에 대해서는 다음을 참조: I. Hadot, *Seneca und die griechisch-römische Tradition der Seelenleitung*, 70; P. Hadot, *Philosophie als Lebensform*, 62f.

574 이에 대해서는 다음을 보라: T. Kobusch, *Leben im Als-Ob*.

575 Augustinus, *De Genesi ad litteram* XII, 34, p.430,16.

576 Johannes Chrysostomus, *In Kalendas*, 2, p.956: "이렇게 당신은 계속해서 축제를 거행할 수 있다. 말하자면 그리스도교 신자는 보름달이나 초승달 또는 주님의 날이 아니라 삶 전체를 통해 자신에게 적합한 축제일을 거행해야 한다. 어떤 날이 그에게 적합한 축제일인가? 바오로의 말을 들어보자. 그는 다음과 같이 말한다. '오래된 효모가 아니라, 나쁜 효모와 악한 의향의 효모가 아니라, 순수함과 진리의 발효되지 않은 빵으로 축제를 지내라. 따라서 당신이 좋은 양심을 가지고 있다면, 당신은 끊임없는 축제를 거행하고 좋은 희망을 통해서 양분을 취하며, 미래의 보고에 대한 기대를 통해서 부유해진다.'"
다음도 참조: *De beato Philogonio*, 4, p.755: "이제 많은 신앙인들은 비이성과 경멸의 지점에 이르러서, 수많은 악으로 가득 차서 결코 자기 자신에 대해 어떤 염려도 하지 않으며, 예외 없이 그리고 맹목적으로 이 책상 앞에서 축제의 날을 맞이한다. 그것도 공동체의 때가 축제와 축제 모임이 아니라 순수한 양심이며 결백한 삶이라는 것을 알지 못하고서 말이다."
Ders., *De Anna, sermo*, 5,1, p.670: "그래서 정신적인 것들에 대해 다음과 같이 말한다: 어떤 이는 의로움에서 그리고 자신의 윤리적인 의무를 채움으로써 살며, 그가 자신의 양심으로부터 순수한 흥미를 만들어 냄으로써 특정한 축제의 날이

없이 축제를 지낸다. 하지만 다른 사람은 죄와 악에서 살며, 그에게는 많은 나쁜 것들이 의식되는데, 이러한 점은 어떤 축제의 날이더라도, 축제의 날의 분위기 없이 지내는 대부분 모든 이에게 해당된다. 그 때문에 우리는 하고자 한다면, 우리가 덕에 대해서 염려하고 우리의 양심을 순수하게 보존할 때, 매일 축제를 지낼 수 있다." Ders., *In epist. I ad Corinthios, homil.*, 15, p.125: "따라서 현재의 순간은 축제의 날이다. 그가 '축제를 거행합시다!'라고 말했을 때, 그는 부활절이나 성령 강림절이기 때문이 아니라, 수여된 선의 보고 때문에 모든 시기가 그리스도인들을 위한 축제의 시간이라는 것을 보여 주기 위해서 그렇게 말했다." Ders., *Homilia in martyres*, p.663: "나쁜 것을 행하는 사람들이 축제 분위기 없이 축제의 날을 맞는 것처럼, 덕을 수행하는 사람들은 비록 축제에 모이는 사람들이 없더라도, 축제를 지낸다. 왜냐하면 축제는 양심의 순수성을 통해서 표현되기 때문이다."
다음도 참조: Ders., *De sancta pentecoste, homil.*, 1, p.454f.; 463.
참조: Philo, *Quaestiones in Exodum* (fragmenta) II, fr. 15b, p.251

577 참조: J. Pieper, *Zustimmung zur Welt. Eine Theorie des Festes.*

578 Johannes Chrysostomus, *In Genesim homil.*, 5,2, p.50: "그리고 이는 신이 인간에게 기쁨을 느끼는 것에 힘입고 있다. 이러한 기쁨을 신은 인류에게, 그가 우리 각자에게 양심을 청렴한 판단의 시금석으로 심어 놓았다는 것을 보여 주었다. 이 시금석은 선과 악에 대한 정확한 인식을 지니며, 우리 대부분에게 방어의 가능성을 빼앗을 수 있다. 왜냐하면 우리는 죄에 대한 무지를 통해서 타락한 것이 아니라 영혼의 무분별함과 덕의 소홀을 통해서 타락했기 때문이다."
Ders., *Expositiones in Psalmos, homil.*, 147,3, p.482: "그(신)가 다른 누구에게도 성문화된 법을 준 것은 아니다. 왜냐하면 모든 사람은 자연법을 내면에 지니고 있기 때문이다. 자연법은 무엇이 윤리적으로 선하고 무엇이 그렇지 않은지를 가르쳐 준다. 신이 인간을 창조했을 때, 신은 동시에 인간에게 각자 안에 있는 양심의 목소리인 이와 같은 청렴한 법정도 심었다."
에우세비우스에게 있어서 표상도 비교될 수 있다: Eusebius, *Generalis elementaria introductio*, fr. 4721, p.214: "이 본성은 인간 종 안에 덕과 순수함에 대한 인식의 씨앗을 뿌렸고, 이성에게 양자에 대한 참여를 허용했고, 인간을 자기 자신의 지배자, 판사, 주동자, 주인으로 만들었다. 이렇게 해서 본성으로부터 부덕할 뿐만 아니라 덕의 특권을 지닌 사람은, 그가 부덕의 낭떠러지로 떨어지더라도, 그가 양심을 숨기고 나쁜 짓을 선택할 때도, 덕을 칭찬하지 않을 수 없다. 이에 대한 증명 또는 논증은, 누구도 고유한 부덕함의 고소인이 되는 대담함을 지니는 것이 아니라, 반대로 예의 바름과 반대되는 것을 비밀에 행하는 것을 숨기고 감추는 능력을 지녔다는 것이다. 그리고 선을 행하는 사람과 그에게 상처를 주는 사람에 대해서 같은 정도로 일치시키지 않는 사람 각각의 성향은 선과 악의 관점에서 각자에게 있어서는 독학한 교사이고 자연적인 법이다. 이 법은 자신이 타인으로부터 경험하고 싶지 않은 바 그 어떤 것을 타인에게 가하는 것을 금지한다."

579 Johannes Chrysostomus, *In Ioannem, homil.*, 14,2, p.94: "우리가 존재하지

않은 것으로부터 만들어졌다는 사실뿐만 아니라, 우리가 곧바로 행해야 하는 것과 행하지 말아야 하는 것을 안다는 사실도 맞다. 우리는 이 자연법을 파악하도록, 창조주는 우리에게 청렴한 양심의 판단을 위한 시금석을 심어 주었다. 이러한 점은 가장 큰 은총이며 말할 수 없는 자비이다."
다음도 참조: Tertullian, *Adversus Marcionem* I, 10, p.303,13.
양심의 깨어 있음과 청렴함에 대해서는 다음도 참조: Johannes Chrysostomus, *De Lazaro, consio*, 4,4, p.1011: "그러나 그 때문에 전적으로 신은 우리에게 우리의 사유 안에 끊임없이 깨어 있으며 청렴한 판사를 심어 주었는데, 나는 이것을 양심이라고 생각한다. 왜냐하면 양심이 그런 것처럼 인간 중에는 어느 누구도 지치지 않는 판사와 같은 사람은 없기 때문입니다. 외적인 판사들은 돈 때문에 부패하고, 아첨꾼들에게 거드름을 피우며, 두려움 때문에 기만한다. 결국 많은 사람들은 이들에 대한 공정한 판단을 할 수 없다. 반면에 양심의 법정은 이와 같은 것들에 대해서 누구에게도 휘둘리지 않는다는 것을 아는 것이 아니라, 오히려 당신이 돈을 주더라도, 당신이 위협하더라도, 당신이 어떤 것을 다르게 행하더라도, 이 법정은 죄스런 생각에 대한 올바른 판단을 죄를 지은 사람에게 넘겨주어서, 그가 자기 자신을 고소하게 한다. 비록 다른 어떤 사람도 그를 고소하지 않더라도 말이다."

580 Johannes Chrysostomus, *In Genesim*, homil., 23,6, p.205: "그 때문에 우리에게 자유로운 의지도 선사되었다. 그리고 그분은 우리의 본성과 양심에 선과 악에 대한 앎도 맡겨 놓았다. ……"
오리게네스의 자유론에 대해서는 다음을 참조: T. Kobusch, *Origenes, der Initiator der christlichen Philosophie*.

581 Johannes Chrysostomus, *Ad populum Antiochenum*, homil., 12,3, p.131. 여기서는 양심과 그 앎이 '독학으로 가능한' 것이라고도 말한다.

582 Ebd., *homil.*, 13,3, p.140: "우리는 모두 이 판단에서 우리 자신을 통해 배운 자들이며, 우리가 비록 나쁜 것을 행하더라도 나쁜 것을 미워하듯이, 덕을 곧바로 따르지는 않더라도, 우리는 덕을 칭찬한다. 그래서 이는 신의 가장 위대한 공덕이다. 신은 우리 양심과 의지를 이미 덕을 행하기 전에 균형을 맞추었고, 나쁜 것에 반대하게끔 했다."

583 Ebd., *homil.*, 12,4, p.133.

584 Ebd.

585 Johannes Chrysostomus, *In epist. ad Romanos*, homil., 5, p.429: "말하자면 법 대신에 양심과 사유로 족하다. 이를 통해서 그는 신이 덕의 선택과 나쁨을 피하는 데 있어서 자율적인 인간을 창조했다는 것을 재차 보여 주었다."

586 각주 468 참조.

587 Johannes Chrysostomus, *De Anna, sermo*, 1,3, p.636: "신 인식의 한 가지

방식은 전체 창조를 통해서이고, 다른 한 가지 방식은 그 가치가 적지 않은 것으로, 우리가 포괄적으로 많은 논의를 통해서 설명한 양심을 통해서이다. 이는 우리가 선과 악에 대한 앎을 스스로 배우는 방식으로 어떻게 우리에게 귀속되는가, 그리고 양심이 내면으로부터 이 모든 것을 우리에게 어떻게 알려 주는가를 보여 줌으로써 그렇다. 왜냐하면 처음부터 창조와 양심이라는 두 명의 교사가 생겨났고, 이들 중 어느 것도 자신의 의미를 만들어 내는 것이 아니라, 침묵을 통해서 인간을 가르치기 때문이다."
칸트의 정식에 대한 스토아적 원천에 대해서는 다음을 참조: E. Bickel, *Der bestirnte Himmel über mir*.
신 인식에 대한 아리스토텔레스적 형태에 대한 니사의 그레고리우스의 비판과 내적 인간에 대한 그의 고유한 방법에 대해서는 다음을 참조: T. Kobusch, *Metaphysik als Lebensform bei Gregor von Nyssa*.

XIV. "사랑의 가장 아름다운 꽃": 용서

588 금언에 대한 복잡한 전승에 대해서는 다음을 참조: K. Metzler, *Der griechische Begriff des Verzeihens*, 54-56.

589 참조: L. Oeing-Hanhoff, *Verzeihen, Entschuldigen, Wiedergutmachen*.

590 참조: K. Gaiser, *Griechisches und christliches Verzeihen*, 83.

591 Proclus, *In Platonis Parmenidem*, p.1024,27.

592 참조: SVF III, 640.

593 SVF III, 641.

594 K. Metzler, *Der griechische Begriff des Verzeihens*, 191.

595 참조: R. Giei, Art. "Schuld I"과 A. Köpcke-Duttler, Art. "Schuld IV".

596 참조: T. Kobusch, *Die Entdeckung der Person*.

597 참조: Augustinus, *Contra secundam Iuliani reponsionem imperfectum opus* V, 60, p.1494; Ders., *Contra Iulianum opus imperfectum* II, 101,1, p.232; Ders., *De libero arbitrio* III, 7, p.91,5; Ders., Contra Secundinum 19, p. 935, 10

598 Johannes Chrysostomus, *In Ioannem, homil.*, 2,5, p.36: "따라서 그리스도가 우리를 인간에서 천사로 만들려고 하는 것과 비교하여, 우리 스스로 우리 자신을 인간에서 짐승으로 만든다면, 악이 얼마나 큰지 생각해 보라. 왜냐하면 금전욕에 지배되고, 화를 내고, 죽이고, 부정한 것을 행하는 부분인 복부(배)에 지배된다면

인간적인 것이 아니라 짐승과 같은 것이다. 게다가 짐승들은 개별적으로 그때마다 고유한 감정, 곧 본성에 의한 감정을 가지지만, 인간은 생각을 지배한다. (그럼에도 불구하고) 인간은 신의 왕국 밖으로 나가서 모든 격정에 자신을 내맡김으로써, 이제는 짐승 정도가 아니라 여러 모습을 지닌, 본색을 알 수 없는 괴물이 되어서, 본성으로부터 오는 어떤 것도 마다하지 않는다. 왜냐하면 모든 나쁜 것은 의지와 의향에서 유래하기 때문이다."
다음도 참조: In Genesim, 9,29, PG 53,267.

599 참조: Ps.-Justin=Theoderet, Quaestiones et responsiones ad orthodoxos, p.14.

600 참조: (Ps.-)Augustinus, De spiritu et littera, 27,47, p.201,25.

601 Tertullian, De pudicitia III, 25, p.158.

602 Maximus Confessor, Liber asceticus, 44, p.96: "왜냐하면 여전히 우리 정신이 죄에 의해 괴롭힘을 당하는 한, 우리는 (죄의) 경감을 얻지 못하기 때문이다. 왜냐하면 우리는 여전히 참회의 보람이 있는 그 어떤 열매도 산출하지 못하기 때문이다. 참회의 열매는 영혼이 격정이 없는 상태이지만, 이러한 상태는 죄를 씻어 내는 것이다."

603 참조: Augustinus, Contra Felicem II, 8, p.836,27.

604 Ephraem Syrus, Precationes, Bd. VI, p.266: "주님, ······ 제가 오늘 인간으로서 또는 인간 같지 않은 자로서, 자유 의지뿐만 아니라 자유롭지 않은 의지로 죄를 범하며, 인식된 것과 인식되지 않은 어떤 것에 빠질 때, 당신의 자격 없는 종인 저를 용서하소서."
다음도 참조: Johannes Chrysostomus, In epist. ad Hebraeos, 10,17, p.129: "우리가 자발적으로 또는 자발적이지 않게 죄를 지었더라도 우리를 용서하소서. 이렇게 우리는 먼저 죄를 상기한 다음에 용서를 빈다."

605 Johannes Chrysostomus, In epist. ad Ephesios, 5,1, p.117: "당신이 누군가를 용서할 때, 당신은 신을 모방하며, 신을 닮아 간다. 부채보다는 오히려 잘못을 경감시켜야 한다. 왜냐하면 당신이 부채를 경감시킬 때, 당신은 신을 모방하는 것이 아니다. 하지만 당신이 잘못을 경감시킬 때, 당신은 신을 모방하는 것이다."
다음도 참조: Johannes Chrysostomus, In epist. ad Philippenses, 1,4, p.212: "왜냐하면 우리는 우리 자신에 대해서 관대하기 때문이다. 그렇다면 신이 우리의 잘못을 너그럽게 용서해 주시기 위해서, 우리는 그들의 잘못을 너그럽게 봐주려고 하는 것이다."

606 참조: Clemens Alecandrinus, Stromata II, 13,58,1,3, p.144,13.

607 F. Normann, Freiheit und Gnade in den Werken des Johannes Chrysostomus, 260.

608 Johannes Chrysostomus, De paenitentia homil., 3,4, p.297.

609 Johannes Chrysostomus, *De decem millium talentorum debitore*, 3, p.21.

610 Augustinus, *Enarrationes in Psalmos*, 74,2,26, p.1025.

611 Johannes Chrysostomus, *Ad populum Antiochenum homil.*, 20,6, p.206.

612 Johannes Chrysostomus, *Expositiones in Psalmos*, 142,1, p.447: "우리는 우리 죄를 경감해 주기를 청원하지만, 내적 고소인이 우리를 풀어 주지 않는다면, 우리는 청원하는 입장에 놓이게 된다. 내 생각에 이는 우리에게 심어진 양심을 의미한다. 왜냐하면 이 고소인은 죄를 용서해 줄 권한을 갖고 있지 않기 때문이다."

613 *De paenitentia homil.*, 7,4, p.328.
다음도 참조: Johannes Chrysostomus, *Non esse ad gratiam concionandum*, 4, p.659: "죄의 용서는 신에 의해서 이루어졌지만, 바오로에게 있어서 면해진 죄에 대한 기억은 사라지지 않았다. …… 그렇다면 나는 죄에 대한 기억이 나를 부끄럽게 하지 않는다고 말할 수 있는가? (다음과 같은 의미에서) 그렇지 않다. 그것은 올바른 행위에 대한 기억이 우리를 영광스럽게 하는 것처럼, 죄에 대한 기억도 (다음과 같은 의미에서) 그러하기 때문이다. (역설적으로) 올바른 행위에 대한 기억은 우리를 영광스럽게 만들 뿐만 아니라, 부끄러움과 경멸감으로도 가득 차게 만들 수 있다. 반면에 죄에 대한 기억은 확신을 쌓게 하고 여러 겹의 정의를 쌓게 할 수 있다.
용서와 망각 또는 잊지 않음 간의 차이에 대해서는 다음도 참조: Johannes Chrysostomus, *Ad populum Antiochenum, homil.*, 12,1, p.127: "제가 어제 말했듯이, 찬양받으실 하느님, 저는 오늘 다시 같은 것을 말할 것입니다. 중대하게 저지른 죄를 지나치더라도, 그 중대한 죄에 대한 기억은 지나칠 수 없습니다. 이에 대해서 우리는 슬퍼하는 것이 아니라 오히려 감사합니다. 말하자면 중대한 죄에 대한 기억에 머무른다면, 중대한 죄에 대한 경험은 결코 어떤 것을 할 수 없을 것입니다. 그렇다면 이 기억이 우리를 경고하는 한에 있어서, 그 경험은 무엇 때문에 필요한 것입니까? 현재의 장애물에 걸려 넘어지는 것을 하느님이 우리에게 허락하지 않으시듯이, 그 장애물이 지나가 버린 후에, 우리는 그렇게 나약해지는 것을 스스로 용납하지 않으려고 합니다. 하느님은 우리가 낙담했을 때, 우리를 위로하셨고, 지금 우리는 그분에게 감사합니다. 왜냐하면 우리는 (지금) 기쁜 상태에 있기 때문입니다. 하느님은 우리가 슬퍼했을 때, 용기를 주셨고, 우리를 떠나지 않으셨습니다. 따라서 우리에게 그것이 좋기 때문에, 우리가 경솔함에서 돌아섬으로써, 우리는 지금 우리 자신을 포기하지 않으려고 합니다. 이는 하루 전체에서 배고팠던 시간을 기억하려는 것을 의미합니다. 그러니까 우리는 고요한 하루에도 유혹의 시간을 기억하려고 합니다. 죄라는 측면에서 우리는 동일한 것을 행합니다. 당신이 건강하고, 하느님이 당신에게 죄를 사해 주셨을 때, 이 용서를 받아들이고 감사하시오. 하지만 죄를 용서받지 못했다면, 그것은 이 죄가 괴변을 강변하는 것이 아니라 당신의 영혼을 가르치기 위해서인데, 이 때 죄는 사해지지 않으며, 그렇다고 다시금 이 죄로 넘겨지지도 않습니다."

614 참조: J. Bidez, *Julian*, 319.

615 Simplicius, *Commentaire sur le Manuel d'Épictète* XXXVIII, p.386,628-389,689.

XV. 원죄, 죽음, 그리고 재탄생

616 Origenes, *Comm. in Matt.* XV, 23, p.416-419; 이에 대해서는 다음을 참조: Thomasius, *Origenes*, 197f.와 Huet, *Origeniana* II, q.7.

617 Origenes, *Contra Celsum* III, 66, p.150,4.

618 Clemens Alexandrinus, *Paedagogus* III, 12,93,3, p.287,10.
참조: Stromata VI, 12,96,2, p.480,12.
그리스 교부들에게 있어서 원죄 문제에 대해서는 여전히 훌륭한 다음 작품을 참조: J. von Kuhn, *Der vorgebliche Pelagianismus der voraugustinischen Väter*, 470-472.

619 Gregor Nyss., *De beatitudinibus*, or. 6, GNO VII 2, p.145,3ff.

620 참조: Gregor von Nazianz, *De pauperum amore*, or. 14,26, p.892.

621 참조: P. Ricoeur, *Hermeneutik und Psychoanalyse*, 348f.

622 참조: Methodius von Olympus, *Symposion*, 3,8, p.35f; Theodor von Mopsuestia, *Hom. Catech.*, 12,6f., p.331과 Gregor Nyss., *Oratio Catechetica* 35, 1, GNO III 4, p. 86, 6ff.

623 Cyrill von Jerusalem, Cat. 3, 12; Pseudo-Cyrill von Jersalem, Katecheseis Mystagogikai 2, 4-7, p. 114ff.; Gregor Nyss., Oratio catechetica, p. 86, 6ff.; Theodor von Mopsuestia, Hom. Catech. 12, 6f., p. 331 u. 14,5f., p. 411; Ambrosius, De Myst. 4,21, p. 97; Ambrosius, De Sacr. II 7, 20, p. 34; vgl. auch Johannes Damascenus, De Fide Orth. c. 82, p. 296f.; Leo der Gr., Sermo 70, 4, p. 34; Pseudo-Dionysius, Hier. Eccl. II 3, 7, p. 71

624 참조: Ambrosius, *Expositio evangelii secundum Lucam* VII, 170,1854, p.273; Ambrosius, *De spiritu sancto* II, 7,65, p.112; Augustinus, *De vera religione* 40, p. 235

625 참조: Cyrill, *Catecheses ad illuminandos*, 1,2, Bd. I, p.29: "나는 육체의 재탄생에 대해서 말하는 것이 아니라, 영혼의 정신적 재탄생에 대해서 말하는 것이다. 그러니까 육체는 가시적인 출산을 통해서 탄생되지만, 영혼은 믿음을 통해서 재탄생된다."

626 Basilius, *Homilia exhortatoria ad sanctum baptisma*, p.424B: "사물의 생성과

과정에 대해서 말하는 사람은 육체적인 본성의 관점에서 생성을 죽음보다 우선시하는 것이다. (왜냐하면 그전에 출산되지 않았다면, 죽음을 경험하는 것은 불가능하기 때문이다.) 그러나 정신적인 재탄생을 말하려고 하는 나는 죽음을 삶 앞에 둔다."
참조: Origenes, *In Numeros homiliae* IX, 9, p.66,22.

627 Hieronimus, *Contra Vigilantium*, 7, p.361B.

628 Irenaeus, *Fragmenta deperditorum operum*, fr. 11: "그리스도인들의 일은 죽는 연습을 하는 것 외에 다른 것이 아니다."

629 Cassiodor, *Institutiones* II, 3,5, p.110,17. Isidor Hispalensis, *Etymologiarum sive Originum libri* XX, II, 24,9.

630 암브로시우스는 '죽음에 대한 명상'이라는 플라톤적 개념에서 바오로 사도가 기피했던 이론적 요소를 보았다: *De excessu fratris Satiri* II, 35, p.268.
참조: Hieronymus, *Epist.*, 60,14, p.566,9.

631 Ambrosius, *De bono mortis*, 2,3, p.704,12ff.; 3,9, p.710,16f.

632 고대에서 다양한 죽음의 종류에 대해서는 다음을 참조: T. Kobusch, *Freiheit und Tod*; ders., *Der Tod. Elemente einer Begriffsgeschichte*.

633 Evagrius Ponticus, *Practicus*, 52, p.618: "육체가 영혼과 분리되는 것은 오로지 이 양자를 결합시키는 것의 일이다. 그러나 영혼이 육체에서 분리되는 것은 덕을 추구하는 자에게 책임이 있다. 왜냐하면 우리의 교부들은 죽음의 연습과 육체에서 벗어나는 것을 물러남이라고 부르기 때문이다."
고대 후기의 파이돈 주석도 영혼이 육체에서 분리되는 것과 육체가 영혼에서 벗어나는 것을 구분했다. 이에 대한 예에 대해서는 다음을 참조: Olympiodor, *In Phaedonem*, 3§§3과, 13, p.71과 75. 다음도 참조: Ambrosius, *De excessu fratris Satyri* II, 35, p.268

634 그 때문에 니사의 그레고리우스에 의하면(*Contra Eunomium* III, 2,51, GNO II, p.69,10ff.) 세 가지 인간의 탄생을 구분된다. 하나는 육체적인 죽음이며, 다른 두 가지는 "palingenesie"로서 세례와 부활이다.
참조: *Refutatio Confessionis Eunomii*, 81, GNO II, p.346,2.

635 참조: Joh. Chrysost., *In epistula ad Titum*, 3,5, p.692.
다음도 참조: Augustinus, *De baptismo* I, 11,16, p.161,13.
'재탄생 또는 재생'(Palingenesie)이라는 개념에 대해서는 되르(H. Dörr)의 훌륭한 논문을 참조.

636 참조: Eusebius, *Comm. in Psalmos*, p.1361C: "오랫동안 그들은 이교도들이었고 아직 신의 백성이 아니었다. 하지만 그들이 자신들의 삶을 바꾸었을 때, 그들도 재탄생과 재탄생의 욕조를 통해서 신의 신비에 참여하게 되었고, 신의 백성이 되었다."

637 Gregor Naz., *In sancta lumina*, or.39,2, p.336B.
다음도 참조: Ps.-Johannes Chrysostomus, *Christi discipulum benignum esse debere*, p.1071: "왜냐하면 그 때문에 그것은 재탄생이라고 불리며, 신의 책에 쓰여 있기 때문이다. 왜냐하면 우리의 구원은 이전 것을 변화시키는 것을 필요로 하기 때문이다. 그것은 우리가 지금 있는 것과는 다르게 되기 위해서이며, 우리가 있는 바를 멈추고 다른 생명을 시작하기 위해서이다."
Johannes Damascenus, *Expositio Fidei*, 82,53, p.6

638 I. Kant, *Die Religion innerhalb der Grenzen der bloßen Vernunft*, A50, p.698. 피히테에 있어서도 유사하다: J.G. Fichte, *Appellation an das Publicum*, p.190: "감각적인 것에서 감각적인 것으로 가는 길에는 그 어떤 연속적인 과도기도 없다. 이러한 과도기는 외적인 성실함을 통해 관철된다. 변화는 도약을 통해서 이루어져야 하며, 한갓 부분적으로 고치는 것이 아니라 전적인 개조를 통해서 이루어진다. 이로써 변화는 재탄생이 되어야 한다."

639 M. Scheler, *Reue und Wiedergeburt*, 42.

640 참조: Hieronymus, *Epist.*, 14,9, p.58,3: "non facit ecclesiastica dignitas christianum."

641 참조: Clemens Alexandrinus, *Paedagogus* I, 6,26,1, p.105,20: "세례를 통해서 우리는 비추임을 받게 될 것이며, 비추임을 통해 우리는 아이들의 나라에 받아들여질 것이며, 아이들의 나라에 받아들여짐을 통해서 우리는 완전하게 될 것이고, 완전함을 통해 우리는 불사하게 될 것이다. ...... 하지만 이러한 과정은 다양한 방식으로 불린다: 은총의 수여, 빛이 비추임, 완전함, 욕조. 욕조를 통해서 우리의 죄가 씻기며, 은총의 수여를 통해서 잘못에 대한 벌이 면해지고, 빛이 비추임을 통해서 구원의 거룩한 빛을 보게 된다. 말하자면 우리가 이 빛을 통해서 신성을 분명하게 보게 되는 한에서, 우리는 완전하게 되며, 우리는 이것을 그 어떤 것도 부족하지 않는 것이라고 부른다."
Gregor Naz., *In sanctum baptisma*, or.40,4, p.361C: "이것은 그리스도가 그것을 수여하는 자이듯이, 많은 다양한 이름으로 불린다. '선물'도 마찬가지이다. 우리가 선물, 은총, 세례, 기름 바름, 빛을 비춤, 변하지 않는 옷, 재탄생의 욕조, 인장이라고 부르는 모든 것은 충만한 가치를 지니고 있다. 선물은 그 어떤 것도 가지지 않은 사람들에게 선사되었기 때문에 선물이며, 기름 바름은 그것이 거룩한 어떤 것이며 왕적인 어떤 것이기 때문에 기름 바름이지만, 빛을 비춤은 거룩함이기 때문이며, 옷은 부끄러움을 감추어 주기 때문이며, 욕조는 씻는 것이기 때문이고, 인장은 주권을 보존하고 나타내 주기 때문이다."
Gregor Nyss., *Oratio catecheica*, GNO III, 4, p.82,1: "그러나 물이 든 욕조의 거룩함을 위한 도구로 만든 것도 계시의 가르침의 한 부분이기 때문에, — 그것을 지금 세례, 빛을 비춤이나 재탄생으로 부르든지 간에, 우리는 이러한 용어에 대해서 왈가왈부하지는 않는다. — 이에 대해서 짧게 어떤 것을 실행하는 것은 좋다."
Johannes Chrysostomus, *Ad illuminandos catecheses* I, 2, p.225: "이것(정화)은

말하자면 어떤 이름도 갖지 않으며 오히려 여러 가지로 상이하다. 왜냐하면 이러한 정화는 재탄생의 욕조라고 일컬어지기 때문이다. '하느님께서 …… 성령을 통하여 거듭나고 새로워지도록 물로 씻어 구원하신 것입니다.'(티토 3,5) 그리고 정화는 빛의 비추임으로 표지되기도 하며, 바오로는 이 정화를 새롭게 다음과 같이 일컫는다. '예전에 여러분이 빛을 받은 뒤에 많은 고난의 싸움을 견디어 낸 때를 기억해 보십시오.'(히브 10,32) 그리고 재차 다음과 같이 말한다. '한 번 빛을 받아 하늘의 선물을 맛보고 성령을 나누어 받은 사람들이, 또 하느님의 선한 말씀과 앞으로 올 세상의 힘을 맛본 사람들이, …… 떨어져 나가면, 그들을 다시 새롭게 회개하도록 만들 수가 없습니다.'(히브 6,4-6) 정화는 세례로도 일컬어진다. '그리스도와 하나 되는 세례를 받은 여러분은 다 그리스도를 입었습니다.'(갈라 3,27) 정화는 땅에 묻히는 것으로 일컬어진다. '과연 우리는 그분의 죽음과 하나 되는 세례를 통하여 그분과 함께 묻혔습니다.'(로마 6,4) 정화는 할례로 일컬어진다. '여러분은 또한 그분 안에서 육체를 벗어 버림으로써, 사람 손으로 이루어지지 않는 할례 곧 그리스도의 할례를 받았습니다.'(콜로 2,11)."

642 Clemens Alexandrinus, *Stromata* V, 2,15,3,2, p.335,17: "왜냐하면 다른 나라의 철학에서도 가르침과 조명이 다시 태어나는 것이라고 일컬어지기 때문이다."

643 참조: H. Rahner, *Die Gottesgeburt. Die Lehre der Kirchenväter von der Geburt Christi*, 351.

644 Origenes, *Jeremiahomilien*, 9,1, p.378.

645 F. H. Jacobi, *Von den göttlichen Dingen und ihrer Offenbarung*, 42f.

646 참조: Augustinus, *Sermo*, 376, PL 39, p. 1670.

647 G. W. F. Hegel, *Vorlesungen über die Philosophie der Religion*, Bd. II, p.479.

648 G. W. F. Hegel, *Enzyklopädie der philosophischen WIssenschaften*, p.25.

649 G. W. F. Hegel, *Vorlesungen über die Philosophie des Rechts*, §151, Zusatz, p.302.

XVI. 정신적인 봄(에폽티) : 내적 인간의 형이상학

650 아리스토텔레스의 형이상학 구상의 문제에 대해서는 다음을 참조: T. Kobusch, Art. "Metaphysik II"; *Metaphysik als Lebensform*, 31ff.

651 Eusebius, *Praeparatio evangelica* XI, 10,16, Bd. II, p.28,20.
참조: É. Gilson, *L'esprit de la philosophie médiévale*.
(1931년의 Gifford의 강의에 근거한 질송에 대한 비판을 보려면 다음을 참조: C. J. de Vogel, *Antike Seinsphilosophie und Christentum*, 538.

더 나아가서 K. Kremer, *Die neuplatonische Seinsphilosophie*와 K. Albert, *Exodusmetaphysik und metaphysische Erfahrung*.

652 W. Beierwaltes, *Neoplatonica*, 149.

653 W. Dilthey, *Einleitung in die Geisteswissenschaften*, p.179,192,267.

654 Ebd., p.225.
다음도 참조: p.188.

655 Ebd., p.309,312,314.

656 W. Dilthey, *Weltanschauungslehre*, p.183,
다음도 참조: ders., *Der Aufbau der geschichtlichen Welt in den Geisteswissenschaften*, p.396-398.

657 참조: Theon von Smyrna, *Expositio rerum mathematicarum*, p.14,18ff.

658 참조: Clemens Alexandrinus, *Stromata* I, 28,176,2,1, p.108,27: "그리고 최종적으로 신학에 대한 부분의 네 번째 구절에 정신적인 봄(에폽티)이 나와 있다. 이에 대해서 플라톤은, 이 정신적인 봄이 참으로 위대한 신비에 속한다고 말한다. 반면에 아리스토텔레스는 이 철학의 영역을 형이상학이라고 부른다."
Plutarch, *De Iside et Osiride*, 382D, p.76,9: "반면에 번개가 번쩍이는 것처럼, 오직 가지적인 것의, 순수한 것의, 단순한 것의 인식은 영혼에게 단 한 번의 건드림과 단 한 번의 쳐다봄을 허용한다. 그 때문에 플라톤과 아리스토텔레스는 철학의 이러한 부분을 최고의 숭고함과 만나는 것(epoptikon)이라고 부른다. 이성적 인식과는 달리 단순히 미망에 속하는 것, 순수하지 못한 것, 혼잡한 것과 바꾸는 사람들이 일자(一者), 단순한 것, 질료 없는 것으로 뛰어올라서, 신비 예식에서처럼 진리 안에서 이 일자(一者)에 대한 순수한 진리를 건드리면서 철학의 목표에 도달한다고 믿음으로써 그러하다."

659 참조: Basilius, *Homiliae in Psalmum*, 32, p.341A: "당신이 이교도들의 교의, 그 공허한 철학을 본다면, 논리학의 이론, 윤리적 질서, 물리적인 것과 다른 것에서 교의들, 소위 정신적 바라봄(에폽티)의 교의들의 발견에서 그들의 숙고는 얼마나 허약하고 쓸모없는가?

660 Clemens Alexandrinus, *Paedagogus* I, 6,28,1, p.106,22: "이렇게 우리 세례 받은 사람들도 신적인 정신을 가리고 있는 죄를 지운다. 우리가 안개를 우리로부터 걷어 낸 다음, 정신의 눈을 자유롭게 해서 그 어떤 것에 의해서도 방해받지 않고 밝게 빛남으로써, 하늘로부터 성령이 우리 안에 불어넣어진다면, 우리는 신성을 보게 된다."
참조: *Stromata* V, 11,67,3,2, p.371,4.

661 참조: Cyrill (v. Alexandrien), *De adoratione et cultu in spiritu et veritate*, p.989D; Clemens Alexandrinus, *Paedagogus* II, 9,80,4, p.206,24: "따라서 참된

빛의 아들들인 우리는 이 빛을 필요로 한다. 이 빛은 우리로부터 감추어진 것이
아니기에, 우리는 우리 내면의 우리 자신에게로 방향을 돌림으로써, 감추어진
인간의 눈을 빛에 개방시키고, 진리 자체를 쳐다보며, 이 진리로부터 나아가는
분출을 우리 안에 받아들인다. 이는 우리가 참된 꿈을 분명하고 이해 가능하게
우리 앞에 명백하게 만들기 위해서이다."

662 참조: Clemens Alexandrinus, *Stromata* IV, 1,3,2,1, p.249,11: "하지만 이제
자연론 또는 형이상학(에폽테이아)은 영적인 지식의 전수에 충실한 척도에 해당한
다. 이 형이상학은 세계의 생성에 대한 이론에 의존하며, 여기서부터 신의 이론에
대한 학문의 영역으로 상승한다."

663 이에 대해서는 다음을 참조: S. Leanza, *La classificazione dei libri salpmonici*;
M. Harl, *Les trios livres de Salomon et les trois parties de la philosophie*;
T. Kobusch, *Die Begründung eines neuen Metaphysiktyps durch Origenes*,
62.

664 특별히 다음을 참조: I. Hadot, *Les Introductions aux Commentaires exégétiques*.

665 참조: Origenes, *In Cant. Canticorum, prol.* 3,1ff., p.128-142.

666 참조: Origenes, *In Cant. Canticorum, prol.* 3,3, p.130,75,21; Cassiodor,
Institutiones II, e,6; p.111,3; Isidor Hispalensis, *Etymologiarum sive Originum
libri* XX, II, 24,11.

667 참조: Origenes, *In Cant. Canticorum, prol.* 3,7, p.132.
《아가》의 드라마적인 특징에 대해서는 다음을 참조: J. R. Jones, *The Song of
Songs as a Drama*.

668 참조: Origenes, *In Cant. Canticorum, prol.* 3,16, p.138

669 참조: Gregor Nyss., *In Ecclesiasten*, 5, GNO V, p.353,12.
다음도 참조: Ders., *De vita Moysis* I, GNO VII, 1, p.22,7; 23,9; 26,14.
나지안주스의 그레고리우스에게 있어서도(Gregor von Nazianz, Ad Gregorium
Nyssenum, or.11,2, p.833A) 에폽티와 신비 인도는 서로 나란히 언급된다.
참조: *Funebris in laudem Caesarii fratris oratio*(or.7), 7,4,4.

670 참조: Gregor Nyss., *Contra Eunomium* II, 103, GNO I, p.256,24ff.
다음도 참조: Ebd., 115-118, GNO I, p.259f.

671 참조: Gregor Nyss., *Contra Eunomium* II, 97, GNO I, p.255,1: "이는 다른
방식으로 말할 수 있는데, 신적 본질이 말할 수 없고 인간적인 방식으로는 접근할
수 없는 한에서, 이론적인 호기심에서 벗어나 있다는 것은 확실하다."
De vita Moysis II, GNO VII, 1, p.97,16: "왜냐하면 진리는 거룩한 장막의 가장
내면적으로 숨겨진 곳에 자신의 자리를 갖고 있기 때문이다. 이로부터 파악하는
것을 능가하는 사물들의 인식은 이론적인 호기심의 대상이 아니다."

672 니사의 그레고리우스에 의하면(Gregor von Nyssa, *In diem luminum*, GNO IX, p.226,4ff.) 영혼을 더 낫게 '변화시키는 것'은 신비 인도의 과제이다. 다음도 참조: *De perfectione christiana*, GNO VIII, 1, p.214,1.

673 Cyrill, *Dialogus de sancta trinitate* II, p.282,7.

674 Gregor Nyss., *De beatitudinibus*, 6, GNO VII, 2, p.145.

675 Ps.-Dionysius Areopagita, *Epist.*, 9,1, p.197,9.

676 Gregor Nyss., *De beatitudinibus*, 6, GNO VII, 2, p.143,16.
참조: Ders., *De creatione hominis* I, GNO Suppl., p.12,13. Johannes Chrysostomus, *De resurrectione mortuorum*, 3, p.422.

677 Origenes, *Fragmenta ex Comm.* in epist. ad Ephes., 15,21, p.411; Ders., Selecta in Psalmos 102,1, p. 1560A: "내적 인간의 내면적인 것은 지성적인 능력, 추론적이고 탐구하는 능력, 해석 능력, 상상력, 기억력이다."

678 참조: Macarius Aegyptus, *Sermones*, 4, 25, Bd.1, p.62,12: "정신, 양심, 계산, 의지, 고소인, 변호인과 같이 영혼의 많은 가지들도 있다. 그러나 이러한 가지들은 하나와 연결되어 있다. 이것들은 영혼의 가지들이지만, 하나의 영혼이 영혼이며, 하나의 인간이 내적 인간이다."

679 참조: Origenes, *In Numeros Homiliae* X, 3, p.73,19; Ebd. 24,2, p.228.

680 참조: Augustinus, *Epist.*, 147, p.328.

681 Macarius Aegyptus, *Sermones*, 52,1, Bd.2, p.140,24.

682 Ambrosius, *Epist.*, 69,20, p.188,207.

683 Basilius, *De jejunio*, PG 31, 1509C.
다음도 참조: Hermias, *In Platonis Phaedrum Scholia*, 2,16, p.92.

684 Origenes, *Fragmenta in Lucam*, 195, p.310: "하지만 우리의 삶도 저녁이기 때문에, 우리는 정신, 영혼의 눈인 조명을 필요로 하며, 내적인 인간에서 깨어 있다면, 우리는 이러한 깨어 있음의 삶에서 대개 또는 모든 이에게 있어서 근거되는 방식을 필요로 한다."
Ebd., 196, p.310: "하지만 외적 인간뿐만 아니라 내적 인간에게서도 잠과 깨어남이 있다. 구세주가 말하는 것처럼 우리가 깨어 있을 것이 요구된다."

685 참조: Origenes, *Fragmenta in Psalmos*, 118,169,34ff., p.313.
다음도 참조: Ders., Selecta in Psalmos, 118,169, p.1625B.

686 참조: 발덴펠스(B. Waldenfels)의 동일한 이름의 책과 논문 P. Oster, "Das dezentrierte Ich"을 참조.

687 Basilius, *Homilia in illud, attende tibi ipsi*, 7, p.35,12: "그러나 당신 자신을 정확하게 지각하는 것은 당신에게 전적으로 신 인식을 위한 충분한 안내 역할이 된다. 왜냐하면 당신이 당신 자신에게 주목할 때, 당신은 우주의 질서를 근거로 하여 창조주를 찾는 것이 아니라, 마치 소우주 안에 있는 것처럼 당신 자신 안에서, 당신을 창조한 위대한 지혜를 바라보게 될 것이기 때문이다."

688 Basilius, *Epist*. 2,2,61, Bd.1, p.8: "그는 자기 자신을 향해서 상승한다. 하지만 자신을 통해서 신에 대한 인식으로 상승한다."
다음도 참조: Johannes Chrysostomus, *Epist. ad monachos*, p.493,1. 267.

689 Clemens, *Stromata* IV, 23,152,2,4, p.315,30: "왜냐하면 신에게 헌신하는 사람은 자기 자신에게 헌신하는 사람이기 때문이다. 이론적인 삶에서 각자는 신을 공경함으로써 자기 자신을 염려한다. 그리고 자신의 고유한 완전한 정화를 통해서 신을 거룩한 분으로 거룩한 방식으로 바라볼 수 있다."

690 참조: Basilius, *Epist.*, 2,2,58, Bd.1, p.8: "왜냐하면 외적인 것으로 흩어지지 않고 감각기관을 통해서 세계 속으로 흘러 나가지도 않는 정신은 자신을 향해 상승한다."
Gregor von Nyssa, *De virginitate*, 6,2, GNO VIII, 1, p.280,19: "인간의 정신에 있어서도 내게는 다음과 같이 보인다: 정신이 언제나 감각에 빠져서 흩어져서 산화됨으로써, 사방팔방으로 흩어진다면, 정신은 참된 선으로의 길을 걷기 위해서, 언급할 가치가 있는 능력을 소유하지 못한다. 그러나 정신이 사방에서 소환되어서, 자기 자신으로 모아들이고, 연결시키고, 그에게 고유하고 본성에 걸맞는 행위로 움직여서 용해시킨다면……."

691 E. Lerch, *Zerstreutheit*, 459f. 여기서는 주의가 산만함에 대한 반대 개념으로 제시된다.
주의-산만함이라는 개념 쌍이 역사에서 얼마나 큰 영향을 끼쳤는지에 대해서는 다음을 참조: P. Oster, *Das dezentierte Ich*.

692 Ephraem Syrus, *Ad imitationem proverbiorum*, Bd.1, p.270.

693 Ephraem Syrus, *Ad imitationem proverbiorum*, Bd.1, p.232.

694 Ephraem Syrus, *Sermones paraenetici ad monachos Aegyptii*, or.40, Bd.3, p.201

695 Gregor Nyss., *In Canticum Canticorum* I, GNO VI, p.22,16.
《아가》가 철학이라는 점에 대해서는 다음을 참조: Ebd., p.137,4.
다음도 참조: p.172,22.

696 Gregor Nyss., *In Inscriptiones Psalmorum* I, 6, GNO V, p.40,20: "본래 신성은 정신이 보는 (에폽티적) 능력이고 행위이다. 자신의 갈망을 자신 안으로 향하게 하는 사람은 스스로 정신적으로 보게 된다."

Gregor Nyss., *De beatitudinibus*, 6, GNO VII, 2, p.142,13: "신에 대해서 어떤 것을 인식하는 것이 행복하게 만드는 것이 아니라, 자신 안에 신을 가지는 것이 행복하게 만든다."

697 B. Pascal, *Pensées*, 556, p.218.

698 참조: Epiktet, *Diss*, I, 14,6, p.56,18; Seneca, *Ep*. 41,1, p.324

699 참조: Gregor Nyss., *In Canticum Canticorum*, 5, GNO VI, p.160,8; ebd., 8, GNO VI, p.250,14; ebd., 6, GNO VI, p.186,8; ebd., 1, GNO VI, p.29,15. 여기서 그레고리우스는 심지어 다음과 같이 말한다: "μεταποιηθῆναι τῇ φύσει διὰ τῆς τοῦ κυρίου μαθητείας πρὸς τὸ θειότερον."

700 Gregor von Nyssa, *De perfectione christiana*, GNO VIII, 1, p.213f.

701 Augustinus, *Epist.*, 147, p.327,19.

702 Gregor von Nyssa, *De vita Moysis* II, GNO VII, 1, p.112,18: "영혼은 자기 자신보다 더 높게 된다. 그것은 영혼이 자신 앞에 뻗은 천상적인 좋은 것에 대한 갈망을 통해 유발되기에 그러하다."
Ders., *In Inscriptiones Psalmorum* I, 7, GNO V, p.43,14.

703 그레고리우스는 영혼의 변모 과정을 위해 μεταποίησις, μεταποιηθῆναι 등의 표현뿐만 아니라 μεταμόρφωσις도 사용한다. 이에 대해서는 다음도 참조: T. Kobusch, *Metaphysik als Lebensform. Zur Idee einer praktischen Metaphysik*, 53. 그 밖에 다음도 참조: Gregor Nyss., *In Canticum Canticorum*, or.8, GNO VI, p.253,15.

704 Gregor von Nyssa, *In Canticum Canticorum*, or.2, GNO VI, p.68,4ff.

705 Gregor von Nyssa, *In diem luminum*, GNO IX, p.238,20.
다음도 참조: *In Canticum Canticorum*, or.7, GNO VI, p.223,4ff.

706 다음의 예를 참조: Origenes, *Dialogus cum Heraclide*, 13,19-14,2, p.84; 특히 Origenes, *In Jerusalem*, 16,1, p.132.

707 Origenes, Dialogus cum Heraclide, 13,19, p.84.
참조: *In Jeremiam hom.*, 16,1, Bd.2, p.132.

708 Seneca, *Epistulae morales*, 94,48, p.444.

709 다음도 참조: O. Langer, Affekt und Ratio, 48: "바라봄(visio)의 인지적 요소는 한갓 이론적인 앎이 아니라 인간 전체를 엄습하는 신에 대한 지각이다."
참조: Ebd., p.49: "신 인식의 최고 형태는 이론적인 행위가 아니라 실천적이고 의지적인 특성을 지닌다."

710 참조: Ps.-Anselm, *De custodia interioris hominis*, p.221-226.
수호와 '관상적인 집중'이라는 개념에 대해서는 다음을 참조: P. von Moos, *Attensio est quaedam sollicitudo*, 113ff.

711 참조: Origenes, *Fragmenta in Lucam*, 195,3; 196,1; Gregor Nyss., In Canticum Canticorum, 2, GNO VI, p.67,17.
참조: Ebd., GNO VI, p.69,13; Ebd., GNO VI, p.64,4.
집중과 주의라는 주제에 대해서는 다음을 참조: Clemens Alexandrinus, *Stromata* II, 120,1, p.178,11ff와 특히 Basilius, *Homilia in illud: Attende tibi ipsi*, p.25,16.
이와 같은 이론의 스토아적 배경에 대해서는 특히 다음을 참조: P. Hadot, *Qu'est-ce que la philosophie antique*, 214와 P. Rabbow, *Seelenführung*, 249ff.

712 이에 대해서는 다음의 논거를 참조: T. Kobusch, *Metaphysik als Lebensform bei Gregor von Nyssa*, 481, n.45.

713 Ephraem Syrus, *Institutio ad monachos*, Bd. V, 315: "이렇게 내적 인간을, 곧 영혼을 염려하고 온갖 나쁜 생각으로부터 영혼을 지키도록 해야 한다. 이미 말한 바와 같이, 온전히 깨어서 너의 마음을 지켜라."

714 이에 대해서는 다음을 참조: T. Kobusch, *Metaphysik als Lebensform bei Gregor von Nyssa*, 480f의 논거.

715 참조: Seneca, *Epistulae morales*, 41,1, p.324.

716 Maximus Tyrius, Dialexeis XI, 10b와 11e, p.138과 140.

717 Numenius, *Fragmenta*, 2, p.43-44.
번역에 대해서는 다음을 참조: E. R. Dodds, *Heiden und Christen*, 85f.

718 도즈(E. R. Dodds) 외에도 적지 않은 학자들은 이미 60년대에 이 점을 강조했다. 이에 대해서는 다음을 참조: *Heiden und Christen*, 81.

719 Proclus, *In Platonis Parmenidem*, p.1081,4ff.
다음도 참조: W. Beierwaltes, *Der Begriff des 'unum in nobis' bei Proklos*, 263.

720 Proclus, *Theologica Platonica* III, 7, p.29,7.
다음도 참조: Ebd. I, p.24,12; 32,3; 41,5에서 종종 나옴.

721 참조: Marinos, *Vita Proci* XIII, p.69.

722 아가서 주석의 전통, 특히 이에 대한 전거에 대해서는 다음을 참조: T. Kobusch, *Metaphysik als Lebensform bei Gregor von Nyssa*.
다음도 참조: Jenne Marie de la Mothe Guyon, *Le Cantique des Cantique de Salomon*.
이에 대해서는 다음의 책을 참조: B. Dohm, *Poetische Alchimie*, 특히 3.4장.

723 Giovanni Pico della Mirandola, *De hominis dignitate*, p.20,22.
피코에 대한 오리게네스의 영향에 대해서는 다음을 참조: M. Schär, *Das Nachleben des Origenes im Zeitalter des Humanismus*; Ch. L. Stinger, *Humanism and the Church Fathers*, 83-86; T. Kobusch, *Die philosophische Bedeutung des Kirchenvaters Origenes*, 104f.
교부들의 논제의 영향사에 대해서는 다음을 참조: T. Kobusch, *Die Selbsterschaffung des Menschen*.

724 G. W. F. Hegel, *Vorlesungen über die Geschichte der Philosophie* II, 467: "하지만 뮈스테리온(신비)은 알렉산드리아 학파에서는 우리가 그 아래서 이해하는 의미를 지니지 않으며, 오히려 그들에게서는 전적으로 사색적 철학을 의미한다." 참조: Ebd., II, 896: "신플라톤주의자들에게 있어서 '신비적'이라는 표현이 전반적으로 종종 나타난다. …… 신비 입문(Mystagogy)도 마찬가지로 이러한 사색적 철학, 사유 안의 이러한 존재, 자기 향유, 직관이다."
Vorlesungen über die Philosophie der Religion 3, ed. W. Jaeschke, p.205: "말하자면 Μυστήριον은 이성적인 것이다. 신플라톤주의자들에게 있어서 이 표현도 이미 사색적 철학만을 의미한다."